西班牙史前居民在阿尔塔米拉洞穴上留下的野牛壁画，距今至少有 1.3 万年历史

巴伦西亚海岸的阿利坎特省附近发现的埃尔切夫人像，制作时间在公元前 5 至前 4 世纪，堪称希腊 – 伊比利亚艺术的最佳范例

科尔多瓦清真寺缤纷的内景

科尔多瓦清真寺一处门楣

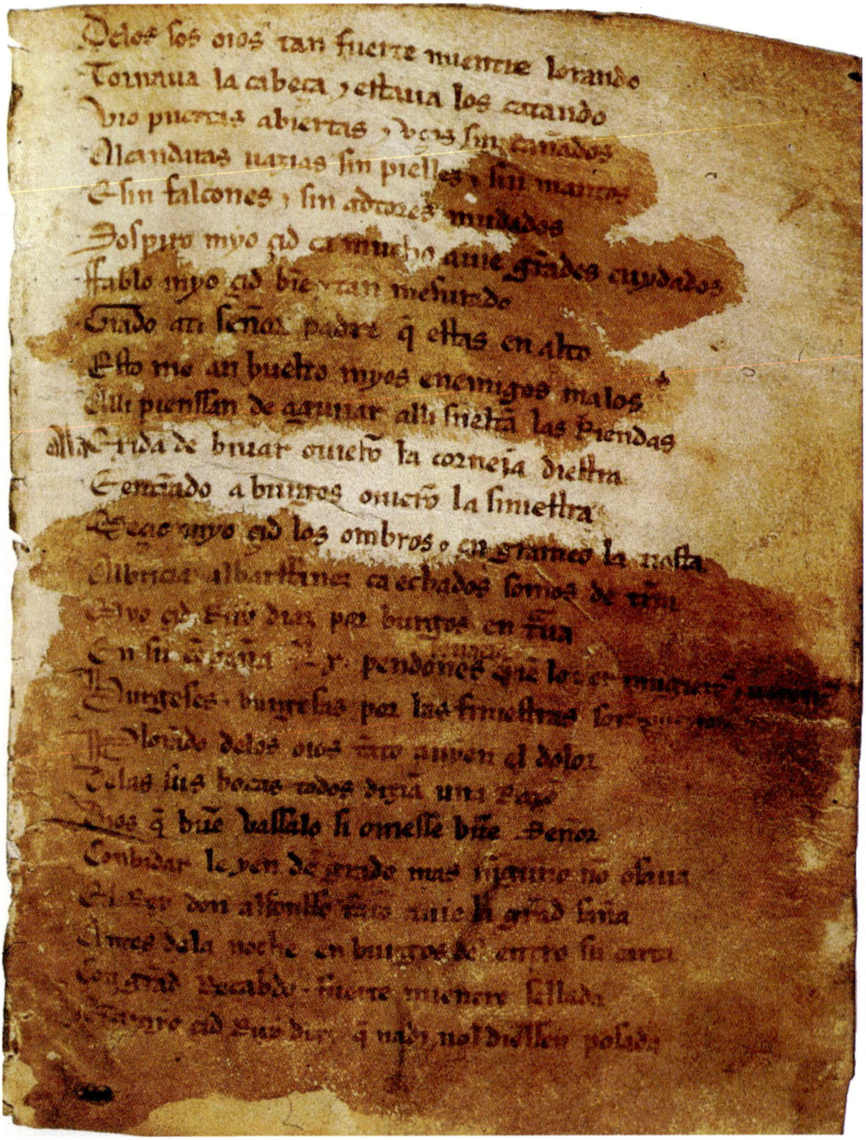

图为 13 世纪的一份《熙德之歌》手稿页。这部史诗作品诞生于 1140 年，被公认为第一部西班牙文的文学作品

著名的塞维利亚风标塔由阿尔摩哈德王朝始建，原本塔顶平坦，有四个巨大金色球体环绕。如今的塔尖和顶部是西班牙人 16 世纪加建的

收复失地运动期间，摩尔人与基督徒作战场景

西班牙主保圣人圣雅各的“摩尔人杀手”形象

绘画作品中的“荣耀之门”。这座圣地亚哥大教堂中的罗马式拱门堪称西班牙乃至全世界最伟大的中世纪雕刻作品

“荣耀之门”局部细节

格拉纳达的阿尔汗布拉宫远景。它始建于 890 年前后，后由穆罕默德・伊本・艾哈迈尔在约 1250 年时大幅扩建。在那之后又出现了更多的附加建筑，成就了这座美丽壮观的宫殿（图：Slaunger）

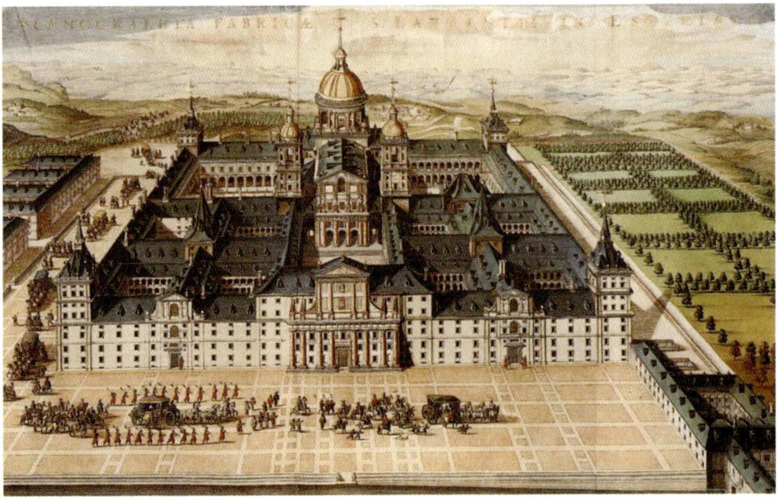

16 世纪腓力二世斥巨资下令修建的埃斯科里亚尔宫集宫殿、修道院、陵墓为一体，壮观非常

格列柯，《奥尔加斯伯爵的葬礼》

牟利罗，《祖母为孩子抓虱子》

戈雅，《1808 年 5 月 2 日 》

戈雅，《1808 年 5 月 3 日 》

委拉斯开兹，《宫女》

提香，《查理五世骑马像》。画中的皇帝身穿铠甲，骑着骏马，像堂吉诃德 样，准备朝全世界出击

佛朗哥统治期间兴建的烈士谷，巨大的混凝土十字架是其重要标志

新思历史
Book

西班牙的灵魂

一个文明的
哀伤与荣光

Spain:

The Root and the Flower

An Interpretation of
Spain and the Spanish People

John Crow

[美] 约翰·克罗…………著
庄安祺…………译

中信出版集团 | 北京

图书在版编目（CIP）数据

西班牙的灵魂：一个文明的哀伤与荣光 / (美) 约翰·克罗著；庄安祺译. -- 北京：中信出版社，2021.7（2026.1重印）

书名原文: Spain: The Root and the Flower: An Interpretation of Spain and the Spanish People

ISBN 978-7-5217-3022-7

Ⅰ.①西… Ⅱ.①约… ②庄… Ⅲ.①文化史—西班牙 Ⅳ.①K551.03

中国版本图书馆CIP数据核字(2021)第063375号

西班牙的灵魂：一个文明的哀伤与荣光

著　　者：[美] 约翰·克罗
译　　者：庄安祺
出版发行：中信出版集团股份有限公司
　　　　　（北京市朝阳区东三环北路27号嘉铭中心　邮编　100020）
承 印 者：北京盛通印刷股份有限公司

开　　本：880mm × 1230mm　1/32　　印　　张：16.75
插　　页：8　　字　　数：377 千字
版　　次：2021 年 7 月第 1 版　　印　　次：2026年 1 月第 5 次印刷
京权图字：01-2020-6170
书　　号：ISBN 978-7-5217-3022-7
定　　价：98.00 元

献给西班牙人民

我整个职业生涯都在为他们的文化着迷

目　录

序 言

这本书从文明的初期谈起，讲述并解读西班牙文明的历史。章节内容涵盖了罗马人、犹太人以及摩尔人在西班牙的发展，并且特别关注西班牙艺术、文学、建筑及音乐。虽然我在书中谨慎地呈现了佛朗哥政权与今日的民主，我并没有试图以时下流行的或记者的视角来描写当今的西班牙。本书的写作旨在分析那些引领西班牙人起起伏伏的主要潮流。本书将不会罗列所有的西班牙国王、女王及大臣，也不会详述这个国家所经历的每一场战争与政治变革。本书所讲述的并非正统历史。历史通常强调政治事件，我则注重于发掘引发这些政治事件的潜在情感与风俗习惯。

我在 1928 年首次造访西班牙，当时是由普里莫·德·里维拉（Primo de Rivera）的独裁政府掌权，而阿方索十三世仍是国王。那次之后，我多次回访，并在第二共和国时期，为了从马德里大学取得哲学与文学博士学位而在西班牙长住了两年。在西班牙的这段时间内，我结识了许多西班牙的顶尖作家：费德里科·加西亚·洛尔迦（Federico García Lorca）、安东尼奥·马查多（Antonio Machado）、胡安·拉蒙·希梅内斯（Juan Ramón Jiménez，诺贝尔文学奖得主）、阿梅里科·卡斯特罗（Américo Castro）、拉蒙·梅嫩德斯·皮达尔（Ramón Menéndez Pidal）、佩德罗·萨利纳斯（Pedro Salinas）、何塞·莫雷诺·比利亚（José Moreno Villa），以及其他许多杰出人士。在我形成自身对于西班牙文明的看法的过程中，他们所有人都厥功至伟。当然，除了我本人以外，没有人需要为本书所发表的任何陈述或见解承担责任。

约翰·克罗

加利福尼亚大学洛杉矶分校

第一章

斯土斯民

这片土地是主的乐园。

——阿方索十世（Alfonso X，1252—1284 年在位）

西班牙就像一座从海面上升起的宏伟城堡，全境四面环山，在这些高耸的花岗岩墙内是城堡的庭院——卡斯蒂利亚（Castile）的广袤高原。有些高山终年积雪皑皑，因此名为内华达山脉（Sierra Nevada，意为“冰雪覆盖的山脉”），这个名字后来也被西班牙人带到美国。西班牙的山大多荒芜孤寂，地势蜿蜒崎岖，常见高耸的陡坡；人迹罕至，树木少得可怜。最美的景色是在日出或日落之际，大片玫瑰红或丁香紫的光影覆罩山脉，散发雄伟壮丽的宁静。

在古人眼中，西班牙的形状就像平铺在阳光下的公牛皮。这个比喻虽允当，却未说明这片土地高低起伏和锯齿形的特征。整个国家遍布错综复杂的山峦，朝四面八方延伸，因此分隔出独特的地域。就连中央的卡斯蒂利亚高原都被横贯内陆的山脉分割为更小的一块块土地。首都马德里位居全国的地理中心，和北方的瓜达拉马山脉

（Sierra de Guadarrama）仅距离 35 英里[1]，从瓜达拉马山脉通往北方的最低隘口海拔达 4 700 英尺[2]。旅人在西班牙很少会看不见山，它们是“伊比利亚土地”地貌中最典型的特征。

因此，西班牙地理统一是一种幻想。这个国家在地图上看似紧密，但多少个世纪以来，各个地区都彼此隔绝。如今虽有火车飞机，减少了这种互不往来的情况，但西班牙的交通仍然比意大利落后。这个国家紧凑的国土在地理上被分为更小的地区，分区与半岛在古罗马时的地域大致对应，与中世纪的小王国的分界更为贴合。这些独立的区域，每个都有地理、气候、文化、心理，甚至语言上的差异。很多地方的儿童自幼只会讲当地方言，直到入学后才学卡斯蒂利亚语（Castilian）[3]。在巴塞罗那大都会区外几英里之处，住有数千名没上过学的乡下人，他们不懂西班牙语。他们的语言是加泰罗尼亚语（Catalan）；他们为此自豪，而且也不想要学其他语言。

皮奥·巴罗哈（Pío Baroja）堪称 20 世纪最伟大的西班牙小说家，他是巴斯克（Basque）人，海明威也称他为“大师”。他在上学后才开始学习卡斯蒂利亚语。许多人都认为他的语言风格古怪而泼辣。

> 我用卡斯蒂利亚语写作的困难，[他在自传中写道] 并不是因为任何文法的不足或欠缺语法结构。我缺的是拍子，是风格的韵律，而这让首次摊开我的书的人感到震惊，他们注意到

[1] 1 英里 ≈1.6 千米。——编者注

[2] 1 英尺 ≈0.3 米。——编者注

[3] 卡斯蒂利亚语即现在我们所熟知的西班牙语。——编者注

它们有些地方不对劲，这是因为书里有一种呼吸，有一种停顿的方式，并非卡斯蒂利亚的语言所有。[1]

有时，在谈到西班牙边远地区居民的语言和看法时，我们会发现他们的不同之处不仅仅是呼吸而已。有个真实度颇高的古老说法：西班牙人首先效忠于他的 patria chica，即他的故土或原乡。如果问他来自哪里，答案几乎总是："我是加利西亚之子，我是格拉纳达之子"（Soy hijo de Galicia, soy hijo de Granada），或是阿斯图里亚斯（Asturias）、莱昂（León）、纳瓦拉（Navarre）、阿拉贡（Aragon）、卡斯蒂利亚、巴伦西亚（Valencia）、加泰罗尼亚（Catalonia）或安达卢西亚（Andalusia）之子。也许在那之后，他愿意做个西班牙人。如果今天针对加泰罗尼亚（首府是巴塞罗那）独立问题举行公平的公投，恐怕没人能预测会有什么结果。在西班牙内战（1936—1939年）之时，"加泰罗尼亚共和国"依旧存在，这个地区的自治权一直是个冲突议题。因此，多少个世纪以来，卡斯蒂利亚人不断努力巩固国家的地位，却一直受到优先忠于原乡之心理的阻碍。尽管如此，我们今天所说的西班牙的核心精神，还是卡斯蒂利亚的精神；但是苹果核并非果实，果核内有的只是保护性的纤维和种子。

为厘清真相，我们必须指出，虽然加泰罗尼亚和巴斯克自治区管辖的省份热衷于分离主义，但在其他地区，这种想法并没有如此强烈，而卡斯蒂利亚的政治霸权已是不争的事实。地方性的执拗在这些地方以其他方式表现出来，譬如居民的文化、心理和习俗。无论西班牙人设计出什么样的国家政府制度，这种过度的地方主义都是西班牙政府最基本的弱点之一。西班牙好几个世纪都没能有一个固定的首都，可见其分裂的程度。巴黎和伦敦分别是法国、英国立国以来的中心和首都，可是西班牙的首都却不断更迭，充当过首都的有托莱多（Toledo）、莱昂、布尔戈斯（Burgos）、塞维利亚（Seville）、巴利亚多利德（Valladolid）、塞哥维亚（Segovia）等等。腓力二世（Philip II）在1561年把首都由托莱多迁到马德里时，马德里只是一个还在发展的乡村小城。不过，此时西班牙的性格已形成，地域忠诚的观念也已固定，新首都的人口尽管有惊人增长，却只能眼睁睁看着西班牙强权走向没落。

西班牙的气候和它的地形一般多样。西北部加利西亚和阿斯图里亚斯湿润、青翠、云雾弥漫，和南部亚热带安达卢西亚的差异，就像佛蒙特州和得克萨斯州一样悬殊。加利西亚宽阔蔚蓝的峡湾与卡斯蒂利亚干枯萎缩的河流、阿维拉（Avila）的阿达加河（Adaja）、马德里的曼萨纳雷斯河（Manzanares）相去甚远。格拉纳达肥沃的平原，和塞哥维亚的红棕色草原或水汽落下干得比女人眼泪还快的穆尔西亚（Murcia）周边一带的不毛之地都没有丝毫的相似之处。不过，西班牙可分成两个主要的气候带，北部周边地区（比利牛斯山脉和坎塔布里亚地区）构成了凉爽的潮湿带，而辽阔的中部和南部地区则是歌谣和故事中干燥又“阳光灿烂的西班牙”。这个分野在植物方面，最显著的就是南方有夹竹桃和角豆树，而在北方通常见不到。

卡斯蒂利亚的中部高原约占西班牙总面积的六成。高原的海拔在2 000英尺至3 000英尺之间。卡斯蒂利亚高原不仅是西班牙的心脏，也是西班牙的堡垒。这片土地十分干燥，山峦没有树，平原没有水，空气干净稀薄，夏季酷热，冬季严寒，正如谚语所说的：“9

个月的冬天和 3 个月的地狱”。隆冬时节，由瓜达拉马山往马德里吹的寒风，让站岗哨兵冻成冰。在一年中的任何月份，马德里的阳光和阴影都可能是冰火两重天。高原空气就像是稀薄气体，能迅速反映出冷热变化。

卡斯蒂利亚处处给人一种巍峨开阔的感受。这个地区赋予西班牙坚毅的性格、原始的韧劲、对痛苦和折磨的忍耐，以及活力和质朴。卡斯蒂利亚荒凉坚硬的土地是其居民的象征，这里以前有许多城堡（也因此得名），如今则充满石砌的围篱和荒芜的景色，空旷而寂静。西班牙谚语说：“在卡斯蒂利亚几乎没有鸟儿可栖的树枝。”古代茂密的森林早已不复存在，甚至连房屋和篱笆现在都是由石头所砌，稀疏的树木大半是圣栎，一种不起眼的矮小野生橡木。到处都是岩石，花岗岩形成的山脉，经过冲刷和侵蚀的田野，放眼望去尽是乏善可陈的朴素。

西班牙的优美史诗《熙德之歌》（*The Poem of the Cid*）中，因崇高和无所畏惧的精神而家喻户晓的战士英雄熙德，就是卡斯蒂利亚人。他的同乡还包括把摩尔人赶出塞维利亚的“圣人”费尔南多三世（Fernando Ⅲ the Saint），以及费尔南多的儿子“智者”阿方索十世（Alfonso X the Learned），这位知名的学者国王将当时最聪明的人（摩尔人、希伯来人和基督徒）都延揽到自己身边。阿拉贡国王费尔南多二世之妻天主教徒伊莎贝拉（Isabella the Catholic）是卡斯蒂利亚人，西班牙作家中最闻名遐迩的米格尔·塞万提斯（Miguel Cervantes）也是卡斯蒂利亚人。西班牙伟大的文学同样属于卡斯蒂利亚，哪怕作者来自其他地区，用来写作的也是卡斯蒂利亚语。

卡斯蒂利亚还是西班牙交通系统的关键。位于卡斯蒂利亚高原中心的马德里，是全国所有公路铁路和航空路线的枢纽或轴心，就像车轮的辐条一样，所有路线都从马德里出发。西班牙铁路的舒适性或现代化程度从不出色，但在今天，尽管其设备老旧，确实还是能联通整个半岛的多数地方。

从马德里进入加利西亚或坎塔布里亚区的铁路，逐渐离开卡斯蒂利亚高原，稳步爬升，穿山越岭，像钢蛇一般蜿蜒扭曲，钻入泥土和岩石中。这一段路隧道无数，乘客的瞳孔几乎来不及适应光线，火车就突然再度钻入穿透另一座山的黑暗洞穴迷宫。火车必须行经的这些曲折隧道，和有时需以蜗牛速度费力穿越的危险山岩，说明了半岛外围地区交通的不便。

1848 年，西班牙开通第一条铁路，由巴塞罗那前往马塔罗（Mataró）；第二条是 1851 年由马德里到阿兰胡埃斯（Aranjuez）的路线。西班牙人在火车的发展上晚了几年，就像他们在几乎所有其他的工业文明产物的发展方面都晚了几年一样。不过，西班牙人对铁路是何物并非全然无知，因为早在 1830 年就有西班牙语书（自然是在伦敦印制）刊载了新蒸汽机车及其车厢的草图。这本书里有一幅海港的画，其中有工厂正在冒烟，工厂前面是一个方形的钢制小箱子，同样也喷着烟；后面跟着一些奇形怪状的车厢，各自隔开至少 1 码[1]，车厢间的空白处则是链条。如我们所述，直到 18 年后，西班牙国土上才出现了真正的火车。这比英国人拥有第一条蒸汽铁路晚了 23 年，比美国晚了 18 年，比毗邻的法国也晚了 18 年。

[1] 1 码≈0.9 米。——编者注

有些西班牙人免不了想用铁路连接西班牙与法国，但许多人对法国在1808年和1823年的两次入侵记忆犹新，因此对这个建议的反应并不热烈。其实，西班牙参议院曾于1842年讨论在潘普洛纳（Pamplona）与法国之间兴建普通公路，当时有位参议员西欧奥尼将军（General Seaone）大力反对。将军说："通过伊伦[1]建筑公路缺乏远见，非常缺乏远见，西班牙人为此哭泣，上帝保佑我们不要再有哭泣的理由。"另一位参议员冈萨雷斯·卡斯特洪（González Castejón）反应更激烈，这位先生说："我一向主张，无论任何理由，都绝不能把比利牛斯山夷平；相反，我们该在现有山脉上再加上其他比利牛斯山才对。"西欧奥尼将军补充说，要他投票支持这种不法行为，他干脆先辞职。近40年后的1881年，一本谈西班牙军事问题的书指出："任何隔离我们的做法对我们都有益处，我们已经向法国开放的一些门户，应该火速关闭。"[2]

法国和马德里之间的铁路直到1860年才开通，而马德里和西班牙第三大城巴伦西亚之间，直到1947年都没有铁路连接。有一则历史逸事是，在1814年发明蒸汽机车的英国人乔治·斯蒂芬森（George Stephenson）曾在1845年秋赴西班牙，考察马德里与法国之间预定开发的铁路路线。斯蒂芬森和陪同他的工程师都见识了西班牙政府一贯的虚应故事，他们在首都虚掷了几天之后觉得无聊，打算离开。这时西班牙人邀请他们去看斗牛——永恒的斗牛。斯蒂芬森传记的作者写道："但这并非他们此行的目的，因此他们委婉地拒绝了这项荣誉。"斯蒂芬森和同伴们离开了西班牙，铁路

[1] Irun，法西边界的小城。——译者注

也没有建成。

西班牙不仅是城堡，实际上，它也是一座岛屿。这个国家的孤立众所周知，它既不属于欧洲，也不属于非洲，而是两者之间的中途站，兼具两者的特质。由于摩尔人的血统，西班牙不再算是欧洲。“非洲始于比利牛斯山”说得再贴切不过，它简单明了地表达了西班牙半东方的异国特质，这是西班牙人民和文化最鲜明的特点。我们必须谨慎地说明，这里提到的非洲不是以黑人为主的中南部非洲地区，而是北非，是伊比利亚人、属于闪族的迦太基人、犹太人，以及由说阿拉伯语的诸多族群组成的摩尔人的古老家园。这些民族和文化群体都把心血倾注到西班牙这漏斗中。高耸的比利牛斯山脉封住了这个漏斗，将西班牙与欧洲其他地区隔离，比阿尔卑斯山对意大利的封锁效果更强。比利牛斯山的平均海拔实际上比阿尔卑斯山还高。无论如何，孤立是西班牙的精神状态和生活方式；这不仅仅是山、海拔或岛屿的问题。

一个国家的名字往往有助于了解其人民的心态和历史。西班牙最初被称为伊比利亚，这是（非裔）伊比利亚居民给这片土地的名字，据说是由伊比利亚语中的河（Iber）衍生而来。这些沙漠居民抵达西班牙后，认为这个国家是大河之地。对居住在沙漠中的伊比利亚人来说，任何小溪都可能让他们感动莫名，他们可能早在公元前3000年的史前时代就已来到西班牙。希腊人约在公元前600年来到西班牙，称这个半岛为Hesperia，意思是“夕阳之地”。迦太基人大约在公元前300年来到此地，称这里为Ispania（来自Sphan，“兔子”之意），意思是“兔子之地”。不可思议的是，这种胆小的长耳生物出现在了伊比利亚早期的钱币上。罗马人一个世纪后才到达此地，直接沿用了迦太基人给这里取的名字，称之为 Hispania。后来这成了这个国家现在的西班牙语名字 España。由此衍生出形容词 Hispanic，以及 español、hispano 等词。就这样，由于罗马人和他们的语言，兔子赢过了夕阳和河流。

兔子从不走直线，也不以稳定的速度移动，就像西班牙人一样。它跳跃的节奏快速但断断续续，先朝一个方向猛冲，然后再往另一个方向猛冲。西班牙的兔子一向数量繁多。塞万提斯在讲述堂吉诃德和侍从桑丘的旅行时经常提到它们。炖兔肉是西班牙乡村的主菜之一。形容骗术高明的西班牙谚语是“拿猫冒充兔子”（dar gato por liebre，意思为以次充好）。在马提雅尔[1]的时代，野兔被认为是四足走兽中的珍馐。走在西班牙乡下，野兔时时可能出现。谚语有云：Donde menos se piensa, salta la liebre，意思是兔子会在人最不经意的地方跳出来，这句话常被用来形容出其不意。几个月前，我参观了离科尔多瓦（Córdoba）数英里远的摩尔人宫殿麦迪纳·阿萨哈拉宫（Medina Azahara）。在这曾经令人啧啧称奇的摩尔艺术品的废墟上，是一片连绵起伏的山坡，点缀着几株细瘦的橡树和橄榄树。我们正在欣赏景色，聆听两位科尔多瓦人颂扬已逝的科尔多瓦偶像马诺莱特（Manolete）无与伦比的美德与优雅，几只野兔突然由草丛跃出，急急跃过山坡。两位科尔多瓦人暂时收住话头，其中一位说：“那些山坡上都是染上狂犬病的野兔，现在没人敢吃它们，这是全国性的流行病。”接着他们又回头聊马诺莱特的事。这整个景

[1] Martial，罗马时代诗人，出生于西班牙。——译者注

象就是今日西班牙的象征，狂热而饥饿，但依旧兴奋地谈论斗牛，或过去的一些胜利，一些古老的荣耀。

西班牙处处是动人的美景。加利西亚云雾缭绕的翠绿山脉和美妙的宽阔峡湾，卡斯蒂利亚荒凉的岩石，格拉纳达汩汩的喷泉和引水浇灌的肥沃平原，巴伦西亚和塞维利亚的柑橘园，围绕着托莱多曲折蜿蜒的塔霍河（Tajo River），每个地方都拥有自己的非凡之美。还有宏大，一种辽阔和高远的感觉。西班牙唯一让人觉得小的地理景观是河流。无论伊比利亚人怎么想，西班牙的河流都微不足道，在一年中的大部分时间里不过是沿干燥岩石河床底部流动的涓涓细流。即使是在古代和16世纪让内陆城市塞维利亚成为最重要港口的著名瓜达尔基维尔河（Guadalquivir），也只是泥泞的丑陋河流，不适合航行，也不赏心悦目。1846年看过这条河的大仲马，在给那位身份不明（也可能根本就不存在）的法国女士介绍他在西班牙的冒险时所写的一封迷人书信中，贴切地描述了这条河。

> 夫人，您或许对瓜达尔基维尔河有非常错误的印象，因为从没见过这么多水的阿拉伯诗人把它捧上了天，而根本没见过它的法国作家相信了阿拉伯人的话。没错，西班牙作家大可揭露没那么诗情画意的真相，但这是他们国家唯一大到可以行船的河流，他们何苦口诛笔伐？我们抵达河边，发现在低地和乏善可陈的河岸之间，滚动着的一大片不是水，而是液态的泥，其颜色和质地像牛奶巧克力，即使风味不是。我们抓耳挠腮地在那里站了一会儿，困惑又失望。[3]

如果大仲马这么失望，就不难想象已见过密西西比河、密苏里河、俄亥俄河、哈得孙河、萨斯奎汉纳河（Susquehanna River）或哥伦比亚河的北美游客会有什么感受。但时至今日，西班牙的诗人依旧在歌颂瓜达尔基维尔河。1936 年英年早逝的明日之星——作家加西亚·洛尔迦就曾为它引人遐想的河水写下名句："死亡之声在瓜达尔基维尔河上回荡。"平心而论，河流不只是地理，也是历史，它能唤起一种精神状态，这种精神状态与几个世纪以来沿着河岸生活和死去的人们的经历是分不开的。因此，纵使西班牙的河川规模很小，流量也不大，它们却散发出一种特有的怀旧气息，这和西班牙荒凉辽阔的景色及修道院似的严肃气质密切相关。

西班牙人说，"西班牙等于包罗万象"（Quien dice España, dice todo），他们为自家地貌的多种多样备感自豪。也有些西班牙人为追求国家的希望或稳定，强烈申明虽然有地区差异，但西班牙只有一个。他们认为这片土地有某种神秘魔力，能够一统全国，有些共同点赋予西班牙人相同的性格，相同的愿望，相同的理想。几个世纪以来，西班牙人一直抱着这种一厢情愿的想法，但实际上，西班牙并不是同文同种、有一致目标的地方。西班牙从根本上说是异质的，而异教才是它真正的宗教。要说有什么共同之处，那就是他们生活在同一片土地上，共有一段使得西班牙人有别于非西班牙人的历史。可是这个西班牙特质（españolismo）很脆弱，即使满怀勇气，在承受压力的情况下也注定破碎。理论上，大部分西班牙人当然想要追求幸福、正义、自由和更高的生活水平，但这只是虚幻的盟誓，就像把夸夸其谈的传教士和大力支持公民美德与减税的政客联结起来的盟誓。

诚然，西班牙的地理景观和人民都表现出天然而静态的活力、未经驯化的能量、未被开发的潜力以及未能实现的命运。西班牙人的性格中有一种强大的坚韧，一股自傲的强大意志，可是西班牙人从未学会共同生活或工作。著名的希腊地理学家斯特拉波（Strabo）写道，古伊比利亚人是胆大无畏的战士，但他们从没有学会在战斗中合作抵御外侮。他们骁勇善战，但人人都只是为自己而战。希腊、迦太基和罗马士兵的人数虽然比他们少得多，不过光凭较高明的团队合作，就能在战斗中击败当地居民。西班牙稳定而原始的活力，一再因为缺乏方向和协调一致的努力而被削弱。

被罗马统治了6个世纪，又和摩尔人战斗了8个世纪之后，西班牙人终于学会了共同战斗。到了15世纪，坚固的西班牙方阵（phalanx）已成为举世最强悍的军事单元。或许学习如何一起战斗和学习如何一起生活，都需要同样漫长的等待。现代西班牙作家佩雷达（Pereda，1833—1906）在谈西班牙性格的文章中，诙谐地提到法国作家夏多布里昂（Chateaubriand）的言论，后者曾说，西班牙战士在战场上所向无敌，但只要敌人一被赶走，他们就会坐上敌人的位置，嘴上叼着香烟，手上拿着吉他，庆祝胜利。佩雷达并不完全同意这种对西班牙性情的看法，但他睿智地断言：

> 如果从这图像中去掉一点法国色彩，就会是事实。的确，这几句话不仅勾勒出我们在战事中的样子，也描绘出我们在可以想见的生活中的特征。吸引我们感官的也许不是吉他，而是全国性的怠惰。唯有在受到饥饿鞭策，或者渴望显得富裕快乐的时候，我们才有摆脱懒散的力量。我们激烈地攻击每一个问

> 题，但很快就被冷漠或暴力征服。我们就只能做到这样。我们的政治、我们的工业和我们的当代文学，都明明白白显示出这一点。所有的人都领先于我们。

这些文字写于半个多世纪之前，但用它们来描述当今的西班牙，甚至比描述佩雷达时代的西班牙还要传神。这位作家继续写道：

> 除非要在行列中挺身而出，否则我们一直都在模仿其他人；我们靠着别人抛弃的东西生活，对丢给我们的每一个破烂都以疯狂的热忱迎接，好像它是特别为我们量身打造似的。我们把自己当成杰出的政治家、无敌的战士、学问渊博的经济学家、杰出的作家、勤劳的实业家和可敬的劳工。我们拥有法国的法规、英国的法规、美国的法规；形形色色的革命，各式各样的胜利，各种规模、方式和形式的进步；然而在眼前这一刻，西班牙人民只要能拥有自己的床位，就自认经济宽裕了。[4]

英国政治家威灵顿公爵（Duke of Wellington）曾说，西班牙的弱点就是吹嘘本国的实力。一个多世纪后的今天，却再没有西班牙人夸口国家的力量，至少军事上没有，但几乎人人都还在怀念它过去的强盛和荣耀，佛朗哥将军就是模仿腓力二世的次等货。每个西班牙人，无论他的出身如何或属于哪个地区，都夸耀自己是西班牙人。19世纪的西班牙作家加尼韦特（Ganivet）悲哀地描述他不幸的国家："我们原本可能成为信基督教的希腊。"尽管西班牙人歌颂西班牙，这是他们应有的权利，但他们也激烈地批评西班牙，诚如上面的句子所示。西班牙人批评西班牙人几乎成了一种文学类型，兔子之地的每一个小学生都知道这句顺口溜：“如果有人称赞法国，那么他是法国人；如果他歌颂英格兰，他是英国人；但如果他说西班牙不好，他必定是西班牙人。”批评西班牙的言论通常都很精彩，但鲜有建设性。这样的评论虽是优秀的文学，却很少能从书本文章或咖啡馆激辩跃上社会行动的舞台。西班牙人会勇敢地为自己的国家或信仰而死；他的确会为了世界的正义和自由，死在奥维多（Oviedo）、马德里或科尔多瓦街头的防御工事前，但他却无法把个人信念化为集体进步的政治努力。

西班牙人的骄傲家喻户晓。曾任萨拉曼卡大学（University of Salamanca，欧洲最古老的三所大学之一）校长的西班牙哲人米格尔·德·乌纳穆诺（Miguel de Unamuno）在一篇文章中指出，西班牙的张三李四若没有别的东西值得骄傲，也会因为自己是张三李四而无比骄傲，因为举世不会有另一个和他一样的张三李四。他所有的特质，无论好的、坏的或者无关好坏的，组合成他性格的特色，永远不可能会以相同的比例，在其他任何人的身上出现。因此，西班牙人不觉得他生来是为实现任何社会目的，而是要实现他自己。他的个人尊严有时教人钦佩，有时又使人恼火；自我是他的重心。他这个个体具有神圣而不可替代的价值。在宇宙中，他可能什么也不是，但对他自己来说，他就是一切。这种过分的个人主义无疑削弱了国家的地位；这也使得西班牙人把个人成就或创造力视为自己的主要价值，因此西班牙真正伟大的都是个人艺术家、建筑师、作家、音乐家、圣徒、征服者、冒险家、探索家、诗人。这些都是在不用走出自我的情况下，就可以发挥到淋漓尽致的领域。

西班牙人源自非洲闪米特族（Afro-Semitic），虽然也受到一点罗马人和欧洲北部族群的影响，但基本上以非洲闪族为主。这种原始的种族混合以强大个体性为基调。西班牙人有西班牙特色，正如犹太人有犹太人的特色一样。犹太人可能来自任何地区或文化，但他仍然以犹太性格为基础，这是他自豪的根源，他也将固执地坚持下去，尽管往往无法定义什么是犹太性格，但他会全心全意地捍卫这个基础，甚至为它奉献自己的生命。西班牙人（血统有部分是犹太人，部分是摩尔人）在心理上及在对现实和命运的阐释上，也具有类似特质。这种特质绝非弱点，它是一种其他民族所不了解的力量。唯一遗憾的是，到目前为止，西班牙人巨大的能量和民族自豪感，还没应用到西方世界最看重的那些集体表现领域：经济组织、民主政府、社会凝聚、工业发展，任何一种集体的事业。不过在艺术方面，除了在非常绝望的时期，西班牙向来不落人后。哲学家乌纳穆诺说，西班牙的伟人塞万提斯、格列柯（El Greco）、委拉斯开兹（Diego Velázquez）、戈雅（Goya）、路易斯·德·贡戈拉（Luis de Góngora），"和任何国家的伟人相比，都不逊色，甚且还有过之，尽管我们实际的生活比不上摩洛哥或葡萄牙"。[5]

乌纳穆诺还指出，这种过分个人主义背后的根本原因，可能催生了西班牙人在历史上的所有成就：他们短暂的帝国大业，他们的百折不回，他们在艺术上的优异表现。"这种个体感受深植于种族的根源之中，狡猾的政治人物把它变成实现自己野心的有利条件。"

巴罗哈在他的一本小说的序言中写道，西班牙的强烈个体性往往是焦躁不安、难以平复的。

> ［他说］从没有完整的社会体系的西班牙，在实力派和行动者的前仆后继下，以一连串的精神抽搐展现了它的生命和艺术。如今它却觉得自己因为这样的激烈爆发式的生活而毁灭了。它渴望像其他国家一样，倾心平凡与井井有条，唾弃个体性。
>
> 原本唯个人独尊的西班牙，如今却把其他民族的集体主义志向尊为不容争辩的教条。今天，我们的国家开始许给能推崇普遍思想和情感的人一个光明的未来，尽管这些想法和感受与我们同胞的天赋扞格不入。[6]

巴罗哈是在佛朗哥掌权之前写下这些文字的，文中所指的是"当代的民主资产阶级倾向"，而非佛朗哥试图重振腓力二世西班牙教会国家观念的西班牙法西斯主义。巴罗哈说西班牙人广泛接受其他民族的集体主义抱负，这点是错的。佛朗哥将军"勇敢向昨天迈进"的做法，彻底证明了事实并非如此。但如果这些集体主义抱负有朝一日变成了一种宗教，请小心留意火山爆发！

又骄又穷，这么形容西班牙人民再贴切不过。古谚有云："如果上帝不做上帝，就会做西班牙的国王，而法国国王会当他的厨子。"不过，用来形容西班牙的另一个谚语"骄傲和懒散是贫穷之钥"（altivez y pereza, llaves son de la pobreza），则需要进一步检视。西班牙人更愿意做士兵、教士或冒险家，而非做劳工，的确如此。但西班牙人并不懒惰，他会勤勉不倦地完成交给他的任何任务，只是他喜欢用自己的方式。西班牙的贫穷来自其他的原因：长年草木不生且受降雨侵蚀的贫瘠土壤；从未把人民福祉放在心上的政府；像波斯或罗马那般荒谬的大庄园制度（latifundia），使得农民没有土地；缺乏像样的住房、工业和科技发展；最后是不愿分享的富裕阶层和不愿合作的工人。造成西班牙贫困的，是这些具体问题，而非懒散。所以西班牙人紧抓他们的骄傲不足为奇，这是他们唯一的真正财富。

因此，西班牙人对人生所抱的自傲和坚忍态度，是绝望的哲学。生于西班牙的罗马哲人塞涅卡（Seneca）用令人信服的语言说明了这种态度："别被与你的精神格格不入的任何东西征服。"19世纪的西班牙作家加尼韦特十分崇拜塞涅卡，用下面这些话重述了这位罗马作家的哲学：

> 记住，在生命的偶然中，你的内心有一股能量，坚不可摧，就像一个钻石轴一样，围绕着它的是构成你日常生活的琐事；无论什么事发生在你身上，无论它们是顺境、逆境还是侮辱谩骂，你都要站稳脚跟，屹立不摇，至少让人们谈到你时，总会说你是个男子汉。
>
> ［加尼韦特补充说］这话是彻头彻尾的西班牙精神，塞涅卡根本无须加以创造，因为它早已被创造出来了。他只消把它挑出来，给它一个永恒的形式，展现有天赋者的一贯作风。西班牙的精神粗犷、没有形体，只有骨架而且赤裸裸，它不用人造的衣服遮盖那原始的裸体；它用塞涅卡主义的遮羞布遮盖自己。[7]

接着加尼韦特指出，塞涅卡主义已深深影响了西班牙的宗教、道德，甚至法律层面，它已深入西班牙的艺术和民俗，在谚语、格言和人们的日常用语中无处不在，甚至渗透到许多不同的高等学问分支。我们还可以补充说，西班牙的空气和土地，尤其是在卡斯蒂利亚，代表了需要忍耐的气候和地理，而卡斯蒂利亚是士兵之乡；坚忍和士兵必然融为一体。

“探险家科尔特斯（Hernán Cortés）足堪媲美达·芬奇。”另一位知名的西班牙人如此断言，他的意思是西班牙在文艺复兴时期能和意大利平起平坐。一言以蔽之，意大利对文艺复兴的贡献是才华横溢的全才艺术家，而西班牙的主要贡献是征服者。一方是创造艺术的人，另一方则是创造国家的人。这话是否为真并不重要，重要的是这说明了西班牙的观点，而且也被西班牙人普遍接受。

“也许早在基督之前，西班牙人就已是基督徒。”这是塞涅卡的另一句名言。西班牙人以其他国家难以比拟的热情拥抱基督教。而且是与其他天主教国家差别很大的基督教，和欧洲北部冷酷、条理分明、枯燥、缺乏情感的新教的共同之处更少。其原因是西班牙人从来没有放弃异教信仰，只是在异教的基础上增添了基督教。在西班牙的宗教意象中，上帝是具体的存在。后来，他们从摩尔人和犹太人那里获得了对宗教的感官感受，而这种感受从未出现在新教国家。宗教成了一种热情和艺术，它的仪式变成了炫目的礼拜。看看塞维利亚“圣周”（Holy Week）的辉煌盛况，在那里，圣母有如拜占庭女皇；看看复活节时在西班牙各地举行的宗教游行；看看许多西班牙宗教思想家所抱的神秘主义，这是一种用美德和苦难压抑的感官主义。

摩尔人和犹太人也为西班牙带来了西班牙天主教义的关键概念：以宗教来推行民族主义。中世纪的西班牙各小国没有其他方式来维系统一，于是他们高举十字旗作为军队的旗帜，进而以此为国家的旗帜。史上只有两次成功的十字军运动，两次都是由西班牙发起的：一次是对抗信奉伊斯兰教的摩尔人，另一次则是征服新世界的异教徒印第安人并迫使他们改信基督教。西班牙从来没有兴起过新教教会。而在佛朗哥当政之际，政府下令：任何犹太会堂或新教教堂都不得在外墙上张贴任何宗教信仰符号、标记、字母或可供识别的任何特征。

西班牙约是不列颠群岛的两倍大，大概是加利福尼亚州再加上三分之一内华达州的大小。古代作家曾把它描写成伊甸园，辉煌壮丽，欢乐满园。“在西班牙，没有闲置，没有贫瘠。”（Nihil otiosum, nihil sterile in Hispania.）这是奶与蜜的流淌之地，就像传说中以色列人要去的迦南地。阿方索十世在他著名的史书中称这里是人间天堂。然而，这些富饶和美丽如今却不复存在。这个国家痛苦地回忆过去，就仿佛古老的神祇为自己的教派绝迹而惋惜。这个贫穷、悲惨的西班牙，原本可能有怎样的远大前程！当今西班牙没有一个地区的财富比得上加利福尼亚。尽管如此，它多样的地貌还是让所有的旅人都叹为观止。

从西北角和葡萄牙交界之处起算，这个国家的主要区域如下：

一、坎塔布里亚地区，包括加利西亚、阿斯图里亚斯和巴斯克诸省，其中加利西亚云雾缭绕，最潮湿多雨，但三个地区都青翠凉爽，有许多果园，水源丰富。这里是崎岖的山区，石屋稳固地坐落在山坡谷地，即使在夏日也看得见袅袅青烟。农民用称作 hórreos 的石制或木制吊脚粮仓贮存五谷，以免粮食受到啮齿动物啃食。谷物桶上都有十字架，意在祈求上帝保护。山区的乡村教堂风景如画，虽然灰暗潮湿，但有着原始而动人心弦的古意。山区的居民多愁善感，他们对家乡满怀热情，如果不得不远离故土就会患病，他们称这种思乡病为morriña，并在歌曲和故事中表露思乡之情。这个地区的人吃得比南方人好，因为他们必须吃得好，才能在雾气不断的潮湿环境中生存。

这片地区孕育了许多西班牙最杰出的作家。他们对坎塔布里亚山脉及其人民的描述，着上了浓重的内部观点色彩。中世纪的加利西亚抒情诗学派是西班牙西部对法国南部普罗旺斯吟游诗人传统的回应。吟游诗人传统在欧洲文学史上名气比较响亮。另外，西班牙流传的最早的歌曲中，有一些是13世纪加利西亚吟游诗人马丁·科达兹（Martin Codax）的作品，这些歌曲是写给夫婿出战摩尔人的妇女吟唱的，能唤起这片山地悲伤、神秘和怀旧的气质，歌词和旋律充满了茫然和失落。这些令人难忘的歌曲中，有一些最近得到了重录，牵动了埋在我们潜意识深处的原始过往。

加利西亚一位教区神父的私生女罗萨莉娅·德·卡斯特罗（Rosalía de Castro，1837—1885）以观察入微的女性敏感描述了她心爱的省份，她的诗以简单、精致的诗行勾勒加利西亚风光之美和其居民的忧郁，让人想到民间对句的自然流畅和凝练的情感特质。罗萨莉娅在圣地亚哥附近的墓吸引当地居民前往。她在一部作品的序言中写道：

> 湖泊、小瀑布、急流、缤纷的草原、谷地、山脉，时而蔚蓝平静如意大利的天空，忧郁阴霾的地平线，总像瑞士的风光那

> 样美丽；宁静祥和的溪流和河岸，狂风暴雨掀起惊涛骇浪，让人恐惧而惊叹不已……一望无际的海洋……我还能怎么形容？没有文字能够细数这么多的魅力。一年四季如茵青草、鲜花、草药覆盖大地；山上长满了松树、橡树和杨柳，轻风徐徐；不分冬夏，喷泉和急流向前奔涌，喷出晶莹水花，时而穿过微笑的田野，时而进入深沉而幽暗的峡谷……加利西亚是一座花园，每一次呼吸都会吸入甜美的芳香、清新和诗意。[8]

另一位以深刻思乡之情回忆故乡加利西亚的作家，是活跃时期主要在马德里度过的埃米莉亚·帕尔多·巴桑（Emilia Pardo Bazán）。她回忆故乡的山峰"宛若老鹰的巢"，高大的栗子树"散发着芬芳，其香气与其他甜香的草药与树木融合"，微小的地衣"白如貂皮，像羊毛一样柔软而紧密"，"巨大的蕨类植物底下"，潺潺溪流在苍翠的田野和巨石之间跳跃，古老的石泉"覆盖了寄生植物，铺着绿油油的苔藓，水在其上滑过，一缕又一缕，就像悲伤的脸颊上的泪水"。

当代作家巴列-因克兰（Ramón María del Valle-Inclán，1866—1936）以悲剧和恐怖的色调描写他的故乡加利西亚，他在各处都发现"我们看不见的可怕生物"。他作品中的气氛总是神秘莫测；狗在夜间号叫，宣告出某种悲剧，这是风暴和世界悲哀的象征性回声；他的人物用橡木或坚硬的岩石雕刻而成；他们满怀恐惧地犯罪，并接受可怕的后果；物体和人物在昏暗光线中神秘地移动，或一动也不动。成群的绵羊回到栏内，"冬天冻僵了的长眠的田野几乎不被它们身上铃铛的响声所打扰"。雨水丰沛，乌云密布，古老的教堂和修道院孤零零地耸立在青翠的山坡之间，“让人产生一种难以形容的厌恶和恐怖的感觉”。有时可以听到大海的声音“在远处激烈地起伏，仿佛是埋伏在松林中的饿狼”。

二、比利牛斯山地区，在坎塔布里亚之东，由 3 个地区组成，始于西班牙这头的比利牛斯山并往南延伸。这 3 个地区分别是纳瓦拉、阿拉贡和东岸的加泰罗尼亚，其中加泰罗尼亚的首府是繁荣的巴塞罗那。由纳瓦拉向东来到加泰罗尼亚，就是从一个沉默寡言、头脑冷静、爱跳霍塔（Jota）舞的传统农民之乡，前往一个因海洋致富、精打细算、有商业头脑的企业家的地区。加泰罗尼亚人就是西班牙的苏格兰人，他们勤勉精明，但也节俭到夸张的地步，至少传闻如此。不过这未必是事实，苏格兰人之说亦然。

风景优美的纳瓦拉首府潘普洛纳，位于比利牛斯山脚下的壮丽景观中，向北仅 28 英里就是知名的龙塞斯瓦列斯山口（Roncesvalles），正是骁勇善战的罗兰和查理曼的后卫军与西班牙人对阵的传奇战场。这一路都是高山景色：松树、野玫瑰、淙淙瀑布和孤寂的山峰。在法国史诗《罗兰之歌》（*Song of Roland*）中，200 岁的查理曼甚至可以命令太阳静止不动。大主教特平（Turpin）即使已经濒死，依旧用剑杀死了 400 名士兵，罗兰率领 60 个人杀得 10 万大军落荒而逃。最后勇敢的罗兰意识到自己必死，于是用力吹响号角直到太阳穴爆裂。没有人能杀死这位勇敢的骑士，他是死在自己手里的。西班牙文学中没有这样的角色。西班牙人是现实主义者，熙德的史诗描述的是刚强可靠的英雄，扎根于他那个时代的严峻现实。

比利牛斯山之乡到处都是历史悠久的回忆和纪念物。每个村庄都让人想起一场战斗。在卡拉奥拉（Calahorra），古罗马名将塞多留（Sertorius）对抗庞培（Pompey）；在图德拉（Tudela），法国人打败了卡斯塔尼奥斯将军（Castaños）；在南方几英里的努曼提亚（Numantia），大西庇阿（Scipio Africanus）遇到了勇气令罗马人惊叹的劲敌；在纳瓦雷特（Navarrete），“残暴者”佩德罗一世（Peter I the Cruel）征服了特拉斯塔马拉的恩里克（Henry of Trastamare）；在阿拉贡的萨拉戈萨（Saragossa），全城死守，抵挡住了拿破仑的法军将近一年。这里有罗马和阿拉伯的废墟和中世纪的遗迹，历史和传说代代相传。这个地区的风貌时时不同，但壮观的比利牛斯山是永恒的背景。萨拉戈萨周围是绿色的田野，但更远处却只有起伏的平原，荒芜而贫瘠。

> 埃布罗河沿着铁道一路奔腾而下，时而近得仿佛火车就要直潜而下，时而又远得如同在高处和两岸树丛中穿梭的银链。眺望远处是一连串蓝色的山峦，其上则是比利牛斯山的白色顶峰。图德拉附近可见一条运河；经过卡斯特洪之后，乡野变得郁郁葱葱；继续前行，干旱的平原生长着橄榄树，原本枯黄干燥的旷野点缀着些许活泼的葱茏。远方的山顶上是巨大的城堡废墟，矗立着七零八落的高塔，就像匍匐倒地的巨人的巨型躯干，依旧让人心惊胆战。[9]

东北海岸的大都会巴塞罗那位于高山环抱的海湾。城外几英里就是蒙特塞拉特（Montserrat）修道院，这是瓦格纳的歌剧《帕西法尔》（*Parsifal*）中，传说存放圣杯的地点。蒙特塞拉特是地处荒野的山区隐居地，寂静如冰山，周围环绕着冠状石头，就像无人居住的星球。在这个僻静而神秘的地方，圣依纳爵·罗耀拉（Ignatius Loyola）以灵魂向上帝起誓，从此开始为基督教献上终生，耶稣会就源自这个誓言。他们称蒙特塞拉特圣母为“4月的玫瑰，山中的黑色圣母”。她是加泰罗尼亚的守护神，因岁月久远，经烛火烟熏而变黑。神圣罗马帝国皇帝查理五世[1]在世时曾9次来此参拜，征服墨西哥的消息传来时，他也正在此地。查理去世时，手中紧握着来自这个圣地的蜡烛，他的儿子腓力二世亦然。

三、卡斯蒂利亚高原，坐落于西班牙中部，在比利牛斯山以南，坎塔布里亚区以东更靠近内地之处。它的西边是埃斯特雷马杜拉（Extremadura），乃是新卡斯蒂利亚的延伸，再过去就是葡萄牙。卡斯蒂利亚高原包括了古老的莱昂、旧卡斯蒂利亚、新卡斯蒂利亚和高原最南端的拉曼查（La Mancha）。堂吉诃德和桑丘就来自拉曼查。如今火车呼啸着穿过这片已经开垦的土地，而在过去，塞万提斯笔下的男主角和他健壮的侍从在此大战风车，驱散了一群咩咩叫的羊，把它们当成摩尔人大军。当火车或汽车一路狂奔之际，乘客可以望到远方高高低低的淡紫色群山。

我们已描述过卡斯蒂利亚地区，不过由内部观察这块西班牙的心脏之地，也许能为我们的理解更添深度。卡斯蒂利亚高原的人口大半聚集在村落、乡间和城镇里，这些地方彼此相隔甚远，到处尽是荒无人烟。西班牙这一地区的人们尽量避免平原上的孤寂，就连农民也成群聚居。这样的紧密为邻让他们有安全感，因为长久以来

[1] Charles V，即西班牙国王查理一世，后文中统一为查理一世。

对抗摩尔人和彼此征战的历史，使他们满怀恐惧。在战乱之时，他们住在城镇里，以便躲避烧杀掳掠的军队。卡斯蒂利亚的乡下和加利西亚与阿斯图里亚斯截然不同，往往渺无人烟。农舍成群围在教堂附近，一方面互相取暖，一方面也是为了对抗严酷的大自然和高原的寂寥。村民经常得骑着骡子长途跋涉，才能到达耕作的田地，而每一块田地又和其他相距甚远。在劳动的时候，每个家庭都与其他家庭隔绝。

夜幕低垂时，农民骑上骡子，身影映着黯淡的天空，哀伤而缓慢的歌声在清爽的空气中渐渐远去，化入无尽的高原沟痕之间，这样的景观扣人心弦。

在漫长的冬夜，主仆聚在一起十分平常，后者随着手鼓急切单调的敲击或古老歌谣的声音起舞。

到这些村庄或城镇里去走走，在那里，生命在单调的时间里缓慢而平静地流动；在那里，你会发现活着的灵魂，在其短暂的存在之下，蕴藏着永恒的本质，而卡斯蒂利亚的内在历史就是从中编织出来的。[10]

卡斯蒂利亚人性情严谨而节俭，他们对严寒酷热均能忍耐，身强体壮，散发出遭废黜国王的尊贵。他们的冷静和坚忍声名远播。他们天生是现实主义者，言语简洁，吃苦耐劳。他们不容易接受新思想。他们的歌悲凄，以拖长的音符歌颂草原，就像耕犁的犁头徐缓地穿过坚硬贫瘠的土地。他们的生命力坚强内敛，他们的高原一望无际、广阔澄明。卡斯蒂利亚从来没出过任何风景画派。

四、安达卢西亚，西班牙的南部，这里是摩尔文化传统最强大的地方。格拉纳达、科尔多瓦和塞维利亚是最著名的城市和省份。摩尔人称此地为安达卢斯（Al-Andalus），意思是汪达尔人（Vandals）的地盘，安达卢西亚这个名字就是由此而来的。这是西班牙的非洲部分：位于沿海平原后方的高山、连绵起伏的丘陵和橄榄树林、引水灌溉的肥沃谷地、地中海气候——这一切都是北非的特色。陌生的古老山丘包围着公路，在到达城镇之前往往有古老的城堡废墟伫立，静静地见证中世纪或摩尔人的过往。在格拉纳达肥沃草原四周是一年四时积雪覆盖的山峰。此地有甘蔗和烟草田，也有棕榈树、夹竹桃、桃金娘、白杨、康乃馨、蓝雪花和九重葛。科尔多瓦在炎炎烈日下难以喘息，而在塞维利亚的人也四处寻找凉荫休憩。这里是暖风鸟鸣之地，这里是干燥、炎热、夏日之地，生活着快活感性的民族，他们有毋庸置疑的非洲血统。夜里常常能听到吉他颤抖的音符，和西班牙南部深歌（cante jondo）怪异的曲调。

安达卢西亚的歌曲被归类为深歌，和西班牙其他地区的歌曲截然不同。它们是狂放的哀歌，是对爱情、哀伤、失去和宗教激情的悲叹，从这个地区非洲-摩尔-希伯来混合的文化中自然生成。它们滑动而破碎的音符、尖锐的颤音通常以刺耳哭喊表达，它们用西班牙弗拉门科吉他弹断奏伴奏，这些特色表现在声音上，就像是尖锐箭头射出滑翔摇动的轨迹。这些歌曲表达乞求宽恕的宗教请求时，被称为 saetas，意即歌曲的“箭头”。这些歌曲并非吉卜赛人原创，因为早在 15 世纪初吉卜赛人到达西班牙之前，罗马作家就已提到它们。但今天，吉卜赛人的确以特别精准又惟妙惟肖的优雅来表演这些歌曲，他们似乎到哪都有这种本领。

五、东岸地区（Levant），是五大西班牙地区的最后一个，主要包括狭长的海岸地区巴伦西亚，在数个世纪前由西班牙的民族英雄熙德从摩尔人手中夺得。巴伦西亚是灌溉区，是西班牙的“绿园”，柑橘和稻米之乡。如果没有灌溉，它就会如干草原一样贫瘠风化。巴伦西亚的水由古老的水利法庭配给，这个法庭负责这项重要而敏感的任务已有近千年的历史。这里是地球上最多产富饶的地区之一。

巴伦西亚濒临大海之处散发着蓝色地中海的光芒。海岸后方的灌溉“绿园”是一望无际的墨绿色柑橘树林，一条红土路迤逦其间，四处散布着玫瑰红、蓝色或闪闪发光的白色小屋。芬芳的花朵和果实映着浓密的树叶，成千上万的小金球点缀在树丛中。巴伦西亚小说家布拉斯科·伊巴涅斯（Vicente Blasco Ibáñez）精彩地描述道：

> 湛蓝的天空宛若精致的丝绸。海岸边是有棱有角的山峦，陡坡重重，高耸入云的塔宛若多雷（Doré）的画。在更远方的内陆，仿佛飘浮在山脚下树丛碧湖上方的，是紫雾笼罩的另一座更遥远的山脉。不断浇灌致使水汽弥漫，太阳在其中穿行。

离开已开垦的平原几英里后，景观丕变，突然之间又展现出卡斯蒂利亚高原荒芜坚硬的一面。

巴斯克作家巴罗哈曾这么描写东岸的游历：

> 我曾与两位熟稔的神父一起前往巴伦西亚，一路上谈到了我们各自的家园；他们称颂巴伦西亚平原，我则回答说，我更喜欢山区。正当我们经过钦奇利亚（Chinchilla）附近光秃无树

的山丘时，他们其中一位对我说："这一定让你想到了你的故乡。"我愣住了。我怎么能把这样干燥荒芜光秃的岩石，和故乡巴斯克温润碧绿的景色联想在一起呢？可想而知，这位神父心中的景观印象只是山的概念，他无法像我一样区分长满了青草树木的绿色山坡，和干燥岩石构成的枯旱山坡。[11]

这就是西班牙各种各样的面貌，尽显其神秘壮丽。我们无法找出各地在地理、地貌或气候方面的共同点。就连西班牙的语言也缺乏统一。宗教虽曾统一西班牙人，但现在又有分歧。有人曾说，在西班牙，每个人都跟随教会，只是其中一半人手捧蜡烛，另一半人则拿着棍棒。因此，尽管佛朗哥政权拼命努力，但古时的统一再也没能恢复。无形的西班牙特质的基础总是存在，那就是西班牙性。也许这个国家的精髓在于它朴素的力量、永恒的生命力，但这也是难以捉摸的特质。不管是什么，在哪里，西班牙的统一性只在于历史的核心架构和共同的命运。然而，这里尽管粗糙、原始、贫瘠，却满是泥土的气息和恣意生长的花朵，"野生植物遍布，散发着蛮荒的魅力，哪怕没有其上的居民，这个半岛本身就是一个伟大的力量，伟大的存在"。[12]

第二章

黑暗的开始

在西班牙，一切都会腐朽，唯独种族例外。

——卡诺瓦斯·德尔·卡斯蒂略（Cánovas del Castillo）

由老卡斯蒂利亚的港口城市桑坦德（Santander）到中古城镇滨海桑蒂利亚纳（Santillana del Mar）和就在小镇上方的阿尔塔米拉（Altamira）洞穴，距离大约才20英里。这条路交通繁忙，中间还穿过一座巨人的制酸工厂，喷出阵阵恶臭浓烟，原本晴朗的天空因此污浊黯淡。桑蒂利亚纳是个美丽的中世纪小城，迄今依旧保持着当年的风貌，说不定连苍蝇的数量都和以前一样。这里虽有一家公营旅馆，由古城堡改造而成，但只有8个房间，因此很难找到过夜休息的地方。桑蒂利亚纳狭窄的街道属于另一个时代，不过街上却挤满了现代的观光客。

尽管桑蒂利亚纳有教人目不暇给的历史遗迹（美不胜收的罗马式建筑），但此地的瑰宝却藏在城镇上方山坡的深处。山坡上长满了金龟树和相思树等高大树木，树下总是有一群人排队等着进洞穴参观，每一次只能容纳20人左右。洞里满是已炭化的骨骼，不过都是动物骨骼，人类的死者必然埋在别处，只是没有人知道究竟在哪里。导游总会带强光手电筒和蜡烛，因为洞里的画在柔和的烛光下看起来最美。和美国新墨西哥州的卡尔斯巴德洞穴（Carlsbad Caverns）相比，西班牙的这些洞穴尺寸较小，但它们在人类历史上的意义让卡尔斯巴德相形见绌。跨进狭窄的入口，把阳光关在外面之后，机械世界就完全消失，也关闭了人类笨拙认识群星的大门。

西班牙的史前居民在阿尔塔米拉洞穴的洞顶留下了令人叹为观止的绘画作品。然而，大家对他们几乎一无所知。这些画至少有1.3万年历史，说不定更久远，但保存得非常好。它们是这个半岛绘画艺术最早的代表，而绘画正是西班牙人一直以来所擅长的领域。要欣赏这些图画，观众必须平躺在铺了一块帆布的石头“沙发”上，否则图画就会扭曲失真。史前艺术家原先必然就是这么躺着作画，就像米开朗琪罗在西斯廷教堂作画时一样。这些画作可能有宗教或仪式的用途，以温暖而丰富的棕褐色调，绘出野生的雄鹿、马、野猪，对动作、节奏和形体都有很好的掌握，表现出作画的古老民族的艺术特质。低矮的洞顶永远因洞内蒸气凝聚而潮湿，据说这就是使画作历久弥新的主因，否则洞顶滴渗下来的水恐怕早就破坏它们了。史前幽暗的门户就说到这里，时间快转8 000年，此后，西班牙就从阴影里走出来了。

伊比利亚人（半岛因此得名）可能在公元前3000年左右从北非来到西班牙。他们主要占据半岛南部的那三分之二，沿着埃布罗河及在河流以南处聚居。“Ebro”这个名字本身来自“Iber”，伊比利亚语的“河流”。伊比利亚人在埃布罗河谷和巴伦西亚海岸附近发展出欣欣向荣的文化。他们住在城墙环绕的城市里，有些建造城墙的巨石仍留在原地，比如在塔拉戈纳（Tarragona）。伊比利亚人矮小结实，皮肤偏黑，擅长骑马，他们的社会组织极重视氏族和部落。他们制作美丽的小型青铜像，热衷于表现公牛、其他动物和花朵的形象。他们的艺术蓬勃发展，在后期受到希腊人的强烈影响。

腓尼基人是闪米特族的迦南分支，早在基督诞生之前的许多个世纪（可能早至公元前 12 世纪）就开始与西班牙进行贸易。这些人的语言显然和古希伯来语同系。来到西班牙的腓尼基人［最初来自现黎巴嫩境内的提尔（Tyre）］主要是商人，长期和半岛居民做生意，获得了不少利润。据说他们建造了西班牙南部的加的斯（Cádiz）和马拉加（Malaga）两个城市，前者建于公元前 1100 年左右。吸引腓尼基商人来此的主要是西班牙西南部的矿藏，可能就是《旧约》提到的他施（Tarshish）。"他施的船"在地中海西部纵横了许多个世纪，传说由西班牙返回的船只连锚都是纯银打造的。尽管腓尼基人主要的兴趣在贸易，但他们对音乐艺术也不陌生，先知以赛亚在提尔光彩不再之时说："你这被忘记的妓女啊，拿琴周流城内，巧弹多唱，使人再想念你。"（《以赛亚书》第 23 章第 16 节）

北欧的凯尔特人大约在公元前 900 年漂流至西班牙；300 年后（公元前 600 年），凯尔特人第二次入侵，占据了西班牙北部，也就是埃布罗河以北的地区。这个来自北方的族群在西班牙中部和伊比利亚人通婚，希腊人和罗马人后来都曾与他们的后代相遇。凯尔特人大大影响了西班牙北部人口的样貌，坎塔布里亚和比利牛斯山区的人，迄今还有相当高的比例是淡色（蓝色和淡褐色）的眼睛、淡色的皮肤与头发。加利西亚和阿斯图里亚斯的人以金发著称，在巴斯克地区，有浅色皮肤和眼睛的人约占四成，在阿拉贡约占三成五。越往南走，肤色和眼珠的颜色就越深。典型的安达卢西亚人是黑皮肤黑眼珠，反映出摩尔人的血统，不过如今在安达卢西亚也有金发的人，就像在北非说阿拉伯语的人口中也有金发的人一样。

谈起种族特征或许有点牵强，毕竟那是数千年前的事了，但：

> 斯特拉波当年所注意到的伊比利亚和凯尔特人的特征，迄今依然历历可见：他们的好客、慷慨大方、傲慢，以及最重要的，他们对自由的热爱。这表现在他们对征服者激烈的抵抗，以及在被围城时奋力的防卫；萨贡托（Saguntum）和努曼提亚就是西班牙史上一长串著名围城战役的开端。[1]

希腊文学经常提到西班牙早期的历史。柏拉图在晚期作品《蒂迈欧篇》（*Timaeus*）提到阿特兰蒂斯失落的文明，斯特拉波也在他知名的地理著作中提到它。现代作家埃德温·比约克曼（Edwin Björkman）举证指出，阿特兰蒂斯就位于现代西班牙的加的斯附近。在希腊神话中，海格立斯（Hercules）的第10项任务就是要往西到落日余晖下，带回革律翁（Geryon）的牛。学者盖雷（Gayley）在《古典神话》（*Classic Myths*）一书中写道："这段描述指的应该就是西班牙，而革律翁是那里的国王。"

海格立斯走过许多国家后，终于到达地中海的最西边，他在那里竖起了两根大柱子作为纪念，那就是卡尔佩山和亚比拉山（mountains of Calpe and Abyla）。这传说中的两个"海格立斯之柱"，就是当今的直布罗陀和休达（Ceuta）。故事的后来是，这位希腊英雄在柱子上刻了一个缠绕在一起的S形，上面的拉丁铭文是“此外更无一物”（Non plus ultra），这个图标标记着地中海世界的最西端。而这个S形成为现在广泛使用的货币符号的起源，也就是美元的符号。

海格立斯的第11个任务是去偷赫斯珀里得斯姐妹（Hesperides）的金苹果。这可能是指金块，也有可能只是指金色夕阳或者西班牙南部的野橘？巨人阿特拉斯（Atlas）是守卫金苹果的仙女赫斯珀里得斯姐妹的父亲，所以海格立斯请他去取金苹果，他愿意在此期间代替阿特拉斯，用自己的肩膀承担诸天的重担。阿特拉斯很快带着金苹果回来，而且想亲自把苹果带回希腊。海格立斯同意了，但请求巨人帮他背负重担片刻，让他去取个垫子垫在肩膀上。阿特拉斯于是又担起了诸天，而海格立斯则带着苹果溜之大吉。

希腊人约在公元前600年抵达西班牙，他们最先是来做生意的，后来沿着地中海岸边，可能还沿着坎塔布里亚北岸，建立了几个贸易点。他们的艺术和较原始的伊比利亚艺术融合，知名的石像“埃尔切夫人像”（The Lady of Elche）就是希腊–伊比利亚艺术的最佳范例，她谜一样的脸庞流露出东方式的安详平静，其头饰和珠宝则是伊比利亚风格。这个半身像是在巴伦西亚海岸的阿利坎特（Alicante）附近发现的。希腊人在西班牙并没有留下像在意大利西西里的锡拉库萨（Syracuse），或是那不勒斯南部帕埃斯图姆（Paestum）那样的伟大石庙，他们在西班牙留下的建筑并不持久。

希腊人倒是把他们的音乐和乐器带到了西班牙。

提尔的歌曲虽已被时间湮没，不过我们可以想象有些残篇，和希腊与伊斯兰的曲调混在一起，留存在轻快的伊比利亚民谣里，这些民谣的起源已失落在时光的幽微之中。能确定的是，腓尼基在地中海的地位被希腊取代之后，希腊的故事和传说才深入伊比利亚半岛……人们在伊比利亚土地上的希腊神庙和剧院崇拜以弗所的狄安娜女神（Diana of Ephesus），伴着里尔琴（lyre）和阿夫洛斯管（aulos）吟唱颂歌和赞歌。[2]

公元前3世纪，北非的强大腓尼基城邦迦太基在第一次布匿战争（First Punic War）中败给罗马后入侵西班牙。哈米尔卡·巴卡（Hamilcar Barca）将军趁战后暂时的平静，征服了安达卢西亚的一大部分和巴伦西亚海岸区。巴塞罗那之名就是来自哈米尔卡·巴卡。另一个迦太基城市是新迦太基（Carthago Nova），就是今天的卡塔赫纳（Cartagena）。哈米尔卡·巴卡训练了一支由西班牙步兵和北非努米底亚（Numidia）骑兵组成的精兵，并拟妥了征服意大利的计划。他死后，儿子汉尼拔（Hannibal）继承父志，实现了计划，自己也成为古代最知名的将军之一。公元前218年，他攻下并摧毁了萨贡托（今日巴伦西亚附近），并几乎立刻就带兵翻越阿尔卑斯山，进入意大利。他在公元前216年于坎尼（Cannae）遭逢并击溃一支强大的罗马军队。这可能是史上最庞大的罗马军队。罗马士兵在坎尼的死伤人数惊人，包括了80名元老院成员，帝都几乎没有一个家族逃过丧亲之痛。不过罗马人振作起来，依旧牢牢防护罗马城，同时派出了第二支军队。这支队伍不断阻挡迦太基军队进攻的同时，小心翼翼避免正面冲突。

汉尼拔立即释放所有掳获的罗马同盟军，并尽力策反，游说他们及其城市抛弃罗马，加入己方。他的计策不甚成功，因为罗马共和国有公平对待所有臣民的政策，而迦太基则四处劫掠恶名昭彰，如今令罗马大大获益，即使濒临溃败，同盟军则依旧坚定支持罗马不动摇。

汉尼拔撑了10年，在意大利南征北讨，虽然多次胜利，却一直无法巩固自己的地位。罗马人尾随他，但不肯和他正面交锋。终于，汉尼拔的弟弟哈斯德鲁巴（Hasdrubal）由西班牙带兵增援，迦太基军队士气重振。但是这支军队却遭罗马军拦截歼灭。哈斯德鲁巴也遭杀害，罗马人还非常血腥地把他的头扔进汉尼拔阵营。接下来汉尼拔又在意大利逗留了4年，但他的部队逐渐缩减，敌军势力却稳步增长。公元前203年，汉尼拔被迫返回非洲。

在此同时，罗马军团在大西庇阿（Publius Cornelius Scipio Africanus，这个尊称“Africanus”是后来获得的）的领导下参战，在西班牙打败迦太基。公元前209年，大西庇阿攻下了他们在卡塔赫纳的基地，到公元前205年，所有的迦太基人都被逐出伊比利亚半岛，这个半岛也成为罗马行省，名为伊斯帕尼亚（Hispania）。大西庇阿率胜军攻进非洲，在公元前202年于汉尼拔自家地盘打败了他。还要再经历另一次布匿战争，迦太基才彻底被摧毁，不过如今西班牙土地上没有了敌人，即将接受罗马统治。然而，一直要到近两个世纪后（公元前19年），不安分的西班牙部族才悉数被奥古斯都领导下的罗马军团征服，伊比利亚半岛真正进入“罗马治下的和平”（Pax Romana）。奥古斯都本人不得不亲赴西班牙，指挥攻打坚强不屈的山民的最后战役，罗马诗人贺拉斯（Horace）在知名的颂歌中描述说：“野蛮的坎塔布里亚土地不肯向罗马的统治低头。”

接下来的400年，西班牙在罗马治下迅速发展。英国史学家吉本（Gibbon）参考斯特拉波的记录，概要说明了当时的情况：

> 西班牙，帝国的西端，属于欧洲和古代世界，在任何时代都一直保持同样的自然界限：比利牛斯山脉、地中海和大西洋。奥古斯都把这个伟大的半岛分成三个行省：卢西塔尼亚（Lusitania）、巴埃蒂卡（Baetica）和塔拉科南西斯（Tarraconensis），葡萄牙现在的位置就是当年好战的卢西塔尼亚人的地盘。格拉纳达和安达卢西亚的疆域则与古代的巴埃蒂卡相当。西班牙剩下的部分——加利西亚和阿斯图里亚斯、比斯开（Biscay）和纳瓦拉、莱昂和两个卡斯蒂利亚、穆尔西亚、巴伦西亚、加泰罗尼亚、阿拉贡，都促成了第三个也是最重要的罗马行省的形成，这个行省由其首府命名，被称为塔拉戈纳。在当地的蛮族中，最强悍的是凯尔特伊比利亚人，坎塔布里亚人和阿斯图里亚斯人则最难控制。他们自恃高山天险，最后才臣服于罗马，也最先摆脱阿拉伯人的桎梏。[3]

伊斯帕尼亚很快就成为罗马的粮仓、帝国最富有的行省，大规模推广农业和畜牧业。西班牙的马既勇敢又敏捷，大受罗马马戏团欢迎。橄榄油、葡萄酒和水果产量丰富。正如普林尼（Pliny）所说，罗马人十分重视语言对全国礼仪的影响，因此很注重“在武力所及之处推行拉丁语”。罗马士兵所用的拉丁语成为西班牙的语言，这种拉丁文被称为通俗拉丁文，以便与西塞罗、贺拉斯、维吉尔等人作品里那种有学问者用的拉丁文区分。西班牙全境都推行罗马法律和习俗，人民逐渐罗马化。在和平与秩序确立之后，只剩一个军团留在此地，作为该省象征性的管理者。

蓬勃发展的城市在半岛各地如雨后春笋般冒出。罗马大道“奥古斯塔之路”（Via Augusta）从罗马帝都延伸，一路穿过西班牙，到达西南角的终点站加的斯。另有其他罗马道路把其他重要城市联结在一起。由巨大花岗岩块打造的输水道令人叹为观止，把水引进了干燥的高原城镇。塞哥维亚的罗马输水道依旧保存完好，而且仍能送水，任何游客看到了，都会认为这里曾是个大都市，而不仅仅是罗马行省的西班牙城镇。西班牙各地也都兴建了桥梁、圆形剧场、神庙、马戏团和拱门。曾在西班牙担任罗马代理总督的普林尼列举并描述了360个不同的西班牙城市。西班牙的文明成了城市文明，不是伊比利亚人和凯尔特伊比利亚人时期那种各自分散的城市，而是由可能是西班牙最好的道路系统联结起来而统一的城市，至少是一直到普里莫·德·里维拉时代为止最好的道路。

罗马人大力开采西班牙的矿藏，尤其是金矿和银矿。吉本说，每年由三个西班牙行省送往罗马的黄金为2万磅[1]。罗马人强迫当地人为统治者挖矿，这在西班牙人心中种下了对贵金属的热爱，并于数个世纪后反映在殖民地墨西哥和秘鲁的采矿经济上。

基督教在公元1世纪也经由罗马来到西班牙。相传在公元40年左右，圣雅各（St. James）把福音带到阿拉贡、莱昂和加利西亚，但早期的教会作家并未证实此说。保罗可能确实曾经过阿拉贡，据记载彼得曾派传教士去安达卢西亚。在尼禄皇帝（Emperor Nero）的统

[1] 1磅≈0.45千克。——编者注

治下（54—68），西班牙有几个基督教殉道者，他们身体所受的苦难和伟大的事迹记录在西班牙教会的早期历史中。譬如，还是少女的圣欧拉利娅（Santa Eulalia）步履沉重地跋涉到梅里达（Mérida），一心一意想舍生取义。她冲到当地治安官面前喊道："旧的神毫无价值，皇帝也算不得什么；旧的神祇不算什么，因为它们是人的手所造的，皇帝什么也不是，因为他崇拜它们。这一切都毫无价值，全是虚空！"执政官觉得这孩子胆大包天，竟敢质疑政府的权力，非得惩罚她不可。他们把她捆起来，用热钳撕扯她的身体，但她还是继续用稚嫩的声音高歌。她的灵魂化为白鸽，由她的嘴里飞了出来，在天空翱翔。德尔图良（Tertullian，北非神学家）描述了这教人难忘的一幕，一针见血地说："那女孩必然拥有我们所不具备的伟大隐藏力量。"[4]他说出了当时罗马人普遍的心声。

同样的事也发生在西班牙其他地区。圣文森（St. Vincent）在萨贡托去世，塔拉戈纳和希罗纳（Girona）也各有英雄牺牲，在萨拉戈萨则有18位著名的殉道者。罗马诗人普鲁登修斯（Prudentius）也在一首诗中栩栩如生地描绘了圣恩格拉西亚（Santa Engracia）所遭受的折磨：她的乳房被由身体扯下，肝脏被切掉，四肢坏死生疽。

> 这些殉道的烈士造福大地，一如汩汩清泉；他们的圣血驱赶了所有的妖魔鬼怪，含泪到他们坟上悼念的人都带着微笑回家；在他们的忌辰，人们都会在圣祠提供盛宴。诗的最后祈求："高尚的公民，和我一起拜倒在这些神圣的墓前，如此你们就全都能赶快追随这些复活的灵魂和肢体。"

任何对西班牙有所知的人，都知道这首诗谈的是西班牙生活的某些典型面貌。当地的圣人或圣母依旧是城市的守护者，是爱国自豪感和献身精神的象征，即使对那些不再信奉天主教的人而言也是如此。关于哪个城市有最杰出的圣徒，哪里的游行队伍最壮观，依旧是街头巷尾的热议话题。一直到最近，背上鲜血淋漓的鞭笞者的游行队伍都还是竞技场残酷场景的温和版本，斗牛则是象征着精神胜过蛮力的永恒戏剧。[5]

早期殉道者为新的西班牙教会带来了源源不绝的动力。确实，西班牙对殉教的兴趣超过了其他国家。许多个世纪之后，在宗教裁判所（Inquisition）的掌控下，角色残酷地逆转。直到君士坦丁统治时期（325 年），西班牙和整个罗马帝国才变成以基督教为主导。

在罗马人的统治下，西班牙的教育有了很大的进步，但受教育的仅限于执政阶层。许多罗马帝国最出名的作家都生于西班牙。白银时代（Silver Age）的文学主要是这些“西班牙拉丁文”作家的作品：塞涅卡、马提雅尔、昆体良（Quintilian）、卢坎（Lucan）等，他们的作品都在公元 1 世纪完成。两位伟大的皇帝图拉真（Trajan，98—117 年在位）和哈德良（Hadrian，117—138 年在位）也在西班牙出生，后来的皇帝安东尼·庇护（Antonius Pius）和马可·奥勒留（Marcus Aurelius）亦然。在图拉真统治期间，罗马帝国的疆域面积到达巅峰。吉本简洁地指出：

图拉真的作品展现了他的天才。哈德良在帝国每一省都竖立的公共纪念碑不但是奉他之命，而且由他亲自检视。图拉真本身就是艺术家，而且他热爱艺术，因为它们能彰显帝王的荣耀。安东尼王朝鼓励艺术，因为这对人民的幸福有所贡献。但皇帝却并非他们领土上唯一的建筑师，臣民们纷纷模仿，无畏地向世界宣告他们不但有勇气构想，也有财富来完成最崇高的事业。

罗马作家马提雅尔在帝国首都，受够了穿紫色托加袍（togas）的将军和傲慢寡妇的气后，退休到阿拉贡的一座小农场。他写信给朋友尤维纳利斯（Juvenal），描述他在西班牙的生活：

> 我们在波特丹（Boterdum）和普拉提亚（Platea）——这些都是我们凯尔特伊比利亚乡下地方的名字——懒散地生活，随兴地工作。我呼呼大睡，毫不羞愧，通常一觉都要十点之后才醒来，好弥补这三十年来我所积欠的所有的睡眠。这里没有托加，如果你非要不可，他们就会从最靠近的破椅子上拿张盖毯给你。我早上在从橡木林取来的大块木头烧起的美妙火焰前醒来，土地中间人的太太把锅盆架在火上。高大魁梧的年轻猎人走进来，让你不禁想要随他走进茂盛的树林。中间人把食物分给孩子们，询问是否可以剪去他的长发。这是我想要的生活，我也希望这样死去。

正是这一位马提雅尔也见过并称赞过加的斯少女性感热烈的舞蹈，她们的响板和“优雅高举的手臂，旋转的身姿、曲折的动作和神秘的情感”都教他深深着迷。

可是在其他日子，当马提雅尔不那么乐观时，他就会刻画这幅图像的另一面——附近的城镇是没见识的小地方。没有人可以谈话，没有剧院，没人对文学感兴趣、有品位。这位伟大的罗马人在乡下无聊得发慌。

其他罗马作家也为这幅西班牙画面做增补。普林尼赞美半岛的海岸地区、西班牙染料美妙的颜色、“工人的活力、奴隶的技巧、人民的坚忍和慷慨激昂的精神”。西塞罗称颂科尔多瓦的诗歌仿佛和橄榄油混合在一起。科尔多瓦的主教霍西乌斯（Hosius）亲自写信给皇帝，禁止他干涉西班牙教会。普鲁登修斯写了许多赞美诗，歌颂西班牙知名的基督教殉道者。普里西利安（Priscillian）主教则容许舞蹈作为教堂仪式。直到现在，塞维利亚大教堂圣体节时的仪式，依旧有“塞斯舞”（Dance of Seises）。

罗马人对温泉浴的喜好也影响了西班牙。当时的拉丁文作家经常提到各大城的公共浴场以及人们常去洗浴的习俗。第二次布匿战争后（约公元前 100 年），洗浴在罗马治下的西班牙蔚为风尚。不过到了 5 世纪，好战的日耳曼民族西哥特人（Visigoths）接掌政权之后，摧毁了所有的公共浴场，因他们认为泡澡会使人软弱阴柔。711 年摩尔人入侵，又一反先前作风，使洗浴再度流行。西班牙的穆斯林和犹太人都认为洁净和虔诚关系密切，而且经常在宗教的净礼中用水。中世纪的卡斯蒂利亚士兵，既没机会也不喜欢清洗身体，他们渐渐把他们的污秽和（他们认为）正当的宗教思想牵连在一起，因此认为犹太人和摩尔人的沐浴行为有异端的色彩。犹太人和摩尔人都有清洗死者遗体的仪式，似乎认为这么做能洗净死者的罪愆，但基督徒看在眼里却特别反感。卡斯蒂利亚人也指责摩尔人把沐浴变成恶名昭彰的感官逸乐，认定沐浴是该族裔不道德且应受谴责的习惯。

西班牙的托钵修士根据他们与主流作对的原则，认为身体上的污秽正是道德纯洁和真实信仰的试炼；他们由年头到年尾无论吃睡都是同一袭修士袍，从不换洗，根据他们对“神圣气味”（olor de santidad）的看法，这才能实现他们的雄心。所谓“神圣气味”只不过是冲天臭气的委婉说法，但被视为基督徒虔诚的表现，许多圣徒的画像都描绘他们坐在自己的秽物里。出身方济会（托钵派）的大主教希门尼斯·德·西斯内罗斯（Jiménez de Cisneros）就在伊莎贝拉一世和费尔南多二世征服格拉纳达后，让他们关闭并废除了摩尔人的澡堂。“他们不只禁止基督徒，也禁止摩尔人使用除了圣水之外的一切。宗教净化的重要元素成了火，而非水。”[6]

神父甚至受到指示，要询问年轻的女性悔罪者是否洗澡过多，如果有，就可以拒绝赦免她们。腓力二世钟爱的女儿伊莎贝尔（Isabel）公主曾发重誓，在攻下奥斯坦德（Ostend）之前不换衣服。围城持续了3年3个月又13天。

公主的衣服穿成了褐色，朝臣都称这个颜色为Isabel，以恭维虔诚的公主［此词在比利时依旧有“脏灰色”的意思］。骚塞（Southey）也提到虔诚的修女圣埃乌夫拉西亚（Saint Eufraxia）走进共有130位修女的修女院，其中没有一人洗过脚，就连提到沐浴一词都教人深恶痛绝。[7]

当时曾有一位宗教作家提到这些忠实的修女，称她们为“甜美的花园，充满了芳香和圣洁的名声”。由于这些历史背景，西班牙人养成了不洗澡的习惯，一直持续到19世纪。

自哈德良当政（117—138年）开始，以及安东尼王朝皇帝统治之时，越来越多犹太人涌入西班牙。据犹太传说，古希伯来人早在基督降生之前数百年，就“借着所罗门的舰队和尼布甲尼撒（Nebuchadnezzar，古巴比伦国王）的尖兵”在当地建立了殖民地，但这并未获历史的证实。不过安东尼王朝确实恢复了犹太人的古代特权，并允许他们在帝国内自由行动，享受罗马的自由和身为市民的荣誉。

新的犹太会堂在帝国各大城市出现，犹太人也以最严肃和公开的方式庆祝安息日和节日。西班牙的地中海气候、干燥山区和橄榄树林与以色列十分相像，因此成为离开近东的犹太人的新家园。他们为西班牙的人口和历史带来了重要的种族和文化元素。吉本非常正确地指出，在这个历史关头，“犹太人是民族，基督徒则是宗派”。几个世纪内，这种情况将会逆转，为犹太人和基督徒带来最严重的后果。

公元头4个世纪的西班牙，被高山、大海和罗马帝国的其他行省，围在中间，远离罗马的敌人，因此能长治久安。在公元2世纪，如奥古斯塔-艾梅里达（Augusta Emerita，即梅里达）、科尔多瓦、塞维利亚［伊斯帕利斯（Hispalis）］、萨拉戈萨［恺撒-奥古斯塔（Caesar Augusta）］、卢戈、加的斯和塔拉戈纳等西班牙城市，都是罗马帝国最辉煌显赫的城市，这个时代的西班牙毫不懒散，而且土地肥沃、物产丰饶。西班牙最后虽因承平日久而变得软弱，但日耳曼部族来势汹汹，使西班牙人重新燃起军事热忱，而且只要当地民兵组织能守住高山天险，蛮族就会被击退。不过，在罗马皇帝的联盟军取代这些民兵之后，西班牙北部就危险地门户洞开了。

409年，苏维汇人（Suevi）、汪达尔人和阿兰人（Alani）这三支日耳曼部族涌进伊比利亚半岛。汪达尔人蹂躏全境，但主要定居在西班牙南部，因此当地名为安达卢西亚（源自Vandalusia，意为汪达尔人之地）。三支蛮族四处劫掠，其中汪达尔人最为残暴，因此有了vandalism这个词来表示故意破坏物品或他人财产的意思。几年后，又一支日耳曼部族——半开化的西哥特人横扫西班牙，征服了之前的三支侵略部族，汪达尔人被迫退出西班牙南部，进入北非。已部分罗马化且多为基督徒的西哥特人，就在半岛上建立起他们自己的王朝，罗马统治时期结束（公元500年）。

不过，罗马在这个地方及其人民的个性上留下了不可磨灭的印记，包括三大要素：来自口语拉丁语的西班牙语言、罗马律法、基督教。此外还有罗马的艺术、建筑、政治组织和风俗习惯。要澄清的是，此时西班牙居民的思维、情感和行动方式，还并不是真正的“西班牙人”，这些人和征服摩尔人或发现并殖民新大陆的西班牙人有显著的不同。西班牙文化还处于变动的状态，公元400年在西班牙所说的语言还要经过多次根本性的变化，才会成为今天的西班牙语。罗马律法也在西哥特人和摩尔人律法的影响下发生了很大变更。西班牙的基督教则因和穆斯林及犹太人许多个世纪的接触，而和4

世纪时的教会与宗教观念有莫大的不同。

然而，经过罗马长期的统治，西班牙的文化和心理朝完全相反的两极发展：一方面是罗马式的团结统一、中央集权和帝国制，另一方面则是非洲式的分裂、部落文化和分离主义。在接下来的数百年里，西班牙人民总是先朝向上述其中一个方向发展，接着突如其来地倒转，朝向另一方。这基本的对立如果依靠民主妥协，只能缓和一小段时间。

唯有强力的高压政府才能控制的分离主义倾向经常出现在明智的联盟获胜之时，于是，只能靠专制统治来稳定政治秩序。这种分离主义倾向，美其名曰是西班牙个人主义，但也许更准确的术语应是小行政区主义（cantonalism）或卡拜尔主义（kabylism），也就是分裂瓦解成诸多部落的倾向。英国的西班牙史学家马丁·休姆（Martin Hume）在西班牙作家乌纳穆诺的支持下，将其起源追溯到半岛原有的伊比利亚居民身上。休姆在他的西班牙史著作中说道：

> 无论如何，根据现有的关于他们［伊比利亚人］体格的认知，他们恐怕并非源自印欧或雅利安民族；如今要找到和他们相似的人，只要看看北非阿特拉斯山（the Atlas）的卡拜尔（Kabyl）部族即可，这是西班牙对岸非洲沿岸的原住民，他们因为接连不断的侵略而被赶回山里。这些部族不但体格和早期的伊比利亚人相似，连性格和制度等不大变化的特殊之处，也和当今西班牙人雷同。伊比利亚人的社会组织就和阿特拉斯山民一样，注重氏族和部落，而他们最主要的特色就是顽强不屈的地方独立精神。卡拜尔族人骁勇善战，冷静又无忧无虑，数千

年来都不愿被纳入统一的支配。而很可能与他们同源的伊比利亚人和有其他特色的雅利安族混合，被最伟大的支配种族罗马人统治了6个世纪；然而，即使到了现在，缺乏团结仍然是西班牙人的主要特色，和卡拜尔部族一样。[8]

休姆在书中一再重述这个论点。身为西班牙人的乌纳穆诺则不愿把卡拜尔倾向归因给种族。乌纳穆诺宣称这是源自西班牙人乡村生活的历史，对西班牙人而言，放牧是理所当然的生活方式。他说，纯正的西班牙人一向都是“不甘愿的农民，自愿的牧人，若他不是个士兵的话”。乌纳穆诺在这一点上和休姆不谋而合，无论历史怎么发展，无论原因如何，一旦日耳曼部族入侵终结了罗马的统治，西班牙对立的两股趋势——专制统一和分裂瓦解——就展开艰苦拉锯，并持续了1 600年，从未中断，今天仍是如此。任何谈论西班牙的书，任何对西班牙文化或人民的阐释，都必须以这个事实为依归来分析其表现形式。

一直到约公元6世纪末（公元600年前后），西哥特人对西班牙的统治才得以稳固。他们在这个国家的居民中形成了战士贵族阶级，人数可能从未超过20万。他们自己之间斗争不断，国王上位和被废的过程往往相当血腥，在西哥特人统治的两个世纪中总共换了30多位国王，其中有一个正在王宫享用大餐时，突然灯火全暗，10余名人夫人父持剑刺穿了他的身体。

许多西哥特国王都穿着貂皮披肩和紫色拖鞋，作为君主的象征。他们按照西哥特的风俗，留长发蓄长须，穿着打扮却学罗马人一样华丽，戴上富丽堂皇的珠宝。

西哥特人就像先前入侵西班牙的其他蛮族一样，在宗教上是信奉阿利乌派（Arians），而非三位一体的天主教。他们并不相信基督和圣父为一体，而是只把他当作伟大的先知，他们也拒绝接受圣父圣子圣灵同等的说法。西哥特阿利乌派大肆迫害西班牙罗马天主教徒，其中一位国王莱奥维希尔德（Leovigild）把这种迫害定为其政府的基本政策。他掠夺罗马教会，勒索有钱人，把其他人驱逐流放或打入大牢，甚或送上绞架。他的宫廷就靠这样得来的财富变得金碧辉煌，他举行了空前盛大的加冕仪式。在这之前的哥特国王只比选他为王的酋长地位略高。莱奥维希尔德在宫中打造了美轮美奂的宝座，以壮观的排场统治群臣。国王的肖像也首度被铸印在西哥特钱币上。

莱奥维希尔德之子埃尔蒙涅吉尔德（Hermenegild）则为天主教殉道，他的死最终让信奉阿利乌派的西哥特人改奉罗马天主教。埃尔蒙涅吉尔德娶了墨洛温王朝（Merovingian）的天主教公主，新娘成婚时只有 13 岁。小新娘在托莱多的西哥特宫廷内遭到虐待；太后对她尤其残酷，因为她的不听话而大发雷霆。有一次甚至抓住她的长发，“把她摔在地上，踢得她浑身是血，最后下令把她剥光，丢进鱼池”。

听说他的小新娘坚忍地承受这般残酷待遇，埃尔蒙涅吉尔德感动不已，自己改信了罗马天主教，并且反抗其父，四处寻求盟友。老国王莱奥维希尔德在与儿子的内战中获胜，将儿子处死。埃尔蒙涅吉尔德因此成了西班牙第一个为罗马天主教而死的王室殉道者。许多个世纪之后，他被尊为圣埃尔蒙涅吉尔德（1586 年）。

他的弟弟里卡雷德（Reccared）在老莱奥维希尔德驾崩（公元589年）后登基，归还了从天主教徒那里掠夺而来的财宝，采取宽容政策，在托莱多召集会议，70位主教和所有西哥特贵族都前来参加。里卡雷德在这群尊贵的成员面前，放弃了阿利乌派，并请求所有臣民也和他一样。在只有零星反对的情况下，改信得以实施。里卡雷德成了“西班牙第一位天主教国王”，罗马天主教也成了国教。

里卡雷德称不上热血的信徒。他这是政治精明的动作，而非宗教救世主之举，他纯粹是希望教会能站在自己这边，而由于主教通常是由国王指派，这点完全在他掌握之中。里卡雷德就像在他之前坐不稳托莱多王座的西哥特国王一样，需要强力盟友来平衡西哥特贵族的权力，这些贵族一向都是国王的眼中钉。如今王室找到了这个盟友，西哥特人统治下的西班牙逐渐成为融合了西哥特-罗马-西班牙元素的国家。倘若历史能够继续顺着这个方向发展，西班牙就会跟上欧洲历史文化的主流。摩尔人阻止了这样的发展；他们在伊比利亚半岛逗留了近8个世纪，彻底改变了那里人民的信仰、性格和心理。

在里卡雷德之后，信奉罗马天主教的西哥特人新建立的宗教联盟把矛头对准了犹太人。身为境内唯一举足轻重的少数民族，西班牙犹太人的数量当时已达数万，他们是国内最勤奋、最聪明的居民，靠经商和理财累积的财富叫统治者看了眼红。他们的宗教令统治者憎恶，难以接受，而且他们早已忘记怎么使用武器。7世纪初的西哥特国王西塞布特（Sisebut）对这些可怜的人大行迫害。他一声令下，通过了法令，强迫犹太人受洗。据说有8万人忍辱屈服，以免遭受折磨或被处死，坚决不从的犹太人不但财产遭没收，身体也受酷刑，家人四散。

基督徒之间开始传说，许多改宗的犹太人在行圣礼时不出声地渎神，因此天主教圣职人员试图缓和西塞布特过度的狂热。然而，犹太人屡屡改回原来的信仰，西塞布特后来的一名继位者为此下令把所有犹太人驱逐出境，并在托莱多召开会议，命令每一位哥特王都得发誓遵从此法。尽管如此，犹太人依旧留在西班牙；他们承受奴役和不幸，却继续繁衍；西哥特人无法彻底消灭犹太受害者与奴隶，犹太人是西哥特人的出气筒，而且使他们的统治得以强化。考虑到这一切，不难想见为什么 711 年摩尔人入侵时，犹太人会张开双臂欢迎。

在哥特人统治时期，西班牙南部有一位博学多闻的罗马天主教百科全书编纂人、神学家、主教和圣徒，他就是塞维利亚的伊西多尔（Isidorc of Seville，570—636）。伊西多尔是当时最多产的作家，代表了西哥特–罗马学问的顶点。他把古拉丁作者所有的知识都综合在名为《词源学》(*Origins*)的巨著中，这部类似百科全书的作品备受重视，迄今还有近千本中世纪抄本留存。几乎每间中世纪修道院都有一份。伊西多尔的伟大作品绝对是欧洲式的事业与成就，而非西班牙式的。《词源学》是以当时欧洲通用的语言拉丁文写成，其观点也取自欧洲（而非西班牙），是欧陆及其文化黑暗时代中最亮的明灯，各国的学者都围绕在四周，学习并获得启发。

伊西多尔成了享誉国际的人物，他的作品由中世纪一直到文艺复兴时代都广为流传，《词源学》的主题有人类学、宇宙学、人文七艺、历史、法律、医药、教会事务、神学、动物学、建筑、心理学和农艺。伊西多尔作品的大部分内容取自古希腊罗马经典，以及先前的百科全书作者主要以拉丁文写成的作品。伊西多尔不识希腊文，而且他的方法并不科学，因此招来一些现代学者的讪笑，但他的百科全书代表了公元 7 世纪之人实际感受到的世界观的全貌。

伊西多尔的另一本作品《哥特人史》(*The History of the Goths*)对我们而言更重要。该书对 7 世纪西班牙–哥特的现实和情感有清楚明白的呈现。那是一种自信的现实，踏实而没有哀伤或怒气，也没有后世作品的那种极强的宗教驱动力。伊西多尔笔下的历史歌颂勇气和战争，几乎像是异教徒的作品。在该书之始，有段“西班牙颂”体现了这些特点：

> 从西方至印度的大地中，您是最美的一片，哦，神圣的伊斯帕尼亚，王族和人民丰饶的母亲，各省份名正言顺的女王，西方与东方都从您这里汲取光明……难怪黄金罗马——众民之主想要拥有您；而尽管英勇的罗马获得胜利，娶了您做新娘，善骑的哥特民族在广袤大地却后来居上，多次在战争中获胜，带走您，珍爱您。那个民族今天依旧喜爱您，以您为他幸福的领土，享受王族的尊荣和无尽的财富。[9]

伊西多尔认为，世界“可以被战争的勇气包围和主宰，但也可以通过知识和智能的反省获得。在这种乐观且偶尔世俗的人生观中，宗教信仰并非唯一的主要动机”。在伊西多尔的时代，西哥特人统治的西班牙是欧洲不可或缺的一部分，而且要不是摩尔人入侵，它也会走上与其他欧洲国家一样的道路。伊西多尔的言论表现出对命运的信心，然而一直要到 1492 年，西班牙才会再次感受到这般肯定，只是那时西班牙已走上与原先憧憬的截然不同的道路了。

西哥特人亟欲成为新罗马人。他们说拉丁文，模仿罗马人的衣着和法庭，也模仿罗马律法，接受罗马的天主教。可是，他们的文化摇摆不定，并没有长久的传统和实实在在的成就作为基础。因此他们既无法保留自己过去的文化，也不能像罗马人一样完全融入现世的罗马文化。他们既无法像罗马人一样组织，也不能像罗马人一样统治或建设。时光流转，他们丧失了对战争的热忱，变得软弱、贪享逸乐、腐败、分裂。他们在西班牙形成了贵族阶层，却无法长久维持，无法从西班牙逐渐成形的现实中找到新的力量。西哥特人一直无法征服住在坎塔布里亚和比利牛斯山区的好战部族；这些部族是伊比利亚半岛所有原住民中罗马化程度最低的部族，也是后来从穆斯林手中夺回西班牙的部族。一言以蔽之，在重击之下，西哥特王国骤然分裂，因为它本来就没有很稳固地结合在一起，而是由一批荒淫无道、离心离德、武断且狭隘的贵族统治的一个庞大国度。那么，这些人为什么对自己的命运如此确定？因为他们曾在战争中展现出不屈的勇气，并获得许多惊人的胜利。曾有两位罗马皇帝在和他们的战事中阵亡，罗马大军也被他们英勇地击溃。

西哥特人大有理由相信，他们并不是在摧毁罗马帝国，而是借由登上权力宝座来保存它。尽管他们在政治上无能，但确实保留了罗马的语言和教会。圣胡安教堂（Basilica of San Juan Bautista）是迄今幸存的少数西哥特时代教堂之一，位于离布尔戈斯不远的本塔德巴尼奥斯（Venta de Baños），661年左右在雷塞斯温斯（Receswinth）国王统治时兴建。他们用罗马温泉女神的神庙遗址打造西哥特式教堂。教堂是灰石建造的低而平的建筑，几乎没有窗户，就像背上长了冠羽的龟。其罗马风格的室内设计简朴古典，是早期最令人印象深刻的建筑之一。

若非历史作弄，西哥特人打造伟大西班牙国家的梦想原有可能实现，就像诺曼人在英格兰建立强国一样。

我们现在来到西班牙史的关键年代：711 年，西哥特人被阿拉伯人击败。哥特人在直布罗陀对面的非洲北部休达山上有座堡垒，由西哥特将军朱立安伯爵（Count Julian）指挥，传说朱立安住在托莱多宫中的女儿被哥特国王罗德里戈（Roderick）引诱。为了报复，朱立安就与阿拉伯人联盟，邀请他们来征服西班牙。这个真假难辨的故事虽无史实佐证，却在古歌谣和西班牙的编年记录中广为流传。实情可能是，朱立安在国王身边的哥特派系之争中押错了宝，不敢承担后果，也不敢出面挑战罗德里戈国王，于是求助于外援。

> 哥特人不再是百战百胜、让罗马低头、强抢各国王后、由多瑙河到大西洋所向披靡的蛮族。在比利牛斯山的阻绝下，阿拉里克（Alaric，一般认为是西哥特王国的缔造者）的后裔在长久的和平中沉睡；护城的高墙腐朽化为尘土，年轻人不再练武；他们因古老的威名而傲慢，不得不在战场上面对侵略者的第一次进攻。[10]

另一方面，摩尔人充满了对穆罕默德创立的新宗教的热忱，尽管他们那时仍是一群混杂且不同种的部族［阿拉伯人、柏柏尔人

（Berber）、叙利亚人等]，但新宗教的团结让他们有了集体作战和扩张的目标和动力。促使他们团结的因素仅有伊斯兰教和阿拉伯语，不过这已足够了。他们是勇敢的战士，他们需要的只是一面旗帜，而伊斯兰教就是这面旗帜。

罗德里戈听到异教徒入侵的消息时，人在西班牙北部，他尽速召集了军队，这位西哥特国王率领“约10万大军”，稳住阵脚，准备迎战。他“头戴金冠，身穿丝绸刺绣的厚袍，斜倚在两只白色骡子拉的象牙车轿上，诚如当时哥特国王的一贯作风”。他就这么盛装打扮，率兵来到了瓜达莱特河（Guadalete）河岸的赫雷斯（Jerez）平原上，在那里与摩尔人交锋。西班牙语的13世纪古代史书《西班牙通史》（*General Chronicle*），非常详尽地描述了哥特人“因为经历了两年可怕的瘟疫和饥荒”，个个都很瘦弱，一副病恹恹的模样。两支军队交战数小时，相持不下，但最后朱立安伯爵领导的军队有基督徒倒戈；阿拉伯士兵破了西哥特军队的阵式，将他们击溃。此后，众人各自逃命。传说这场仗腥风血雨地打了8天，但这必定是夸大其词。

罗德里戈由他的车轿上跳下来，爬上快马奥雷利亚（Orelia），虽然逃过了战死沙场的命运，却不光彩地在满是鲜血的河里溺毙。他的王冠、长袍和快马都留在岸边，但从未发现其尸首。一名从员的头被砍下，放在大马士革王宫前展示。阿拉伯的史学家写道：“这就是国王逃离战场的下场。”摩尔人大军横扫托莱多，短短几个月，西哥特西班牙就灭亡了。侵略者掌控了整个半岛，除了坎塔布里亚山上的很小一块地方，这个国家的收复就是从这些山区开始的，并在接下来的800年持续进行。

罗德里戈吃败仗激发了西班牙歌谣作家、编年史家，甚至英国浪漫诗人的想象。沃尔特·斯科特（Walter Scott）为此写了一首长诗，沃尔特·萨维奇·兰德（Walter Savage Landor）和桂冠诗人罗伯特·索锡（Robert Southey）亦然，他们全都编织了朱立安美丽女儿弗洛林达（Florinda，或称拉卡瓦，La Cava）遭哥特国王勾引的剧情。西班牙古老歌谣是他们的灵感来源，因为这些诗作都勾勒了年轻女士在几位侍女陪伴下，沐浴在托莱多河里的香艳画面。

> 拉卡瓦头一个
> 脱下衣服。
> 在隐蔽的池水中，
> 她的身体白得发光，宛如太阳，
> 在场其他人都黯然失色。[11]

罗德里戈王躲在浓密的藤蔓里欣赏到这一幕，突然之间“爱振翅高飞，教他销魂”。这首古歌谣最后总结说，男人会说一切都怪弗洛林达，但女人都坚称错的是罗德里戈。

另一首古民谣描述了罗德里戈在瓜达莱特河畔的失败，极尽渲染之能事。看到这片土地上“血流成河”，悲惨的国王不由得伤心啜泣。凯瑟琳·E. 斯特拉思迪（Katharine E. Strathdee）把这首民谣译成英文：

> 孤单地在战场上，在一颗即将陨落的星星下，
> 罗德里戈绝望地站立，他的军队四散远方；

他们已英勇地和摩尔人军队
打了八场战役，
他们心里不再有拯救故土的希望。
罗德里戈心酸地转身，满心悲伤与痛苦，
在看不见路径的夜晚越过贫瘠平原。
国王下了马，因为它已又跛又盲，
他孑然一身，踽踽独行，找不到栖身之所。
他的剑沾满了血与尘土，仿佛由最黑暗的地狱拔出，
猩红色调诉说了血淋淋的故事。
他镶着珠宝的铠甲，曾在太阳下闪耀，
如今却是编织着不幸命运的丧服。
黎明时分他爬上耸立在那残酷之地的山丘。
他的身下四散破碎的旗帜，横陈着忠心士兵的尸首，
正当哀痛的国王凝视那忧郁晨光，
却听到胜利之声：阿拉伯人轻蔑的叫喊！
他寻觅领导西班牙士兵的队长，
却只看到他们已无生命的身体躺在血腥平原。
罗德里戈再无法忍受痛苦的负担，
他的眼里流下愤恨泪水，说出这些话：
“昨晚我是西班牙的国王，今日已无封地可指挥，
昨晚美丽的城堡收容我的行列，今日我却一无所有，
太阳已从我的王国和治下永远消失，
黎明在这辽阔土地不会找到我的踪迹。
啊，我拿起令牌与剑的首日就是不幸！

我被任命为西班牙君王的那一刻该受诅咒！
啊，今晚我看到太阳下山是最残酷的命运！
啊，死神，你得到了胜利！何苦怕你重击？”[12]

根据另一首古歌谣的叙述，罗德里戈没在河里溺毙，而是上了山，碰到一位近百岁的老隐士。老隐士听他的忏悔，赦免他的罪，但条件是罗德里戈必须躺在坟墓里直到气绝。国王躺在寒冷地窖里，其内已有一条盘卷的大蛇。隐士问国王情况如何，罗德里戈答道：

它正在啃啮我，啃啮我，
在我罪孽最深重之处。

不久国王去世，天堂喜乐的钟声回荡，那不是人的手敲响的，接着，国王的灵魂升天了。

这些歌谣（西班牙文称为 romances）并非与它们所描写的事件同时代的创作。不过，罗德里戈王的传说可上溯到 8 世纪，而且可能是西班牙仅存的西哥特文学。前述诗作，以及其他许多类似的诗，很可能是 14、15 世纪的创作，那时罗德里戈和西哥特时代的西班牙早已被极不真实的光环笼罩。无论是哪一种历史、传说或情感的主题，都有数千首这样的歌谣，它们是无远弗届的诗，由吟游诗人创作并歌唱，西班牙各地的人都喜爱和传诵。罗德里戈王的歌谣显示，收复失地运动中的基督徒为阿拉伯人入侵感到多么痛心。摩尔人和西哥特人不同，他们一直未能宰制信奉天主教的西班牙。时至 11 世纪，两种宗教和文化的战线已清楚划分，到了 13 世纪，这些战线成了全国上下民间和文学传统的一部分。因此，我们才会在罗德里戈王歌谣中看到这种基督教式的观点，他们把一位软弱的君王描写成了民族传奇，这显示口述传统忠实地捕捉并反映了西班牙反抗伊斯兰力量的分裂。

第三章

十字架、新月与星星

在西班牙，十字架就在剑上。

——鲁文·达里奥（Rubén Darío）

万物皆有时，每个文明都有出头的短暂时刻。希腊和罗马人掌控了古代世界，西欧主宰了现代文明，阿拉伯文明则无疑是中世纪的主要力量。就像罗马和西哥特文明一样，阿拉伯文明体现了一个基本却从未被彻底吸取过的历史教训：一个贪享逸乐的定居民族，无论多么开化，多么繁荣，拥有多少的疆土或力量，都会沦为更原始、更具侵略性的文化的囊中物，后者形成于扩张渴望与征服志向的驱动。

阿拉伯人在711年侵略西班牙时，他们的文明才刚开始萌芽。穆罕默德本人于632年逝世，当时他的追随者只是单纯的游牧民族，住在帐篷里，四处流浪，对建筑、文学或艺术毫无概念。穆罕默德于622年在麦地那（Medina）建造的清真寺，朴实无华并无装饰，是大型的"开阔广场，四面由砖石造的墙围绕"。墙内只有一部分"用泥土和棕榈垫制成屋顶"。然而，这位先知的精神之火点燃了追随群众响应的火焰，然后逐渐演变成吞噬部分地中海世界的燎原大火：阿拉伯、小亚细亚、波斯、北非、西西里和邻近的岛屿，以及几乎西、葡全境。在巅峰时期，这个阿拉伯帝国比罗马帝国的范围还大。

犹太教和基督教信仰历久不衰，在穆罕默德这位伊斯兰教创始人眼里，摩西和耶稣都是伟大的先知。伊斯兰教本身在很多方面融合了这两个宗教的教规和观念，但追求政教合一的热忱使它更接近古代犹太教。有这么一条诫令，就是真正的信徒必须凭借“火与剑”，把他们的宗教传入异教地盘。

> 穆斯林的领袖可能会基于实际考虑决定停战，但征服异教徒和尽可能使其改宗的义务却永远不会消失……由于这种观念，发动战争可以获得宗教功劳。穆斯林社群有义务和不皈依的异教徒搏斗，在战斗中死亡的信徒成了信仰的殉道者，可以上天堂，他们听说剑是通往天堂和地狱之钥，在战场上洒下的一滴血，在战斗中度过的一夜，比斋戒和祈祷两个月的功德更高。[1]

因此，伊斯兰教不只是一种宗教，而是行动的驱动力，这就是促成阿拉伯文明诞生的火种。阿拉伯文明在西班牙的科尔多瓦、塞维利亚和格拉纳达这些城市达到了它的巅峰，在新兴的中世纪西班牙社会的血液和文化中，留下了永久的印记。

阿拉伯人不擅原创，但乐于模仿，快速吸收，在遭遇和征服更文明的文化之后，在美学上融合其中他们所喜欢的部分。他们在这种融合上添加了轻快、官能和优雅，和中世纪基督教文明庞大而黑暗的力量对照鲜明。起先他们最大的影响是身为“强大的征服民族”所起的作用，但是到了10世纪，当欧洲其他部分都笼罩在“黑暗时代”的阴影之下，他们在西班牙的文明让欧陆其他地方都黯然失色。为达到这样的成果，阿拉伯人吸收了希腊的哲学、罗马的法律和政府、拜占庭和波斯的艺术、犹太教和基督教的神学等的精华。

英国史学家阿诺德·汤因比（Arnold Toynbee）曾称阿拉伯作家伊本·赫勒敦（Ibn Khaldun）的历史著作为“无论时空，史上最伟大的杰作”。赫勒敦对阿拉伯文明的成败提出了以下犀利的剖析：

> 概括说来，阿拉伯人无法建立一个帝国，除非是基于宗教的基础，譬如出于先知或圣徒的启示……他们激烈的性格、傲慢、粗暴和相互的嫉妒——尤其是在政治事务方面——使他们成为最难领导的民族……也因为每个阿拉伯人都自认有资格统治别人。

这段文章是在14世纪末写的，当时赫勒敦亲眼看着伟大的阿拉伯帝国日益萎缩；而出于奇特的巧合，这话也很适合形容16世纪信奉基督教的西班牙。

摩尔人在西班牙统治的领土虽然越来越小，统治却由711年一直持续到1492年。最初在瓜达莱特河出人意料地战胜了罗德里戈之后，穆斯林军队向北推进，越过比利牛斯山，于732年在法国南部的普瓦捷（Poitiers）碰上查理·马特（Charles Martel），吞下第一场大败。这是新月扩张的极限，此后伊斯兰帝国的规模逐步缩小。[2]

根据西班牙传说，722年，普瓦捷之役前10年，派去征服坎塔布里亚山民的摩尔军，被阿斯图里亚斯领袖佩拉约（Pelayo）击溃，后者也被视为阿斯图里亚斯的首位国王。在歌谣和故事中流传的科瓦东加谷（vale of Covadonga）就是西班牙获得这场传奇胜利之地。这很可能只是个地方性的小冲突，穆斯林军队先锋被阿斯图里亚斯的山民逐退，不过摩尔人并没有继续攻打旷野山区，而西班牙的收复失地运动也就是由这个地区开始。为了纪念佩拉约的胜利，日后西班牙的王储就被称为阿斯图里亚斯亲王，就像英国王储被称为威尔士亲王一样。

古代阿拉伯人和基督徒的编年史对科瓦东加之战有截然不同的描述。《阿方索三世编年史》（*The Chronicle of Alfonso III*）（866—910年）记载的基督徒观点是：在被挟持为人质的佩拉约逃出科尔多瓦后，阿拉伯人"以18.7万大军进入阿斯图里亚斯，佩拉约和他的山民伙伴躲在山里，阿尔卡玛（Alqama）的军队步步逼近，在阿斯图里亚斯人躲藏的洞穴前搭起无数顶帐篷"。摩尔人带了一位基督教主教作为使者，向佩拉约喊话要他投降，因为"就连比任何国家都坚强的哥特人政府，都被穆斯林大军打败。你怎能期望躲在那个洞里自卫？听我的话出来，你会得到许多好处，并获得摩尔人的友谊"。

佩拉约向主教大喊："基督是我们的希望！这座山会为哥特人的失败复仇。我相信上帝的承诺会实现。"[3]摩尔人眼看难以轻易获胜，于是发动大规模攻击，旧的史书记载共有12.5万人在随后的战役中阵亡。这个数字当然并不合理。

摩尔人对这次交战的说法很不一样，试图对其轻描淡写。历史学家马卡里（Al-Maqqari）的记录是："一个名叫佩拉约的野蛮人在

加利西亚造反，而其他在穆斯林疆土内尚未臣服的基督徒，也开始叛乱。”摩尔士兵攻打阿斯图里亚斯，把当地居民赶出山区，最后

> 只剩佩拉约和他的300名同伙躲在岩石洞穴里。穆斯林不断施压，很快，只剩30名男子和10名女子存活。他们仅靠在岩石间找到的蜂蜜果腹。摩尔人最后不屑地离开，说：“30个野蛮人，他们能掀起什么风浪？”佩拉约在733年死后，由其子法菲拉（Fafila）继位，佩拉约在位19年，其子统治2年。在他俩之后是阿方索一世，接着又有许多阿方索一路统治至今，他们夺回了被穆斯林抢去的疆土。

科瓦东加一战后，摩尔人涌入法国，在那里吃了败仗。接着他们开始自相残杀，就像亚历山大的将军们争食帝国的御宴残羹一样。将近半个世纪过去之后，他们才停止了内斗，开始从事没那么刺激的政务。慢慢地，半岛各地秩序重建，新文明开始生根发芽，这个文明立刻展现出了一种基督徒自己从未有过的宽容姿态。

穆萨将军（General Muza）的人马来到科尔多瓦城时，他们见到的第一个景物就是西哥特的圣文森（St. Vincent）教堂，矗立在比蒂斯（Baetis）河畔［摩尔人称其为瓜达尔基维尔河（Guadalquivir）或大河（Great River）］，就在罗马人的雅努斯（Janus）神庙过去的位置。穆斯林并没有毁损破坏这栋建筑，也并未占据它，而是买下一半，作为自己宗教仪式的场地，但允许基督徒使用另一半。两种仪式在这座教堂里并行了近半个世纪。这种宽容态度的原因是，基督徒也有他们自己的《圣经》，相信一神，而且许多基督教人物都被

穆斯林当成伟大的先知，因此这些穆斯林并没有把基督徒当作异教徒而完全不接受他们的宗教。最后，埃米尔阿卜杜勒-拉赫曼一世（Abderrahman I）在 785 年买下建筑的另一半，拆毁后兴建了知名的科尔多瓦清真寺的第一部分，这是当今世界上摩尔人伟大的遗迹之一。

阿卜杜勒-拉赫曼想建造傲视阿拉伯世界的清真寺。他满怀穆斯林狂热，从许多地方找来了建材。从法国和西班牙的几栋罗马和西哥特建筑拆下圆柱，运来当作内柱，其他材料则来自更古老的迦太基遗迹。东罗马皇帝利奥四世（Leo IV）从君士坦丁堡派出一群技巧娴熟的师傅，带着 16 吨的小石块来制作镶嵌图案。柱子是用多种多样的材料制成的，比如不同颜色的大理石、碧玉、斑岩和角砾岩。由于它们的高度各异，有些被埋到地面下，有些则加上基座垫高，然后在上面添加科林斯式柱头，这样一来，所有柱子的高度都达到了 13 英尺。每一排柱子上方都有一层大约同高的马蹄形拱券，上方还有另一层拱券。抬头仰望，看到的不是哥特式教堂辽阔的空间，而是一片凉爽森林里交缠的优雅树枝。

随着科尔多瓦人口的增加，清真寺的规模必须扩大。原本的长方形空间扩增了三次。阿卜杜勒-拉赫曼二世（822—852 年）顺着河的方向加长了走廊；第二次的扩建工程则是由哈卡姆二世（Alhakem II，961—976 年）按照同一方向修建，使清真寺在原本的规模上扩大了一倍；最后一次扩建则是由曼苏尔（Almanzor）主持，他又增加了 8 条走廊，还扩大了种满橘子树的外庭。

完工后的清真寺占地面积很大，长 590 英尺，宽 425 英尺，其中三分之一是建筑外的封闭庭院。庭院里面有一座美丽的喷泉，供信徒在入寺前净身。寺的外墙是肉桂色的朴素灰泥；门、细长的宣礼塔和盛开的橘子树是仅有的外观美化。如今清真寺朴实的外墙比较像堡垒，而非一个做礼拜的场所。

清真寺内部美不胜收，是一座精致的柱林，原本至少有 1 200 根柱子。而且无论朝哪个方向望去，视线都会迷失在成排的柱子里。头顶上并没有高耸的屋顶，让人能专注于这座质朴又五颜六色的石造天堂。在摩尔人的时代，建筑的墙有许多门，有多少排石柱，就有多少门，每当清真寺使用时，门总是大开。屋外种植成排的橘子树延续了室内的柱子的线条，把人造的内部天地和神造的外在世界联结在一起。

基督徒在1236年征服科尔多瓦后做的头一件事，就是把大部分的出入口用石头封住，使室内变得晦暗，然后抛售庭院和橘子树。他们把这座清真寺当教堂用，接下来300年都没有重大改变。一直到查理一世在位时，有位狂热的地方主教请皇帝批准拆除建筑的中心，改为安置16世纪风格的大型唱诗席。科尔多瓦市议会大怒，威胁说谁胆敢碰他们心爱的建筑，就处死谁，毕竟他们拥有这座大教堂已 3 个世纪了。主教最终获得皇帝许可，不顾市民激烈反对，强行设置唱诗席。唱诗席迄今依旧存在，破坏了美丽清真寺的建筑纯正性，但整座建筑是如此之大，踏进建筑的人甚至可能发现不了这个突兀的存在。查理一世后来看到完工的成果时，据说他曾表示："你为了建造本可建在任何地点的建筑，破坏了这栋独一无二的杰作。"然而，若非添加了这个部分，可能整栋建筑都会被摧毁。

原本铺在地板和内墙上的镶嵌图案、瓷砖和大理石，如今全都消失了，灯具和布帘也不复见。色泽美丽、精雕细刻、涂上彩饰的镶金杉木天花板已经被涂抹破坏。曾经覆盖地板的缤纷瓷砖不知去向。主礼拜殿原本的镶嵌画还留着，散发着难以言说的细腻的明亮光彩，给人的整体印象是混合了蓝、绿、暗红和金色的阿拉伯风格织锦刺绣，轻盈又色彩斑斓。米哈拉布[1]是八角形的凹壁，其中7面是白色大理石，上方则是一大块木头，底面雕成贝壳形，据说这是能创造理想声音效果的形状。原本有一本镶着珠宝的巨大《古兰经》，放在由象牙和乌木、沉香木和檀香木等珍贵木材打造的讲坛上；6位大师傅带着助手辛勤工作了7年，才完成这个讲坛的雕刻与装饰。无数信徒来此神圣之处朝麦加礼拜，墙边实心的大理石地板被他们的膝盖跪出了一大块凹陷。

这座清真寺一度有60名人员负责打扫照顾。300座枝状大烛台中，有一些是用曼苏尔997年从圣地亚哥大教堂（Cathedral at Santiago）偷来的钟打造而成的，它们共点了4 000盏填满香油的灯。外面的宣礼塔是阿卜杜勒–拉赫曼三世增建的，塔里有两条蜿蜒而上的楼梯，在塔顶上交会，宣礼员就站在那里呼唤信徒礼拜。该塔有一部分在16世纪倒塌，新塔就盖在旁边，今日依旧伫立。

科尔多瓦的大清真寺比其他建筑更能显示出摩尔人建筑在西班牙的诞生和兴衰。这栋长方形建筑占地很大，每一次增建都只拆掉一面墙，扩建过程没有改变或破坏任何事物。最早的建筑由阿卜杜勒–拉赫曼一世在785年兴建，离摩尔人征服西班牙还不到一个世纪，与后面的两次扩建相比，原建筑比较粗糙。到哈卡姆二世在10世纪第二次扩建时，阿拉伯建筑已登峰造极；而曼苏尔的最后一

[1] 阿拉伯语Mihrab的音译，意译为“窑殿”“壁龛”。清真寺大殿正面墙中央拱门状或阁状建筑，用以指示穆斯林礼拜的朝向。——编者注

次扩建则显现出艺术成就的盛极而衰。仔细检视如今尚留在寺内的800根柱子，可看到地中海世界西部地区曾经存在过的几乎所有建筑风格。有来自北非的迦太基柱、来自西班牙和高卢的罗马柱、来自西班牙的雕有细腻鸢尾花纹（fleur-de-lis，西哥特艺术的异教象征）的西哥特式柱，另外也有拜占庭皇帝从君士坦丁堡馈赠的柱子，可能还有罗马人修的雅努斯神庙里的柱子，那座神庙曾经就在这里，就在知名的“奥古斯塔之路”旁边，在西哥特人摧毁它并建造圣文森教堂之前，它就矗立在这个地方。因此，科尔多瓦清真寺以一种其他建筑无法企及的方式，概括了西班牙的艺术史。

穆斯林在西班牙的统治，完全不同于有强大中央集权政府且首都不在半岛上的罗马统治。在929年阿卜杜勒-拉赫曼三世宣布独立、建立科尔多瓦哈里发国之前，此地和大马士革有名义上的关系。然而，天高皇帝远，而且阿拉伯人从不像罗马人那样有严密的组织和高效的政府。因此，西班牙的摩尔帝国几乎是立刻显露出分裂的特色，也很不幸地成为接连侵略西班牙的摩尔人的战场，每个摩尔人都急着想从前一拨队伍手中夺取统治权。长期统一的穆斯林政府不存在，除了一段短暂的时期，摩尔人统治的西班牙都是由几个小王国组成的，就像基督徒在北方所占领的地盘一样。

摩尔人的统治遭遇了许多叛乱，各个王国之间也经常内战，但也有长期和平的时候，而且直到13世纪之前，有将近500年的时间，阿拉伯文明维持着欣欣向荣的局面。最初的侵略者在柏柏尔人乃至斯拉夫人的增援下，维持了对西班牙的统治大约三个世纪。最后一段这样的统治时期（912—1010年）代表了阿拉伯文化第一时期的顶峰。当曼苏尔在10世纪和11世纪之交去世后，这段时期随之告终，阿拉伯人似乎丧失了大半的动力。各地纷纷反叛，分裂成26个小国。1085年，基督徒攻下半岛的地理中心托莱多，这场胜利被视为自摩尔人711年来到之后最重要的事件。阿拉伯统治者在疑惑和惊恐之下，紧急向摩洛哥的柏柏尔人求救。柏柏尔人出手相助，于是刚改信伊斯兰教的大军阿尔摩拉维德人（Almoravides，意为“向神发誓之人”）在1086年越过直布罗陀海峡。阿尔摩拉维德人是狂热的柏柏尔团体，他们立即把自己的意志强加于破碎的摩尔人疆土。只是这样的侵略心，甚至连同他们不宽容的态度，很快就因安达卢斯宜人的土地和文明而沉寂了下去。半个世纪后，来自非洲北部阿特拉斯山脉的更原始的柏柏尔部族“阿尔摩哈德”（Almohades）涌进这个国度（1146年），接掌了政府。成千上万的犹太人和莫札勒布（Mozárabes，指住在阿拉伯人领土上的基督徒）朝北奔逃，加入在西班牙各小王国的教友。摩尔人不宽容的政策开始削弱国家的力量和完整性。在摩尔人1212年于托洛萨平原（Las Navas de Tolosa）被卡斯蒂利亚的阿方索八世彻底击败之前，尽管政治情况如此，文化的进步并不受影响。从那天起，阿拉伯人在半岛上的统治就已注定失败，不过一直要到200多年后的1492年，格拉纳达才陷落。

阿拉伯文明在西班牙共有三个中心：科尔多瓦、塞维利亚和格拉纳达。这几个城市和地区各有各繁盛和称霸的时期，它们大放异彩的时期大致如下：

科尔多瓦：756—1010年

塞维利亚：1010—1248年

格拉纳达：1248—1492年

阿拉伯人于10世纪在西班牙建立的科尔多瓦哈里发国，多被人们公认为阿拉伯文明在西班牙达到的巅峰。然而，摩尔人的知识成就则在接下来的两个世纪达到鼎盛，正是在这段时期，知名哲人摩尔人阿威罗伊（Averroës）和犹太人迈蒙尼德（Maimonides），给欧洲文化留下了他们的印记。多亏阿威罗伊，亚里士多德的知识在中世纪才能传遍欧洲。

仔细检视这三段时期有助于澄清当时的情况。首先是756年至1010年的科尔多瓦时期。阿拉伯史学家提到科尔多瓦时满是溢美之词，令人难以分辨事实与想象，尤其是在统计数字方面：人口、房屋、清真寺、公共浴室，甚至后宫佳丽的数目都是一团混乱。阿拉伯人和早期西班牙征服者一样，毫不在意统计数字精确与否，只要超过几百几千，对他们都像天文数字。尽管如此，如今留存在科尔多瓦、塞维利亚和格拉纳达的摩尔遗迹，可以证实这些城市远比当时西班牙或任何欧洲的基督教城市人口更多，更繁华，艺术上也更辉煌。

阿拉伯史学家公认科尔多瓦是“世界的瑰宝”，可是一谈起确切数字，即便他们之间也众说纷纭。或许，比较合理的方法是取其平均值。以下是马卡里归纳的一份阿拉伯统计数据调查：

> 有史学权威估计，在阿卜杜勒–拉赫曼三世时期，城里有490座清真寺，但在这之后，此城还在继续扩大。另一位作家计算的结果是471座。一名当地人说城里城外的浴场共计3 000间，但也有人说总共只有700间。
>
> 无论如何，本·赛义德（Ben Said）根据本·哈扬（Ben

Hayyan）及其他当时在繁荣的科尔多瓦哈里发国生活的史学家的说法，得出的数字为：城市一般人家共11.3万户，官员、廷臣、军事领袖等则约为该数量的一半或略多一点。

最繁荣时期的清真寺总数从未超过700，浴场也未逾900。不过，他提到曾读到古老的史书记载，阿卜杜勒-拉赫曼三世在位时，城里有30万户房屋和877座清真寺。而巴克里（Al-Bakri）估计的清真寺数字则少得多，只有477座。

另一位摩尔人作家向读者保证，他亲自走访，算出城里共有20万栋房屋。当代的西班牙史学家克劳迪奥·桑切斯-阿尔沃诺斯（Claudio Sánchez-Albornoz）在他的大作《穆斯林西班牙》（*La España musulmana*）中收集了许多这样的古老文件。他认为10世纪科尔多瓦的人口约50万，绝对是西欧最大的城市。

杰出的当代英国史学家威廉·C. 阿特金森（William C. Atkinson）对科尔多瓦的壮观建筑统计如下："贵族和统治阶级的豪宅5万，清真寺700座，公共浴场900间。"黎巴嫩史学家爱德华·阿提耶（Edward Atiyah）认为科尔多瓦有300间公共浴场是很可信的。几乎所有史学家都提到哈卡姆二世哈里发时代（961—976年）科尔多瓦的图书馆有40万卷书（手抄本）。

这座知名的图书馆可能有二三十万卷书（而不是二三十万种不同的书）。其中许多只是某本书的一部分，今天若要印出来可能就是五页至十页的篇幅。此外某些书也可能有几百个复本，譬如《古兰经》。至于科尔多瓦的人口，至多为25万。穆斯林经济能否供养一个比这规模更大的城市，有待商榷。

向来可靠的西班牙史学家马达里亚加（Salvador de Madariaga）曾提到，在安达卢西亚一个较小的宫廷里，“就有 5 000 架织布机，织出从织锦到丝绸到羊毛和棉布的各种布料”，接着他又说：“一个小邦的总理书房就有 40 万卷图书，而加泰罗尼亚里波尔（Ripoll）闻名遐迩的基督教修道院，却仅有 192 卷藏书，还扬扬得意。”上面这些数字未必确实；但无论统计数字如何，科尔多瓦是 10 世纪西欧最大、最富裕、最文明的城市，应毋庸置疑。主要大街都铺装了路面，还配有照明。城里有许多频繁使用的公共浴场。山区的水通过长长的输水道引到城里，再用铅管输送到全市各区。科尔多瓦也有许多美丽的房屋、精致的清真寺，在独一无二的图书馆里还有极多的手抄本藏书。只有拜占庭的君士坦丁堡能与之媲美。

科尔多瓦也是中世纪欧洲的科学中心。重病或需要开刀的基督教国王和贵族都会来科尔多瓦求医。这里的外科医生会使用麻醉药，据说也多次成功进行了白内障和脑部压力的手术。医学、植物学、化学、物理、数学、天文、地理和希腊哲学，科尔多瓦学者擅长的领域还不只这些。代数几乎全是由摩尔人发明，球面三角学亦然。他们还把阿拉伯数字带到欧洲，这些数字比笨拙的罗马数字更容易使用，在数学上的进步几乎堪与腓尼基人在语言上使用音标字母的功劳一样大。他们还让数字有了位值，也最先使用十进制计数法。阿拉伯对欧洲数学的另一贡献是零的概念，虽然一般认为这个概念最先源自印度。

科尔多瓦城是繁荣的经济和农业中心，四周有数个具一定规模和重要性的城市：距离 16 英里的阿尔莫多瓦（Almodovar），25 英里的莫瑞德（Mored），19 英里的阿尔科泽（Alcozer），要走两天的盖菲克（Gafek），36 英里的埃西哈（Ecija），走路两天距离的巴埃纳（Baena），36 英里的埃斯特波纳（Estepona）。科尔多瓦附近“有 3 000 多个村庄，全都有清真寺”。四处都有农场，因此科尔多瓦的市场充满了食物、水果、服装、药物、形形色色的手工制品、珠宝和被史学家称为“来自遥远未知国度的奇珍”的进口商品。

根据阿拉伯史家说法，早在欧洲各地有大学之前，科尔多瓦就已开设了大学；这个城市还号称有 70 座图书馆和许多书店，世界各地的手抄本都有。科尔多瓦可能在阿卜杜勒–拉赫曼三世（912—961）统治时期登峰造极，这位君主常被称为“正义者”（the Just），也是他建立了哈里发国。犹太人和阿拉伯知识分子沉醉在希腊的学问里，西班牙的基督徒也常去阿卜杜勒–拉赫曼的宫廷。当时对艺术的赞助留下了一座美轮美奂的纪念物，就是离科尔多瓦不远的麦迪纳·阿萨哈拉宫。麦迪纳是阿拉伯语“城市”之意，阿萨哈拉则是这位哈里发最宠爱的妃子，宫殿就是为她而建。根据亲眼见过的人对这座宫殿及其花园的描述，它比鼎鼎大名的清真寺更教人赞叹。

我上回见到这美丽宫殿的遗址，是在一个酷热的八月天。我们穿过科尔多瓦狭窄的街道朝乡间去，空气凝滞不流通，只见到黄色的教堂、白色的房屋、小小的绿色露台，还有处处可见的莫札勒布格子框架。载我的司机是个老人，由外观判断，他的车年纪恐怕和他一样大。他是典型的科尔多瓦人，自豪、正直、热情，活在对过去英雄事迹的回忆里。他为车子致歉：“我在 1929 年买了这辆车，1936 年我准备换车，可是内战爆发，此后就再没可能换更新的车了。西班牙汽车价格昂贵，我只能继续开这辆车直到它报废为止。在那一天到来之前，我得靠它谋生。我细心保养它。”

我们远离最后几栋灰红屋瓦的低矮白屋之后，乡间景观如扇子般在我们面前展开，包围城市的山坡在我们面前浮现。路上点缀着梧桐和白杨树，岩石处处，田野生着灰色调的草丛。干涸的河床生着夹竹桃和柽柳，微风拂面，把混杂淡淡动物粪便气息的干叶香气吹入车里。一朵孤云就像白色的羽毛一样，逗弄头上的天空。我们离开干道向右转，朝其中一座山丘而去，拖拉机在附近的田里犁地。

那老人大气地把手一扬："这附近全都像这里一样，一路到塞维利亚或格拉纳达都是拖拉机，农场工人找不到工作。安达卢西亚的土地被分割为巨大的庄园，一如500年前。我们的生活和在天主教国王时代是一样的。"

老车气喘如牛地攀上山顶，突然停下。在我们脚下左方是科尔多瓦的整个山谷，在太阳下像花朵般绽放。人和历史奇妙的混合就在这些满是岩石的旷野中扎根，这些圆形的山丘，远方那座城市则在瓜达尔基维尔河旁闪耀。这里是阿卜杜勒-拉赫曼三世、伟大的诗人贡戈拉、犹太哲人迈蒙尼德、阿尔曼萨尔（Almanzar）和马诺莱特-科尔多瓦等等许多人的家。

我们在那圆丘的山脊上伫立了片刻，天空柔和晴朗，下方有一些坍塌的墙，在它们上方，山坡之上，则有一些槲树、禾叶栎和橄榄树。蟋蟀恬然自得地大声高歌，空气中充满了轻微的震动。

麦迪纳·阿萨哈拉宫唯一的管理员是个15岁男孩，他把此地视为他的宝藏。他正在遗址上方自己的茅屋里，耐心地把大理石残片和雪花石膏拼在一起。我们穿过茅屋，走上山岬，古代宫殿倾颓的宫墙就在我们眼前展开，其间只剩一堆堆大小不一的瓦砾和野草。我沿着一面墙的上方漫步。这里并没有整修作业，在石头和野草堆下方，会埋藏着什么样的无价文物？

接着我们往下走，这里有两个人正在“使节厅”（Hall of the Ambassadors）工作，以蜗牛步调尝试修复它先前的美。贴回原处的大理石片确实展现了迷人的一面，但以新灰泥修复的圆拱，却失去了古老的光辉。恐怕还是任它们保持原本的样貌较妥，因为整修过的麦迪纳·阿萨哈拉宫将永远无法重现倒塌宫殿的旧观了，而没被现代技术修整过的废墟会自然散发出一种神圣的光晕。还是任它们随历史风化吧。人的心智自会产生对它的回忆，让历史披上个人光辉，个人因而感受自己是全人类的一员，他的根深植于过去岁月无底的深井里。

据摩尔史学家的说法，阿卜杜勒-拉赫曼派了 8 000 名工人兴建宫殿，它占地约 1 500 米长，750 米宽；搬运这些沉重的建筑材料需要 400 匹骆驼和 1 000 头骡子。尽管这些数字无疑被夸大了，麦迪纳·阿萨哈拉宫仍然非常雄伟。整个区域都筑有高墙，墙内是富丽堂皇的宫殿，共有 400 个房间，宽阔的花园，许多附加建筑，一座大水池，在中央庭院有座喷泉，里面装满了水银，一旦流动，虹光便映在墙面和树上。水银喷泉是哈里发的最爱。长达 16 公里的引水渠把水引入宫殿，然后继续延伸至科尔多瓦。宫内有许多圆柱（阿拉伯史学家说共有 400 个），还有由君士坦丁堡运来的盆子，另外，这座建筑的某些部分还呈现出古希腊工匠的手法。

可惜麦迪纳·阿萨哈拉宫如今大抵都已倾颓，但即使是废墟，也看得出它当年的壮丽，确实是摩尔艺术的伟大遗址。我在其中流连忘返，仔细观察断垣残壁，任想象力自由驰骋，试图重温宫殿当年的荣光。这里整修的部分很少，成排衰败的墙面，偶见美丽大理石地面和内墙精雕细刻的大理石，已足以让人浮想联翩。宫中花边的壁画图案和阿拉伯风格的花纹，并不像塞维利亚和格拉纳达的宫殿是用条纹大理石或石膏制成，而是大块大理石雕刻而成。有明确证据显示壁画曾有半宝石装饰，因为墙上数 10 处还有铅座存在。宫殿在 1010 年叛军推翻哈里发国时曾经被付之一炬，摩尔人彻底破坏了这美丽的建筑，白色大理石地板上还留下深深的高热烧灼黑痕，幸好有些部分倒下时包覆了建筑较低的部位，保住了一点遗迹，提醒世人它逝去的辉煌。

阿卜杜勒–拉赫曼曾有一次在宫里接待基督徒使节，由约 4 英里远的科尔多瓦到此地，一路都铺了垫子，两旁各站了一排士兵。宫内满身丝绸锦缎的政要前来迎接。这些基督徒把其中一人当作哈里发，但其实阿卜杜勒–拉赫曼“坐在覆着沙的庭院中，身穿陋衣，这是他苦行习惯的象征”。这位伟大领袖经历的荣华富贵教世人目眩神迷。据说晚年的阿卜杜勒–拉赫曼曾细数漫长一生的诸多经历，最后感叹他只享受了 14 天的快乐时光！今生的荣耀就这样消逝了！（Sic transit gloria mundi!）

阿拉伯人努力钻研天文学，也兴建了绝佳的天文台，他们还把许多乐器带来欧洲，包括中世纪音乐中知名的鲁特琴（lute）和椭圆形吉他。他们的音乐为西班牙音乐注入了异国色彩，而这正是西班牙音乐如今的迷人之处。摩尔人把纸引入欧洲，让印刷有机会发展。玻璃据说是在科尔多瓦发明的，虽然此说可疑，但它确实在西班牙广泛使用。摩尔人的玻璃器皿和陶器的质量都极优异，其纺织品和瓷砖也无出其右。摩尔人还为伊比利亚半岛带来了棉、甘蔗、米、棕榈树、桑树和全新的农业灌溉观念，包括水车和精心设计的灌溉沟渠。他们会使用肥料，还是嫁接专家，培育出许多新品种的水果花卉。他们建造了巨大的沟渠，大量用水，使安达卢斯像经过灌溉的玫瑰般绽放。

他们之所以能打造西班牙文明，主要是以成功的农业为基础。在这些沙漠居民耳里，淙淙水声带着神秘；日常沐浴是穆斯林的一种仪式，如今我们只有在漫步于他们的宫殿或花园时，才能意识到流动的水在美学上对他们有多么大的意义。他们最精美的建筑瑰宝和大型的倒映池与喷泉密不可分。因为水流不断，他们才能有美妙的花园。摩尔人热爱水，很自然地认为，不爱水的基督徒从来都不洗澡。“他们自从出生被洒水后，这辈子再也不用洗浴。”[4]

穆斯林虽以开明包容的作风统治西班牙，但非信徒必须缴纳特别的所得税，在法律上也没有得到完全平等的对待。许多基督徒显然是为消除不平等而改信了伊斯兰教。摩尔人没有带女人来西班牙。第一代摩尔士兵全都娶了西班牙妻子，因此第二代穆斯林已有一半的西班牙血统。随着时间流逝，原本的摩尔血统变得极稀薄，子女也往往学习母亲的语言。新的侵略者越过海峡而来，种族融合十分明显地表现在这些人的外观上，尤其是在安达卢西亚。

穆斯林统治伊比利亚半岛早期，会强征女奴进后宫；后来异族通婚在半岛各地变得十分普遍。许多埃米尔和哈里发都规定贡品中要有来自加利西亚的金发碧眼的美女，加利西亚的女奴往往供不应求。因此，后来有些哈里发是蓝眼珠的。摩尔人和基督徒的贵族和王族也经常通婚。罗德里戈王的遗孀后来嫁给了穆萨将军的儿子，佩拉约的妹妹也嫁给了摩尔人。卡斯蒂利亚和莱昂的阿方索六世娶了塞维利亚哈里发的女儿为妻。曼苏尔有两个妻子是基督教公主。

其中之一是由纳瓦拉国王送给曼苏尔的，国王希望战胜的摩尔军队不要侵门踏户。这个信奉基督教的女孩后来成为科尔多瓦最虔诚的穆斯林之一。莱昂国王韦尔穆多（Vermudo）也把女儿嫁给穆斯林领袖。除了王室和上流社会的通婚之外，成千上万的民众也纷纷仿效。几个世纪以后，当西班牙人来到美洲新大陆时，他们的士兵也认为与当地的印第安人交往或结婚是再自然不过的事。

在西班牙的阿拉伯人对知识的追求，使他们在这方面毫无疑问地成为中世纪世界的领导者。遭西哥特人残酷迫害的犹太人，在摩尔人时代又繁荣起来，许多人从东方来到科尔多瓦定居，科尔多瓦成了中世纪希伯来文的学习中心，也是历来最知名的希伯来学术中心。科尔多瓦的塔木德学校（Talmudic school）扬名全欧，犹太人受到各方重视和信任，经常被任命为各摩尔王国的使节，许多犹太人在社会和政府都担任要职，科尔多瓦许多哈里发有犹太人医生。10 世纪阿卜杜勒–拉赫曼三世的财政大臣和大使就是犹太学者哈斯代・伊本・沙普鲁特（Hasdai ibn Shaprut）。犹太人萨穆埃尔・伊本・纳格瑞拉（Samuel ibn Nagrella）在之后那个世纪成为格拉纳达国王的大臣；他的职位后来传给儿子。11 世纪萨拉戈萨国王也有另一位犹太大臣。后来在西班牙的希伯来知识分子的声名比这些人还大，譬如伊本・以斯拉［Abraham ibn Ezra，英国诗人罗伯特・布朗宁（Robert Browning）曾称颂他］、马拉加的伊本・加比罗尔（Ben Gabirol of Malaga）、托莱多的哈列维（Yehudah ha-Levi），以及这些人中最出名的，科尔多瓦的迈蒙尼德。

11、12 世纪，狂热的阿尔摩拉维德人和阿尔摩哈德人入侵，许多犹太人惊惶地逃到北方基督教的地盘，那里的西班牙国王对他们尊重宽容，直到15世纪费尔南多二世和伊莎贝拉一世时代。西班牙人遵循阿拉伯习俗聘用犹太医生、科学家、税吏、法官、外交官和公共事务官员。犹太人经常向摩尔统治者收取他们应给基督教国王的贡金，也会替摩尔统治者收取基督徒的贡金。他们是值得信任的中立使者。13世纪卡斯蒂利亚–莱昂知名君主“智者”阿方索（Alfonso the Learned）身边的希伯来学者，为这个中世纪宫廷增添了知识的氛围，此时在西班牙占上风的已从摩尔人变成基督徒。

希伯来和阿拉伯的文学都在摩尔人统治时期发展。时至850年，许多教会作家纷纷抱怨拉丁文遭到忽视，甚至连早期教父的作品和《圣经》都不再有人读了。基督教作家阿尔瓦罗（Alvaro）在854年对这种态度深表惋惜，他说：

> 我的基督徒教友喜爱阿拉伯人的诗和故事。他们研究穆斯林神学家和哲人的作品，不是为了驳斥，而是想学得正确优雅的阿拉伯风格。如今在哪里能看到普通信徒读《圣经》的拉丁文评注？唉！当今才华横溢的年轻基督徒，除了阿拉伯文之外，对任何语言或文学都一无所知。[5]

不过，摩尔人统治的西班牙还有广泛使用的第三种语言：莫札勒布的日常西班牙语。其实，这可能是街头巷尾使用最广泛的方言。

多年来，作于1140年的史诗《熙德之歌》被公认是第一部西班牙文的文学作品。然而，1948年，人们发现了多首用莫札勒布西班牙语写成的美丽韵文诗歌，比《熙德之歌》还要早一个世纪。这些韵文组成的方式极为有趣。在希伯来人和阿拉伯人中间，最受欢迎的文学形式之一都是复杂的长诗，最后几行叠句或总结就是采用莫札勒布方言。这些诗行表达爆发的情感，是衷心的恳求呼吁，很可能取材自已有的民间诗歌。诗的其他部分则用希伯来文或阿拉伯文，采用的字母（即使是西班牙韵文）也是希伯来或阿拉伯字母。由于希伯来文省略元音，因此转译这些韵文十分困难，不过其中几十首已被译成古西班牙语，和流行的西班牙“科普拉”（copla）四行对句诗很相像，而四行对句诗正是西班牙民间诗歌和民谣的基础。下面就是莫札勒布方言的对句诗：

我的心离我而去，
喔，神啊，它何时会归来？
为我心爱的人如此忧伤！
因为他病了，喔，他何时会康复？

莫札勒布方言时期的希伯来诗歌，在西班牙境外的犹太社区和伊比利亚半岛一样流行。古时的犹太人有一种禁忌，他们不敢随便乱扔字纸，因为害怕纸上可能写有上帝之名。于是，这些纸就被埋藏在地下，而非烧掉或当垃圾扔掉。从埃及挖掘发现的这样的字纸当中，找到了西班牙语言最古老的例证。后来也发现了用阿拉伯字母写的类似韵文。这些短诗是抒情的流行韵文，证明现代文学和古代文学一样，不必源自史诗。相反地，几乎所有的文学都出于民间描写男女情感的简短叠句。《旧约》中的“雅歌”就是一例，这传统也在摩尔人统治的西班牙反复出现。

976年即位的科尔多瓦哈里发尚未成年，导致大臣“胜利者”

曼苏尔僭越掌权。曼苏尔是颇有军事才华的冲动的将军，擅长指挥快速作战，让西班牙的基督教世界人人自危。因怕他入侵，莱昂和纳瓦拉的国王都把女儿嫁给他为妻。曼苏尔的战绩之一就是摧毁了基督教最神圣的殿堂圣地亚哥大教堂，把它的钟和门带回科尔多瓦，成为那座雄伟的清真寺（997 年）的一部分。传说他攻击基督徒领土达 50 次，其中数次由“40 位诗人和作家”陪同。可惜的是，曼苏尔让狂热的穆斯林接掌了哈里发政府。

这位伟大的摩尔人在掠夺圣地亚哥大教堂 5 年后去世，基督教编年史说他“葬在地狱”。科尔多瓦的辉煌也随他而逝，城市被反叛的摩尔人和基督徒洗劫，从 1010 年起急速衰败。两个多世纪后，当“圣人”费尔南多三世攻下此地时，它已不再是“繁荣文明国度之都，而是已衰落的偏远城市”。那时西班牙穆斯林文化的中心变成了塞维利亚。

塞维利亚一直是罗马帝国在西班牙的中心，当时的名字是 Hispalis，在穆斯林征服此地之后，改为阿拉伯名称 Ishbiliya，西班牙语就成了 Sevilla，塞维利亚。这个城原是西哥特王国的首都，后来托莱多取代其地位，塞维利亚也就式微。摩尔人来了之后又重建它，阿拉伯史学家伊德里西（al-Idrisi）说其附近人口稠密，至少有 8 000 个村庄。

在摩尔人占领西班牙早期，塞维利亚只是科尔多瓦的陪衬。但经过这些年（711—1010 年）的发展，它无疑变成了安达卢西亚的第二大城，而且在规模、影响力和富裕程度等方面都不断增长。在科尔多瓦走下坡路之后，塞维利亚开始崭露头角。11 世纪后半叶，在穆台米德（al-Mutamid）的统治下，这里成了学者和艺术家的汇聚之地。虽然 1086 年阿尔摩拉维德部族中止了这一切，但一段时间的压力后，塞维利亚复苏了，并于 1146 年在来到西班牙的阿尔摩哈德人的统治下，再度繁荣兴盛，程度更甚于前。其富饶和力量一直持续到 1248 年被“圣人”费尔南多三世围城并最终从摩尔人手中夺走为止。

就像阿尔摩拉维德人的狂热一样，阿尔摩哈德人早期的宗教狂热也很快就烟消云散了。无论柏柏尔部族的生活方式多么原始，他们的领导人在宗教上都是理想主义者。阿拉伯文化在西班牙的影响迅速地软化了他们积极的热忱。正如英国史学家 J. B. 特伦德（J. B. Trend）所指出的，阿尔摩哈德人不只相信神的统一性，甚至将神整个观念彻底精神化。“阿尔摩哈德的信条展现出时人缺乏的宽广哲学观点，甚至倾向泛神论。”

阿尔摩哈德时期持续虽不到一个世纪，却是穆斯林西班牙在知识上最丰富的一段时间。基督徒和犹太人都受到这一波朝气蓬勃的新兴智识主义的刺激。举世闻名的犹太学者迈蒙尼德，其家人不幸在阿尔摩哈德第一次宗教打击时被迫离开科尔多瓦。穆斯林思想家如伊本·图费勒（lbn Tufail）、阿芬巴塞（Avempacc）和阿威罗伊则名扬欧洲。后两位学者因为家喻户晓，姓名已拉丁化，也以其拉丁名字广为人知。拉丁文的 Ave 取代了阿拉伯文的 Ibn，意即“之子”。阿威罗伊相信人类的智力至高无上，在他看来，科学和宗教之间不可能存在矛盾。他永远不会接受基督教西班牙的教义，在那里是由教会最终决定如何阐释文件或宗教事件的。在提到穆斯林狂热分子摧毁科尔多瓦图书馆时，也是阿威罗伊高声疾呼：“世上没有任何暴行比得上神职人员的暴行。”多亏了这些人，中世纪的欧洲才能认识希腊思想——尤其是亚里士多德的哲学。中世纪神学家圣托马斯·阿奎那（St. Thomas Aquinas）熟悉这些人的作品，深受其中一些思想影响，他在《反异教大全》（*Summa Contra Gentiles*）中反驳了他们的主要哲学。

阿尔摩哈德王朝在塞维利亚筹划了一个庞大的建筑与美化计划。在埃米尔优素福（Yusuf）统治下建造的宫殿、塔楼、码头和堤坝是现代工程的奇迹。古老的罗马高架水渠经修复并扩大后，把阿尔卡拉（Alcalá）的泉水带入城内。瓜达尔基维尔河上有浮桥横跨，河流本身被导入由巨大围墙打造的正常河道中。这些墙同时充当码头，可供船舶装卸货物。河岸上还有大型仓库，塞维利亚由此成为地中海沿岸最大的商业中心之一。

首都的防御工程也经过重建。人们整修古老城墙，并增建新墙段；另外还建了许多高塔，以便监控河流。1171 年，阿尔摩哈德王朝开始兴建著名的宫殿——阿尔卡萨宫（Alcázar）。这座壮观的建筑四周是宽敞空地，只可惜原始结构如今没剩多少；幸存的部分（不是外面，而是内部）是摩尔人于 14 世纪中叶在“残暴者”佩德罗一世治下翻修的成果。1220 年，阿尔摩哈德在瓜达尔基维尔河岸建造了宏伟的塔楼，称为“金塔”，以保护宫殿，迄今仍完好无损，是塞维利亚的奇观之一。“残暴者”佩德罗一世也与这建筑有关，因为就是由他开始把黄金战利品和贡品存放在那里并称之为金塔的。

阿尔摩哈德王朝在塞维利亚最伟大的遗迹是他们的清真寺，建于 1170 年至 1200 年之间。清真寺采用常见的阿拉伯式长方形设计，长 414 英尺，宽 270 英尺。这栋建筑可与知名的科尔多瓦清真寺媲美。

> ［它的城墙边缘］有波斯式城垛，并涂有许多颜色。其拱廊俯瞰着庭院，院中有潺潺的喷泉，橘子花芳香扑鼻。数百个大理石圆柱由异教寺庙掠夺而来，屋顶则是由木头和灰泥构成的圆顶，其上的几何图案，透露出阿拉伯艺术家和镀金工匠的品味和不竭的丰富想象力。它的马赛克拼贴地面、它的雪花石膏格子、它奇妙的阿拉伯式花纹，都代表着精巧炫目的摩尔装饰风格。

建筑的一角有一座中等高度的宣礼塔，造型优雅，装饰精美。在宣礼塔的斜对角，阿尔摩哈德王朝建造了他们最伟大的建筑，著名的塞维利亚风标塔（Giralda），据说设计者是发明代数的人。这个美丽塔楼如今的塔尖和顶部，是西班牙人在 16 世纪加建的。原本的摩尔式塔顶平坦，但有 4 个巨大的金色球体环绕。

12 世纪的摩尔作家本·阿布杜·图奇比（Ben Abdun al-Tuchibi）在一篇谈塞维利亚行政的文章中，对他社区里的犹太人和基督徒提出尖刻评论。他写道："我们不该向犹太人或基督徒出售科学书籍，除非作者是他们自己人。因为他们把这些科学作品翻译成他们的语言后，就说这些是他们的人民和主教写的，尽管它们明明是穆斯林作家的作品。"[6]

塞维利亚的摩尔人热爱这个城市，认为它无比伟大，无比富裕，应有尽有，因此有谚语说："在塞维利亚，即使要鸟的乳汁也可以找到。”阿拉伯作家称颂这城里丰富多样的食物、可爱的女人、杰出的音乐家，以及大量的优秀诗人。至于普通居民的私宅，当地作家这么说：

> 房主把房子打理得无可挑剔，因为他们十分热衷此道。大部分的房屋都不缺流水或绿树，如橙子、柠檬、枸橼[1]等等……塞维利亚的学者精通各个领域的知识，无论是严肃的学术或幽默的笑话；他们人数众多，难以计数，而且声名远播，不用说明……我描述塞维利亚的这一切，唯一的目的就是要说明安达卢斯的过人之处，因为虽然没有城市缺少这些东西，但我还是认为塞维利亚是所有城市之母，是那块疆土最光荣卓越的中心，或者说神如此安排，因为它是所有首府中人口最多，也最伟大的一个。

“圣人”费尔南多三世在1247年率基督徒大军包围的，就是这座辉煌的城市。塞维利亚并没有轻易屈服。围城持续了16个月，是整个收复失地运动中最艰苦的斗争。起先，基督徒蹂躏了城市周围的肥沃平原，把所有可能有助于敌人的事物破坏殆尽，烧毁了房屋，践踏了庄稼，糟蹋了葡萄园，果园里的橙子、扁桃和石榴树全被砍倒并被放火烧光，烟尘蔽天。塞维利亚全城笼罩在黑暗之中，街道甚至无法通行。白天的城里经常“比无星的夜晚还要阴暗”。

西班牙人的强力攻击立即显现出成效，很快就把安达卢西亚几

[1] 橘属 (citrus) 的一种乔木，高2米到3米。原产于远东，栽培于地中海地区。果实粗糙，浅黄色，味酸，经盐水浸泡、糖煮，制成蜜饯果皮。——编者注

个较无防御力的城市收归基督徒阵营。不肯投降的地方则遭到毫不留情的烧杀掳掠。塞维利亚最终孤立无援，独力抵抗。尽管如此，它仍然是强大的对手。城墙上装备了当时破坏性最强的军事工具。巨大石弩投掷大量重达数百磅的石头和铁块。摩尔人的弓箭手可以射穿戴着护甲的马。“希腊火”（Greek fire，一种石油制的液态燃烧剂）被倾倒至基督徒的移动高塔，将他们活活烧死。尽管如此，费尔南多三世的士兵坚持不懈，不断加强围攻的力道。最后，饥饿和绝望迫使塞维利亚居民投降。基督徒军队进城，街道两旁的居民满脸憔悴哀伤。最终，安达卢斯的首都落入基督徒手中。

“圣人”费尔南多三世并非独力赢得这场战争，他的盟友是深谙围城攻略之道的格拉纳达摩尔人国王。城破之后，费尔南多三世试图赶走所有穆斯林，成千上万（可能达10万）人离开塞维利亚，跟随格拉纳达国王越过群山回到他的王国，这就是曾盛极一时的安达卢斯的仅存硕果。

“圣人”费尔南多三世在攻下塞维利亚4年后去世，他是老卡斯蒂利亚最伟大的指挥官和最知名的国王之一。“1252年5月30日，在他去世前数小时，他跪地谦卑地领受了最后的圣餐，脖子上绕了一条绳索”，展现了一个悔罪罪人的姿态。

塞维利亚的大清真寺被拆除后，只剩下塞维利亚风标塔还留着，原址则变成一座高大雄伟的大教堂。这是世界第三大教堂，仅次于罗马的圣彼得教堂和伦敦的圣保罗教堂。这里专门修建了一座特别的小教堂，用来存放“圣人”费尔南多三世的遗体。如今他被供奉在巨大的银棺里，周围的烛火不曾熄灭。墙上是卡斯蒂利亚和莱昂历史悠久的盾形纹章。墓上有拉丁语、西班牙语、希伯来语和阿拉伯语四种语言的墓志铭。“圣人”费尔南多三世如在世，必会完全同意如此表现对现在和过去的尊重。但他的人生和胜仗已将西班牙推向另一个方向：卡斯蒂利亚及其语言在西班牙各地将占据稳固的主宰地位。

1252 年后的许多年，每到费尔南多三世逝世的周年纪念日，都会有一小群人从格拉纳达前来，手上拿着点燃的蜡烛，伫立不动，默默无语。如今每年银棺会打开三次，展示“圣人”费尔南多三世的遗体。他依旧穿着古代的长袍，戴着王冠，拿着象征权威的权杖。长长的白胡子垂在胸前。同一座礼拜堂的另一处，也存放着他儿子“智者”阿方索十世的遗体。阿方索十世也是中世纪伟大的统治者，不过他的故事留待后叙。

安达卢西亚有句老话：“没见过塞维利亚的人，就没见过奇观。”（Quien no ha visto Sevilla, no ha visto maravilla.）获胜的基督教军队在 1248 年入城时，必然留下了这样的印象。数年之后，由“智者”阿方索十世编纂的《西班牙通史》就描述了西班牙人见到塞维利亚时的情景，他们看到此地的华美，忍不住惊叹，因为他们自己的王国难以与之相比：

> 塞维利亚这个城市伟大、庄严、富饶，充满了各种舒适和奢华的物品……那里有美丽的街道和宽阔的广场，形形色色的商场店铺，各行各业各居其位，完美分布，秩序井然……从没有见过比这里更富有、装饰得更美丽的地方，也没有见过任何地方人口如此众多，力量如此强大，或充满更高贵和奇妙的

> 景象。这里的城墙独一无二，高大、坚固、宽阔，四周有巨大的塔楼时时保护，全都是耗尽心力完成的……金塔是美妙的建筑，谁可以估计国王花费了多少成本兴建？此外还有圣玛丽塔［塞维利亚风标塔］，多么庄严、美丽和高大：75英尺宽，300英尺高；楼梯坡道宽广平滑，高度缓慢渐进直达塔顶，显示出高超娴熟的建造技巧。这样一来，如果国王、王后或者王公贵族想骑坐骑登顶，都可以轻而易举地做到。在第一座塔楼的顶端还有第二座塔楼，几乎达50英尺高，打造得十分精美。塔顶上有四个巨大的金属球，一个在一个之上；它们如此庞大，制作得如此精巧，举世无双……

然后《西班牙通史》详细描述巨球，作者称之为“苹果”。巨球的大小不同，最小的在最上方，全都镀了金，在阳光下闪闪发光。这份古代文献记载：

> 最底下的球巨大无比，展露难得一见的娴熟技巧，若非亲眼看见绝对无法相信。球体刻有优雅的凹槽，达五掌宽。球体被取下准备带入城内时，却过不了城门。于是他们只好把城门拆了，拓宽入口。除了我们已经提到的，还有许许多多壮观宏伟的事物。

《西班牙通史》接着直言，塞维利亚的地利之便举世无双：

> 每天都有来自海洋的船只顺河流而上，甚至进入城

内停泊。它们带着来自世界各地琳琅满目的商品：丹吉尔（Tangiers）、休达、突尼斯（Tunis）、布日伊（Bougie）、亚历山大、热那亚（Genoa）、伦巴第（Lombardy）、葡萄牙、英格兰、比萨（Pisa）、波尔多（Bordeaux）、巴约讷（Bayonne）、西西里、加斯科尼（Gascony）、加泰罗尼亚、阿拉贡，甚至来自法国北部及其他许多海外国家。[7]

在如此描述之下，这座城市几乎带上了一种东方式的感官色彩，让来自狂风肆虐的荒凉大平原的西班牙人目眩神迷，因为相较之下，他们的城镇和家园是如此简陋，田地也疏于照顾。卡斯蒂利亚议会总说属于他们的西班牙领土是“贫瘠的不毛之地”，缺乏农产，人口稀少，缺少牲畜和食物。这两种生活方式在阿方索十世编纂的早期编年史中有再清楚不过的并陈。或许，阿方索十世也是以这种方式，纪念父亲“圣人”费尔南多三世从摩尔人手中夺下塞维利亚的伟大战绩。费尔南多三世在 1248 年领导胜军进入塞维利亚，判了穆斯林安达卢西亚的死刑。摩尔人手中只剩下格拉纳达这个附属国了。

格拉纳达如今或许是全西班牙最美的城市，其地理位置独一无二，无与伦比。在内华达山脉高耸的山峰环绕下，城市本身位于肥沃的绿色平原。今天，水仍由高山输往平原，有些依旧是沿着摩尔人建的古老引水渠而来。在阿尔汗布拉宫（Alhambra）的花园里，可以听到它不断由土制水管流过的潺潺水声。摩尔人来自干燥缺水之地，因此喜爱水，无论在西班牙的哪里扎根，水都是他们的第一要务。被称作阿尔汗布拉宫的一系列建筑之间，有繁花似锦的庭院和花园，而不远处的摩尔人夏宫“赫内拉利费宫”（Generalife），让人可大致了解当时摩尔人的生活。这些地方不仅干净整洁，绿意盎然，而且展现出一种艺术的美感。仿佛不愿忽略任何可能的用水，摩尔人甚至在卧室里装有冲水厕所。大理石座椅下方的水流不断。

阿尔汗布拉宫一词的意思是“红色宫殿”。它最初于890年左右兴建，然后穆罕默德·伊本·艾哈迈尔（Mohammed ibn al-Ahmar）在约1250年时大幅扩建。更多附加的建筑物在这之后出现。统治这个地区的摩尔人在此生活至1492年1月2日，直到穆罕默德十一世（Boabdil）吐出最后一口气，把城市的钥匙交给阿拉贡国王费尔南多二世和他的妻子卡斯蒂利亚女王伊莎贝拉一世。宫殿厚厚的墙壁呈锈红色，厚重但并不美观。在下方城里的任何角度，都可以看到它们矗立在阿尔汗布拉宫山顶。若往山上走，会倏然发现这个地区变成墨绿色，也凉爽得多。这里有一片可爱的榆树林，据说是威灵顿公爵带来此地的。花园内有许多其他种类的树木，尤以柏树最多。安达卢西亚所有的花朵都可在这里找到，若干年前，此地还有高逾20英尺的红色天竺葵，攀在建筑物的墙壁上。如今这一切都已消失，不过涓涓流水依然奔流，青蛙依旧端坐在荷花和荷叶上，夜莺则在夜里歌声不辍。

250年来，纳斯里（Nasrite）阿拉伯王朝就在这座美丽宫殿里统治着群山环抱的摩尔人的格拉纳达王国。这些摩尔国王善于分化他们的基督徒对手，先协助卡斯蒂利亚，接着再帮阿拉贡。纳斯里王朝的座右铭是“除神之外别无征服者”，刻在阿尔汗布拉宫的多处墙上。摩尔人统治末期内战频繁，因此当卡斯蒂利亚和阿拉贡在

1474 年结合，摩尔人的溃败在所难免。摩尔人时代的最后几年，后宫传出暴力的争宠事件。王后索拉亚（Zoraya）担心受宠的艾西亚（Aixa）的儿子会抢走她儿子的王储之位。她为此公然争吵，被打入大牢。贵族之间形成两派：阿文塞拉赫斯（Abencerrajes）家族支持艾西亚，塞格利斯（Zegríes）家族支持索拉亚。获胜的塞格利斯家族指控对手阴谋篡位，国王阿布-哈桑（Abul-Hassan）就在阿尔汗布拉宫砍了 36 个人头。阿布-哈桑之子，不幸的穆罕默德十一世，成为最后一位摩尔王。

多年来，摩尔人每年都向卡斯蒂利亚进贡换取和平，但 1476 年卡斯蒂利亚要他们纳贡时，阿布-哈桑骄傲地反驳说："格拉纳达的铸币场不再铸造金子，而是铸造钢铁！"在这样的挑衅之后，这座被围困的城市开始准备作战。可是摩尔人显然低估了敌人，依旧夜夜笙歌。他们在这座山上的伊甸园所过的安逸生活消磨了他们的意志，使他们最终无法抵挡更强悍的民族。这座城市在 1492 年被费尔南多二世和伊莎贝拉一世攻陷，信奉天主教的君主们被此地的美景所震撼，于是后来有一段时间都在阿尔汗布拉宫上朝。伊莎贝拉喜欢音乐，她的随行人员中有 40 位音乐家，因此古老的摩尔人厢房常有西班牙古调、民谣和颂歌的演奏和演唱。两种生活方式在此相遇，其中一种已宣告结束。

一如所有主要摩尔建筑的内墙，宫殿的内墙被覆上有雕刻及彩色浮雕的灰泥镶板。宫内有各种风格的精致拱门，最受欢迎的是马蹄形拱门。支撑屋顶的柱子纤细优雅，柱头上有垫石和装饰。天花板上悬挂垂饰，或称"钟乳石"。立柱底部常有镶嵌艺术，护墙板和地板一般都铺着美丽的瓷砖，制砖的秘密如今已失传。目前虽保留了许多墙砖，但只有少数地方留有原始的瓷砖地板；正义殿（Hall of Justice）的地板就是其一，费尔南多二世和伊莎贝拉一世的宝座曾位于其上。

从每个窗口和宫殿的瞭望台，都可以眺望围绕格拉纳达的壮丽平原景色。朝一个特定方向眺望，可以看到萨克罗蒙提（Sacramonte）洞穴屋，这里自 15 世纪以来就住着吉卜赛人。

历史证据显示，欧洲吉卜赛人的来源可追溯到印度。1398 年，闻名遐迩的东方征服者帖木儿入侵印度，成千上万逃难居民跨越国境。其中许多人最终抵达埃及，然后显然是从那里进入欧洲，因此称为"吉卜赛"（gypsy），意指埃及人（Egyptian）。

1440 年的时候，他们来到了西班牙。西班牙吉卜赛人保存了安达卢西亚古老的深歌和弗拉门科舞，但并没有创造它们。吉卜赛人是绝佳的模仿者，不过绝非创造者。话虽如此，安达卢西亚的古老音乐能保存到今天，很大一部分是他们的功劳。男人也和女人一样起舞，而男子舞蹈的风格特别阳刚。史上最知名的吉卜赛男舞者埃斯库德罗（Escudero）曾说："要是我觉得自己的舞蹈有一丝阴柔气息，我宁可不再跳任何一步。"

今天的萨克罗蒙提洞穴屋，内部整修得非常整齐，并配有电灯。吉卜赛人仍在此表演舞蹈，只是近年来变得很商业化，他们一天或一晚匆匆表演 10 到 15 次，然后坐在观众旁边拍照，希望这么做能赚到额外的小费。他们出售的响板是日本制的。他们并无跳舞的天赋，但精于生财之道，甚至到格拉纳达的旅馆为观光客表演。如果他们当中有优秀的舞者或斗牛士诞生，很快就会到较大的都市发展。

无须细述阿尔汗布拉宫的每个庭园，但桃金娘中庭（patio de los arrayanes）和狮子庭（patiode los leones）值得被点名介绍。前者设有较大的摩尔宫殿常见的大反射池，后者则有著名的狮子喷泉，只可惜如今泉水不再流动。这些狮子雕像可能是腓尼基人或诺曼-萨拉森人（Norman-Saracenic）所制，并非摩尔人雕刻，摩尔人只是发现之后把它们纳入了宫殿。狮子喷泉也是日晷，每一小时，水会由不同狮子的嘴流出。如今这可爱的小庭院的上层结构已严重凹陷，多处都添加了丑陋的铁梁以巩固天花板。

我有位西班牙朋友是格拉纳达大学的学生。他花了许多时间在庭院里抄写墙上几乎没人注意的涡纹装饰上的阿拉伯铭文。这些铭文经精心雕刻，与艺术主题绝妙地融为一体。事实上，它们是一系列阿拉伯文诗歌，如今已由 A. R. 尼克尔（A. R. Nykl）译为英文。

阿尔汗布拉宫的王室浴场也特别吸引人，共有三个龙头，流出热水、冷水和有香味的水。摩尔人认为洗澡不仅是乐趣，也是一种仪式。格拉纳达市内的一座大型建筑物里，就有 11 世纪的摩尔人浴池（约 1050 年），被称为 bañuelo。

美国作家华盛顿·欧文（Washington Irving）曾在阿尔汗布拉宫住过，他在此为他收录许多传说的《阿尔汗布拉宫的故事》（*Tales of the Alhambra*）和《征服格拉纳达》（*Conquest of Granada*）做研究，美国人对这座建筑的兴趣或许最该归功于他。欧文深爱西班牙，能妙笔生花地描述它的某些方面。然而，他的作品常指西班牙“浪漫”，其实西班牙是举世最不浪漫的国家之一。它或许可说性感又迷人，但并不浪漫，这个国家只在与人无关的实体方面算得上浪漫。

格拉纳达城还有许多摩尔时期的遗迹。旧市区的埃尔维拉

（Elvira）大门年代可追溯到 9 世纪，比巴拉姆布拉（Bibarrambla）大门已在 19 世纪 70 年代被拆下保存，有朝一日可能会重组成原貌。城里别处还有其他的大门和摩尔式古迹，不过都和阿尔汗布拉宫没得比。其实，阿尔汗布拉宫是一系列的宫殿，覆盖整座山丘的主要部分。某种程度上，它是全世界最了不起的摩尔人遗迹。

有些游客认为阿尔汗布拉宫有阴柔气息，这点我不以为然。这座无与伦比的建筑虽然轻盈而显细致柔美，但这并不意味着阴柔，说阴柔等于是暗示男性气质的消失。宫殿一些房间和走廊的规模较小，这令某些游客感到失望，而且若在大白天欣赏，效果也可能不如预期。观赏这座宫殿最好是在月夜。夜晚柔和的光线底下，花园散发清新的果园气息，淙淙流水化为耳中的诗歌，轻柔的月光给网眼状相扣相连的房间和庭院披上一层光晕。夜莺开始歌唱时，心神都被平静的音乐征服，教人深深遗憾竟然从没人把这鸣禽引入美洲。随着白昼的来临，平原苏醒过来，橄榄树在阳光照射下闪闪发光。

格拉纳达名诗人洛尔迦写道：

> 瓜达尔基维尔河
> 流经橙子树和橄榄树。
> 格拉纳达的两条河流
> 由雪山流向麦田。

在格拉纳达时，我总想到洛尔迦。他曾在哥伦比亚大学约翰·杰伊楼（John Jay Hall）住过一年，就在我的隔壁。我因而和他熟稔起来。由于他不谙英文，因此我常充当他的纽约市向导，向他介绍黑人灵魂乐，他也对这类音乐产生了莫大兴趣。后来，我在西班牙参加他的文学沙龙，在马德里人行道上的咖啡厅聚会。他是训练有素的音乐家，经常以钢琴或吉他为朋友弹奏他挚爱的安达卢西亚哀歌。

洛尔迦就像大部分安达卢西亚人，对摩尔文化的传统十分自豪，对自己的摩尔血统很骄傲，也常说他戴起头巾来会有多好看。西班牙内战爆发后，他遭长枪党（Falangists）射死，年仅37岁。在我心里，他的身影在格拉纳达依旧无所不在。英国作家杰拉尔德·布雷南（Gerald Brenan）写过许多关于西班牙的好书，发表了一篇寻觅洛尔迦之墓的感人文章，他从不确定是否真找到了墓［文章最初发表在《纽约客》杂志，后来收入《西班牙面貌》（*The Face of Spain*）一书］。

写这段文字时，我正坐在阿尔汗布拉宫饭店的台阶上，高居山坡之上，就在阿尔汗布拉宫内。夕阳西下，我们下方的城市华灯初上，天空的斑斓色彩美丽绝伦：紫、粉、灰蓝、黄褐、蓝绿、火红、雾金。西班牙城市的灯光和美国城市不同，不是直射，而是四面八方闪烁；城里大片建筑仿佛撒上了整把的星斗。公鸡一如平常在城里啼叫，钟声也四处回荡。最后的天光还在徘徊，但已暗得看不见我所写的文字了，因此我放下笔记本，放松心情掬饮格拉纳达的声音和气味。

我们的旅馆房间俯视着整个平原，灯悬在灰泥天花板的中间，从大卫之星（Star of David）的装饰图案垂下来，圣地亚哥小贝壳则点缀在星星各角之间，这是希伯来和基督教历史的奇特混合。我拿起格拉纳达的电话簿，回忆涌上心头。15年前我在查这本电话簿时，封面上写的是："佛朗哥！ 佛朗哥！ 佛朗哥！ 西班牙，前进向上！西班牙万岁！"

我记得当时也看到这些字漆在建筑物的墙上，在许多城镇的外围也可见到。譬如离格拉纳达不远的洛哈（Loja）就在城边写上这些文字："佛朗哥，洛哈向你致敬，尊敬你，崇拜你！"偶尔也能看到文字如下："一切都为祖国。"虽然政治宣传大张旗鼓，但西班牙人并非爱国的民族，除非他们有强烈信仰的冲动，佛朗哥将军显然并没有诱发这份冲动。

准备离开旅馆时，我看到似乎无处不在的女仆用拖把擦白色大理石地板和楼梯，让它们好像医院大厅一样闪闪发亮。我在大厅里驻足，逗留片刻，等人把车子开来，快速浏览了陈列的杂志，还不用看就可以肯定大概没什么值得一读。果然，只有《英国贸易杂志》、《糕饼制造》、《与希腊贸易》、几份荷航时间表、一家西班牙银行出版的杂志、埃及旅游杂志，以及三本名为《冶金与电力》的专业期刊。桌前的一位老先生已取走三份最有趣的出版物：观点保守的马德里《阿贝塞报》（*ABC*）、《国家报》（*El País*）精彩的周日版，和《变革 16》（*Cambio 16*）周刊。这些是许多西班牙旅馆陈列的典型读物。

我们穿过古老的摩尔人引水渠浇灌的树木拱门，离开格拉纳达，进入了一片开阔的景观，那里有金黄色的小麦残茎和绿色的橄榄树林。还有一些种了玉米和烟草的田地以及晒烟草的棚子。空气中弥漫着辛辣的甜味。所有的山丘都种了橄榄树。偶尔可以看到打谷场坚硬的泥土地面，有马或骡子正在其上绕圈踏步磨谷。尽管报纸说西班牙现在有成千上万的拖拉机，但我只在远处看到过一个，是在从格拉纳达到科尔多瓦的车上。西班牙的农业要达到机械化还有很长的路。他们还要再走很长的路，才能达到当年在摩尔人统治下实现的整齐划一和生产力水平。高速公路沿途的寂静无声提醒着人们他们的遗产：驴子拉的古老水车、一段的古老城墙、毁坏的城堡和堡垒，还有安达卢西亚村庄的模样，和非洲村庄几无二致。

第四章

基督教王国：十字架与剑

收复失地运动是织布机，西班牙的历史就在其上编织。

——阿梅里科·卡斯特罗（Américo Castro）

西班牙文化史学者

从佩拉约在722年于科瓦东加谷的山区击败摩尔人起，直到1492年费尔南多二世和伊莎贝拉一世攻下格拉纳达为止，这段时间被称作收复失地运动（La Reconquista），前后跨越8个世纪。这是西班牙独一无二的历史，其他欧洲国家都没经历过类似时期。这不仅是对抗占领西班牙土地的外侮，也是反抗他们不肯接受的伊斯兰教的战争。中世纪历史的两大动力是战争和宗教，而在西班牙，这两股动力融合在一起：宗教战争。的确，在收复失地运动之初的几个世纪，获得土地、财富和奴隶或许比击败伊斯兰势力更重要，但随着时间的推移，宗教地位成了越来越重要的问题。促成转变的是穆斯林本身，因为狂热穆斯林阿尔摩拉维德人和阿尔摩哈德人相继在1086年和1146从北非入侵，造成反弹。

西班牙史学家都认为，收复失地运动让西班牙的历史与欧洲其他国家截然不同，但他们对这个运动塑造西班牙历史的程度和方式产生了分歧。当今两位西班牙历史大师卡斯特罗和桑切斯-阿尔沃诺斯，已对此论战数年。尽管两人争论时偶尔吵得很凶，其实双方的观点并没有那么不同。卡斯特罗明确指出，穆斯林绝非容易应付的敌人，所以收复失地运动必定如此："收复失地运动是织布机，西班牙的历史就在其上编织。"而桑切斯-阿尔沃诺斯则断然声明："我认为收复失地运动是西班牙历史的关键……让我们回忆一下《阿比达编年史》(*Chronicle of Albeda*)里的话：基督徒日日奋战，不分昼夜，一直坚持了8个世纪。"在此期间有过短暂的和平，很少会超过十几二十年；基督徒之间会发生战争；摩尔国王之间也会发生战争，甚至基督徒和摩尔人还会相互结盟，对抗其他基督徒和摩尔人。尽管这些历史事实无可争议，但收复失地运动的主轴，一直都是西班牙基督徒对抗西班牙穆斯林，是十字架与剑对抗摩尔人的新月。

西班牙性格就在这场漫长的战争中重新塑造。教会许诺战死的人会进天堂，胜利的士兵也能靠掠夺战利品致富。人们就为了这种"基督精兵"的理想出生入死。如果上战场能获得更大更崇高的报酬，谁还要用双手劳动？个人的英勇和信仰成了新西班牙的基石，在移动的边界背后，一个新国家慢慢成形。收复失地运动始于722年的科瓦东加，源自阿斯图里亚斯和坎塔布里亚山民"对自由的热爱"，那里的山民曾在公元1世纪让奥古斯都吃了一番苦头。这些战士不是西哥特人，而是更古老西班牙人繁衍出的后裔。这群吃苦耐劳的人，日后将涌向莱昂和卡斯蒂利亚的平原，重新填满这片被遗弃的土地。他们的精神将塑造西班牙的性格。

边界不是一条固定的分界线，也不是稳定地向南移动。边界始终是不确定的，“只要基督徒赢得胜利，占领了主控山谷入口或能掌握平原的城市，或者摩尔人自己有了危机或相互交战”，这条边界线就会向前推进，但也随时可能退后。因此，界线的移动一直来回反复，但来自北方的势力总是较强。

公元722年，基督徒被围在坎塔布里亚山后，这山是他们的防御线。随着越来越多基督徒抛下南方的农场和家园从军，他们的人数稳定增加。科瓦东加一役后，摩尔人非常愚蠢地决定入侵法国，结果第二度被查理·马特打败。如果当初他们乘胜追击，追入坎塔布里亚山脉，今天的西班牙即使不是伊斯兰国家，也可能会是伊斯兰-基督教社会。摩尔人在法国吃了败仗后，意识到他们扩张过度，开始向南撤退。这次撤退使他们回到杜罗河（Duero River）谷地以南，当地居民已放弃了这块领土，撤往坎塔布里亚山后更安全的地区。因此，两个阵营之间，多年来存在一片荒野，沿杜罗河谷延伸，完全没有人居住。西班牙基督教统治的边界慢慢向南推进，进入这些渺无人烟的平原，而摩尔人则会发动突袭。边界就是这样形成的。不久，边界就不再只是一个不确定的地理界线，还成了非常明确的心态的象征。

当然，持续了8个世纪的收复失地运动并非不曾间断的战争——没有人能忍受这种日子。这几个世纪里，除了对立，双方的社会和文化力量也互相作用和融合。住在同一片土地上的基督徒和摩尔人，连续不断地从事人类生活的两大行为：战争与欢爱。这是两种征服形式，也是两种亲密的形式。战争和肉体的亲密经常携手并进，可见后者并不是只能在平和的日子发生，也许在西班牙的形成过程中，爱的创造以及它所代表的一切，和杀敌同样重要。

佩拉约获胜的地点阿斯图里亚斯，是西班牙北部的头一个基督教王国。公元 791 年，该国在奥维多建立首都，不过在此之前，阿斯图里亚斯王朝已经存在。必须强调的是，这不是西哥特王国的延续，而是土生土长的一个王朝，植根于西班牙大地。接下来诞生的王国是加利西亚和莱昂。900 年的时候，基督徒已走出了他们的山脉，散布到南方的莱昂平原。到了 914 年，他们觉得不再需要以山脉屏障自我保护，于是团结各王国，把首都迁往莱昂，建立了一个莱昂王国。现在主动权明显落入基督徒阵营，摩尔人再也占不了上风了。

正如莱昂是阿斯图里亚斯和加利西亚向南拓展的结果，卡斯蒂利亚也来自莱昂向南的扩张。起先只是个小公国（约 900 年）的卡斯蒂利亚，经过一两个世代，变成了一个不愿向任何人低头的战士之地，无论是向基督徒还是向摩尔人。史诗《费尔南·冈萨雷斯之歌》（*Poem of Fernán González*）叙述了卡斯蒂利亚脱离莱昂独立的故事，13 世纪的史书《西班牙通史》也复述了这段故事。卡斯蒂利亚人的偶像，伟大的战士费尔南·冈萨雷斯伯爵曾带着“漂亮的鹰和俊美的马”来到莱昂国王宫中。国王非常喜欢，问能否购买。伯爵依当时的宫廷礼节说这两只动物不卖，但“既然国王这么喜欢它们，他很乐意送给国王”。国王也按当时的礼节拒绝馈赠，除非对方接受回报。国王答应付给伯爵 1 000 银币，双方也订下了付款日期，而且都同意迟付几天款项就多加几倍。3 年过去了，金额成了天文数字，国王无力偿还，于是准予卡斯蒂利亚独立。这故事虽不足为信，不过当时的礼节和国王不按时付款一事，完全符合西班牙人的性格和所描述的事件。

冈萨雷斯是卡斯蒂利亚的第一位大英雄，他正面遭遇所向披靡的曼苏尔却不露丝毫畏惧。卡斯蒂利亚的士兵已经和最强的穆斯林战士不相上下。卡斯蒂利亚在忧患中诞生，靠自己的力量生存。来到这里的是最勇敢的山民，他们离开家园的保护，为追求荣耀踏上冒险之路。卡斯蒂利亚就像巨大的装甲纵队，一边深入钻探摩尔人的疆土，一边慢慢地积聚力量。卡斯蒂利亚军鲜少失败，赢得了许多惊人的胜利。最终，他们促成收复失地运动的实现。为了在开阔荒凉的平原上保护自己，他们住在一排城堡里，组成了基督徒领土的南部边界，并由此得到卡斯蒂利亚之名，意为“城堡之地”。

西班牙的其他基督王国是莱昂、纳瓦拉、阿拉贡和加泰罗尼亚，总共5个。在收复失地运动初期，这些基督王国之间的互斗，和他们对抗摩尔人一样频繁。曼苏尔入侵莱昂时，卡斯蒂利亚人欢欣鼓舞，而卡斯蒂利亚遭到同样命运时，莱昂人也兴高采烈。纳瓦拉受到攻击时，两国都雀跃不已。在那个年代里，España一词指的是半岛上的摩尔人领土。基督徒提到自己的国家时，称之为莱昂、卡斯蒂利亚、阿斯图里亚斯等等。不过，几个世纪过去，他们终于学到教训，时至1230年，西班牙只剩两大基督王国，莱昂-卡斯蒂利亚和阿拉贡-加泰罗尼亚。两国在将近一个半世纪多之后，合并成一个卡斯蒂利亚-阿拉贡王国，象征着整个基督教西班牙的统一。正是这最后的统一王国打败了摩尔人，把他们从最后的据点格拉纳达赶走。

摩尔人在不知不觉中教会了西班牙基督徒如何在与他们的对抗中胜出。摩尔人不仅展示了团结本身的不可或缺，还示范出如何实现团结——通过充满活力的宗教号召。摩尔人自己是由许多不同民族组成的群体，包括了阿拉伯人、也门人、柏柏尔人和叙利亚人。他们因为 7 世纪伊斯兰教的诞生而团结在一起，并成功地将宗教与战争融合，建立了一个庞大的帝国。犹太人的宗教哲学涵括了人类和宇宙的重要架构，进一步促成了基督教概念的形成。这个概念和信仰最终把民族主义和宗教焊接起来，确立了后来的教会国家。换言之，宗教将成为武器，成为两个文明史诗般对抗中最强大的武器。

西班牙天主教在圣雅各崇拜中，找到了对摩尔人好斗信仰的回应。正是这精心培植且获得诸多教徒深信的崇拜，使收复失地运动成为可能。这种崇拜完全是西班牙的发明，世界上的其他天主教国家都没有类似崇拜。历史没有任何证据支持引发崇拜的奇迹事件，不过历史证据在此并不重要，重要的是人们相信这个故事，以及这种信仰变得十分激进，驱使信徒完成难以置信之举。当然若我们主张，在历史上，神话推动人的力量比实际事件更强，那又是另一回事了。

圣雅各的传说如下：西庇太（Zebedee）的儿子，耶稣十二门徒之一圣雅各（St. James the Greater）曾来西班牙传福音，为期 6 年。之后他回到耶路撒冷，遭希律王（King Herod）斩首。他的追随者把他的身体涂膏防腐，带着遗体搭上前往西班牙的船，在加利西亚海岸的古罗马港口伊里亚–弗拉维亚（Iria Flavia）下船，进到内陆，来到今天的圣地亚哥，将他埋葬在此。多年来，人们来此朝圣，但在罗马对西班牙基督徒的迫害变得严重后，这个圣地就被人遗忘了，大约有 6 个世纪乏人问津。接着在 9 世纪之初（813 年），住在该区的一位隐士连续数晚看到异象。一颗明星在一棵孤零零地矗立于山丘的大橡树上方闪耀生辉，这景象还伴有天国的音乐。当地主教得知后，在几位神父的陪同下前去调查。他们发现了一个祭坛和三个人的坟墓，其中一人的头被砍掉了。墓上的铭文称这是圣雅各的安息之地。

“纯洁的”阿方索二世（Alfonso II the Chaste）听闻后，由几位大臣陪同赶到该地。国王检视坟墓，证实了奇迹，于是在墓地上兴建了一座教堂。教宗利奥三世（Leo III）得到通知，在一封信中将此消息公之于世。朝圣者络绎不绝地来向圣徒致敬，圣地亚哥城就在教堂周围渐渐形成。这座教堂成为中世纪三大圣地之一，另外两个圣地是罗马和耶路撒冷。

三个遗体究竟哪一个是圣雅各难以确认，因此三人的遗骨被混在一起，放进同一个棺木。后来再转置于他们今日安息的精致银瓮中。不过，官方向导会告诉游客，尽管圣雅各在西班牙传教并被埋葬于此地，他的坟墓被奇迹般发现的故事也广为人所接受，但是没有任何证据显示这些故事是基于历史事实的。

为圣雅各崇拜带来最后戏剧效果的事件，是传奇的克拉维霍战役（battle of Clavijo）。（这可能是 11、12 世纪的一些抄写员捏造的故事，但圣雅各崇拜最早可追溯至 813 年）。经过几年休战后，科尔多瓦的摩尔人再次要求基督徒进贡 100 名处女。加利西亚国王拉米罗一世（Ramiro I）在其中一名女子的鼓动下拒绝照办，于是摩尔人带着军队前来强征。844 年，两军据信在克拉维霍相遇。战斗的第一天，基督徒部队惨败。当晚，拉米罗注视着精疲力竭的加利西亚和莱昂士兵，不由得担心他们第二天会面临什么样的命运。次日早上，他召集军队，用响亮的声音宣布，圣雅各夜里在他梦中显灵，承诺基督徒将赢得战役。圣人骑在白马上，挥舞有红十字的白色旗帜。他声称捍卫西班牙的信仰是他个人的责任，而且他会亲自在战场上领导西班牙人。他甚至告诉拉米罗如何布阵最有利。战斗开始时，基督徒奋勇上前，放声大喊："圣地亚哥（西语的"圣雅各"）！西班牙！前进！"他们猛烈地进攻，穆斯林部队落荒而逃，尸横遍野。国王拉米罗获得奇迹般的胜利。此后，圣地亚哥（圣雅各）就成了西班牙的守护神，也是基督徒士兵在收复失地运动中的特别保护者。人们对他的信仰扭转了许多战役的结果，使基督徒占了上风，也使中世纪西班牙天主教具备了独一无二的特色。11 世纪的时候，这位使徒开始被称为"摩尔人杀手"圣雅各（Santiago Matamores）。

克拉维霍之战后，越来越多的朝圣者来到这个著名圣地；修道院、旅馆、医院、学校和其他机构也修建起来。最初由阿方索二世兴建的教堂被认为规模太小，不符合圣祠的名气，于是"伟大的"阿方索三世（Alfonso Ⅲ the Great）在约 900 年的时候拆除了小教堂，重新兴建更大的教堂。大约 100 年后（997 年），让人闻风丧胆的摩尔人将军曼苏尔攻打这座城市，攻进城后大肆洗劫，摧毁了新建的大教堂（不过并未侵犯保存圣体的区域），然后让基督徒战俘把教堂的钟和门带回科尔多瓦。这些抢来的战利品就用在科尔多瓦的清真寺上，钟被改造成了灯。卡斯蒂利亚和莱昂的"圣人"费尔南多三世于 1236 年征服科尔多瓦后，穆斯林战俘被迫把这些器物再拖回圣地亚哥。

圣祠在 1027 年至 1137 年间重建。由于大部分朝圣者都经由法国南部前往圣地亚哥，因此法国克吕尼（Cluny）本笃会接手了朝圣队伍的管理和保护。这些修道士保持路况良好，定期建立旅馆和修道院，并保护朝圣者免受土匪袭击。通往圣地亚哥之路成了国际公路，被称为“法国之路”（camino francés），名字直沿用迄今。西班牙语“圣地亚哥之路”（camino de Santiago）指的是银河，因为挤满朝圣者的道路宛若银河，也因为沿着它前进就会抵达圣地亚哥。原路通过龙塞斯瓦列斯山口，经潘普洛纳和阿斯图里亚斯到达加利西亚。在11世纪晚期，主要路线借道布尔戈斯向南移动，显现出基督教势力的扩张。法国修道士为促进西班牙民族主义的发展出过这么多力，也是史上罕见。

圣地亚哥的全名是圣地亚哥-德孔波斯特拉（Santiago de Compostela）；Compostela一词源于拉丁文campus stellae，意思是“星星之地”，指照亮圣雅各坟墓的那颗明星。“孔波斯特拉”到11世纪就成了这圣地名称不可或缺的一部分。

所有曾赴圣地亚哥朝圣的人，都会得到加利西亚沿岸常见的一种海贝（通常被称为venera或vieira）为标志。朝圣者从圣祠回家时都带着这种贝壳。当地贝壳获此殊荣的说法有二。一是圣雅各本人在西班牙传道时，就经常用这些贝壳为归信者施洗。另一个故事则说，圣雅各的朋友带着他的遗体正准备从加利西亚海边上岸时，看到一匹失控的疯马，载着贵族骑士冲入大海。他们以为这名骑士一定会溺毙，但是大量海藻交缠的贝壳堆接住了他，尽管一身重甲，他仍得以漂浮保命。这些基督徒认为这是个好兆头，于是选择以贝壳作为圣人的标志。

涌入圣地亚哥的朝圣者来自欧洲各地。连英国诗人乔叟（Chaucer）笔下《坎特伯雷故事集》里的巴斯妇人都和数千名英国朝圣者一样，去过“加利西亚的圣地亚哥”。他们身着最粗糙的粗布斗篷、短披肩，戴着柔软的帽子，脚踩凉鞋。他们总带着一根手杖，上面绑着一个葫芦，晚上就在过夜的地方用葫芦吃饭。有时他们的腰带还别着钱包。大多数男士留着长胡子。一路上他们常在夜里聚在旅馆或修道院的庭院里唱民谣。朝圣者抵达圣地亚哥后，往往没有足够的住处，所以他们就围成一堆睡在街上，如同传说中印度人的睡法。他们大批进入大教堂时，身上的恶臭令人难以忍受，因此教堂里放了一个巨大的香炉，可以用绳索和滑轮在人群上方来回拖动，以便消除气味并把空气熏香。香炉迄今仍保存在原处，称为 botafumeiro，现在只在非常特殊的场合使用。朝圣者把许多欧洲影响带入西班牙，尤其是法国教会的影响，或许还有来自普罗旺斯的文学影响。而这些朝圣者回到他们的故乡时，也带回许多西班牙-阿拉伯文化的知识。摩尔人的知识成就因此在欧洲各地流传开来。来到西班牙的大批朝圣者促使人们关注与摩尔人的战争，并为西班牙带来新兵和财源。

现在圣地亚哥的这座教堂由许多不同风格的建筑物组合而成。1075 年阿方索六世已开始兴建大教堂，但它建在 9 世纪埋葬圣雅各遗骨的教堂之上，如今底下的旧教堂依然可见。精雕细刻的罗马风格“银匠之门”（Puerta de las Platerías）就出自这个时期。大教堂西侧的正面建于 18 世纪，呈现出晚期西班牙巴洛克风格，一般称为丘里格拉风格（Churrigueresque）。这是有两座高塔面对主广场西班牙广场的建筑立面。在这主要立面的后方和内部，可以看到大教堂真正的辉煌之处——举世无双的“荣耀之门”（Pórtico de la Gloria），这是 3 座美丽的罗马式拱门，上面装饰了 135 个大小浮雕像，于 1183 年完工。这是 1168 年起担任石匠行会会长的马特奥大师（Master Mateo）的作品，他用20年完成这个杰作，这些浮雕人物的和谐、完美和安排配置，都让观众感到一股整体的平静和美，一点也没有拥挤或过分的感觉。这些人像极具表现力，胜过一般中世纪雕像。马特奥设计的力量和活力，与文艺复兴时期伟大的雕塑家相比毫不逊色。荣耀之门绝对是西班牙乃至是全世界最伟大的中世纪雕刻作品。

荣耀之门有明显的象征意义。中央最大的拱门代表天主教会，左边的拱门代表犹太教会，右边的拱门象征“误信者”的教会。在中央拱门正中央的是宏伟的基督雕像，被《福音书》的四位作者簇拥着，在他们下方的柱子上则是强壮的圣雅各，手持牧杖。巨大的基督像几乎有10英尺高，让3座拱门的其他人像都相形见绌。基督坐在宝座上，露出受伤的手、脚和侧身。在基督上方的半圆中是《启示录》里的24位长老，都拿着弦乐器。有些人显然在调音，有些人似乎在拨弦弹奏。这整个上层雕板呈现了12世纪西班牙的各种乐器。

左边的拱门代表犹太教会，其中有许多《旧约》先知：亚伯拉罕、以撒、雅各、摩西、大卫、所罗门等等。基督本人占据了拱门的中心，他伸出右手祝福，左手则拿着永恒真理之书。亚当与夏娃在他的两侧。

右边的拱门象征外邦人或“误信者”的教会。婆罗门教、伊斯兰教、儒教等等古代的宗教以各种动物的形式表现在此。它们象征着信念、正义、刚毅、嫉妒、愤怒、淫乱、骄傲、贪婪等等特质。这座拱门上还有一些正在吞噬人类的可怕怪物或恶魔的形象，它们代表暴力、残酷、暴食与贪婪。

荣耀之门整体的宗旨是展现真正的教会如何在错误教条和《旧约》犹太教的基础上兴起，通过基督的启示和生命实现独特的崇高地位。打造这件动人心弦之作的雕刻大师，也刻了一尊自己的小人像，放在主拱门中央柱子的后面。蹲姿人像被放在地板上，面向教堂内部，许多游客都没注意到。

荣耀之门上雕像的群组组合非常精彩，多数似乎正在交谈，头部和脸部的角度非常自然。先知和使徒们留着胡子，但以理的脸则剃得光洁，嘴角露出青春灿烂的笑容。这只是马特奥让作品产生强烈个性，同时保有整体和谐与力量的方法之一。

荣耀之门在1188年完工时，涂有缤纷的色彩和金色。后来到1651年还重漆过，但历经风吹雨打，再加上曾打石膏模型，制作给位于南肯辛顿的伦敦博物馆展出用的复制品，几乎所有的色彩都脱落了。现在只看得到极不明显的色彩。中世纪的西班牙雕塑总是色彩丰富，只是保留原状至今的很少。西班牙内战期间，荣耀之门差点被一名反宗教的狂热分子毁坏，后来可说是奇迹般地被保存下来，保住了这唯有西班牙艺术家才能构思出来的中世纪力量与美的象征。即使是外国艺术家，来到这个半岛生活［法国的胡安·朱尼（Juan Juni）、希腊的格列柯］之后，精神上也会受到西班牙的图像表现的影响，并很快在他们的作品中反映出来。

12世纪的西班牙建立了几个军事修会，以便继续与摩尔人作战。这些组织都以宗教和军事为基础，遵从圣雅各“摩尔人杀手”的传说。教会起先并不赞成圣徒拿武器，但随着阿尔摩拉维德人在1086年发动入侵，摩尔人结合宗教与战争的做法再次引起西班牙基督徒的注意，他们不禁意识到这是个有效率的办法。因此，圣战成了教会战斗组织的使命。这些组织包括圣地亚哥骑士团、卡拉特拉瓦骑士团（Calatrava）、阿尔坎塔拉骑士团（Alcantara），圣殿骑士团（Knights Templar）和医院骑士团（Hospitalers）。圣地亚哥骑士团的主要任务是保护朝圣者的人身安全，确保路上没有土匪和恶棍。后来他们成为与摩尔人争战的一支核心军队。15 世纪末，在费尔南多二世和伊莎贝拉一世的统治下，这些核心战力构成了基督徒军队的筋骨。

中世纪初期西班牙的民族英雄是熙德。他的事迹被记载在西班牙文学流传下来最早的史诗《熙德之歌》（1140 年）中。熙德是 11 世纪的历史人物，生卒年大约分别是 1043 年和 1099 年，所以诗创作于他去世后 40 年的时候，当时人们对他的功绩记忆犹新。诗的作者可能是一位西班牙修道士，住在靠近基督教边境的摩尔人萨拉戈萨王国内，显然读过《罗兰之歌》及几首现已散佚的早期西班牙史诗。受到启发的他，创作了一首非常贴近史实的诗歌，忠实勾勒出那个大时代边疆生活的画面。诗中并没有怪诞的故事或奇迹，他笔下的熙德是血肉之躯，通过意志和努力实现伟大壮举。

在这一点上，《熙德之歌》象征着 11 世纪卡斯蒂利亚生活的重要结构。当时西班牙的英雄常是摩尔领袖，基督徒还没孕育出太多的民族英雄。曼苏尔彪炳的战功和个人的勇气与毅力，使他在许多西班牙战士的心中地位崇高。熙德非常清楚地反映出摩尔人对卡斯蒂利亚人新兴价值体系的影响。我们今天所知的西班牙人，以及塑造西班牙性格和信念的元素，在 11 世纪时正处于创造阶段。一个新国家正准备穿破阿拉伯–基督徒文明混合的茧。在某种程度上，熙德正是这个新文化在萌芽阶段的缩影。

诗歌的背景是，熙德奉命去收科尔多瓦和塞维利亚国王欠卡斯蒂利亚阿方索六世的贡品。来到塞维利亚后，他发现此地受到格拉纳达国王的威胁，而格拉纳达背后有阿方索六世的宠臣加西亚·奥多涅斯（García Ordóñez）伯爵撑腰。熙德写信去想阻止格拉纳达来袭，但徒劳无功。于是他起而对抗格拉纳达大军，在战场上给他们迎头痛击，掳获丰厚战利品，并活捉奥多涅斯伯爵（熙德还扯了他的胡子，这是当时对一个人最大的侮辱），然后回到卡斯蒂利亚的首府布尔戈斯。他因为打了胜仗而被称为 el Cid Campeador; Cid 一词来自阿拉伯文 sidi，领袖或领主之意，campeador 的意思则是“战争的赢家”。

起初，熙德受到阿方索六世的赏识，但不久之后，国王听信了奥多涅斯伯爵朋友的谗言，心生猜忌。当熙德不顾明令禁止，自作主张，大举进攻托莱多的摩尔国王时，阿方索认定此人狂妄自大，于是将他逐出卡斯蒂利亚。诗歌就从熙德人生的这一点开始。接下来的故事是：

熙德离开他的家乡比瓦，来到布尔戈斯城内。他看到的每扇门都紧闭，但人们从墙缝看着这位领袖骑马在街上走动，他身后是举着 60 支锦旗的骑兵。布尔戈斯的人民潸然泪下，他们仿佛不约而同地叹息说：“要是他有明君，会是多么好的忠臣！”盛怒之下，熙德冲向一扇门，突然停在门前，把脚从马镫中抽出来，用靴子重重地踢了门一脚。诗中说：“但是门并没有打开，而是紧紧关闭。”

接着一名 9 岁小女孩被派到街上，用她稚嫩的声音解释情况。城市接到国王盖有御印的圣旨，禁止任何人给熙德提供援助或安慰。

"熙德，我们不敢给你任何援助，"女孩说，"因为我们不但会失去所有的财物和家园，还会失去我们的眼珠。熙德，即使让我们受这种伤害，你终究是一无所获。所以继续前行吧，愿上帝以慈悲保护你。"小女孩语毕，回到屋内。

从这简单动人的故事开头，熙德展开了他的战士生涯。他效命萨拉戈萨的摩尔国王，帮助他多次赢得对巴塞罗那基督徒大军的战斗。接着他自行出击，在边界打了几场胜仗，威望大增，最后攻下巴伦西亚的摩尔王国，在此度过人生的最后5年，治理这个王国。他的胜利有吓阻当时正大举进入半岛的阿尔摩拉维德人之效。卡斯蒂利亚国王阿方索六世无力抵御阿尔摩拉维德人，因此熙德对基督徒阵营有很大的贡献。

然而，诗中没有一处提到这些征战和胜利的主要动机是宗教。熙德确实曾呼唤圣雅各和耶稣基督，但并非那种史诗般戏剧化的恳求或信念。诗歌简单明了地说："摩尔人呼唤穆罕默德，基督徒呼唤圣雅各。"胜利的荣耀本身，以及战利品、奴隶与领土的增加，这些才是熙德征战的动机。他准备袭击巴伦西亚时，先派人到阿拉贡、卡斯蒂利亚和纳瓦拉招兵买马。他用来吸引新兵的宣传是："想终结劳碌并致富的人，和我一起征服这片土地然后安居乐业吧。"诗人描述攻克巴伦西亚的人的喜悦之情后，又写下几行诗："来时徒步的人现在有马可骑，黄金和白银数不胜数。所有人这下都成了富人——每个响应号召的人都富了。"

正如当代一位著名的西班牙诗人所言，熙德属于史上头一批"白手起家者"。他靠自己的双手和意志成功。就连国王的支持对他的胜利也可有可无。他是英勇的卡斯蒂利亚战士，备受推崇的他，一个人就能创造难以置信的成果。他的确是任何一个卡斯蒂利亚人都可以模仿的英勇典范，是每个士兵的高贵缩影。他的自我理想、他的意志、他的勇气和尊严、他的信仰、他坚定的心和他的行为，塑造了他的整体个性——这些元素使他成为真正的民族英雄，而不是高不可攀的人。他是活在当时社会，和普通人一起在街上行走的人。

《熙德之歌》以诗性笔法捕捉并保存了英雄及其居住时空的现实。诗人并没有改变现实，只是以直接不矫饰的诗句呈现了它。他没有评断外在世界，也没有议论善恶道德。现实是纯洁无辜的。在某些早期原始社会中，人类看着大自然的美丽宏伟，惊叹莫名，于是把伟大的自然力量拟人化来塑造他们的神话。《罗兰之歌》中那位高贵的法国骑士几乎被塑造成完人，远非一般人的愚拙之力能识别或效仿。《熙德之歌》则不然，诗人始终脚踏实地。

诗中有段形容天刚破晓时的景色，如下所述："曙光出现，早晨已在路上，太阳出来了……上帝啊，它多么美丽！"诗人仅以寥寥数句描绘整个画面。还有一次，熙德和妻子希梅纳和两个小女儿分别时，诗人用了一个直白的比喻："他们互相分离，就像指甲与指头上的肉分开。"这形象虽不美，却很到位，而且富有诗意地符合主角的性格。

因此，诗里复制的现实，是经凝聚和挑选而强化为史诗的现实。诗中所勾勒的人，是因彻底实现了他的努力与意志而能主宰现实。熙德自然是每个卡斯蒂利亚人的英雄。作者没有把他的人生变成神话或传说；他在诗中的态度从头到尾都是，赞叹和钦佩一个人就可以实现这么多成就，而不必寻求超自然力量的支持或投射。

正如熙德的形象盖过了在科瓦东加打败摩尔人的传奇佩拉约，11世纪的卡斯蒂利亚也让莱昂王国和其他山区省份望尘莫及。尤其需要强调的是，在塑造西班牙性格的关键年代，卡斯蒂利亚是整个过程发生的场所。卡斯蒂利亚语成为全西班牙的语言，这是十分直接和有力量的语言。将拉丁文 forum 的短元音变成双元音喊出来，从而创造出 fuero 的人，不太可能对半岛上那些说着比较柔软方言的人屈服。[1]

卡斯蒂利亚人总认为卡斯蒂利亚和莱昂的国王阿方索六世是莱昂人，是个外人，这无疑是熙德与君王互相憎恶的原因之一。更进一步的原因则在于，熙德也曾和其他人一起，逼着国王发誓他没有为篡位而杀害自己的兄长桑乔（Sancho）。桑乔在萨莫拉（Zamora）的城墙前蹲下解手时遇害。古歌谣描绘了无论美丑的每一个现实细节，细诉暗杀的过程。在桑乔去世前，熙德一直都支持他，阿方索恐怕因而对熙德怀恨在心。

然而，阿方索六世是个强硬的国王。他早年曾被迫在托莱多的摩尔宫廷寻求庇护，可是在这位对他友好的国王死后，他攻打托莱多，并在1085年从摩尔人手中夺走这个城。不过，次年阿尔摩拉维德人开始从北非大举入侵，情势翻转，阿方索吃了一系列败仗，元气始终未能恢复。阻挡这股柏柏尔人侵浪潮的是熙德，而非阿方索。

卡斯蒂利亚是中世纪西班牙的驱动力。莱昂代表的是保守主义，它在军事行动中已无力主宰；它象征的是传统，是由西哥特法律统辖的西哥特君主政体。而卡斯蒂利亚总是处于危险之中。它反抗莱昂，随后两国之间的竞争是不可避免的，由此导致了许多势不两立的冲突。卡斯蒂利亚人憎恶那本被称为《法律集》（*Fuero juzgo*）的西哥特古法典，传说布尔戈斯街头曾点燃巨大的篝火，烧光了所有副本。卡斯蒂利亚人生性好战，他们很重尊严，举止严肃；他们自立自强，不服权威。卡斯蒂利亚的法律以习俗为本，是普通法，是社会大众认可的法律，展现群体生活的习惯和风俗，就连国王也不能凌驾于法律之上，这为早期的卡斯蒂利亚社会带来了简陋但真实的民主感。随着时间的推移，大家更加重视习俗的法律，而非国王的专断擅权。阿方索六世在11世纪出于一己之意就流放熙德的事件，在一个世纪之后是不可能发生的。

若说莱昂代表了传统的退浪，刚从摩尔人手中夺回的卡斯蒂利亚边疆则是一个无人地带，涉足依然存在风险。中央政府必须鼓励人们到此扎根，建立家园城镇。为使人在此定居，开垦者可获得称为“福埃罗”（fueros）的优待和好处。他们享有当时在西班牙其他地方不存在的个人自由。体现边疆城镇居民的权利、特权和义务的许多“福埃罗”，适用于犹太人、穆斯林和基督徒。在那个时代，西班牙人未必非得是基督徒。

威廉·阿特金森（William Atkinson）在《西班牙与葡萄牙历史》（*History of Spain and Portugal*）中指出，在8世纪到10世纪只有12种“福埃罗”，11世纪增加到45种，然后在12、13世纪达到600种，这两个世纪增加的数量几乎均等。这个数据清楚显示收复失地运动的推进状态。新建立的城市为国家的政治生活带来另一元素。贵族向来是国王的心腹大患，他们拥有大片土地，而且很自然地和同为大地主的教会和军事修会结盟。他们对王位的继承常有异议，而他们的支持往往决定谁能戴上王冠。卡斯蒂利亚诸王发现自己陷在这张网中，因此设法与城镇的平民结盟，即使不能立刻冒险与贵族摊牌，至少可以制衡贵族的力量。借此国王得以逐步削减贵族的力量，让他们弱化为王权旁边的阴影。古西班牙议会称为“科特”（Cortes），将平民拉进国家政治体系，借此平衡权力。第一个“科特”于1162年在阿拉贡成立，莱昂的最早可追溯至1188年，卡斯蒂利亚的第一个“科特”在1250年成立。因此，最早的西班牙议会比英国议会（1295年）早了133年。莱昂和卡斯蒂利亚的民选市议会在1220年左右双双出现。只可惜在彻底征服摩尔人以及建立宗教裁判所之后，中世纪生机蓬勃的新生民主便无以为继，转而走向中央集权君主制。

随着13世纪的到来，收复失地运动获得骤然的动力。卡斯蒂利亚的阿方索八世于1195年惨败给摩尔人，部分原因是莱昂人的临阵退却。如今他重整旗鼓，做好了大力反击的准备，甚至说服教宗替他宣布“十字军”号召，招募国际义勇军。他明智认清卡斯蒂利亚不可能单凭一己之力获胜，因此再1212年于托洛萨平原发生的战斗中，他联合了纳瓦拉、阿拉贡和葡萄牙的力量。莱昂再次拒绝出兵相助，但这一回基督徒大胜，对摩尔人在伊比利亚半岛的军事统治施以致命一击。当地有个牧羊人带领基督徒联军通过以牛头骨为标记的隘口，攀登至摩尔人部落的上方。居高临下的优越位置带来莫大帮助。引导基督徒通过隘口的人于是被国王封为卡韦萨·德·巴卡（Cabeza de Vaca），他的后代之一后来在新世界声名远播。

阿方索的继任者“圣人”费尔南多三世接续这股气势，在1236年攻下科尔多瓦，1238年占领巴伦西亚，1248年夺下塞维利亚。只剩格拉纳达还是摩尔人的王国，后者被迫向卡斯蒂利亚缴纳大量贡品。费尔南多三世起初试着把摩尔人全部逐出塞维利亚和科尔多瓦，但此举使整个地区的经济崩溃，于是他被迫反省自己的立场。修正后的宽容政策恢复了过去卡斯蒂利亚宫廷对有才华的摩尔人和犹太人的尊重。费尔南多的儿子“智者”阿方索十世（1252—1284年在位）延续并扩大宽容态度，于是当时杰出的学者和科学家，无论宗教信仰为何，纷纷聚集到他的宫廷。

仔细审视1252年的西班牙社会，也就是阿方索十世登上卡斯蒂利亚和莱昂王位时，会发现西班牙基督徒正在经历一段危机时期。以前易受影响的民族性如今终于确定下来。在一代人的时间内，西班牙军队奋力向前，士兵们获得荣耀，然而不知何故，这时的西班牙失去了动力，已无余力完成收复失地运动。格拉纳达仍被摩尔人掌控，卡斯蒂利亚和阿拉贡都没准备或没意愿挑战它。向前的气势已趋于静止，如今需要一番盘整巩固，才能再继续朝扩张迈进。

想象一下，如果法国人回到美国接管得克萨斯州，或是西班牙人回到美国接管佛罗里达州或加利福尼亚州，他们迎头碰上的会是另一个独特、持久、无法清除的文明。迅速占领科尔多瓦、塞维利亚、巴伦西亚和附近大片领土的基督徒，正是碰上了类似的情况。这些城市在穆斯林手中已达550年，人民不再是基督徒，不再是西哥特、罗马或西班牙的后裔，而是摩尔人。他们代表不同的世界，不同的文化，在历史上属于不同的组织结构，有着不同的感受，但现在他们确实“属于”西班牙人。基督徒意识到任务的艰巨，不得不停下脚步思考：该如何处置这些伟大的城市、领土和人民？如何使用他们？诚如“圣人”费尔南多三世发现的那样，如果不好好利用他们，经济会立即崩溃。

在很多方面，阿拉伯文化都优于这些基督徒自己的文化。首先，它的技术优势显而易见。摩尔人是更高明的农业学家，更优秀的工程师、建筑师、商人以及瓷砖、纺织品、皮革制品、装甲和剑的制造商；他们住在更好的房子里，有更大的城市，他们的土地收获更丰富，他们拥有的各种物品比西班牙基督徒更多。但物质富裕不是他们唯一的优势。他们的文学作品有更广大的读者，他们是更优秀的哲学家、医生、诗人、音乐家和艺术家。

因此，卡斯蒂利亚人及其盟友反抗的，是在科技、经济及知识方面皆胜过自己的一个文明。他们赢了。原因既不复杂，也不难找到。西班牙基督徒在一个方面胜过了阿拉伯人，而这方面是两个文明殊死对抗时最重要的关键。他们占上风的是个人的动力、顽强的意志、不知疲倦的精力，以及证明自己比得上任何人的决心，无论是摩尔人、犹太人还是基督徒。他们内在的力量更强大，他们不依赖外部的事物，只依赖自己内在拥有的。每个士兵都是活力十足的宇宙，每个人的灵魂都处在持续的紧绷之下，每个人的信仰都如史诗般坚定。他们向前推进的集体力量不可抗拒。他们带着战士的心态上战场，现在却被迫与文化、政治和社会问题交手。他们创造了一个英勇的起点。

"圣人"费尔南多三世和他的儿子"智者"阿方索，以及后来继承卡斯蒂利亚和莱昂王位的君主，都无法完成这一大业。直到卡斯蒂利亚和阿拉贡合作，阿拉贡的国王费尔南多二世和卡斯蒂利亚的女王伊莎贝拉一世联手，基督徒才有了足够力量或团结来解决这个问题。即便如此，那也并非最佳的解决方法。它只是对西班牙这个难题快刀斩乱麻，摆脱掉那里的穆斯林和犹太人而已。

这并不表示 13、14 世纪什么事都没发生。当时有很多重要的事情有待完成，基督徒也以才智和活力对症下药。迫在眉睫的问题是：该如何看待这个现在已经属于他们的文化？因为城市、土地、田野和山脉本身并无意义，而是会反映出其居民的特性。就连重新夺回的土地，在受摩尔人控制时也改了名字。著名的贝蒂斯河如今叫作瓜达尔基维尔河，伊斯帕利斯现在被称为塞维利亚。阿拉马（Alhama）、哈恩（Jaén）等数十个城镇都是摩尔人建造的，先前并不存在，甚至连田野也不一样了。所有城市的整体面貌都彻底改变了，变得很陌生。偶尔可见罗马废墟，那是唯一还能提醒胜利者他们的祖先曾在这块土地上生活的线索。这项任务浩大而令人生畏，批评西班牙基督徒做得不够好有失公允，其实他们已经做得尽可能好了。

阿方索十世没有畏首畏尾或观望不决；他有优秀卡斯蒂利亚人的毅力和决心，有意把这种文化纳入自己的文化。他的任务是让一个**西班牙**的文化，从希腊罗马、伊斯兰、希伯来，以及基督教和卡斯蒂利亚的根上生发出来，他以坚强的意志和真正的智慧承担了这一任务。他的绰号 el Sabio 意思既是“智慧的”，也是“博学的”。由于在战功方面无法与父亲的战无不克相比，他将在另一个领域率领他的子民，也就是文化领域。他招揽了一批没有任何其他中世纪宫廷能匹敌的专家学者，他将成为西班牙的“学者国王”。他很重视文化，这是国家生活中的重要方面，也是日后世人会记得的重点。他运用能派上用场的每个人和每种工具，而且这样的人和工具为数众多。犹太人对 13 世纪中叶的学问复兴贡献卓著，阿方索朝廷中的学者很熟悉阿拉伯书籍，而且认为那是必要的。

之前的那个世纪，成千上万的基督徒都在摩尔人的领土上生活，现在形势逆转，成千上万的摩尔人和信奉伊斯兰教的西班牙人在基督教王国生活，因此阿拉伯文化的影响表现得空前强烈。来自欧洲各地的学者到托莱多考察和学习。被翻译成阿拉伯文的希腊经典，如今又被翻译成拉丁文，以这样的形式传到欧洲各地。犹太专家是这个过程中的关键人物，因为只有他们既懂阿拉伯语又懂拉丁语。因此，想翻译某希腊经典的学者，得先找到愿意把其阿拉伯文文本译成拉丁文的犹太人。通常翻译以口头进行，一人朗读内容，另一人动手抄录。难怪有些传到其他欧洲国家的拉丁版本，在风格和内容上听起来有点奇怪。

尽管托莱多宫廷是这次知识复兴的中心，大学在西班牙的兴建［帕伦西亚（Palencia）大学建于1212年前后，萨拉曼卡（Salamanca）大学建于1243年前后］进一步激发了中世纪人们对知识的渴求。帕伦西亚大学只持续了几年，但萨拉曼卡大学成为中世纪最伟大的学府之一。就连王子们也被送到这里学习，和其他学生一样坐在冰冷大厅里的硬板凳上。

阿方索十世本人有博学多闻的名声，爱好艺术、科学和文学。他喜欢穿饰有黄金和宝石的丝袍，认为国王在仪表上应和一般人有所区分。阿方索尊重所有的文化人；他免除了所有教师的税金，并让他们享有“绅士”（caballeros）地位。他宽厚对待不同宗教信仰的人，并恳请同胞不要强迫犹太人改宗基督教。在他执政期间，三大宗教都可以使用白色圣马利亚教堂（Church of Santa María la Blanca，现仍存在托莱多，不过有点修复过度）：周五给穆斯林，周六给犹太人，周日给基督徒。

阿方索十世主导了许多著名古代作品的西班牙语翻译计划，包括《圣经》、《塔木德》、《古兰经》、《卡巴拉》(*Cabala*)、印度寓言故事《卡里拉和丁那》(*Kalila and Dimna*),以及但丁的老师布鲁内托·拉蒂尼(Brunetto Latini)著的《宝藏集》(*Treasure*)。拉蒂尼是被派到阿方索朝廷的大使。国王也对天文学感兴趣,出版了两本天文学的书;他还推出了一本关于国际象棋的书,这是西班牙人从摩尔人那里学来的。他对炼金术尤其着迷,刻苦钻研。在历史方面,他监督出版了记载西班牙历史的《西班牙通史》,以及谈七个法律分支的《七章法典》(*Siete Partidas*)。《七章法典》是部分依据罗马法律累积的法律和习俗,对公民权利义务有长篇大论的道德解释。执政期间,阿方索也宣布卡斯蒂利亚语是王国的官方语言。

尽管亲自下了这道命令,他却以更抒情的方言加利西亚-葡萄牙语,创作了一系列400首《圣母之歌》(*Cantigas de Santa María*)。赴圣地亚哥的朝圣者将普罗旺斯文化一并带来,其吟游诗人及抒情诗派影响到了加利西亚,于是抒情诗传统在12世纪的加利西亚茁壮发展。博学的国王决定延续这个传统。阿方索为准备歌曲集请来了一群杰出的音乐家、诗人和作家,其中包括许多摩尔人乐器演奏家,以及来自法国的吟游诗人。

如今保存在埃斯科里亚尔宫(Escorial)的歌曲抄本上装饰的插图,出自一群来自塞维利亚的艺术家之手,也是最精美的西班牙中世纪插图范例。这些古老抄本的插画与古代抄本的文本一起,说明了歌曲是如何谱成的。国王本人就在这群人的中央,指导整个过程。他的左边有四位抄写员,任务是记录文字和音符,一旁还有演奏者和吟游诗人。图画说明歌曲会先经"试唱"后才被最终记录下来。

另一幅插图则是三个人围成圈，手拉手跳舞，可能也正唱着歌。

他们使用的乐器有阿拉伯人带到欧洲的鲁特琴、绞弦琴（hurdy-gurdy）、椭圆形的摩尔吉他、维奥尔琴（viol）、拉丁吉他（弯曲的两侧就像今天的西班牙吉他）、体型很小的三弦阿拉伯雷贝克琴（rebec）、三角形的索尔特里琴（psaltery）、钟组、横笛、小号和号角、竖琴、风笛，响板，以及笛和鼓。上述部分或全部的乐器，显然是13世纪的伴奏乐器。很多乐曲大概都来自人们熟稔的民谣，重新谱写时可能略有更动。

歌曲大部分在歌颂圣母生命中的奇迹或西班牙历史的某些片段。它们以阿拉伯的俚谣“择吉尔”（zejel）形式写成，而不是像有些人说的是按法国的“维勒莱”（virelai）形式。这些歌都是写来吟唱的，用的是清楚的有量记谱法。光是文字虽不能完全表现其内容，但很多文字本身就非常优美了。譬如有一首的歌词如下：

> 玫瑰中的玫瑰和花朵中的花朵，
> 女士中的女士，女王中的女王。
> 美丽的玫瑰如此精致明艳，
> 喜悦和快乐的花朵；
> 美丽的女士，你满怀慈怜，
> 你带走了我们的忧虑和悲伤。
> 玫瑰中的玫瑰和花朵中的花朵。

阿方索十世对西班牙的爱毫无保留。赐予他灵感写出直至1250年的半传说《西班牙通史》的动机，体现在他的《西班牙礼赞》

（Praise of Spain）中，下面是经常被人引用的知名段落：

我们所说的这个西班牙就像上帝的乐园：它由五条河流浇灌，分别是杜罗河、埃布罗河、塔霍河、瓜达尔基维尔河和瓜迪亚纳河。在这些河流之间，是宏伟的山脉和辽阔的土地、山谷和平原。肥沃的土壤和充沛的河水带来了丰富的食物……此外，西班牙还出产大量的谷物、美味的水果、好吃的鱼、香甜的牛奶、各式各样的奶制品。鹿在旷野上四处漫游，羊和马在广袤的大地上随处可见，还有许多骡子。城堡提供安全的庇护和各种供应。这片土地出产美酒佳酿，有充裕的面包，富含金属矿藏，包括铅、锡、水银、铁、铜、白银、黄金和宝石，以及各种大理石、海盐和岩盐……而最重要的是西班牙在战争中的机智、勇敢和强大，在劳动时的轻松愉快，对上帝的坚定信仰，在研究和学习时的孜孜不倦，在言语文字上的谦恭有礼，在每一件好事上都完美无缺：世界上没有任何地方像它一样善良，和它一样坚强，如它一般伟大。西班牙比世上每一个地方都宏伟壮观，它比任何地方都忠诚和真实。啊，西班牙！再怎么绞尽脑汁费尽唇舌，都不足以称赞你的美好！

可是这个崇高的王国，如此富有，如此强大，如此荣耀，却因居住在这片土地上的人们之间发生了冲突而被倾覆推翻，人们拿剑互砍，互相为敌；他们因此失去了一切——西班牙所有的城市都被摩尔人攻下，被敌人摧残和毁灭……

《西班牙通史》接着叙述痛苦和颤抖，它表达的是希伯来或阿拉伯式的抽象感受，为世界不再推崇战争中的个人英勇而绝望掉泪。这和6个世纪前圣伊西多尔简洁扼要的赞美截然不同。圣伊西多尔目睹西哥特人烧杀掳掠他美好的国家时，内心感到的是敬畏和钦佩。这不就是人和国家的命运吗？圣伊西多尔认为如此，但阿方索十世想法不同。他在《西班牙通史》中继续写道：

> 可怜的西班牙！它的死亡来得如此仓促，没有任何人为它悲悼。他们说它惨遭折磨，现在已经半死不活。他们的声音仿佛来自另一个世纪，仿佛由地底传来，他们痛苦地说：匆匆经过的人啊，仔细地看，留心看看有没有任何人的创伤或悲哀可以和我的相比！悲伤的哭泣，痛心的呐喊，因为西班牙哀悼它的儿子，它得不到安慰，因为他们已不在人世。它的家园和它的住处都遭毁坏，变成了荒野，它的荣誉和光彩混乱模糊，因为它的儿子和它的仆人们被刀杀死，它的权贵和教养良好的百姓都被掳走，它的王公贵族承受了羞耻和侮辱。它的创伤和破坏如此之大，没有任何旋风、洪水、暴风雨，可以与之相比。西班牙还有什么邪恶或风暴没承受过……谁能给我清水让我洗头，谁会给我无尽的喷泉，让我的双眼永远流泪，为西班牙的损失和死亡，以及西哥特人的悲惨和懦弱而哭泣？[2]

这漫长的哭诉还未止歇，带上了一种赎罪祷告的性质，但一直重复的内容变得单调。《西班牙通史》生动总结了它所包含的13世纪中叶的思想：

> 人人都必须由此了解不要自视太高：富裕的人不要因钱财自满，有权势的人不要因权力傲慢，强者不要为自己的力量自豪，学者不要为自己的知识骄傲……想要追求自我价值的人，不妨在服侍上帝中找到意义；因为折磨人的是他，给你油膏的也是他；他伤害你也使你痊愈，因为整个世界都是他的；所有的民族，所有的国家和王国，还有语言——这一切都会改变；唯有上帝，万物的创造者，始终如一，持续到永远。

中世纪的西班牙显然处在新宗教情感和新价值体系的十字路口。唯有在宗教中，人们似乎才能找到自己真正的价值。孤身一人，无论他的意志或力量多强大，都终将一无是处。熙德的岁月已经逝去不再回来，这些庄严的话预示了天主教君主费尔南多二世和伊莎贝拉一世的纪元即将到来。圣战还没达到实际的高峰，不过 13 世纪已清楚勾勒出它的精神。

然而，当时阿方索十世的统治开明宽容。众多犹太人成了杰出的学者、工匠、商人、金融家、银行家和医生，阿拉伯人中也有许多学者、医生、音乐家和农民。犹太人从事的主要是技艺工匠，或者协助上层阶级的管理工作，摩尔人则经常在田里劳作，而且对园艺农事很在行。国王几乎总是有犹太人的财政顾问和帮手，腹痛的人都会去看犹太医生，即使后来禁止犹太人行医后亦然。

时至 1300 年，西班牙基督徒的心理状态发生了转变，开始歧视劳动的摩尔人和总是在数钱敛财的犹太人。西班牙基督徒以截然不同的方式表现自己。重新占领的家园、在战争中的勇气、在物质上的贫乏、严肃庄重、对疆土和统治永不知足的渴望、全心全意向前的动力——这些都是他们民族的特色。正如西班牙作家卡斯特罗指出的那样，西班牙找不到鼓励和平、辛勤工作、开垦田地和贸易商业的贤君，因为这样的君主不能适应西班牙社会的重要架构。这样有条有理、充满效率的统治，适用于整齐的荷兰田地，上面有平和的牛和成排的郁金香。然而，卡斯蒂利亚却是在原始荒凉的土地上磨炼出了自己的灵魂，经受住了各种苦难；因此对物质的向往、累积，以及为物质工作，完全无法影响到卡斯蒂利亚的性格。不过，谁敢说当中没有任何嫉妒的成分呢？毕竟一无所有者对别人的财产心存嫉妒是人之常情。再加上宗教因素和种族理想（血统纯净最早是犹太人的概念，后来才被西班牙人接收），于是有了宗教裁判所和后来的种种迫害。

尽管博学的国王在文化方面颇有贡献，但若不点明阿方索十世在位时政局的混乱动荡就结束对他统治的分析，将会引起误解。他在位期间，政坛有各种阴谋、反抗、暴动，其中许多参与者都是他知名的贵族朋友，甚至是王室成员。阿方索之妻为政治因素弃他而去，藏身加泰罗尼亚。他的兄弟恩里克、费利佩和法德里克（Fadrique）都起而谋反，就连他的儿子“勇者”桑乔（Sancho the Bravc）也因心急篡位而反抗父亲。阿方索国王痛心疾首地说：“我尽可能在各方面尊重桑乔，他却以最残酷的方式侮辱我。我全心爱他，他却要把上帝给我的王国夺走，希望我死。”

这些绝望的文字清楚勾画出西班牙政治的分歧。阿方索十世虽然发现了团结的关键在于宗教，但时机还不成熟，无法派上用场。在统治西班牙时，他也发现让西班牙属于欧洲主流的关键在于学问的复兴，但他对祖国的热爱太过强烈，未能有效运用这个方法。他出版《西班牙通史》及其他可能成为中世纪文学里程碑的作品时，使用的都是西班牙文，而非拉丁文。阿方索十世是他与世隔绝的国家的一个缩影，是无限潜力的种子。种子要两个世纪后才会开出短暂的灿烂花朵，接着花园就消失了。

阿方索十世于1284年去世。其子桑乔四世为了登上王位反叛父亲，违背法律，也不顾已故兄长年幼的儿子。许多贵族支持桑乔，他们丑恶的力量再次在国家政治中抬头。对付摩尔人的战争结束了，国王不能再承诺新领土，所以贵族试图通过决定谁坐上王座来维持自己的势力。

从阿方索十世去世的1284年，到费尔南多二世和伊莎贝拉一世统治时期卡斯蒂利亚和阿拉贡合并的1474年，是一段相当漫长的时间。这两百年有什么重要性？这段时期绝非文化开花结果、政治平稳安定、经济进步繁荣的时期。阿方索十世海纳百川的宫廷后继无人。建筑成了中世纪晚期这两个世纪中的伟大艺术，托莱多、布尔戈斯、塞维利亚、莱昂等地纷纷兴建起宏伟的大教堂，还有数十座其他的公共和宗教建筑。教堂成了建筑之母，艺术的继母。音乐也因宗教音乐而获得了长足发展。当时欧洲一些最好的管风琴和最棒的管风琴音乐都在西班牙。西班牙培养出的合唱团歌唱水平堪称欧陆之最。这个传统延续至今，尽管单个的西班牙人唱歌不怎么样，但西班牙的一些合唱团体是世界级的，其中许多是由非专业但爱唱歌的人士组成。

不过，这两个世纪最主要的成就还是建造大教堂。“圣人”费尔南多三世与托莱多的大主教在1226年为托莱多大教堂奠基。直到

1493 年，即发现美洲新大陆一年后，这座大教堂才完工。它长 385 英尺，宽 178 英尺，巨大的柱子支撑着高耸的天花板。它的外观是哥特式，内部是哥特式和那两百年间西班牙几乎所有建筑风格的混合体，其中也包括阿拉伯风格。许多人都说它有古往今来西班牙大教堂中最美丽的内部。木材精雕的唱诗席举世无双，格列柯所绘的十二门徒、精美的格子图案、主祭坛上方和主教堂外部雕刻的各色人物，全都无与伦比。它的金银宝藏，比如王冠、圣杯、烛台和祭坛装饰品都是无价之宝，同样珍贵的还有被西班牙史上著名主教穿过的刺绣压花长袍。另外还有高达 295 英尺的高塔，建于 1380 年和 1440 年之间，是欧洲最壮观的高塔之一。

塞维利亚大教堂的修建时间更长，虽然它主要是在 1402 年至 1506 年间建造的，可摩尔人造的钟楼早在 1180 年就有了。这栋建筑从未完工，它高耸的柱子，美妙的彩绘玻璃窗，和 12 世纪原是摩尔人清真寺宣礼塔的塞维利亚风标塔，让参观者个个惊叹不已。哥伦布、“圣人”费尔南多三世和他的儿子“智者”阿方索十世也都葬在此地。收复失地运动的历史、博学国王的时代、新大陆的发现都在这座献给上帝的伟大教堂里相连。

当塞维利亚地方政要开会规划兴建大教堂时，有人说：“让我们打造一座大到全世界都会认为我们疯了的建筑。”建筑就以此为目标动工了。资金多次耗尽，也有一段时间工程停滞，但总能找到办法继续进行。虽然从建筑意义上来说，它还未完成（譬如缺乏立面），现有结构却能予人完整和巨大无比的感受。拔地而起的巨柱和直冲云霄的天花板，在西班牙无出其右，教人难忘。塞维利亚大教堂是世界第三大教堂，仅次于罗马的圣彼得教堂和伦敦的圣保罗教堂。这栋建筑和西班牙多数伟大的教堂一样，混合了多种风格，包括哥特式、希腊罗马式、银匠式（Plateresque，是哥特式、文艺复兴式和阿拉伯式风格的精致混搭）、阿拉伯式和日耳曼式。窗户则是在佛兰德斯（Flanders）和德意志制造的。

这座大教堂最引人瞩目的传统，是圣体节（Corpus Christi）后第八天，由手拿响板的男孩表演的塞斯舞。这具有异教色彩的庄严舞蹈，在教堂内的虔诚信徒面前表演，是仪式的一部分，通常伴随着吟唱。在高耸阴郁而封闭的空间里，产生震撼人心的神秘效果。

布尔戈斯大教堂于1221年开始兴建，奠基的又是“圣人”费尔南多三世，工程直到1600年才完成。这栋建筑是哥特式，装饰是银匠风格的，号称拥有西班牙所有大教堂中最完美的外观，哥特风格近乎完美。1450年左右由科隆的汉斯（Hans of Cologne）所建的高达275英尺的双塔，在西班牙独一无二，装饰有众多天使、殉道者、战士、王子、圣人的雕像。双塔以优雅细腻的手法打孔、凿刻，装饰得优雅又细致。其中著名的布尔戈斯基督像宛如真人，有真的头发、眉毛、睫毛和胡须，而且头发和手上都有血迹。这座宏伟的大教堂里还有许多熙德的纪念物，因为他的家乡就在此地。佛朗哥将军在西班牙内战期间，选择布尔戈斯为政府的中心，原因不难想见。这里的大教堂是中世纪基督教西班牙的缩影。游人较少的莱昂大教堂则建于1205年至1400年间，是西班牙不为人知的荣耀。唱诗席东北角巨大墙面上的彩色玻璃窗，为这座建筑带来缤纷的光线，轻盈优雅，西班牙没有其他宗教建筑可与之媲美。它就像美丽的蝴蝶，精致的翅膀上映着阳光。

西班牙的大教堂给人两个非常强烈的整体印象：首先，从外面不是看它们最好的角度。它们的四周都是杂乱无章的石造建筑。它们的地理位置甚至不是最好，譬如城市最高点。它们就像精雕的巨岩一样，从坚硬、粗糙、崎岖不平的地上冒出，外表并不起眼，也没有适当的视角。可是一旦走进室内，印象就完全不同了。当眼睛终于习惯室内的阴暗，就会看到截然不同的另一个世界。这里是西班牙的内在世界，是阴暗与挑高的世界，有不可思议的规模和难以比拟的美。这是多种风格和文化美妙融合的天地，是极为庄严、高贵且信仰深刻的世界。再没有别处可让我们连续观察这种从西班牙性格外显的庄严和克制中诞生出的西班牙的内在精神财富与尊严。

这些宏伟的西班牙大教堂，以及伴随它们的无数美丽修道院、庇护所和教会，象征着西班牙正在形成的宗教统一，它终有一天会影响政治和社会制度。不过，这在教堂建起时还并不明显；当时的政治并不稳定。西班牙的国王和王子一再血腥地争夺王位，王公贵族则趁机利用局势。王室倒行逆施成了常规而非例外，在佩德罗一世执政期间（1350—1369 年在位）达到巅峰。佩德罗 15 岁时继位，和他的 5 个私生兄弟立即展开无情斗争。佩德罗使全国腥风血雨，据说至少谋杀了 12 人，包括一位主教、几个堂兄弟、朋友、同父异母的兄弟，还包括他自己那位来自法国的王后。他的兄弟，特拉斯塔马拉的恩里克（Henry of Trastamare，史称“私生子”恩里克二世）获得的支持足以篡位，于是佩德罗请求英国著名的“黑太子”（Black Prince，英王爱德华三世之长子）的帮助。英国人的支持使他重获王位，但黑太子因厌恶盟友的残酷行径而离开西班牙后，恩里克再次起兵反抗国王。两兄弟在战场相遇，佩德罗被杀，终年34岁。两人的对战并非王子之间的公开英雄战斗，而是发生在寒冷营地的一个破烂帐篷里。在短暂激烈的徒手搏斗之后，恩里克用匕首插进兄弟的胸膛，继承了他的王座。

佩德罗死后留下了三个私生女、一片血腥，还有仇恨与荒淫的传说。他号称拥有无数后宫佳丽，不过独宠玛丽亚·帕迪利亚（María Padilla）。帕迪利亚鼓励他残杀兄弟。他虽在胁迫下娶了法国的布兰奇公主（Princess Blanche），却几乎立即抛弃了她。佩德罗公然宠爱情妇帕迪利亚，迫使大臣们不得不接受她。他的宫廷成为阴谋诡计、钩心斗角、蓄意谋杀和人伦崩坏的渊薮。

西班牙政府沦落成卑鄙又龌龊的政府。“圣人”费尔南多三世的英雄盛世不再。阿方索十世对知识的热忱一去不回。以法律和秩序维持王室继承的希望也已破灭。不再忌惮摩尔人威胁的西班牙把好斗精神用在自己身上，结果就是自我毁灭。

可以说，“残暴者”佩德罗象征着摩尔人的感官享受和卡斯蒂利亚的权力追求之间的冲突，这样的冲突将西班牙王室一分为二。他代表着摩尔人和卡斯蒂利亚人最恶劣的特质，成为摇摇欲坠的社会秩序的可鄙象征。幸好佩德罗的后继者中有更坚强的国王，带领悲惨的国家走出困境。但这个过程耗费了 100 多年。

佩德罗以嗜血和道德堕落留名西班牙史，但他短暂的统治也影响了国家的其他许多层面。他喜爱摩尔人在塞维利亚的阿尔卡萨宫，于是将宫殿交给当时穆德哈尔（Mudéjar，接受基督徒统治的摩尔人）最好的工匠和艺术家进行全面整修。这座阿尔摩哈德王朝 1171 年修建的古老宫殿，状况很糟。自从 1248 年“圣人”费尔南多三世攻克塞维利亚后，它就遭到了忽视，而且它的有些部分已经崩塌。佩德罗在 14 世纪 60 年代开始重建，几年后就大功告成。如今的阿尔卡萨宫是现存穆德哈尔宫殿中最精美的一座，其风格和阿尔汗布拉宫相似，是纯阿拉伯式的，因为佩德罗完全没有试图改变建筑的外观或内部装饰。

阿尔卡萨宫的厅堂和房间，是精致的阿拉伯式花纹、交错的马蹄形拱门，闪闪发光的瓷砖、镀金木质雕刻天花板构成的复杂迷宫。支撑着拱门的细长柱子就像女人的手臂。藤蔓花纹的粉饰灰泥则是由粉碎的大理石和雪花石膏制作，有时看似钟乳石或冰柱，有时则像厚重的花边，在纯白背景上有红、绿、蓝和金的色彩。有些精致的阿拉伯式花纹看似面纱。人们在穿过房间时，因奇妙的美感和丰富的设计而眼花缭乱。庭园和内室一点也不像欧洲的宫殿，而是让人想起儿时阅读的《天方夜谭》。

佩德罗喜爱充满感官美的宫殿，大半时间都在这里上朝。他在这里与帕迪利亚幽会，也邀兄弟圣地亚哥骑士团团长法德里克来此，以便杀害他。法德里克应佩德罗之请，欣然赴会，急于确立两人之间的和平。孰料一踏进大门，佩德罗就愤怒地指责他。法德里克抽剑自保，但剑柄被斗篷缠住，只能赤手空拳地面对敌人。他迅速跑过露台，企图逃跑，但没有成功。一名朝臣重击他的肩膀，将他撂倒，其他臣子则趁他倒下时取其性命，将他留在血泊中。

还有一次，佩德罗在与阿拉贡签署条约后，发现自己卷入了两个自称格拉纳达王国继承者的斗争。"红王"[Red King，阿布-赛义德（Abusaid）] 推翻了合法的埃米尔穆罕默德，后者被迫逃往非洲，但很快带着庞大的援军回来了，并与佩德罗结盟。此时"红王"意识到王国正面临危险，赶紧到塞维利亚请求佩德罗支持。他受到慷慨接待，和他的37名朝臣被送到城中的犹太区居住，也就是现在被称为圣塔克鲁斯（Santa Cruz）的地方。但消息很快传开了，摩尔人带了一些珍贵珠宝，佩德罗起了贪念，特别是对一颗无与伦比的红宝石，有时“红王”会把它戴在头巾中央。他邀请摩尔人到阿尔卡萨宫参加宴会，但在使节厅里，埋伏在走廊和布帘后的武卫兵跳了出来，活捉“红王”和他的37名摩尔大臣。几天后，佩德罗扒掉“红王”的衣服，强迫他穿上红色长袍，骑驴在城市的空旷处游行示众。经过残酷的侮辱后，佩德罗亲自掷出刺穿这名摩尔人埃米尔的第一支长矛：

“接下这个，”他喊道，“谁教你帮助阿拉贡反对我！”

受伤的“红王”喊道：“你这龌龊小人！”

接着摩尔人一个个被杀，红宝石和其他宝石都被夺走。穆罕默德轻而易举就拿回了他的王位。

后来，“私生子”恩里克二世篡位时，佩德罗把这颗红宝石送给英国“黑太子”之妻，争取“黑太子”在他与恩里克斗争时的协助。红宝石被带回英国；它就是伊丽莎白一世向苏格兰使节梅尔维尔（James Melville）展示的那颗“美丽红宝石，像壁球一样大”。如今，它被镶在英国女王的王冠上，藏于伦敦塔。

最伟大的摩尔史学家伊本·赫勒敦曾以北非埃米尔使者的身份被派往塞维利亚。他为佩德罗宫廷的气派补充了一些有趣的细节。赫勒敦是来为他的埃米尔和佩德罗签订和平条约的，他写道：

> 考虑到求和的目标，我为国王带了一些精致的丝绸，还有几匹配有金色马鞍的纯种马作为礼物。我一到塞维利亚，就看到许多可以证明我祖先力量和财富的纪念物。基督徒国王郑重

> 接待了我，并向我保证，他看到我来，非常满意。他的犹太医生易卜拉欣·赫恩·扎尔扎（Ibrahim hen Zarzar）已经为我向国王美言，并向他提及我杰出祖先的名字。国王要我留在他身边，并承诺将恢复我家族曾经拥有的一切。我非常感谢他的提议，但请求他原谅我不能接受，相信他还是会继续亲切待我。在我离开塞维利亚时，他为我提供了载运行李的牲畜及旅程中的必需品，也给了我一匹美丽的骡子，配有黄金装饰的缰绳和鞍，我会把它们呈给格拉纳达的国王。

就像其他西班牙的王公和朝臣，“残暴者”佩德罗以情圣唐璜自居。著名的《马尼亚拉的唐璜》（*Don Juan de Mañara*）中的墓志铭上“这里放着世上最伟大罪人的骨灰”正是这种态度的缩影。也许扎根在这样的历史中，唐璜传奇成了中世纪的民间传说。后来在西班牙文学的黄金时代，蒂尔索·德·莫利纳（Tirso de Molina）以此为蓝本，写出了有史以来最精彩的一出戏《塞维利亚的嘲弄者和石头客人》（*The Deceiver of Seville*），以西方文字介绍了这个主题。许多评论家都以西班牙人过度膨胀的自我和践踏他人权利的强烈冲动，来解释唐璜的心理。神圣的自我不断受驱使，展露自己内心盲目鲁莽的力量，不顾后果。也有些评论家，比如克尔恺郭尔，认为故事是中世纪基督教表现精神之爱和感官之爱这两种不相容之爱的尝试。但唐璜这角色还有另一面，可见于希伯来–阿拉伯–卡斯蒂利亚融合后的哲学和现实概念中。这个观念单纯是在说，外在现实本身并不存在。当你上前捕捉它，它就往后退，最后消失无踪。因此个人的生活就是掠过不断变幻的现实，而这现实其实并不存在。所以唐璜有点像流浪的西班牙无赖（pícaro），一再试图抓住幻影。就他而言，这幻影是女性，是爱的理想、美的缩影。可是由于没有任何一个女人能完全体现这个概念，他必须展开无尽的搜索，从一个受害者转移到另一个受害者。“残暴者”佩德罗和他的朝廷，在更高的舞台上抓住了现实的这种难以捉摸的特质，以及即将成为西班牙人的公共财产的暴力。

“残暴者”佩德罗一世遵循父亲对西班牙犹太人的宽容传统。在阿方索十一世和佩德罗统治期间，整体说来，犹太人可能比其他任何时期都自在。佩德罗的王室账房是名叫撒母耳·利未（Samuel Levi）的犹太人，他的房子今天仍在托莱多。他的宫廷医生也是犹太人。西班牙的诸多国王在医疗、经济和财务问题上，都依赖他们的犹太臣民。犹太人中不仅有税吏（这导致人民憎恨他们），也有金融家、银行家、各种技师工匠、医生和学者。此外，他们缴给王室财库的金额也远远超过他们在总人口的占比。有些地区，犹太人的税收占财库总收入一半。因此，国家经济仰仗犹太人，尽管他们的总人数可能从未超过 30 万。14 世纪西班牙的人口可能有 500 万。（今天西班牙的犹太人有没有超过三四千人都不确定。）

生活在 1000 年至 1400 年间的西班牙犹太人，和西哥特君主时期遭迫害的希伯来人不同。犹太人先是被摩尔人接受，当作这个半岛上阿拉伯文化的一部分，后来也以同样的方式，被西班牙的基督教国王所接受。13 世纪授予犹太社区的一些特权甚至保护犹太正统，包括禁止犹太人读攻击犹太宗教的书，而且制定罚则惩处不遵守安息日的人。在阿拉贡，许多犹太人是王室法官，至于他们从事的工艺活动更是五花八门：裁缝、书籍装订工、染色工、灯笼制造商、纽扣制造商、车工、剪裁工、工具制造商、织布工、银匠、鞋匠、药剂师、刺绣工、代笔人等等。简而言之，犹太人做的事包罗万象，甚至有犹太女人在基督徒葬礼上充当哭丧和吟诵圣歌的人。因此中世纪犹太人仅会放贷赚钱的印象在西班牙不攻自破。犹太人接手了卡斯蒂利亚人不愿做的工作，卡斯蒂利亚人则去追求非劳动的高尚价值，做能单凭驱动力和地位自立自强的人。[3]

犹太人和基督徒之间的性关系和通婚都是不被认可的，但尽管有这种公开立场，依旧有许多血统混合的情况。一些西班牙学者[阿马多尔·德洛斯·里奥斯（Amador de los Ríos）、卡斯特罗等人]仔细检视了古代文件后得出结论，到了中世纪晚期，几乎所有西班牙贵族都有犹太血统，包括一些著名的国王和王后，就连伊莎贝拉一世的丈夫阿拉贡的费尔南多二世亦然。教会中许多位居要津的人都是改宗基督教的犹太人，几位杰出的中世纪和文艺复兴时代作家亦然。

社会大众对犹太人的态度，和任何时代任何国家的民众对强大少数族裔的态度一样，在中世纪西班牙经历了剧烈的起伏。几乎毫无例外，只要经济许可，生病的人总会找犹太医生，但对于犹太人的财富和智慧，人们却总是有怨恨和嫉妒的想法。因此，为佩德罗主掌财务的犹太人撒母耳·利未，在托莱多家中挖掘了一条长长的地道，通往塔古斯河（Tagus River，塔霍河的旧称），这样一旦发生了针对犹太人的群众暴动就能由此逃生。

依靠犹太人的金钱、勤勉和智慧维系的王室，对犹太人采取了宽容态度。西班牙许多国王爱用“我的犹太人”一词，替他们受外国势力攻击的希伯来臣民说话。1215 年，第四次拉特兰公会议

（Fourth Lateran Council，教宗召开的大规模会议）命令犹太人佩戴独特徽章，以便和基督徒做区分时，西班牙的犹太百姓群起抗议，“圣人”费尔南多三世在托莱多大主教的支持下，呼吁教宗暂不执行决议。教宗洪诺留三世（Honorius III）被迫屈服。在这几个世纪里，法国国王对犹太人的态度恰恰相反，法王圣路易（Saint Louis）将犹太人的财富充公，“美男子”腓力四世（Philip the Fair）把大批犹太人逐出领地，其中许多都在西班牙找到了庇护。直到中世纪晚期，犹太人和摩尔人才被接受，成为卡斯蒂利亚生活不可缺少的一部分。通过把所有文化融为一体，成为所谓的Hispanic，这种“卡斯蒂利亚生活”成了西班牙人的共同生活。西班牙就以这种方式，从中世纪跨进了现代。

第五章

中世纪的城镇生活

我告诉过你，灵魂，欢喜和伤悲
不过是一阵风和稍纵即逝的露水。
我这么告诉过你，我这么告诉过你，
而且，哦，我的灵魂，这话多么真实。

——摘自西班牙老歌本

中世纪的教会基本上忘记了或者搁置了圣奥古斯丁在4世纪对性的宣战。在西班牙，教士的情妇是公开的秘密。只要选择私下同居，而非明媒正娶，教士就可以像其他人一样享受鱼水之欢。有时候为避人耳目，教士会说他的“表妹”或“侄女”要帮他管家，不过不管有没有这样的解释，教士的管家及床伴都是公开的秘密。由于教士平日的工作要和许多妇女密切接触，自然被人怀疑淫荡好色。

12世纪的摩尔作家图奇比在谈及塞维利亚行政的文献中，尖锐批评他所在社区的基督徒和穆斯林混居的情况。他写道：“应该禁止穆斯林妇女进入猥亵的基督教会，因为教士是一窝登徒子、奸夫和流氓……应该像在东方一样，强迫基督教的教士结婚，起码该准许他们若有意愿就可以结婚。如果不肯结婚，那么该教士的房里就不该容许妇女进出，无论多么高龄的老妪都不行……”[1]

对西班牙教士性活动直言不讳的，并非只有摩尔人。中世纪最伟大的作家之一，曾任伊塔大司铎的胡安·鲁伊斯（Juan Ruiz），大约在 1335 年发表了精彩的《真爱之书》(*Book of Good Love*)，他活色生香地叙述这些风流韵事，而且得意扬扬地把自己归入当时的好色之徒的行列。书本几乎是劈头就直截了当地说：

> 正如亚里士多德所说，而且其言不虚。
> 世人皆为两件事奔波劳碌：
> 第一，食与宿；
> 第二，与心仪的女人共发巫山之梦。

作者接着说明男人和其他动物何以有渴望与同类雌性交配的天性。大司铎在书中叙述了一连串香艳故事，堪称中世纪最佳情色文学。虽然故事仿佛大半都发生在其他角色身上，作者偶尔也会忘记隐匿，冒出自己的名字。毋庸置疑，这本书大抵是作者亲身体验的叙述。任何阶级的女性都是大司铎笔下的故事主角，而且猎艳者未必总是男方。偶有落单的徒步山区的旅客会遭到山民或者更确切地说是“山中的妇女”攻击。她会把旅客逮进小屋，让他取暖，喂他饮食，接着要他“脱光衣服办事”。

这些乡下姑娘似乎是中世纪民间传说的一种人物。或许是出于良知，或者只是要在上级面前保持形象，作者在情色故事之间频繁穿插“歌颂圣母的歌曲”，并且不时澄清他的用意是为了区分属于精神的“真爱”，和属于肉体的“劣爱”。尽管如此，在这本书中获胜的，仍然是异教徒的爱的精神。在书快结尾之处，大司铎受一名帮他拉皮条的老太太怂恿，甚至去追求修女。他写道：

她说：“朋友，听从老妈妈的告诫：
去吧，去爱修女；相信我，儿子，把这当成你的雄心壮志，
因为她们事后既不能结婚，也不敢揭露此事——
与她们在一起，你可以安心品尝多年的乐事。”

作者接着详细列举修女为情人准备的各种食物、调味品，以及让他们大展雄风的壮阳药。他还明目张胆地说，修女在翻云覆雨方面技巧高超，再没有比她们更好的伴侣。然而，经过一番激烈的追求后，事实证明大司铎的修女对象有纯洁的心，因此他无法说完这段故事。只是他这番关于修女的评论，若是在几世纪后的宗教裁判所说出，不管是谁，都会被当作罪该万死。

《真爱之书》的最后一个故事为《塔拉韦拉教士之歌》(A Ballad on the Holy Men of Talavera)，是希望彻底放任教士性生活的恳请。歌谣开头描述塔拉韦拉的一所修道院收到了当地大主教禁止教士纳妾的命令。“就算有一两人对此命令感到欣喜，觉得它大为不妥的却有 2 000 人。”命令的部分内容如下：

我得到有人犯罪的消息，因此明白指令，
每一个行过圣愿仪式的教士或圣职人员，
都不得纳妾或召妓，也不得有先前的婚配——

凡不遵者，必被处以绝罚！

塔拉韦拉修院的执事兼司库反对这不合理的命令，他说道：

当然，亲爱的朋友，我关切你们所受的伤超过自身，
但泰丝是我无辜且美丽的妾——
去他的塔拉韦拉！就是借高利贷
我也要追逐如此可爱的荡妇。

禁令还招致许多其他的反对声浪，大司铎以下面充满力量的句子为书作结：

但在此该是结束我的故事之时——我将加紧作结的脚步，
谨代表所有的教士和修士提出呼吁，
他们一致做出如下建议：
圣职人员应该拥有私通的权利。[2]

大司铎并没有夸大其词，因为当时的一些圣职人员不但淫乱，而且还四处吹嘘。教士和他们打扮华丽、态度傲慢的姘头明目张胆又肆无忌惮的行为，激怒了巴利亚多利德的人民，当地法院在1351年向“残暴者”佩德罗抱怨。于是，“国王下令以奢侈法管制这些女人的衣服，并要她们在头巾下戴一块红布，以便与良家妇女区分”。

一位知名评论家称这份精彩独特的书稿是“古往今来最有力量

的西班牙文作品”，其作者是新卡斯蒂利亚一个小村子里不起眼的教士，他显然和摩尔人有直接接触，对他们知之甚详，而且也在几篇韵文中展现出他对阿拉伯音乐的了解。全书是美妙的中古阿拉伯风，把西班牙中世纪大部分的文化根源汇聚在一起。作者提到加图、亚里士多德、奥维德、骑士特里斯特拉姆；他经常引述《圣经》的话，诗里充满格言，书中有许多摩尔人带到西班牙的寓言。鲁伊斯并非饱学之士，但他是个明智之人，有一种粗壮而刚毅的力量，是当时西班牙的一个缩影。他的书里有杂乱无章的一系列情节，用最脆弱的框架连接在一起，是循环的叙事，没有起点也没有终点。

> 我们感受到了彻头彻尾的卡斯蒂利亚城市，三个种族和信仰的热闹与欢乐；书中提到占星家；媒人也出现了；还提到饱含知识的书籍，提到农民和为西班牙征战的骑士，提到妇女、修士和修女；种种的音乐与歌曲、开胃食品、礼拜盛宴、瓜达拉马山的隘口、细腻的语言和平民不得体的行为—所有这些全部混合在一起，充满感官的狂欢，不时穿插大量抽象的道德说教。[3]

在《真爱之书》里，罪是自然的产物，通过人类的行为表现出来。大司铎一会儿是沉溺在肉欲中的有罪登徒子，一会儿又变成说教的人。他对混合这两种观点不以为意。他认为人是半人半兽的混合物，一半是尘土，一半是神，既不能沉没，也无法高飞。这样的态度在伊斯兰宗教和文学中比较常见，但也适当地表达出14世纪西班牙生活的现实。经过多年如此紧张的生活，现在何不享受肉体？卡斯蒂利亚的国王无疑正在享受肉体。现在和摩尔人的战争似乎已结束，就会产生这种自然的反弹。西班牙的“整体主义”（integralism），赤露敞开表达全人的渴望，也反映在《真爱之书》中。即使外在世界从指缝中滑过，人还是可以伸手抓住并拥抱肉体的部分，甚至能掌握精神，因为精神的现实和感官的现实是一体两面，它们相互缠绕而不可分割。大司铎的故事在感官冲动和道德约束之间来回摇摆。这些确实是阿拉伯文学的两大特征：一方面是色情，另一方面是具有明确说教目的的模范故事。但在任何文明环境中，性和良知都是人类的根本特征。大司铎在书中融合两个倾向的同时，和他同辈的另一位伟大西班牙作家唐胡安·曼努埃尔（Don Juan Manuel，“智者”阿方索的外甥）留下以阿拉伯传统书写的一系列道德故事《鲁卡诺尔伯爵》（*Count Lucanor*），成为他对中世纪文学最著名的贡献。

鲁伊斯显然以写作此书为乐，那是他生气蓬勃的个性的投影。他希望读者也喜欢它，参与欢乐的追逐。他被主教关进监牢，也许仅仅是因为他忠于自己。但他的手稿从日后宗教裁判所的烈火中幸存，尽管偶有审查员明显地删除了一些文字，但从中依旧能看出一名有各种欲求的男子的活力和生命力，而且此人竭尽所能地品尝和保存这些欲求。

中世纪西班牙最优秀的作家中，有不少是犹太人。帕伦西亚省卡里翁德洛斯孔德斯的拉比山托（Sem Tob，或 Santob）与“残暴者”佩德罗生活在同一时代，他细腻的抒情诗就是献给这位国王的。事实上，他的书名为《对佩德罗国王的劝告》（*Counsels to King Peter*），又名《道德箴言》（*Moral Proverbs*）。人们常称山托为警句诗人或格言诗人，但他也是最早在卡斯蒂利亚唱出抒情之歌的人之一。在这位受犹太教和伊斯兰教影响、卡斯蒂利亚出身的拉比眼里，外在世界不仅稍纵即逝，难以捉摸，而且犹太人在其中的角色也教人写下绝望的创作。玫瑰凋零，还会留下甜美的玫瑰露，这是它的价值，然而人死后也能留下如此长久的意义吗？无论如何，他都必须不断努力，尽管宇宙残酷地保持中立，他仍要以人定胜天的心志去争取胜利。整个世界是对立力量无止境的互动，就连王冠有朝一日也会被弃若敝屣。玫瑰生来有刺，却无损于它的美丽，好的说教故事也不因出于犹太人之口而逊色。中世纪西班牙有一系列犹太诗人和改宗基督教的犹太诗人，山托是第一个。之后那个世纪，在开启文艺复兴之门的约翰二世（John II，伊莎贝拉一世的父亲）的文学宫廷之内，这些犹太裔卡斯蒂利亚诗人举足轻重，与“智者”阿方索身边的学者不相上下。

要知道，最早的西班牙语诗是以希伯来字母写成的，可追溯到10世纪。西班牙的犹太人继续以其西班牙-犹太方言，创作出丰富浓烈的诗歌，包括美妙的民谣或称故事诗（romances）的歌曲集。许多诗都有扣人心弦的抒情特质，其中最美的一首名为《如花的面孔》（Face Like a Flower），内容如下：

> 向我开门，
> 开启它，如花的面孔；
> 自孩提时你就属于我，
> 如今更是如此。
> 拥有如花面孔的她

下去开了门；

他们来到花园

手牵着手一起。

在绿玫瑰树下

他们摆好了桌子

边吃边喝

他们一起入睡。[4]

男子醒来只觉得侧身疼痛不堪，女子招来医生为他治疗，并给他一袋黄金和一条新鲜面包。在歌谣的最后他说："你杀了人，还谈什么治疗！"另一首可爱的犹太–西班牙古歌谣名为《曾有个美丽仕女》（There Was a Beautiful Lady），内容如下：

曾有个美丽仕女，

没人比她更可爱：

她的额头光辉耀眼，

头发如黄铜闪亮。

她的眉是珠母，

她的眼如杏仁，

她的鼻细致如羽，

她的双颊如玫瑰，

她的嘴非常圆润，

她的牙齿宛如编贝，

脖子修长纤细，

乳房如石榴，

她的纤腰盈盈一握，

玉体玲珑如柏。

她走进教堂做弥撒

教堂光线舞动……[5]

到最后，我们才发现美丽仕女已为她的情郎独守空闺 7 年，如今即将投入他人怀抱。即使在这些民谣中，犹太诗人依旧歌咏分离和失散、破碎的爱和绝望。他的文学之声强调了个人在西班牙的悲剧，他传达了那渐渐占据其收养国之心灵与身体的痛苦。对他来说，他依旧觉得自己是外人，并未完全被接纳，并没有真正的归属感，并未完全扎根在他如此挚爱的土地，尽管这片土地至少在过去几百年间待他不薄。无论他走到何处，做什么工作，从事什么样的艺术，他和别人不同的标记都会如影随形。

西班牙歌谣在世界上的民谣诗歌中举足轻重。无论是种类还是数目都超过英国歌谣，不过这可能是因为英国对其流行歌谣不太在意，一直到 18 世纪末才开始收集，因此许多歌谣佳作已佚散。在叙事歌谣发展的巅峰时期，西班牙人创作了成千上万首的歌谣，迄今在西班牙或者在拉丁美洲，歌谣或称叙事诗依旧生气蓬勃。传统的墨西哥叙事诗“科利多”（corrido）在 1910 年至 1920 年墨西哥革命期间大为风行，一如古老的西班牙歌谣兴起于跌宕的中世纪。伊比利亚半岛最早的一批歌谣，叙述的就是特拉斯塔马拉的恩里克对抗兄弟“残暴者”佩德罗的故事。有种种证据显示它们是 14 世纪中期的创作。

从这个时期以降，歌谣在西班牙繁荣了起来。没人知道如此大量的古歌谣是谁所作；它们主要靠口头流传，直到约 1500 年才有人开始收录。这些歌谣当初是写给人们尽情歌舞之用。它们是传统诗歌绽放的花朵；短小精悍、强烈曲折，通常有真挚情感，展现强大的政治力量，总是道出人民的心声。它们就像没有荷马的《伊里亚特》(*Iliad*)，言简意赅地捕捉到人生的一瞬、历史的一个片段。它们的主题五花八门：和摩尔人的战争、熙德及其同时代人的生活、传统英雄的丰功伟绩、无名小卒或国王贵族的爱情故事、基督徒和摩尔人之间的悲欢离合，乃至海妖诱惑男人潜入深海的神秘歌曲。犹太人在 1492 年被逐出西班牙时带走了数百首歌谣，是西班牙文学令人赞叹的一件事，他们深爱西班牙，因此这些歌谣如今存在于从洛杉矶到阿尔巴尼亚全球各地的赛法迪犹太人（希伯来文的“西班牙”是 Sepharadh，所以来自西班牙的犹太人被称为 Sephardim）社区。直到最近，他们才开始合力收集并出版这些歌谣。

中世纪故事诗对黄金时代的西班牙文学有深远影响。浪漫主义运动开始后，它们再次成为众人瞩目的焦点，被翻译成几乎所有的欧洲语言。哲学家黑格尔把它们喻为“珍珠项链”，叔本华由衷地欣赏它们，英国浪漫诗人对它们很热衷。珀西主教（Archbishop Percy）在 1765 年出版的英国浪漫主义基石《古代英语诗歌拾遗》(*Reliques of the Ancient English Poetry*)中，翻译了几首古西班牙故事诗。后来数十位英国诗人追随他的脚步：拜伦爵士、约翰·鲍林爵士（Sir John Bowring）、骚塞（Robert Southey）、约翰·吉布森·洛克哈特［John Gibson Lockhart，历史小说家司各特（Walter

Scott）的女婿］、西班牙学者托马斯·罗德（Thomas Rodd）和其他许多人。我在马德里大学的博士论文题目就是《英国浪漫主义者所见的西班牙》（España vista por los románticos ingleses），而我的结论之一是，正是因为这些叙事诗被译为英文，才使西班牙成为英国及后来美国人心目中“闻名遐迩的浪漫之地”。

中世纪西班牙的生活与当时其他欧洲国家有很大不同。摩尔人、犹太人、摩尔裔基督徒及其他混血族裔，再加上这些族群的文化，使西班牙从根本上不同于其他国家。长达 8 个世纪的收复失地运动，孕育出社会、经济和政治有机体系的各层面，也进一步扩大了这些差异。封建制度是领主与诸侯之间界定双方义务的固定契约，在伊比利亚半岛上，从不像欧洲其他地方那样深入和普及。一个不断在移动的文明，不停地扩张、战斗、借胜仗累积、紧缩开支、整合统一，不可能安定下来，接受封建制度严格的阶级划分。

在西班牙，城镇本身，特别是那些建立在从摩尔人手中夺来的新领土上并获得特权的城镇，在国民生活里是一股强大的力量。费尔南多·德洛斯·里奥斯（Fernando de los Ríos）指出，中世纪西班牙共有 12 525 个大小城镇和村落，得益于当时存在的多种形式的公有制；这是一种生产资料和分配资料归合作社或社区所有的制度，其特色在今天西班牙北部的一些社区依旧可见。这些城镇的居民享有的个人自由，比欧洲除英格兰以外的任何其他国家的人民都要多。

征服者开发新城镇的过程不难想象——无论是刚攻下的还是从头开始建立的城镇。战斗一结束，就开始定居。城镇霎时活跃得有如蜂巢，日常所需和安全措施必须随机应变，火速建立。必须立刻建造或修补城墙，使之更坚固；必须兴建房屋、修建教堂、挖井、耕种、采买牲畜以及放牧。在最初忙乱的兴建之后，接着是进一步的美化。房屋变得更舒适，教堂建得更美丽。新城镇必须吸引新居民，必须取得适当的补给，而且有防卫的武力。

重新征服的城镇会被分为不同的区，各区都属于特定行业，工人纳入行会，由他们自己推举的官员和自行制定的法律监管。从 10 世纪至 14 世纪，体力劳动依然被视为光荣的职业，有些优秀的工人会获得晋升成为骑士。但后来卡斯蒂利亚人认为用双手做工形同失去社会地位。体力劳动于是只有摩尔人或犹太人从事。

在新城镇里，一切都得在敌人有可能攻击的威胁下，不眠不休地完成。一直要到几十年甚至上百年之后，新居民才觉得战线确实已南移，他们终于可以过起日常的生活。即使如此，也谈不上永远的安全。冲突依旧持续，就算不必守卫他们的城镇，也得守卫他们的国家，因为他们必须征服摩尔人。因此城镇居民以士兵的必需品为主要考虑。许多居民从敌人那里抢来的财富足以添购马匹和武器，从而成了骑兵“绅士”，晋升到更高的社会地位。这些人大多成了没有土地和权力的“小村庄贵族”。他们的财富和权力来自他们拥有的武器。享有不同形式的社区所有权和对新经济的控制权，让他们有了一种团结感。

集体所有权的表达方式之一是合作农场（ejido）。这种中世纪机构后来被带到新大陆，而且至今依然盛行于墨西哥。ejido 可译为“村子共有”；此词源于拉丁文的 exitus，意思是“在出去的路上”，因为这些社区的土地通常位于村庄的外围。在西班牙，合作农场只占公有土地的一部分，专指一小块界线明确的土地，用作全村兽栏、打谷晒谷的公共场所，以及垃圾堆和屠宰场。除了这些公有的合作农场之外，西班牙村庄通常还拥有林地、溪流和湖泊，一些牧场和田地。居民包括工匠师傅、农民、商人。在早期的卡斯蒂利亚自由村庄，贵族无疑是不受欢迎的人物（persona non graia）。

另一方面，贵族和骑士团等宗教组织拥有属于自己的广大领土，这些土地上的农民境遇往往非常悲惨。这是领主（非封建）制度，地主统治他的土地和居民，双方没有互惠协议。西班牙社会就是最先在这样的地区分为两大阶级——地主和劳工。自由城镇的居民和贵族之间经常发生摩擦。自由乡村很自然地与王室结为盟友，因为王室也感受到来自贵族强权的持续威胁。西班牙贵族为巩固自己的地位，在13世纪开始了长子继承权（mayorazgo）的传统，后来经过一番修改，也被其他欧洲国家采用。mayorazgo的意思是长子应继承父亲全部的财产，而非将财产分配给所有的子女。这种只重一个孩子的做法，使西班牙原本就负担很重的大庄园主制度更加严苛。

14、15世纪，卡斯蒂利亚发生了严重内乱，甚至出现无政府状态，各城镇不得不设法保护自己。个别城镇几乎无力反抗强大贵族，因此联合起来组织了城镇兄弟会（Hermandades），以确保和平。阿兰-勒内·列萨热（Alain-René Lesage，18世纪法国作家）的读者应该很熟悉这个词，他在代表作《吉尔·布拉斯》（*Gil Blas*）描述主角的丰功伟绩时，一再用到这个词。城镇兄弟会是以神圣的联盟和公约组织的城镇联盟，目的是在无政府状态下合作防卫。1295年的城镇兄弟会由34个城镇组成，到了1315年的联盟则有100个村庄和城市。城镇兄弟会拥有专属的警察部队，无论违法者逃到哪里，他们都有权追捕，并立即审理和判刑。城镇居民在城镇兄弟会的警力撑腰下，有时能对贵族发动真正的战争。中世纪卡斯蒂利亚乡镇就以这样的方式茁壮成长起来。

因此，尽管欧洲其他地区大城市的居民在封建奴役中受折磨，但卡斯蒂利亚城镇联盟的成员在和平时期有自己的法律和地方官保护，在战争时也受自己的军官指挥——他们充分享受自由人的一切基本权利和特权。[6]

国王支持这些城镇联盟，尽管联盟自己追求的正义似乎有损国王威权。其原因有二：第一，这些城镇兄弟会合力对付的主要是国王的大敌——贵族；其次，这些城镇本身就是一股强大的力量，如果否定它们，就等于疏远了一群有权有势的子民。

有了这些豁免权，卡斯蒂利亚城镇在中世纪欣欣向荣的程度，唯有意大利城镇能与之媲美。早期与阿拉伯人的接触，确实让他们建立了更好的农业体系，在机械技艺方面也达到其他基督教国度所不及的灵活性。[7]

卡斯蒂利亚最初几代的村民以战士和牧羊人为主；战士是出于需要，牧羊人则是因为没有足够人手从事大面积开垦。他们是冒险家，否则就不会放弃原本在加利西亚、阿斯图里亚斯、坎塔布里亚和巴斯克地区的宁静家园。西班牙人总无法放下牧羊民族的心理，这种民族经济很基本，因此在古代的阿斯图里亚斯和附近地区，常会用羊代替金钱。当这些地区的居民向南迁移，他们仍想当牧羊人。收复失地运动使他们有了辽阔的空地，尤其是夺得科尔多瓦（1236年）和塞维利亚（1248年）之后。这促进了乡村畜牧社会的发展，而对工业发展的缓慢过程不太关心。品种优异的美利奴羊（merino）

是他们的重要产品，再加上肥沃土壤生产的农产品和简单制造业的发展，形成了一种可获利的商业基础。美利奴羊最早可能是在 11 世纪由摩尔人引入西班牙的。不过，品种的重大改良始于 1394 年，当时兰开斯特的凯瑟琳[1]带着一群英格兰的美利奴羊当作自己嫁给西班牙王储的嫁妆。时人公认美利奴羊的毛，远比任何其他国家出产的羊毛更美丽细致。附带说明，merino 一词源于 benemerinos，意思是“流浪”，是一个阿拉伯部落的名字，他们随四季变化到处迁移。14 世纪中叶，西班牙发生可怕的腺鼠疫，人们大批死亡，从而留下大片无人居住的可以作为牧场的土地，这也间接促进了牧羊业的发展。

收复失地运动不仅是两个信仰之间的冲突，也是“基督徒的羊与阿拉伯人的马”一决高下的斗争。当“圣人”费尔南多三世攻下科尔多瓦和塞维利亚，并占领拉曼查、埃斯特雷马杜拉和安达卢西亚的广大土地时，羊的地位胜过了马。“智者”阿方索成立梅斯塔荣誉会（mesta，全国性游牧畜牧业从业者同业公会）认可这场胜利的重要性，该组织为牧羊业的发展带来王室的坚定支持。征服新世界后，马再次居于上风。梅斯塔荣誉会是牛羊的主人组成的合作组织，管理饲养、放牧、出售牛羊及其产品，促进全体成员的共同利益。它和行会与相互合作的城镇兄弟会有相同的目的。

领土向南扩张不仅让基督徒取得了大片牧场，还让羊群能在冬季向南、夏季向北大规模迁移。因此占领西班牙南部地区，对全国的牧羊和羊毛产业都是直接的刺激。西哥特人在法律中特别提到羊

[1] 兰开斯特的凯瑟琳是卡斯蒂利亚的恩里克三世（Henry III of Castile）之妻，约翰二世之母，天主教徒伊莎贝拉的祖母。

群的迁徙因摩尔人入侵而中断，直到 13 世纪才恢复。时至今日迁徙仍以较小的规模进行，并孕育出来自卡斯蒂利亚山脉的美丽西班牙民歌《牧羊人即将远去》(*Ya se van los pastotes*)。

牧羊人即将远去，
前往埃斯特雷马杜拉；
山中徒留
冷清和悲伤。

牧羊和羊毛产业的历史，某种程度上就是西班牙经济史的缩影。英国和西班牙在中世纪都以农业和牧羊立国，但当英国稳定地从农业升级至纺织业，迈向工业经济时，西班牙却始终基本上是畜牧国家。这不是说西班牙从没有纺织业，在穆斯林统治时，纺织是最高度发展的经济领域之一。12 世纪，即使在基督徒占领的西班牙地区，也有许多城市有织布业：帕伦西亚、萨莫拉、阿维拉、塞哥维亚、索里亚、阿尔卡拉、马德里、托莱多、昆卡、科尔多瓦和塞维利亚。然而，到了 1438 年，萌芽中的纺织业变得奄奄一息。

这种现象的背后有许多原因。首先，佛兰德斯和英国相继发展了自己的纺织工业，后者刻意禁止羊毛出口或布料进口。佛兰德斯的纺织业发现英国不出口羊毛后，转向西班牙，开始大规模地购买西班牙羊毛。卡斯蒂利亚的国王们因摩尔战争之故，急需资金，于是对羊毛出口征收重税，以取得战争资金。其实，只要战争持续进行，国家不断增添新土地和财富，国王的财务状况反而不会像长期休战、累积债务到期时那么糟。因此，卡斯蒂利亚的经济沦为佛兰德斯和英格兰纺织业的牺牲品。起初看似有利可图，长期下来得到的却是恶果。众人都抓住机会开始出售羊毛。贵族、修道院，甚至城镇居民都可以把羊毛卖给佛兰德斯的工厂换得极大利润，王室财库也因这项商品出口的各种税获利颇丰。某著名历史学家写道："要不是有羊毛，许多卡斯蒂利亚城镇的建筑瑰宝都会无法完成。"西班牙全境许多了不起的建筑，都是靠羊毛的利润支付兴建的。遗憾的是，这阻碍了卡斯蒂利亚早期的工业化，而且更加突显出西班牙人的气质遗产——他们总是带着流浪者和牧羊人的心理特质。

有些城镇议会明白这个情况，向国王请求保护西班牙的纺织业，不过无济于事。太多人依靠羊毛原料赚钱，国王又急需资金对抗贵族，以及推进与摩尔人的战争。生活费上涨，人们试图固定物价，也固定工资，禁止食物及其他商品出口。尽管如此，通货膨胀依旧持续，卡斯蒂利亚的经济陷入恶性循环。

在西班牙靠羊毛出口赚取庞大利益的商人和贸易商当中，有为数不少的外国人。无知的西班牙大众眼看生活费猛涨，还有一群人无须辛勤劳动就能致富，于是把怀疑和不满发泄在这些人身上。这当然是错误的推论。因为"外国利益"实际上是国王促成的卡斯蒂利亚重商主义所致。于是在1306年，塞维利亚发生了第一次攻击城内热那亚人口的骚乱。这个初步的火苗，后来演变为以犹太人为目标且蔓延到全半岛的熊熊大火，规模大到连国王和王后都感到无法控制。

中世纪西班牙的城镇谈不上卫生，其实当时任何国家都谈不上卫生。街道中央经常有一道沟渠，只要是可以给猪吃的东西就可以倒进去。从窗户倒出的废水常会泼到路人头上，后来法律规定泼洒废水前得大喊“它来了！”（Agua va!）。行人听到警告后就得自求多福。难怪在有些早期的中世纪画作上，就连圣徒都穿着高筒靴走在街上，这是避免踩进废水垃圾最简单的办法。当时只有最原始的厕所，街道上到处是粪便。来到美洲新大陆的西班牙人，赞叹印第安城镇的街道比他们自己家乡的还干净。

黑死病在1348年侵袭西班牙，居民很容易就染上传染病。疾病可能来自东方，基本上和腺鼠疫一样。它之所以称为“黑死病”，是因为病人身上会出现大块黑斑，此外如腋窝、腹股沟和脖子等淋巴结所在的部位也会肿胀，出现大如鸡蛋的疼痛肿块。染病者的身上长满小疖子和痈疮，经常吐血，大多数在两三天内死亡。当时的统计数据虽然不太准确，许多权威人士都估计，高达三分之一的欧洲人口死于这场瘟疫，总计可能达到2 500万人。家庭破碎，各行各业缺工，农地没有农夫，城市没有居民。除了黑死病，还有西班牙国王“残暴者”佩德罗的统治灾难，以及他和兄弟恩里克为争夺西班牙王位的相互残杀，不难理解为什么西班牙在经过“智者”阿方索的治理后，还要花200年的时间才真正发挥潜能。

中世纪的城镇生活大抵都很朴素，没有多少物质享受。居民的财富表现在建筑上，这是中世纪的伟大艺术。早期笨重的罗马风格建筑有厚墙和为数不多的圆窗，是针对这块烈日炙人、危险重重的大地建造的。几个世纪之后，原本简陋、巨大、坚固宛如堡垒的建筑，变成了哥特式建筑，挑高、轻盈、精致，有优雅的肋架拱顶、尖顶拱门和美丽的彩绘玻璃窗。

教堂是城镇最重要的建筑。它象征民众的信仰，以及对安全、美和上帝的追寻。在伟大的教堂内人人平等，而且几乎每个人都奉献了一部分的生命给教堂。他们经常请来法国和德国的建筑师，建造西班牙伟大的哥特式教堂，但西班牙散漫和融合的本能，几乎不可能造出纯粹的哥特风格。西班牙的教会绝对是战斗教会（Church Militant），就连教士也经常参与对抗穆斯林的战争，“祈求上帝的恩典，并用钉头锤猛击”。

中世纪城镇的主要娱乐活动包括宗教节庆、朝圣、社区歌舞，当然还有常年每周的市集（feria）。市集既是经济机构，也是社会机构，因为所有人都来这里聊天和交换信息，也来这里以物易物，从事买卖。这类市集依旧是西班牙乡村生活不可分割的一部分，造访每周在阿维拉 12 世纪古城墙外的集市，可让人感受到中世纪市集的古老风味。[顺带一提，我们常说的公道价格（a fair price）就是来自这些中世纪市集的固定价格。] 阿维拉每周的市集在偌大城墙外石头遍布的贫瘠土地上举办，一小群农民和带着牲口的牧人聊天还价，多少世纪来都没太大变化。

中世纪西班牙城镇是众志成城的成果，是一件艺术品。城镇的建造注重整体性，充满了和谐、美丽和虔诚。人人都出力劳动，对技术感到骄傲，对工艺感到骄傲。人人都尽心尽力，因为他的作品会流传于世。在教堂里，即使不是明显看得到的地方，也会细心完成，因为就算人看不到，上帝也会看到。在中世纪的城镇，每个人都有所归属；没有游手好闲的人，没有不需要的人手，没有用不上的人力，没有无人照顾的灵魂。人们参与社区劳动，参加各种歌舞和庆祝活动，是一种美好的情绪宣泄。个体消失在社群之中，随之，紧张消失了，寂寞驱散了。人们即使在战时或面对战争威胁时也感到安全。

把中世纪的城镇想象成黑暗肮脏的地方，到处是恶臭、丑陋、不堪入目、疾病散布，其实并不符合事实。当时的臭味是天然气味：动物的、人的、厨余的以及施工的气味。他们没闻过我们现代人常闻到的臭味：硫酸、氯化饮用水、汽车尾气、汽油或煤气、空气中大量的尘土油烟、缭绕的煤烟及令人窒息的烟雾。我们对这些以及其他许多臭味早已习以为常，很少会注意到它们。中世纪城镇的居民需要去习惯的气味要少得多。他们的城市既不黑暗，也不丑陋。墙壁经常粉刷，吐露阳光和空气。甚至就连防御工事也是艺术品。不管望向何处都能看见美景。实用与美观很少会分开。我们今天造访幸存的中世纪城镇，不就是因为它们的美丽吗？房屋内部确实不太清爽，不具魅力，但中世纪城镇的街道和广场，市场和教堂，因色彩、人物和光线而发光。

（那时）小贩的叫卖声从街头传来。钟声不分昼夜地四处飘扬。歌声从每个人嘴里哼出。流传至今的歌曲数量显示，无论从事什么工作，人人都唱歌。中世纪拥有适合各种人、各种场合的音乐。黎明时分，起床的时间一到，数百只公鸡齐声啼叫，就像《熙德之歌》中描述的，鸟儿开始在树上或屋檐下啁啾。人们去工作、上市场，聚在一起轻松聊天、倾诉心声，感受与人交往的火花，感受团结的温馨。

这些建筑并不古旧或陈腐，而是像中世纪的灯饰一样明亮光洁，哪怕只是因为常用石灰粉刷，因此玻璃或彩饰木材上图像的颜色都映照在墙上，翩翩起舞。感官的扩张使生活生气蓬勃……尽管中世纪的饮食粗粝，但就是最清苦的人也不可能完全看不见周遭之美。城镇本身就是永远存在的艺术品，居民在节庆期间穿的服装姹紫嫣红，宛如花园中的花朵。[8]

流浪的吟游诗人来到中世纪城镇或城堡，象征欢乐的到来，因为他会吟咏西班牙英雄的丰功伟绩，或演奏柔和的求爱抒情旋律。农民和贵族都喜爱吟唱或聆听古老的歌谣，骑士游侠在中世纪的西班牙非常普遍，骑马用长矛比武也总是很有吸引力。后来的骑士小说（伊比利亚半岛的这类小说远比其他地方都多）对西班牙生活的这个方面，有夸大和理想化的叙述，《堂吉诃德》的故事起初是刻意的滑稽戏仿，后来作者塞万提斯竭力把笔下的骑士主角，当成西班牙生活中英雄角色的象征。狩猎也是贵族喜爱的运动。其实这不仅是运动，因为在崎岖地形上骑马使用武器，是严格的战士训练。狩猎常需要用到猎鹰，这使得驯鹰术在西班牙高度发展。《堂吉诃德》1605年初版的卷首插画，就是头上盖着布套的猎鹰停在男人手臂上。而费尔南·冈萨雷斯伯爵用俊美猎鹰和纯种马换来卡斯蒂利亚独立的故事，显示此古老运动在西班牙历史上源远流长。

中世纪所有宗教庆典都有强烈的社交色彩。追求伴侣最常在这种场合发生。许多勇士等在教堂外面，但求能看心仪的女士一眼，而这往往足以天雷勾动地火。古老的歌谣经常提到这样的追求，但其中《爱的弥撒》（*La misa de amor*）特别教人印象深刻，因为正当合唱团高声欢唱之际，突然见到一位美女走进教堂，“于是他们不再唱阿门，阿门，而是改口阿莫（amor，西班牙文的“爱情”），阿莫”。

卡斯蒂利亚和莱昂的许多城堡是由灰色的大块石头建成的，看起来就像从灰岩地上拔起，像卫兵一样矗立在原始荒凉的自然景观中。今天马德里附近一天车程之内的范围，还有许多这样的城堡：奥罗佩萨（Oropesa）、塞哥维亚、曼萨纳雷斯王室城堡（Real de Manzanares）、佩尼亚费尔（Peñafiel）、托德西利亚斯（Tordesillas）、拉莫塔（La Mota）、阿尔瓦·德托尔梅斯（Alba de Tormes）等等。塞哥维亚城堡以其白墙和宛如船首的尖顶造型在这些灰色的庞然大物中独树一帜。城墙内偶尔有奢华的证据：厚重的摩尔地毯、进口或本地制造的刺绣布帘、巨大的木雕家具、美丽的银器，以及插图精美的手抄本。

卡斯蒂利亚的城镇相当民主，城镇与城镇之间有大片无人居住的土地，今日依然如此。许多人总挤在小空间里，市政机构给了他们今日西班牙所欠缺的尊严和平等感受。在古老歌谣和 fueros（市政法律与特权）中，可以看到市民在狭窄的街道贩卖商品，在市场讨价还价，

> 为重量和尺码争吵，抗议想要插队的修士。[他们] 主张不管是修士、平民，还是刚由偏远村庄前来的包着头巾的陌生人，人人都该获得同样的待遇。他们推搡着，流着汗，大声叫喊。在市政机构发展的同时，也发展出他们的语言和文学。早期的文学带给我们什么？一系列场景，生动鲜明，就如原始绘画的画板令人难以忘怀。在拥挤市场的喧嚣中，一位吟游诗人拨弄弦乐器，喋喋不休地讲述熙德、拉腊七王子或萨莫拉的喜鹊夫人唐娜乌拉卡的故事。[9]

这位乐师演奏的乐器音色单薄，缺乏共鸣的音箱，显示出它的年代；可能是阿拉伯人带到西班牙的维维拉琴（vihuela）或鲁特琴，也可能是摩尔人的吉他，或向内弯曲的罗马吉他，乐师也可能只有鼓或铃鼓。无论如何，音乐总是单薄而重复，复制出中世纪周而复始的固定生活。“一位神秘的神职人员自称是上帝的吟游诗人。他用韵文诉说当地圣人和俗人的奇迹故事，并说他认为这些故事值得一杯美酒。”镇上的时髦青年用渴望的目光注视着经过的女郎，不时真情流露地歌唱，赞美她们的魅力。一身黑的老妪以视线在街上搜寻，她们枯瘦的身子预示着已没有任何希望的人生。

也许城市广场的角落有人正在击鼓招募新兵。在欧洲任何地方，社会阶级的晋升都不如在中世纪的西班牙那般容易。加利西亚或阿斯图里亚斯可怜的下层贵族摇身一变，成了卡斯蒂利亚的大地主，而卡斯蒂利亚的下层贵族过去曾是拉曼查、埃斯特雷马杜拉或安达卢西亚的大地主。拓荒精神不断吸引人们向南方进军。几个世纪以来，他们一直梦想用武器赢得土地和财富，而他们也确实美梦成真。

尽管中世纪的经济时好时坏，尽管有黑死病，尽管有一连串挥霍无度的国王，但比起其他国家，西班牙还是相对富裕的，城镇规模也持续增长。到了 15 世纪，许多城镇已发展为城市，它们的财富远远超过收复失地运动之初，那时候的生活必需品不过是士兵的必需品。这些财富中有相当一部分用于公共工程。原来积极把贵族排除在外的城市，现在成了贵族的居住地。为这些富裕家庭建造的豪宅开始出现，新的建筑热潮开始。在安达卢西亚，被征服的摩尔人发展起蓬勃的工业。

塞维利亚的史学家描述这座城市，在15世纪中叶时，商业繁荣，达到自收复失地运动以后最富裕的程度，人们从事各种机械技术行业，欣欣向荣。其国内的纺织布料及橄榄油、葡萄酒、羊毛等天然产品，与法国、佛兰德斯、意大利和英国贸易。属于卡斯蒂利亚王权的比斯开港在13、14世纪是与北方进行大规模贸易的市场。[10]

15世纪上半叶的西班牙统治者是约翰二世（1406—1454年），也就是天主教徒伊莎贝拉一世的父亲。约翰襁褓时继承王位，14岁时接手政务。他在政治上软弱怯懦，先受贵族中的一派左右，接着又受另一派影响。著名的宠臣唐阿尔瓦罗·德·卢纳（Don Alvaro de Luna）在约翰执政期间，多数时候扮演强人角色，但最终仍在政敌要求下遭到斩首。

尽管约翰在政治上并不积极，或者说正因如此，他反而对文学很有兴趣，身边都是当时最优秀的作家。"约翰二世的文学宫廷"已成为西班牙文化史的一个固定用语。许多作家是犹太人或改宗基督教的犹太人，包括国王的秘书阿方索·德·巴埃纳（Alfonso de Baena），以及其最杰出的作家胡安·德·梅纳（Juan de Mena）。应景诗勃兴：常有赞美国王、贵族和城市的诗，塞维利亚提供100多布拉金币（doblas）给歌颂该市最杰出的诗人。

铁器时代已经过去，黄金时代却还未到来，约翰二世力图化铁为金，借助精练文字的过程，让中世纪进入文艺复兴。对摩尔人的战争已经停止，极为紧张的局势暂时消失。骑士诗人应运而生，这些作家用文字和人生描写宫廷生活和爱情。围绕在约翰二世周围的诗人，就像许多年前在普罗旺斯的吟游诗人；在某种程度上，他们可和两个世纪前阿方索十世朝廷上更博识的学者作家相提并论。但那时加利西亚-葡萄牙语（伊比利亚半岛西北部在中世纪使用的语言）的抒情诗派已死，卡斯蒂利亚语成为文学作品的语言，因此宫廷里必然会有卡斯蒂利亚语抒情诗的一席之地。这就是约翰二世的统治，它标志着西班牙从史诗般的中世纪进入文艺复兴之前的过渡。

当时有位编年史家如此描述这段时期：

> 最坚强勇敢的骑士，尽管以比武和战斗为乐，可是一旦拿起笔写文章，却变得像恋爱中的青年，他们的诗中丝毫不见武器或战争……要在这些诗中寻找当时真正的生活，根本是徒劳……要不是有其他可靠的证明，我们恐怕会把困惑和动荡的日子，当成快乐的世外桃源。

文学与现实生活的差距从不曾如此悬殊。一个被美化的世界逐渐形成，但那只是虚假的世界，充满了十全十美的青年和美若天仙的女子。就连《真爱之书》里粗鄙丑陋的乡下姑娘，在这个年代也成了可爱的少女。他们家乡的地名成了这种诗歌不可或缺的成分。也有人试图把世外桃源和约翰二世的宫廷混为一谈。然而，在朝臣写诗奏乐的同时，一般民众依旧艰苦过活，不再有动力，不再有荣耀，不再有紧张局势。不过，他们用歌谣纪念这一切，在歌曲和故事中反复重温，国王与百姓的生活渐行渐远。

宫廷诗人歌颂的骑士精神，在真实世界成了血腥的悲剧，骑士刻意使用尖锐而非钝头的武器，并且不带盾牌比武。有一次在离圣地亚哥-德孔波斯特拉不远的奥尔维戈（Orbigo），卡斯蒂利亚骑士苏菲奥·德·奎诺尼斯（Suefio de Quenones）和9名伙伴在约翰二世和朝臣面前和所有来人比武。这项挑战的目的是：

> 解除情妇强加给他的义务，要他每周四公开在颈子上戴着铁制项圈。比武持续了30天，强悍的骑士既不用盾牌，也不用标靶，挥舞着米兰钢制的尖头武器。总共交手了627次，打断了166支长矛，才宣告完成壮举。

目击者描述了整个事件，读者可以想象自己是在读圆桌骑士兰斯洛特（Sir Launcelot）或西班牙的阿马迪斯［中世纪骑士小说《高卢的阿马迪斯》（*Amadís de Gaula*）的主角］的冒险故事。不用说，比武结束前就已有多人死亡。西班牙的骑士在这种极端行为和宫廷诗中找到了宣泄的出口。有位作家说，尽管约翰二世在政治和经济方面的堕落令人憎恶，但这段时期有可能被"历史的金笔"铭刻。（因为）粗犷的卡斯蒂利亚人，就像弗朗索瓦一世（Francis I）统治下的法国人一样，在他们的文化上正朝精致和优雅发展。

据说约翰二世本人就是优秀的诗人和音乐家。第一本宫廷歌集就是献给他的，于1445年出版。[1] 后来也有许多人跟进。几年后，大众歌谣开始以书的形式出现。直到两股潮流相逢并融合，西班牙的文学才进入黄金时代的主流。老编年史家记载，尽管国王个性懦弱，但有俊美的外表。

> 他身材高大，手脚修长，极纤瘦；他举止得体，一头金

[1] 编纂者是改宗基督教的犹太人阿方索·德·巴埃纳。德巴埃纳在序言中表示，他编辑这本歌曲集，为的是"供国王陛下欣赏娱乐之用"。全书共收录50位诗人的作品。

发。他说话很快，但轻声细语。他乐于倾听聪明和有文化的人说话；他的拉丁文听说无碍；他喜欢文学和历史，也爱听诗歌，并能敏锐地批评；他了解艺术，也是优秀的音乐家。尽管他有这些优点，却欠缺国王真正必要的长处。即使他有种种魅力，却胆怯而没担当，从没有花上一个小时去了解或为他该管理的领域付出努力。卡斯蒂利亚朝廷充满了叛乱和阴谋，但他根本不在意，心思全放在更快意的事上，大权完全交给他的副手。[11]

卡斯蒂利亚的第二把交椅阿尔瓦罗·德·卢纳，也是圣地亚哥骑士团团长。他竭尽所能地让贵族们安分不逾矩，并将国王的威望提升至不容置疑的最高地位。事实上，如果我们相信一位崇拜者在他过世后写下的《唐阿尔瓦罗·德·卢纳编年史》(*Chronicle of Don Alvaro de Luna*)，那么，阿尔瓦罗·德·卢纳可以说是一位完美的朝臣和骑士。

约翰的软弱阻碍了他的计划。阿尔瓦罗·德·卢纳被嫉妒的大臣和约翰的第二任妻子（伊莎贝拉一世的母亲）联手指控“叛国”，处以死刑，这位卡斯蒂利亚的重臣并未向指控者屈服。在刑架上，他沉着地说：“只要有勇气，任何形式的死亡都不会带来耻辱。”他把头放在木板上，刽子手以当时野蛮的方式，一刀刺进他的喉咙，切断他的头。行刑后，国王“也像杀了自己，因为在阿尔瓦罗·德·卢纳死后，国王只多活了1年又50天，而且日日遭受折磨，满心悔恨。在很多场合，都有人看到他为了忠臣的死而哭泣”。国王临终前对忠实的侍从西伯达瑞（Cibdarel）叹息说，他希望自己

“是技工的儿子，而非卡斯蒂利亚的国王”。

在许多方面，阿尔瓦罗·德·卢纳都是西班牙英勇历史的伟大战士领袖的象征。他勇敢、聪明、相貌堂堂、忠于主君、为国奉献。约翰二世笨拙地用将他斩首来掩饰自己的软弱和优柔寡断，与此同时，也放弃了对顽固而贪婪的贵族们行使王权的绝佳机会。西班牙跟随着约翰二世进入文艺复兴的门廊，却身披不适宜、不搭调的色彩，这注定不会是它的辉煌时代。

15世纪最伟大的西班牙诗人豪尔赫·曼里克（Jorge Manrique，1440—1479），在约翰二世死后才出生，并开始写作。他的《祭父词》（*Coplas on the Death of his Father*）是世上所有语言中最动人的挽歌之一。曼里克是多产作家，但多数作品都很平庸，唯有在这首诗中，他才能捕捉、浓缩、精炼，传达出个人的悲剧，并把它转化为普天下所有人的共同体验。也许正是他在其他诗作中的平庸，才使他这次成为他那个时代的完美化身。他从军，为卡斯蒂利亚的伊莎贝拉女王战死沙场，终年39岁。马里亚纳（Mariana，17世纪西班牙史学家）在《西班牙史》（*History of Spain*）中满怀敬意地提到他，说他参与了乌克莱斯（Uclés）围城，并称他为“潜力无穷的年轻人，在这场战争中展现了出色的英勇”。

这首诗的灵感来自诗人父亲的死。诗人之父是知名的西班牙贵族帕雷德斯伯爵（Count of Parades），也是圣地亚哥骑士团团长。他是勇敢的战士、杰出的大臣，也是优秀的诗人。曼里克在《祭父词》中哀悼去世的父亲（1476年），“就像葬礼的哀乐”。曾任哈佛大学罗曼语系教授的诗人亨利·沃兹沃思·朗费罗（Henry

Wadsworth Longfellow）把这首诗译为英文。他在译文介绍的最后扼要总结："这首诗是同类型作品的典范，它的构思庄重美丽，风格也与之呼应——平静、庄严、雄壮。"

这首诗几乎没有独一无二之处。其价值在于对普遍真理的动人陈述。诗的主旨在不同时代和不同语言中都已有人传达：譬如中世纪法国诗人维永（Villon）知名的"往日的雪如今何在"，托马斯·格雷（Thomas Gray）的"纹章的吹擂，权力的浮华，以及所有的美，所有的财富所带来的……"，以及爱德华·菲茨杰拉德（Edward Fitzgerald）译的奥马尔·海亚姆（Omar Khayyam）诗句"然而，春天应该与玫瑰一起消失"，上述和诸多其他诗句都传达出生命的短暂无常，人类欲望的徒然，死亡的一视同仁。曼里克的陈述具有明显的西班牙风格：说教、清心寡欲、基督教思想、庄严、宁静。中世纪的西班牙确实值得拥有如此崇高的墓志铭。以下是朗费罗翻译的几段诗句：

> 欢乐飞逝，
> 我们的心追忆遥远的过去
> 叹息不已；
> 疾驰飞奔的时刻
> 我们没注意，但过去——过去
> 却更受珍惜。
> 人生如河水，向前奔流
> 朝向那深不可测、无边无际的汪洋，
> 寂静的坟墓！

在那里，尘世的虚荣浮华
翻滚，将被吞噬，消失在
一波黑暗的浪潮之中。
哥特族的王公贵族，
闻名遐迩的英雄好汉，
成列成排；
在时间向前的路径上，
这个高贵民族的重要人物
如何被淘汰！
谁是冠军？谁是强者？
教宗和教士，还有君主帝王？
这些人都将倒下
如死亡之手一样沉重，
就像它抚在羊栏边
牧羊人的呼吸一样。
国王于今安在，情圣唐璜安在？
阿拉贡的王公贵族和王储？
温文尔雅的英雄安在？
在战斗中进行的
爱情与义行？
名媛淑女于今安在，她们
艳丽的服装和戴着首饰的秀发，
和芬芳的香气？
温柔的骑士于今安在？

跪下，呼吸爱的烈焰，
低伏在地？
高贵的马匹，披挂着鲜艳的马具，
勇敢的领主和强壮的骑士，
强大的阵容，
如今去哪里寻找他们？唉！
就像草地上明亮的露珠，
他们已经消逝。
啊，世界！人生匆促，
只愿你所付出的生命
实实在在！
唉！你的悲伤转瞬即逝，
我们最快乐的时刻就是
灵魂获释
那最后的时刻。

译文虽精确合律，却无法展现原文说教的朴实。曼里克是地道的卡斯蒂利亚人，像躲避瘟疫般避开各种修饰辞藻。他的诗显示出卡斯蒂利亚抒情诗已成熟，将在西班牙黄金时代的美丽花园里绽放。中世纪的生活即将走到终点，但它的英雄豪杰，那些苦干实干的人，被记录在曼里克这首感人的“科普拉”对句诗中，并将在西班牙文艺复兴时期带着新的活力再生。

第六章

西班牙的文艺复兴

在去年的鸟巢中，如今已没有鸟儿。

——塞万提斯《堂吉诃德》

约翰二世去世后，其子恩里克四世（Henry IV）继位，他仪表堂堂，很快就被民众接受。恩里克立即对摩尔人宣战，此举大获民心，可是他却在战场上一再退缩，避免战斗，踩踏农田，掠夺果园，靠农民供养。人民怨声载道，说国王似乎是与自己的人民而非穆斯林为敌。卑鄙怯懦的行为让恩里克失去许多朋友，挥霍和暴政很快使他失去民心，影响力强大的教士也反对他。国王年轻时放荡不羁损害了性能力，大家都称他为“无能者”。第一任王后布兰奇在婚后几年被送回纳瓦拉，原因是“双方的无能”。第二任妻子是葡萄牙公主，生下一个女儿，但人家都认为那是王后与英俊的朝臣阿尔布开克公爵贝尔特兰·德拉·奎瓦（Beltrán de la Cueva, the Duke of Alburquerque）的私生女。卡斯蒂利亚人称她为 la Beltraneja，意即贝尔特兰的私生女。

恩里克立女孩为王储，激怒了大批贵族和教士，他们要求立国王的弟弟阿方索为王储。恩里克起先同意，但后来反悔。反叛的卡斯蒂利亚人聚集在阿维拉城墙外的岩地，用国王的雕像举行废黜仪式。他们在岩地上搭建高台，恩里克的雕像头戴王冠身披貂袍坐在上面，一手拿剑，另一手拿着权杖。众人宣读对国王不满的宣言后，托莱多大主教上台把雕像的王冠摘除，在场贵族则取走剑和权杖，然后把雕像推到地上的沙土中。11 岁的阿方索坐在盾牌上，被高高抬起，送到高台的王座上。王公贵族列队亲吻男孩的手，号角响起，宣示新君主正式即位。仪式后，阿方索仅活了三年，而且百姓对于该效忠何人意见有分歧，因此在此期间，他和恩里克都不是真正的国王。不过，在阿方索去世后，“无能者”恩里克又复位了。

不服从的卡斯蒂利亚人接着要求让恩里克的妹妹伊莎贝拉当女王，这位小姑娘却明智地拒绝了这一荣誉头衔，说只要她哥哥在世，就没有别人可以称王。反叛者对她的宽阔胸襟感到讶异，于是被迫和国王谈判以获得最有利的条件。恩里克此时地位极不稳固，欣然同意立伊莎贝拉为合法继承人。两派阵营对此都感到满意，因为伊莎贝拉在宫廷内的行为举止向来足堪表率，众人都欣赏她的性格和美貌。

这位伊莎贝拉就是日后与阿拉贡的费尔南多结婚的天主教女王伊莎贝拉一世。她肤色白皙，头发是亮眼的赤褐色，水汪汪的蓝绿色眼睛流露感性。她圆圆的脸庞令人喜爱，就像卡斯蒂利亚小城的纯朴女孩。她非常虔诚，道德和举止都无可挑剔。恩里克为改善自己的处境，曾多次想把她嫁给其他王室的追求者，但伊莎贝拉对这些提议都置若罔闻。葡萄牙国王在恩里克的怂恿下锲而不舍地追求，可是仍和其他人一样铩羽而归。伊莎贝拉自有主张，她看中了自家亲戚，聪慧过人又英俊的阿拉贡王子费尔南多。除此之外，他还是基督教西班牙境内第二大王国的王储，伊莎贝拉若与他结婚，她的国家将晋升至欧洲的一线地位。

她派出了特使，年轻的王子决定立即前往卡斯蒂利亚宫廷，但由于这桩婚姻遭到强烈反对，他决定只带 6 名随从，隐姓埋名来访。费尔南多扮成仆人，以免被认出来，而且在每个驻留地都伺候其他人。他以这种方式抵达巴利亚多利德，和伊莎贝拉面对面谈了话。双方立刻受到彼此的吸引。联姻文件的起草相当谨慎，保障伊莎贝拉在卡斯蒂利亚国内保持绝对的至高地位。费尔南多对此没有太大意见，协议于是达成。两人在 1469 年结为连理。年轻夫妇的王室格言“Tanto monta”简洁地传达了协议的要旨，它是“伊莎贝拉和费尔南多平起平坐”（Tanto monta, monta tanto, Isabel como Fernando）的缩写。双方的联合统治实际是由费尔南多主管两个王国的外交，伊莎贝拉则主管卡斯蒂利亚的内政。由于她去世（1504 年）比费尔南多（1516 年）早，费尔南多后来成为西班牙统一的主要推手。在伊莎贝拉去世后，纳瓦拉这个小国才加入西班牙，终于完成统一。

达成统一之前有许多的障碍。首先，伊莎贝拉一世得努力维持在卡斯蒂利亚的地位。1474 年，伊莎贝拉的哥哥恩里克四世逝世，她正式成为女王。她骑着白马，带着一群随从，浩浩荡荡前往塞哥维亚的广场举行登基仪式。费尔南多当时人在阿拉贡。使者大声喊道：“卡斯蒂利亚，卡斯蒂利亚，为费尔南多国王和他的配偶——这些王国的女主人伊莎贝拉女王效忠！”众人欢呼，挥舞旗帜，城里敲响钟声，发射礼炮，然后女王宣誓就位并回到大教堂。在吟诵庄严的《感恩歌颂》（Te Deum）之后，她跪在祭坛前，祈求上帝的帮助。

她迫切需要一切能得到的援助，无论是来自神还是人的国度。因为追求遭拒的葡萄牙国王几乎是立即宣布，将和有一半葡萄牙血统的公主——贝尔特兰的私生女胡安娜（Juana）结褵，并支持她对卡斯蒂利亚的继承权。于是，争夺西班牙王位的新战争揭幕了，并持续了长达5年的时间。费尔南多和伊莎贝拉最终在1479年获胜。同一年，费尔南多83岁的父亲去世，费尔南多正式成为阿拉贡国王。卡斯蒂利亚和阿拉贡真正的统一就从这一年开始，这象征着现代西班牙的诞生，中世纪分裂的政局和小王国时代告终。

新国家的联合主权面对多种选择，但不幸的是，在这个历史时刻，西班牙的所有选择都和宗教有关。中世纪的其他欧洲国家在宗教上都是统一的。此外，在收复失地运动的8个世纪里，它已成为西班牙基督教王国所知唯一的团结因素。1479年，费尔南多和伊莎贝拉认为该是完成伊比利亚半岛宗教统一的时候了，而西班牙的两大宗教少数族群，穆斯林和犹太人，都是实现目标的明显障碍，因此他们势必被压制。1480年，宗教裁判所在塞维利亚成立，负责审查改宗基督教的犹太人信仰是否真诚。它迅速累积了能量，最后走向对全西班牙犹太人口的迫害。1481年，政府以摩尔人侵犯西班牙领土为借口，向穆斯林宣战。在循着这两条交缠线索走向最后的悲剧之前，审视西班牙犹太人和穆斯林在此历史关键时刻的地位，可以看出很多端倪。

在欧洲其他地方残酷迫害犹太人之时，犹太人在信奉伊斯兰教的安达卢西亚和信奉基督教的西班牙王国安然度过了好几百年。这两种西班牙文化的宽容，在中世纪可说是独一无二。穆斯林对犹太人的友善态度从711年一直延续到1146年（那年狂热的阿尔摩哈德进入西班牙），前后横跨4个多世纪。逃往北方基督教王国的犹太人受到欢迎，加入了已在卡斯蒂利亚、纳瓦拉和阿拉贡居高位的犹太弟兄们。这关系一直到14世纪后期才发生变化。大瘟疫爆发时（1348年），德意志、法国、瑞士、奥地利和其他欧洲国家，大规模地侮辱、屠杀、驱逐不幸的犹太人，指责他们是造成流行病的罪魁祸首。黑死病袭击伊比利亚半岛时，类似的动荡并未出现，这使在西班牙的250个犹太人社区松了一口气，感谢上帝让他们在定居了数百年的土地上得到包容。但他们庆幸得太早，因为他们将在几年后受到严酷的打击。

促使风向改变的人是"残暴者"佩德罗，尽管他其实并无此意。佩德罗身边的财务顾问都是犹太人。他只任命犹太人担任收税官员，也只用穆斯林做贴身保镖，这不是因为他由衷地包容他们，而是因为他不能信任自己的人民。不久后，人们渐渐视犹太人为暴政的主要帮手。国王的私生子兄弟恩里克在1366年挺身反叛，并暂时接掌卡斯蒂利亚的王位后，立即对支持佩德罗的犹太人加以报复，对他们开罚巨款。付不出罚金的就被当作奴隶出售。恩里克的支持者迫不及待地迫害犹太人。1369年，恩里克杀死佩德罗，夺得王位。两兄弟在殊死斗相遇时，据说恩里克曾喊道："你这浑蛋犹太人！"

然而，恩里克登基后改行宽容政策，并任命许多犹太顾问，但越来越多的贵族和圣职人员反犹，通过了诸多针对犹太人的禁令，包括他们必须佩戴独特的犹太人徽章，而过去没有一位教宗能强迫西班牙执行这条法律。犹太人也被禁止取基督徒的名字。这是后来发生大屠杀的第一个迹象。1391年的圣灰星期三（Ash Wednesday，基督教会年历的大斋期起始日），反犹暴动在塞维利亚爆发，该市的犹太人社区被烧为灰烬，数百名犹太人罹难。暴动后来蔓延至科尔多瓦，街头尸首成堆。接着是卡斯蒂利亚，那里的70个城市也经历发生在安达卢西亚的野蛮行径。连续三个月的骚乱肆虐，由一个城镇传到另一个城镇，导致成千上万人丧生。

鉴于在欧洲其他国家已发生的犹太人受难史，成千上万的西班牙犹太人接受或被迫接受洗礼，改宗基督教。许多改宗者在国家乃至教会中步步高升。譬如布尔戈斯才华横溢的拉比所罗门·莱维（Solomon Levi），他改名保罗·德·圣马里亚（Paul de Santa María），在巴黎攻读神学，担任教士，最后成为主教，也是恩里克三世的掌玺大臣，以及约翰二世幼时的摄政之一。他与其他和他一样的教士不断劝诫犹太人放弃他们古老的信仰，接受基督教。他们的游说相当成功。整个犹太人社区接受了洗礼，新的改宗者被老基督徒称作"马拉诺"（marrano [1]），他们参与了所有原本被禁的职业，进入大学，身居国家要职，并且学习成为圣职人员。[1] 他们在社会经济方面都很成功。他们与基督徒世家频繁通婚，在几个世代之内，几乎所有的卡斯蒂利亚贵族体内都流着犹太血液。新的改宗者获得了近一个世纪的全新自由，但宗教团体和社会大众对他们的敌意持续闷烧。这就是伊莎贝拉和费尔南多建立西班牙宗教裁判所时的情况。

费尔南多和伊莎贝拉把卡斯蒂利亚兄弟会（Hermandades de Castilla，农村警察部队）改造成雷厉风行的联邦警察部队，称之为"神圣兄弟会"（Holy Brotherhood），以此消除乡村地区的无政府混

---

[1] marrano 一词在西班牙文中用来指猪已经有好几个世纪了。不过它在阿拉伯文的词根原本是指"禁忌事物"，或者拒绝食用禁忌食物猪肉的"外来者"。

乱，打击贵族势力，巧妙地将其变成华丽的宫廷附属品。多年后，堂吉诃德的侍从桑乔回忆起神圣兄弟会的严酷手段都不寒而栗。圣地亚哥、阿尔坎塔拉和卡拉特拉瓦3个主要军事修会的统领权，也都在空缺后被授予费尔南多。这进一步强化了国王的权力，并带来额外的收入、土地和堡垒。

著名的托莱多议会在宗教裁判所成立的那年（1480年）成立，贵族被排除在外，取而代之的是受罗马司法传统教育的城镇律师，他们比较偏袒国王的利益。此举颇得民心，并且最终把贵族变成王权的附庸。城镇百姓万万没想到，他们就是下一批不得不向中央权威屈服的人。

反犹情绪在费尔南多和伊莎贝拉即位时相当强烈。下层阶级羡慕犹太人的财富和影响力，对与贵族联姻取得更高地位的改宗犹太人更是眼红不已。教会内部也有很多不同群体都反犹。起初，王室在此利益冲突中保持中立，但他们意识到建立宗教裁判所可借由怀疑改宗犹太人为异端，光明正大地进行惩罚，从而在政治上取得巨大利益，于是两位君主都允许了这种迫害行为。他们得到了迫害少数族群带来的廉价而残酷的人望，但牺牲了人民长远的福祉。宗教裁判所向来由王室控制，通过剥夺可疑分子的土地、财富和影响力，有效地增加了王室的力量。也通过这种方式，帮助完成对抗穆斯林的战争，并促进成为新西班牙人口组成的许多异议分子在宗教和情感方面的团结。

宗教裁判所最初的受害者并非犹太人，而是对新信仰可能不够坚定的改宗者。事实上，新改宗者都在医疗、银行、税收和工业领域占有重要位置，这无疑是他们遭到贫穷阶层嫉妒和仇恨的原因之一。第二个原因是犹太人在西班牙人口中占有普遍知识优势。第三，法国修士在西班牙的影响力，以及其他欧洲国家已经通过迫害犹太人来使统治者得到了民意支持和可观财富。犹太改宗者在天主教会爬升至显要位置，则是第四个造成不宽容的要素，这一点很奇怪又很有说服力。在这些改宗者及其后裔中，还包括伊莎贝拉的私人忏悔神父，也就是格拉纳达的大主教塔拉韦拉（Talavera），此外，根据一些权威人士的说法，裁判所大检察官托克马达（Torquemada）本人也是。这样的人还有许多。他们为了证明自己是对西班牙彻底忠诚的“基督徒”，刻意加倍残酷地迫害他人，这非常可悲，但也可以理解。

尽管如此，宗教裁判所并未受到全民的一致支持。科尔多瓦当地主要的贵族公开领导反抗，并受到市府支持，除掉了大检察官和他可憎的代理人，算是大获全胜。在阿拉贡、巴伦西亚和加泰罗尼亚的反抗力量则更加普遍。在萨拉戈萨，大检察官在祭坛前被谋杀；在阿拉贡几乎所有贵族都参与了反抗密谋。贵族害怕宗教裁判所，主教和律师则嫉妒它。而低层阶级通常支持它，因为他们的血统更纯净，他们的财富不那么诱人，低层阶级还把宗教裁判所视为惩罚贵族的鞭子。[2]

宗教裁判所作为国家政策工具的可怕效率迅速提高。王室正走向对西班牙政治、宗教和社会方面的全方位统治，绝不允许任何对新取得权力的损害。费尔南多和伊莎贝拉已开始施行“马基雅弗利式”政策，一方面迫害“犹太派基督徒”（Judaizers），另一方面和穆斯林作战，然后用剩下的力量重击贵族。

宗教裁判所推断一个人为犹太教徒的证据相当奇特：譬如他在

犹太人的安息日穿了比其他日子更好的衣服或更干净的内衣裤；或者在前一天晚上家里没有火；或他曾与犹太人共餐，或吃了由他们屠宰的肉类；或用温水清洗尸体，或者临终时脸朝向墙壁；或为孩子取希伯来名字，而“这是最离奇的残酷规定，因为根据恩里克二世的法律，犹太人不得为孩子取基督教的名字，否则要受重罚”。宗教裁判所像雷电般打击新改宗的犹太人信徒，许多“马拉诺”被绑在火刑架上烧死。为数众多的犹太人逃往格拉纳达，找到暂时的避难所，但最终这些不幸的人都在劫难逃。

与此同时，对抗穆斯林的战争继续进行。他们先攻下了马拉加和其他几个城镇，然后准备进攻格拉纳达，这绝非易事。格拉纳达全城戒备森严，坚固的城墙上也派重兵守护。这场收复失地运动的最后一战持续了 11 年，到最后几个月时，基督徒军队在格拉纳达城外的圣菲（Santa Fe）扎营，并在格拉纳达四周布置了一个钢圈。围城逐渐生效，饥饿和疲惫迫使穆斯林投降。1492 年 1 月 2 日，胜利的基督徒军队进入战败的堡垒。穆斯林并非无条件投降，他们获得保证得享宗教自由，保留自己的法律、家园和财产，并且不需缴纳额外赋税。因为有这些条件，多数穆斯林决定留在西班牙，但也有数千人迁至北非。费尔南多和伊莎贝拉住进了美丽的阿尔汗布拉宫，统治着一个领土统一的国家。

征服了穆斯林，打击了“马拉诺”之后，宗教裁判所的矛头转向了普通犹太人。早在 1480 年，也就是可怕的宗教法庭（Tribunal）成立的第一年，生性残忍的托克马达就怂恿费尔南多将犹太人逐出安达卢西亚，那是他们人数最多的一个地区。国王预见到这样做会打击经济，表示反对。托克马达带着邪恶的坚持，以极具煽动力的论据持续纠缠：犹太人在西班牙永远都会是强大的宗教少数族群，他们有很多财富，可以让国王摆脱财政困境，“马拉诺”一次次地在宗教法庭的审判下，承认他们并非虔诚的基督徒。在摩尔人被击退至最后的据点后，想象得到犹太人数不尽的财富并建造一个同文同种的西班牙的愿景，变得越来越有吸引力。格拉纳达陷落时，不只此地穆斯林的末日来临，也注定了犹太人的厄运。

在占领格拉纳达 3 个月后，阿尔汗布拉宫发出诏书，命令所有犹太人在 4 个月内离开，违者处死。他们获准处置财产，但不准带走金银财宝。在这 4 个月的期限之后，所有的基督徒都不得给犹太人提供住宿或援助，否则财产将被全部没收。犹太人受到这样沉重的打击，不知所措。他们在西班牙生活了超过 15 个世纪，慷慨地付出血汗与智慧，对这个国家的财富和文化做出贡献，此时却要在价格崩盘的市场上处置财产，还不能获得金银的支付。不过诏书并不针对隶属王室的杰出犹太人阿夫拉瓦内尔（Abrabanel），因为他是王室不可或缺的宝贵人才。阿夫拉瓦内尔向国王求情，愿意提供巨额财产来换取他收回对犹太人的禁令。费尔南多本要大发慈悲，可是托克马达高举着十字架冲了进来，高呼“犹大只为了 30 块银币就卖主”，因此诏书并未取消。阿夫拉瓦内尔立即决定加入流亡的同胞。犹太人的财产如洪水般涌进市场：一片橄榄树林只交换一匹骡子，一栋华宅交换一匹布料，一个存货丰富的商店交换一些长途旅行需要的小东西。

至少有 15 万名犹太人离开了这个国家。为了能更坚强地忍受磨难，富人与穷人共享他们的财富。流亡者朝四面八方散去，但多数幸存者都落脚在北非，其中很多人之后又移居到君士坦丁堡、近东、阿尔巴尼亚和希腊。犹太人是西班牙工业、知识和金融发展的中流砥柱，许多犹太社群对于在陌生土地上从头来过的前途惊惶不已，决定接受洗礼，为自己买下驱逐出境的豁免权。这些人后来成了往后多年神圣宗教裁判所的受害者。这就是欧洲最自傲、最兴旺的犹太人社群的命运；犹太人再也不曾有规模地回到西班牙，直到今天全西班牙的犹太人口也不过三四千。

消灭摩尔人的大斧还没真正落下。格拉纳达被占领后，有六七年的一阵短暂平静。大主教希门尼斯·德·西斯内罗斯开始施压。起初，他分发昂贵的礼物给穆斯林领袖，让他们接受洗礼改宗，这个做法十分成功。人们口耳相传，说改宗有利可图，于是许多百姓跟着族人领袖去教堂的圣洗池受洗。曾有一次，受洗人数高达数百人，教会不得不转动巨大的拖把，把水洒向群众头上。在改宗的人数停滞后，狂热又积极的大主教采取更激烈的手段。1499年，他把所有找得到的伊斯兰宗教书籍都堆在公共广场上烧毁。许多无价的美丽手抄本在这次大浩劫中付之一炬。随之而来的是持续施压，监禁“惹是生非分子”，以及对拒不改宗者施加极端威胁。最终，几乎每个在格拉纳达的穆斯林都受洗了。山区有反叛爆发，但遭到严厉镇压。1502年，王室下令，若不接受洗礼，就只能流亡。数百名穆斯林离开了这个国家，不过绝大多数仍然留下来，至少在名义上成了基督徒，被称为“摩里斯科人”（Morisco）或“改宗的摩尔人”，加入“马拉诺”（改宗的犹太人）的行列，成为宗教裁判所的头号目标。

这个国家在宗教狂热的驱使下，通过种种狡猾可恶的手段让人民改宗，此时民众已经全是基督徒了。然而，这些前穆斯林即使成为“摩里斯科人”，依旧不得安宁。他们被禁止穿传统服装，并被明令禁止洗浴。洗浴成了初步判定是否叛教的证据。“被告曾洗浴”是宗教裁判所记录中的常见条目。这些“摩里斯科人”的后代留在西班牙，直到腓力三世（Philip III）统治时期，始终处于被驱逐的边缘。最后在1609年至1611年间，所有“摩里斯科人”都被杀害或驱逐出境。

必须记住的是，在1492年费尔南多和伊莎贝拉占领格拉纳达时，这里的穆斯林居民很多都有着纯正或近乎纯正的西班牙血统。他们虽是穆斯林，但并非摩尔人或阿拉伯人。这也说明了迫害的严酷，因为基督徒，尤其是教会人士，认为他们是西班牙的异端。只要些微迹象显示他们恢复固有的伊斯兰信仰，就足以让宗教裁判所的官员大发雷霆。在阿拉贡和东部沿海地区的穆斯林，摩尔裔的较多。这些人主要是农场工人，地主费心地防止他们被驱逐，不过尽管尽了最大努力，也只能推迟而不能改变成命。迫害展开后，安达卢西亚等地的农场损失了数十万摩里斯科劳工和熟练技工，国家资源流失，西班牙花了好几百年才从中恢复。

费尔南多和伊莎贝拉育有一子，也就是胡安王子（Prince John），西班牙王朝延续的希望就在他身上。年轻人被送到萨拉曼卡大学学习，和其他学生一样坐在通风大厅的硬板凳上，听西班牙最杰出的知识分子讲课。他头脑聪明，前途无量。他对音乐也很感兴趣，经常在萨拉曼卡附近的阿尔瓦公爵宫殿，参加由作曲家胡安·德尔·恩西纳（Juan del Encina）主持的牧歌表演。在他自己的宫殿里，也定期有午后聚会，由他和五六个训练有素的年轻歌手，在专业音乐大师的指导下，一连歌唱数小时。王子会弹奏几种乐器：吉他、小提琴、克拉维风琴（clavi-organ）、风琴和古钢琴。他在1497年猝逝，终年21岁，这对他的父母和国家都是难以恢复的严重打击。西班牙历史学者如此描述他的离世："他爱上了一位热情洋溢的红发佛兰德斯女孩，因为他爱得太早且太过热烈，罹患了一种在今天可能很容易治愈的疾病，年轻的王子就这么死了。"

尽管迫害犹太人和穆斯林，不过费尔南多和伊莎贝拉治下的西班牙，依旧有知识进步的空间，也益发宽容。曾在安达卢西亚迫害穆斯林的大主教西斯内罗斯，1508年创办了著名的阿尔卡拉大学（University of Alcalá de Henares），作家克维多–比列加斯（Francisco Gómez de Quevedo y Villegas）、剧作家洛佩·德·维加（Lope de Vega）及其他许多知名人物都曾就读这所大学，它成为西班牙人文学科的重镇。伊拉斯谟派曾有过一段短暂的时期对半岛产生了很大的影响。西斯内罗斯主教也指示并资助了第一批评述版《圣经》的印行，以六卷本的形式在阿尔卡拉出版。在最后定本付梓之前，希伯来、迦勒底、希腊和拉丁文的原稿都经过仔细研究，并由一批学者耗时15年整理与编辑。这本书是用多种语言编写的，因此被称为"阿尔卡拉的多语圣经"。

费尔南多二世和伊莎贝拉一世的统治，在西班牙史上称为"天主教双君"（los reyes católicos），标志着西班牙成为现代国家以及中世纪的结束。教宗亚历山大六世（Alexander VI）于1496年授予他们此称号，表彰他们对基督教世界的伟大贡献。在双君的领导下，西班牙找到了一种方法，将中世纪宗教和天主教的文化统一，与文艺复兴的政治统一相融合。政治统一意味着王室的中央集权，以及小王国的末日。伊比利亚半岛的收复失地运动本身就是某种十字军运动，而且直到当时，也是历史上唯一一次成功的十字军之战。教会和国家都参与了这场漫长的斗争，也一起赢得了胜利。十字架现在牢牢地焊在剑上。在政治上，西班牙成为一个教会国家，宗教和政治的权威都由国王牢牢把持。

起初，费尔南多和伊莎贝拉似乎支持西班牙城镇政治力量的强化，因为这可以制衡难以驾驭的贵族。可是贵族的权力被剥夺后，他们立刻把精力投入对摩尔人的战争，并在辉煌的宫廷上取得显赫的地位。之后，天主教双君表现出决心，要主宰各城镇及其代表机构——国民议会。在 1482 年至 1498 年这 16 年间，议会完全没有开会，最终召开时，也仅仅是因为国王需要经费，需要议会盖章。议会的力量虽然没有完全被天主教双君破坏，但它显然是屈居王室的权威之下。

在费尔南多和伊莎贝拉的统治期间，有一年特别突出。那是 1492 年——西班牙历史的奇迹之年，酝酿数百年的事件终于齐臻顶点。首先，对穆斯林的战争获胜了。1492 年 1 月 2 日，十字架被竖立在阿尔汗布拉山上，天主教双君进驻了摩尔国王精美的红色宫殿。同年，西班牙宗教裁判所全力对付西班牙的另一个宗教少数族群——犹太人，把他们集体驱逐出境。同样在 1492 年，西班牙人罗德里戈·博尔贾（Rodrigo Borgia，即前文中出现过的亚历山大六世）成为罗马教宗，费尔南多和伊莎贝拉在教会中获得了强大的盟友。1492 年的第四个历史事件是发现美洲大陆。其他水手可能也曾抵达过美洲新大陆的海岸，但唯有哥伦布的航行名留青史，连接了美洲与欧洲。

1492 年的第五项重大事件是学者安东尼奥·德·内夫里哈（Antonio de Nebrija）出版了《卡斯蒂利亚语语法》（*Castilian Grammar*），这本书是所有现代欧洲语言中的第一本语法书。该书明确地显示出卡斯蒂利亚及其语言在西班牙语言和文学方面的优越地位。

内夫里哈将他的语法书送给女王时，她蓝绿色的眼睛露出一丝困惑，然后问道："这是做什么用的？"内夫里哈意味深长的答案想必让她更加困惑。他说："陛下，语言是帝国的理想武器。"即使伊莎贝拉那时无法了解其中的深意，来到新大陆的征服者绝对明白其重要性，最终西班牙将自己的语言强加给了更广阔的领土和更庞大的人口。在这关键的一年发现新世界，也让刚赢得对摩尔人的战争的西班牙精兵有了可供征服的广袤的新土地。正当扩张精神在心理上达到巅峰时，这偶然的发现又为它灌注了新的动力，并立即令它转向。西班牙史上第二次的十字军运动由此展开：征服新大陆，让被征服者改宗新信仰，在新大陆探索和殖民。[1]

我们还可以为 1492 年再添一件大事，那就是当时西班牙最伟大的哲学家斐微斯（Luis Vives）于这年在巴伦西亚诞生。同样值得一提的是，西班牙戏剧之父、西班牙文艺复兴艺术音乐之父胡安·德尔·恩西纳，于这年的圣诞夜在萨拉曼卡附近阿尔瓦·德·托梅斯

[1]　当时欧洲人急着寻找通往印度的水路，因而发现了美洲新大陆。东方的香料和丝绸为意大利城市的商人带来财富，也使意大利成为艺术之母。在英国，一磅丁香价值两头乳牛。1499 年胡椒运抵葡萄牙时，价格是在印度时的 40 倍。西班牙的查理一世于 1526 年结婚，他的葡萄牙妻子的嫁妆包括 5 万公担（quintal，1 公担 =100 公斤）胡椒，不过那时其价格已降到只有在印度收购价格的 10 倍。到了 1530 年，胡椒的价格跌得更低，里斯本码头上堆满了未售出的香料。香料大受欢迎的主因是当时缺乏冷藏的方法，而香料可以保存肉类并调味。第一批葡萄牙人踏上卡利卡特（Calicut，15 世纪印度马拉巴尔海岸最重要的港口之一）时，当地人愤怒地问他们为什么而来，据说他们的答案是："基督教和香料！"通往东方的陆路漫长而艰苦，需要经过许多国家，而水路可以避开这些麻烦，发现了通往东方的水路后，意大利城邦旋即衰落，西班牙和葡萄牙则崛起成为世界强权。

的阿尔瓦公爵宫殿，推出了他的第一部宗教牧歌。哪个国家曾在如此有限的时间内，发生过这么多重大事件？哪个国家曾像这样，在某个时刻，拥有如此无限的潜力？哪个国家曾如此充满活力和热情地处理领土扩张和政府的问题？我们还要补充一句，哪个国家曾以如此有限的资源，应对如此巨大的问题？一路走来，西班牙的主要资源就是充沛的活力、无比的决心、不可思议的动力及人民的意志。无论是西班牙取得的还是未能取得的成就，其根源都在于一个个的西班牙人。西班牙人是那个时代的人的最完满的典型。

阿拉贡的费尔南多就是随文艺复兴而生的现代国王和新概念王权的缩影。他巧妙地玩弄西班牙国内外的敌人，让他们互相对立。只要有利，他就会以劝说、玩笑、说谎等方法达到目的；如果无法避免，他也会战斗，但前提是他确信自己会获胜。他牺牲每种理论上的正义观念，以争取最大的权力，同时让最多人得到满足。法王路易十二（Louis XII）曾抱怨费尔南多两度对他说谎，有人为此责难费尔南多，这位西班牙国王却笑了。“他（路易十二）撒谎，”费尔南多夸口说，“我对他撒了不止两次谎，而是十次。”

费尔南多凭着谎言和军队，在意大利重挫法军，接收了那不勒斯王国，保卫了西班牙边境的安全，使其免受法国骚扰，并把摩尔人和犹太人逐出西班牙或使他们改宗，还派他的商船队横渡大西洋，抵达未知的新世界，在海洋另一头建立新王国。马基雅弗利主义真正的发源地并不是意大利或法国，而是西班牙。马基雅弗利本人也精明地指出了这点。这位意大利作家最崇拜的是西班牙人切萨雷·博尔贾（Cesare Borgia，罗德里戈·博尔贾之子），而阿拉贡的费尔南多则是他心目中文艺复兴君王的完美典范。在关于这个主题的经典《君王论》中，马基雅弗利列出好国王必须具备种种欺骗手段和实力之后，接着写道：

> 我们可以用阿拉贡国王费尔南多，目前的西班牙国王为例。他几乎可以被称为新君王，因为他从一个软弱的国王变成了基督教世界第一位名扬四海、功勋卓著的国王。如果你观察他的行为，就会发现它们全都非常伟大，其中有一些甚至可说是不世之功。他在统治初期就出兵格拉纳达，那是他的国本。起先他不慌不忙地进行，不怕受干扰；他让卡斯蒂利亚的贵族一心一意忙着这件事，只想着这场战争，没空想其他花招，这样，他在不知不觉中就获得了比他们更高的声誉和权力。他有能力用教会和人民的钱维持他的军队，并且通过长期的战争为他的军事力量奠定了基础，这后来使他成名。除此之外，他能够承担更大的志业，并且总以宗教为借口；他以虔诚为由，却采取残酷的手段，把摩尔人从他的王国驱逐出去，掠夺他们。再没有比这更教人钦佩或罕见的例子。他还以同样的借口出兵非洲，进攻意大利，最近又出兵法国；他不断地策划大事，让他的臣民们感到惶恐不安、大为惊奇，并全神贯注地关注着事情的结果。
>
> 这些行动一个接着一个，以至于臣民们甚至都没有时间停下来反抗他。

可惜马基雅弗利没能看到查理一世和腓力二世的时代，否则他可能会近乎疯狂地崇拜！

天主教双君的统治，标志着西班牙从中世纪向文艺复兴时代的过渡，这是一段剧变的时期，充满了难以置信的能量和无数的选择。西班牙本来可以走向人文主义改革之路，如同它走上不宽容之路一样容易。它本来可以轻而易举地引导人们用一种新视角对人类命运进行审视，就像它盲目地、积极地坚持保有、延续和展现它的过去，并将其投射到迅速变化的现世结构上一样。它并非总是做出错误选择，这一点它的帝国和艺术荣耀可以做证。但它还是犯了很多的错误，以致丧失了领先各国的优势。它中世纪的僵化心智实在难以把握来势迅猛的进步和变化。

1499 年，在这段转换时期的中期，西班牙文学的伟大作品之一诞生了。大多数评论家称它为仅次于塞万提斯不朽小说的第二伟大的西班牙文学作品。这本书就是《塞莱斯蒂娜》（*La Celestina*），作者是阿拉贡的改宗犹太人费尔南多·德·罗哈斯（Fernando de Rojas）。虽然作品形式是戏剧对话，但并非为舞台演出而写，因此可称为第一部现代小说，比《堂吉诃德》早了 100 多年。《塞莱斯蒂娜》是西班牙文艺复兴的完美文学象征，融合了后来构成西班牙文艺复兴的所有不同元素。在这部作品中，悲喜剧结合在一起，理想主义和现实主义亦然。中世纪的现实（以塞莱斯蒂娜一帮人为代表）与文艺复兴的理想主义［以浪漫的情人卡利斯托（Calixto）和梅丽贝娅（Melibea）为代表］密不可分。结果是绝望的文学表达，可看作对西班牙命运的预言，预告了西班牙后来由荣耀的高塔摔下来，血流不止。

《塞莱斯蒂娜》的故事无关紧要：年轻贵族跟着他的猎鹰进到了美女的花园，他一看到她就欣喜不已，充满欲望。他向她示爱，急忙想伸手掀她的裙子。她是“他的宗教，他的生命，他的上帝”。他成了爱情的傀儡。这个女孩不理他，年轻人去找来老鸨塞莱斯蒂娜，于是她成了本书的重要角色。老鸨虽年纪不轻，但拉皮条的本领依旧了得，说话简洁扼要，出口成章。她是西班牙文学最真实的人物之一。她是“洗衣工、香水师、化妆师、处女膜修复师、老鸨，还会一点巫术，她在家里制作香水、灵猫香、香粉、麝香和护肤油、让皮肤晶莹剔透的用品、让脸部闪闪发光的水、唇膏、药膏，还有其他上千种玩意儿”。

她是一流的皮条客，还吹嘘就连神父也放下祈祷向她打听他们情妇的事。她有时几乎象征古老的爱情异教崇拜，因为她认为人生的一切都从属于性的结合之下。性是至高无上的表达，至乐无上的喜悦。她的哲学是快乐而普遍的乱交。她继承了伊塔大司铎和他的《真爱之书》描述的感觉，但增添了她那个时代的紧迫性和悲剧性。本书的次要人物各有各的特色，并根据他们个人的心意行动。这让《塞莱斯蒂娜》的现代感和普遍吸引力不因时间而消逝。

在中世纪，宇宙的中心是上帝；到了文艺复兴期间，人类成了宇宙的中心，不是人类整体，而是个人。在这新概念扎根之前，文学角色不可能有显著的区别。只有当个人生命成为史诗冲突和史诗悲剧的中心（“生命悲剧意识”的中心），现代戏剧和现代小说才可能诞生，在此之前绝无可能。

《塞莱斯蒂娜》中年轻的卡利斯托，经由老鸨的协助，终于密会心上人并圆房。但幽会立刻东窗事发，女孩的父亲破门而入。卡利斯托急忙逃跑，却在匆促间摔下梯子死了，梅丽贝娅绝望之余从塔上一跃而下，自杀身亡。她父亲目睹此景悲恸不已，开始哀叹自己的悲剧，也哀叹在这精彩动人小说中逝去或被杀之人的不幸。他虽是对耳闻骚动急忙跑来的妻子说话，但这番话主要也是对读者而说，表达他对无可挽回的惨剧的心声。他悲叹道：

> 唉，唉，我可怜的，高尚的妻！我们的快乐落到了谷底。我们所拥有的都已失去。愿我们不再继续此生……哦，坚硬的父亲的心！你心爱的继承人已经消失了，为什么你不因悲伤而崩溃？我建造塔楼的目的是什么？我为了谁去争取荣誉？我为谁种植树木？我为谁建造船只……哦，人生充满了动荡，受痛苦所困扰！哦，世界，世界！在我最年轻的岁月，我以为你和你的行为是由某种秩序所支配的；但现在，随着你的潮水起落，你成了错误的迷宫、可怕的沙漠、野兽的巢穴、男人之间的游戏、扭曲脸庞而充满黏液的湖泊、一片荆棘、一座陡峭的山峰、满是岩石的旷野、布满了蛇的草地，虽盛开但没有果实的花园、苦难的泉源、泪水的河流、悲惨的海洋、无偿的辛劳、甜蜜的毒药、徒劳的希望……但若非强大的爱情力量，是谁强迫我的女儿去死？那么现在，谄媚的世界，你要怎么补救我疲惫的老年……哦，爱，哦，爱！我以为你没有力量或权力杀死你的臣民！谁给了你这样的力量？谁给你一个不适合你的名字？如果你是爱，你就该爱你的仆人。如果你爱他们，你就不会让他们感到悲伤。如果他们幸福地生活，他们就不会像我女儿那样自杀。你的声音很快乐，但你的做法却让人伤心。你的火焰点燃的火种是人类的灵魂和生命。人数太多，就算我要列出来，也不知道由哪里开始。不仅是基督徒，还有犹太人和

不信教的人，所有的人都为了好的服务而付出代价……我抱怨世界，因为我在其中降生，如果它没有赐我生命，我就不会生育梅丽贝娅；如果她没出生，就不会爱；不爱，我就不会面对我沮丧的晚年……哦，我粉身碎骨的女儿，为什么你不怜悯你可怜的母亲？为什么你对你的老父亲如此残忍？为什么在我准备要离开你时，你却离开了我？你为什么留我在这泪谷中独自伤心？

当然，《塞莱斯蒂娜》的精彩之处，不仅在这几行摘录句子里。这部作品的美和力量，在于和谐地融合了一切构成文艺复兴西班牙的情感、文化与种族元素：犹太哲学认为人生来注定面对哀伤命运，他们受困于无法掌控的不真实的现实陷阱和大网；穆斯林意识中的强烈官能之爱；新兴文艺复兴的异教徒精神；西班牙中世纪原始活泼的现实主义，充满了身体需求、多变的语言和谚语；新生的文学理想主义，孕育出浪漫、田园和骑士行侠仗义的理想化小说，描绘完美状态下的完美男人，是基于概念而非实际观察的世界——这一切及其他全融入这改宗的阿拉贡犹太人的悲喜剧里。宗教裁判所也探究了他的生活，他就像笔下的人物一样，置身于舞动的生命链条，尽管他个人渺小的人类灵魂不会产生任何巨大影响，也不引人注目，但是他的语言和情感，他生命的本质，却能在艺术中找到不朽。这就是《塞莱斯蒂娜》伟大的原因，它也以这样的光辉开启了黄金时代。

费尔南多和伊莎贝拉的统治显示出西班牙文艺复兴时期的宗教、文化和政治的统一，《塞莱斯蒂娜》将其融和并体现出西班牙文学的精髓。不过，发现和征服新世界才是真正的西班牙的复兴，是西班牙真正的重生。哥伦布在那一夜，站在凌晨两点的船头，看到远处“在月光下闪闪发光的白色沙崖”，以满怀梦想的蒙眬双眼望向未来。直到辞世，哥伦布都以为他找到了印度。他没有意识到自己发现新大陆的划时代意义，但躁动的西班牙士兵和水手很快就知道了美洲是黄金和奴隶的宝库。这点也并未逃过贪婪的西班牙国王查理一世和腓力二世狡猾的眼睛，因为这些新土地是王室的“私有”资产，不属于国家，他们按“王室五分之一”（Royal Fifth，指战利品、矿产和找到的宝藏，以及奴隶等，王室要收五分之一的税）的税则，增加了无数的税收，继续推动西班牙前进了一个多世纪。教会也把注意力转移至美洲，因为这里有许多灵魂等待着被教化，他们或可在此创造人间天堂。

西班牙征服者并非桀骜不驯的浮华少年，而是年纪较长，较成熟的男子，他们的性格早已牢牢嵌在祖国的模式里。1492 年，哥伦布已 41 岁，皮萨罗（Francisco Pizarro）俘虏印加统治者阿塔瓦尔帕（Atahualpa）时已 56 岁，科尔特斯进入墨西哥城时已 34 岁，瓦尔迪维亚（Pedro de Valdivia）头一次带远征队进入智利时也已 40 岁。但第一个戴上西班牙王冠的哈布斯堡家族成员查理，即位时仅 16 岁。经验丰富的年长者进到新世界，缺乏经验的青年却接管了欧洲的西班牙政府。不过，尽管征服者们年纪较长，他们在身心方面的承受力却不输于年轻人。西班牙古谚有言，“不冒险就无法渡海”，每个征服者都知道这个道理。行动，英雄式的行动，是他们征服的主调，甚至比对抗穆斯林入侵者的西班牙收复失地运动更有活力。征服者还创造出一种新的文学，包括对陌生新世界的一手报道和印象，它的地理、动植物、原住民，以及他们的个人经历、探索和战斗。这一切都是史诗般宏伟的历史，在许多方面，记录这段历史的最好的西班牙编年史家，堪与古希腊史学家修昔底德（Thucydides）齐名。

科尔特斯以不到 1 500 名西班牙士兵的武力，渗透到充满敌意国家的心脏地带，征服了庞大的阿兹特克帝国。皮萨罗带着不到 400 名士兵，俘虏了印加酋长，让一个有几百万人民的国家臣服。克萨达（Quesada）只带着 166 人，就越过沼泽和山脉，深入内陆 500 英里，来到波哥大的大草原，并征服了奇布查人（Chibchas，拉丁美洲印第安人的一支）。奥雷利亚纳（Orellana）由秘鲁越过安第斯山脉，临时造了几艘船，沿亚马孙河行驶了 3 000 英里，最终抵达大西洋。在托洛萨战役（Las Navas de Tolosa）中带领基督徒翻过山头的老牧人的后代卡韦萨·德·巴卡（Cabeza de Vaca），跋涉了后来成为美国和墨西哥的上万英里的路途，接着前往南美，在那里又走了 1 000 英里，穿过巴西丛林到达巴拉圭。他们这些人从不浪费时间，他们不用理性评估情况，而是凭本能去解决每个问题，认定没有不可能完成的事，而实际上也几乎是如此。另一句谚语“失去早上的人就失去了下午，失去了下午就失去了人生”概括了征服新世界的雄心壮志。

西班牙在 1492 年有能力完成丰功伟绩。如果是在公元 1000 年的西班牙，就永远无法发现并殖民新大陆，公元 1800 年时也同样不行。但在 1492 年，这个国家正处在命运的巅峰；它充分发挥，创造了黄金时刻，而且能够继续坚持。

西班牙的文艺复兴，意味着中世纪许多根深蒂固的西班牙价值观式微，但发现美洲使西班牙有机会在新世界复兴这些古老的价值观。如果血性男儿、兼人之勇在西班牙不再像以往那样受重视，还有整整另一个半球可以发挥这些价值。如果中世纪村庄的公共生活，让步给逐步壮大的国民经济和地缘政治，起码还有传教团。美洲满足了这种想延续古老理想的根深蒂固的渴望。

知名西班牙史学家费尔南多·德洛斯·里奥斯写道："传教团的诞生，一方面是出于宗教的企图；一方面则是对贪婪征服者的抗议，反对剥削印第安人，反对委托监护制（encomienda）。"多明我会修士佩德罗·德·科尔多瓦（Pedro de Cordoba）在国王面前表示反对《布尔戈斯法》（Laws of Burgos，1512年至1515年，是第一套管理在美洲西班牙人的法律），因为此法尽管做了修改，但并没有废除"监护人"（encomiendero），国王答道："神父，请你负责补救这些法律；你若能这样做是帮了我大忙。"因此，佩德罗·德·科尔多瓦成为新世界教会理念的捍卫者。许多神父都受到他的理想感召。后来，这些教士在托马斯·莫尔（Thomas More）的《乌托邦》（*Utopia*）的启发以及本身渴望复兴原始教会失去的纯真的驱使下，开始在美洲各地建立传教团定居点。这些传教团遍地开花，是殖民政权的荣耀之一。

我想在此引用一段我在另一本书提到的关于征服新世界的段落：

> 其他欧洲国家让文艺复兴成为艺术、文学、绘画、雕刻和艺术的纪元——全都在弘扬新的异教精神，可是伊比利亚半岛却让它成为宗教和征服的时代，用它来延长中世纪、宣扬征服者至高无上的成就和英雄主义。这些征服者来自较低的阶级，

其中并无真正的贵族世家子弟。他们属于平民，也展现出平民个性，他们变得和平民百姓一样：伟大而英勇，虽然往往狂热、残酷、贪婪、顽固并且无知，但总是伟大而英勇。

难怪有位知名的当代西班牙作家夸口说，科尔特斯和达·芬奇不分轩轾，因为西班牙文艺复兴的典型人物就是科尔特斯，而非达·芬奇。

美洲的发现代表了人类史上最伟大的革命。它彻底改变了已知世界的重心，把文明的目光由东方的十字军运动转向了对西方的征服，标志了中世纪的结束和近代的开始。最重要的是，它改变且拓宽了整个人类思维的本质，是黑暗、神秘、内在生活的结束，是尚未被遏止的前进的开始。由新世界涌入的黄金和白银改变了货币的价值，创造了新的富裕阶级，催生了资本主义。有行动力和进取心的人取代了出身高贵的王公贵族，成为行动和思想的领袖。

美洲起初是错觉幻想，后来变成一种希望，黄金大城的美梦虽然没有实现，但征服者的经验（价值比黄金更贵重）使得在海外建立新帝国成为可能。这些人把注意力由古代的古典真理转向了未来以及对更美好、更丰富生活的承诺。[3]

第七章

黄金时代：哈布斯堡王朝的政治与社会秩序

其他国家产生了制度、书籍，我们则留下了灵魂。

——米格尔·德·乌纳穆诺

西班牙人常把天主教双君的统治时期（1479—1516年）称为他们历史上的黄金时代，因为西班牙在当时有巨大的潜能；而外国人普遍认为查理一世及其子腓力二世统治的时期（1516—1598年）才是西班牙历史上的巅峰。两者的分歧在于看问题的视角不同。西班牙人是假设西班牙人的统治继续且不参与欧洲各国的政治的情况下会怎样；而外国人则是看到16世纪西班牙帝国的规模明显较大，财富较多，便以此为判断的依据。

但还有另一段黄金时代，其时限和上述两段时期皆不完全重合。这就是西班牙文学和艺术上知名的“黄金时代”（Siglo de Oro），它开始得较晚，持续得更长。这个黄金时代的许多杰作，都在17世纪腓力三世、腓力四世（Philip IV），以及“中魔者”查理二世（Charles II the Bewitched，让哈布斯堡王朝不光彩地结束的人）的昏庸统治时期出现。在这段政治逐渐走下坡路的时期，尽管国家在欧洲的霸权式微，却出现了前所未有的艺术繁荣。塞万提斯、洛佩·德·维加、卡尔德隆·德拉·巴尔卡（Pedro Calderón de la Barca）、格列柯、委拉斯开兹、牟利罗（Bartolomé Esteban Murillo）及其他许多人，为西班牙的文学和艺术带来了荣耀。他们的伟大作品可说是坟墓上精致的花环。因为他们，西班牙的文化才获得精彩展现，并被世人记住。西班牙生活的这个层面值得以专门的章节介绍，但在进入珍贵的艺术花园之前，我们应检视它们扎根的社会和政治土壤。

西班牙国王查理一世（神圣罗马帝国皇帝查理五世）1500 年生于佛兰德斯，母亲是费尔南多二世和伊莎贝拉一世的女儿胡安娜（Juana），父亲“美男子”腓力（Philip the Handsome）是奥地利哈布斯堡家族成员，也是西班牙史上第一位哈布斯堡家族成员。腓力王子潇洒英俊，对女性有极大的吸引力。他的妻子胡安娜是醋坛子，疯狂地嫉妒，两人经常争吵，闹得整个宫廷沸沸扬扬。

伊莎贝拉女王去世（1504 年）后不久，“美男子”腓力掌握了卡斯蒂利亚的王权。其实，他的妻子才是合法的女王，但她渐渐丧失了理智，无法执政。腓力（在当时成为卡斯蒂利亚的腓力一世）受到庞大的勃艮第军队的支持，而且卡斯蒂利亚人起初也支持他，因为他们不满阿拉贡的费尔南多摄政。面对这样的反对，费尔南多选择暂时退出权力舞台。

“美男子”腓力的短暂统治时期动荡不安，使得卡斯蒂利亚的支持者立刻与他划清界限。几个月后他去世时，大家都松了一口气。费尔南多回归，担任卡斯蒂利亚的摄政王（1506 年），他的外孙查理当时年仅 6 岁。

查理的母亲胡安娜因英俊丈夫的去世而大受打击，严重忧郁，终生未愈。她跟着丈夫的棺材长途跨越西班牙，不止一次强开棺盖，确定遗体没有被人乱碰。胡安娜被认为已丧失心智，人称“疯女”。因此，查理王子可说年纪很小就失去了双亲。

查理在佛兰德斯受教育，因此在费尔南多1516年去世，[1] 由他接任西班牙王位时，他并不会说西班牙语。人们对于他的即位冷漠相待。幸而大主教希门尼斯·德·西斯内罗斯，也就是强迫格拉纳达的摩尔人改宗基督教的那位主教，紧握摄政的位子，直到查理抵达为止。有些心存反叛的贵族质疑主教凭什么摄政，希门尼斯指着议事厅下方一长排大炮说：“凭那个！”查理就在他的支持下，以17岁之龄，成为西班牙国王。

大家都不喜欢查理。他就和他父亲过去一样，重用佛拉芒人，疏远西班牙人。新国王习惯了佛兰德斯的奢侈浮华，清楚表现出他对严肃的西班牙宫廷的讨厌，甚至也讨厌他的西班牙臣民。有些城镇对国王的行为和态度公开表示不满。查理无意妥协，酿成了1520年的城市公社起义。这次起义获得地方政府的强力支持。15个城镇派出代表来到阿维拉，正式向国王提出要求。国王漠视他们，这直接导致了暴动的发生。这次起义虽产生了几个大英雄，但并没有强势的单一领导人。如果当时平民赢得斗争，西班牙可能会在这段光辉时代实现君主立宪。可是平民欠缺组织，遭到国王的优势兵力压制，他们的领袖也被处决了。贵族在这场斗争中支持国王，以确保专制政权的胜利。

---

[1] 伊莎贝拉一世死后，费尔南多二世娶了18岁的法国公主、富瓦家族的热尔梅娜（Germaine de Foix）。据说他为增加生育力服壮阳药，加速了死亡。

这是西班牙历史上第一次出现对平民的镇压，类似事件将在接下来的历史中一再重演：西班牙人民追求理想政府的最美好、最崇高的希望将会破灭。1812年开明的加的斯议会的失败，以及19世纪70年代第一共和国的失败，都是剧情的重演；最后的灾难性悲剧是20世纪30年代第二共和国的失败，以及随后血腥的内战。有节制的治理在西班牙从没有太大胜算。平民起义失败后，查理派4 000名德意志士兵进驻发生起义的城镇，在吃败仗的平民的伤口上撒盐。后来，经过理智的判断，他大发慈悲地宽容赦免了参与起义的人。

查理的统治让西班牙进入了欧洲主流政治。从母亲卡斯蒂利亚女王胡安娜和外祖父阿拉贡的费尔南多两方，他继承了卡斯蒂利亚、阿拉贡、纳瓦拉、撒丁、西西里岛、那不勒斯王国、鲁西永（Roussillon）以及西班牙在非洲和新世界的殖民地；从父亲"美男子"腓力那边，查理继承了法国北部和东部以及低地国家的大片领土。他还是祖父马克西米利安一世（Maximilian I）的继承人，马克西米利安是奥地利和波希米亚哈布斯堡王朝的统治者、德意志国王和神圣罗马帝国皇帝。马克西米利安于1519年去世，查理接替了他的两个王位，成为史上最大帝国之一的君主，这也是自查理曼以来，欧洲最伟大的帝国之一。然而，这个帝国十分松散，每个帝国末梢都相当脆弱，所以查理企图协调各方利益及各个地区的尝试几乎注定失败。

但国王还是勉力而为，逐渐加强他的管理，集中权力。在西班牙，他用忠诚的西班牙人取代了佛拉芒人。他建立实力强大的西班牙军队，他强力攻击北非海盗和土耳其人，他参与全欧洲和美洲的战争。在欧洲，指引他人生的追求是征服新教，建立庞大的天主教帝国。在美洲，他的首要目标是尽可能掌握大片土地和更多财富。为了这两个目的，他派出了西班牙征服者和专业的西班牙大方阵（tercio）——当时欧洲最好的步兵队。提香留下了一幅知名画作，皇帝身穿铠甲骑骏马，像堂吉诃德一样，准备出发，朝全世界出击。

查理的十字军精神并非只是摆摆姿态。他自认是基督教世界的守护者。有一次，他向法国国王弗朗索瓦一世下战书，要和他单挑："男子汉对男子汉，我承诺不管有没有武器，用长剑或匕首，在陆地或海上，在桥梁或岛上，在围起来的场地或者在我们的军队面前，或者随他希望在任何地方，以任何方式，公平地对决。"查理从没在骑士比武的场合和弗朗索瓦相逢，不过他确实在战场上俘虏了这位法国国王，弗朗索瓦因此有名言："除了荣誉之外，一切都输了。"

至那时为止，查理一世统治时期（1516—1556 年）最重要的事件就是开拓新世界。西班牙征服者在查理一世治下于世界舞台上创造了历史：墨西哥的科尔特斯、秘鲁的皮萨罗、智利的瓦尔迪维亚、阿根廷的门多萨（Pedro de Mendoza）、哥伦比亚的克萨达、美国的德索托（de Soto）、危地马拉的阿尔瓦拉多（Alvarado）及其他许多人。短短几年内，西班牙人就征服并管理了面积是祖国二三十倍的领土。巨大的财富开始从墨西哥和秘鲁流向西班牙。在阿兹特克统治者蒙提祖马二世（Montezuma Ⅱ）和印加皇帝阿塔瓦尔帕的宝藏耗尽之后，金银矿山依旧源源不绝地涌出财富。许多赴殖民地的人一夜暴富，就连普通士兵也家财万贯。

这些有钱人吵着要他们所需的商品，这些需求刺激了西班牙的各种产业。纺织厂突然在西班牙各地蓬勃发展起来。当初平民起义时遭破坏的城镇，一跃成为工业中心。起义的重镇梅迪纳–德尔坎波

(Medina del Campo)成为制造业活动的枢纽，各种货物被运往新世界，并以高利润的价格出售。

> 托莱多、塞哥维亚、巴利亚多利德都成了忙碌的制造业城市：人们从乡村涌向城市，因为那里的工资暴增。在1525年至1550年间，托莱多的制造业务增长了5倍，有些城镇的乞丐和流浪汉被强迫进入工厂。织布贸易向南发展至格拉纳达；丝绸制造向北延伸到塞维利亚，然后再朝托莱多发展。苏格兰年轻的玛丽女王收到了产自巴伦西亚的蓝色和红色丝袜礼品，因为它的质量世界第一。[1]

在几十年里，西班牙顺利地朝工业强国迈进。但在此时，国家又做了种种错误的决定，而其中大部分都是国王做出的。他继续为毫无结果的欧洲战争花大钱，对于该如何还债却一筹莫展。新世界的财富都被虚掷在无用的军事行动上。物价大幅上扬，1500年至1600年间，日常必需品的价格大涨了400%。国王采取价格管制，抽重税，实行王室专卖（譬如食盐），禁止某些商品出口，禁止奢华服饰，对殖民地贸易实行完全管制，还采取了许多其他毫无意义的做法。这些应急的做法都没有长期效用，于是查理一世被迫四处借钱，支付30% ~ 40%的利息。这意味着所有来自美洲的金银才刚抵达西班牙的加的斯或塞维利亚，就被转运到其他欧洲国家的国际银行家和生意人那里去了。西班牙不过是这笔财富进入外国国库之前的中转站。

西班牙在殖民地的垄断同样失败得一塌糊涂。它背后的逻辑虽有道理，但实际上并不可行。我们可以把西班牙比喻为有魄力的探勘者，他发了财，不想让别人瓜分他的利益。为什么要让英格兰、法国或荷兰从西班牙新世界的矿藏中获利？西班牙将亲自严控这巨大的财富。1503 年，西班牙在塞维利亚成立了贸易局（Casa de Contratación），负责管理所有的殖民地贸易。只有西班牙人可以与殖民地贸易，货物必须用西班牙船只运输，而且为求保护，这些船只必须组成航队一起旅行。如此一来，矿产将毫无损失地来到西班牙，而西班牙则贩卖殖民地需要的商品给他们。这听起来像是不错的制度，双方都有利可图。后来英格兰、荷兰和法国也建立了类似的垄断管理，且其运作较佳。两者最大的不同在于，这些国家拥有强大、多产的产业，可用合理价格满足其殖民地的需求。反观西班牙，那里的产业体系迅速衰退，海军力量退步，而且海上商队崩溃。西班牙仿佛是对殖民地说："吸我的乳汁吧，不要别人的。"但它自己却没有乳汁。更糟的是，船队航行并不规律，经常遭到海盗或外国敌人的攻击和抢劫。

美洲殖民地无法从母国得到所需的商品，只好竭尽所能去其他渠道购买，因此猖獗的走私交易兴起。这些年间，这种非法贸易至少提供了 75% 的殖民地进口物品。结果西班牙殖民地虽产出大量金银，在一个世纪内让欧洲的贵金属供应量增加了 3 倍，西班牙本身却没有得到财富，经济荣景不持久，也没有创造永久性的进步。而且殖民地的人普遍漠视母国法律。等到查理统治结束时，西班牙又陷入了从前的贫困状态。

早在 1535 年，当时最伟大的诗人，也是最伟大的战士加西拉索・德拉・维加（Garcilaso de la Vega）就已预见灾难将至，他写道：

一切都已消失，就连
房子、家庭、妻子和记忆的名字都消失。
又有何用？些许名声？
国家的感激？留名青史？
有一天他们写书时，就会知道。[2]

在1535年，这些文字无疑是一种预言，而非对现实的描绘，可是查理皇帝依旧不顾周遭臣子的反对，继续采用耗尽一切资源的政策。他打了40年的战争，几乎和欧洲每个国家都交恶。他向教宗宣战，把教宗的地位降级到西班牙之下。1527年，他的德意志军队洗劫罗马，驻扎梵蒂冈的士兵在西斯廷教堂的地板上生火，烟尘破坏了米开朗琪罗的美丽壁画，永难挽回。1545年，教宗把西班牙教会收入的一半授予查理，并允许他出售大片教堂土地，使用其收益。战争一直持续，西班牙的命脉流往全欧，而它最有进取心的年轻人也在征服新世界和殖民之中逐渐消耗。

即位之初，查理对宗教批评采取宽容态度。据说他很崇拜伊拉斯谟。但皇帝经常长期逗留西班牙境外，让修会有机可乘，开始钳制宗教自由。西班牙两位杰出的人文主义者路易·斐微斯和瓦尔得斯（Juan de Valdes）永远地离开了这个国家。斐微斯赴英国，担任牛津大学的教授，成了国际知名的思想家。值得注意的是，伊拉斯谟和斐微斯虽然都获邀赴西班牙大学授课，但两人都不寻常地没有接受。新教在西班牙之外起义成功，意味着西班牙国内不宽容的“反宗教改革”者的胜利。西班牙的学生被禁止到国外大学学习，因为担心他们会受到（被视为）异端的新教观念的污染。教会开始禁止人们阅读某些书籍，在1546年公布了第一份禁书目录。西班牙思想受到狭隘的正统观念限制，阻止了外国观念的涌入。西班牙在思想上，就像在经济和政府治理上一样，开始跟不上欧洲国家的行列。

查理之子腓力于1527年出生，他出生时，他的葡萄牙母亲要人用床单盖住她的脸，以免有人看到她疼痛的表情。腓力的父母是表兄妹，家族有严重的癫痫倾向。腓力的两个兄弟在婴儿时期因此夭折。这位未来的西班牙国王只有四分之一的西班牙血统，还有癫痫病患者的体弱多病。他“生性严肃沉默，有白皙粉嫩的皮肤和柔滑如丝的黄发”。他成天听到的都是祷告和对邪恶异教徒的劝诫，很快培养出宗教狂热分子的心智。他经常听到一些谈话，说他的父王正和全能的天主站在一起，与邪恶的势力做生死斗争。凡是西班牙的、天主教的，就是好的；非西班牙的、非天主教的都是恶的。查理已奠定西班牙迈向教会国家的基础，腓力则确保新教绝对没有在西班牙生根的机会。

腓力二世在1556年29岁时即位。他的父亲因无数征战疲惫不堪，于是退位，隐修于阳光普照的埃斯特雷马杜拉的尤斯特（Yuste）的修道院，在冥想和祷告之中度过最后的两年人生。[1]腓力接掌王权前，已有长期的见习。

腓力16岁时，查理就任命他当摄政，而且查理经常不在国内，因此腓力拥有的王权几乎与皇帝相等。查理最聪明忠诚的大臣辅佐他执政，但皇帝警告皇子，绝不要只信任某一位大臣。帝王之道就是让臣子彼此抗衡，确保最终的行动完全由国王决定。查理甚

[1] 这位退位皇帝在尤斯特也花了无数个小时，想让他的许多钟表同步，却徒劳无功。据记载，他在多次失败后说：“如果我连让这些钟表一起敲响都办不到，又怎能让所有的领地团结？”

至为腓力分析阿尔瓦公爵，说他“雄心勃勃、道貌岸然且伪善，他甚至可能用女色诱惑你”。但查理也明确表示，阿尔瓦是有极大权势和智慧的人物，在外交事务方面，他坐王国中的第一把交椅。因此，在查理退位时，腓力已是训练有素的国王，严肃、敬业、多疑、固执。

腓力刚即位，巴利亚多利德就施行了一场触目惊心的火刑，几个“异端分子”被活活烧死。国王认为异端邪说极其可恶，该受酷刑惩罚。腓力那时独自在舞台上，是基督教世界权力最大的君主。他盲目地遵从父亲那种充满怀疑的专制作风，深信自己是神圣的统治者。他的治国方法僵化、缺乏变通。在间谍活动和口是心非的游戏方面，他并非新手。他急于掌控一切，因处理枯燥乏味的政事而精疲力竭。

> 他与对手竞争，对手的机会主义和灵活的“良心”占了极大的优势，而他所承继的任务中，恐怕没有比做一名带领国家走向失败的君王更不幸的了。他很有责任感，谦虚、辛勤、尽责，几乎到了过分的地步；他是好丈夫和好父亲，在有限的资质内，他已竭尽全力。他把伟大的传承视为神圣托付，但力有未逮，尽管努力，依旧光荣地失败。[3]

腓力本身很虔诚，但他一直把宗教视为国家政策的工具。他的父亲查理对教宗发动过战争，帝国军队无情地劫掠罗马。几位教宗都受过西班牙的枷锁束缚，出身那不勒斯的教宗保罗四世（Paul IV），被占领了一大部分意大利领土的西班牙入侵者激怒，他以奥斯曼帝国苏里曼苏丹（Sultan Solyman）为后盾，痛斥查理和腓力，并在1556年，也就是腓力登基为西班牙国王的那年，将他们双双处以绝罚。教宗诏书上称腓力为“奥地利的腓力、邪恶之子、所谓的‘查理皇帝’之子，他自称西班牙国王，跟随他父亲的脚步，罪孽也和他父亲同样深重”。

但腓力很精明，没让这场争执失控。他要求威尼斯总督和阿尔瓦公爵进行谈判，阿尔瓦公爵“愠怒地进入罗马，他此行并非征服者，而是假装忏悔人”。但其实腓力自认为是上帝指定的“天主教陛下”，而且奉天命，也是可按照他认为最恰当的方式来捍卫信仰的圣骑士。西班牙教会绝不容罗马干涉。如果必须对教宗发动战争，那也只好如此。如果低地国家的人民坚持做异端的新教徒，他会全力施压，直到他们看到真正的光明为止，用腓力自己的话说，就是“如果要统治一个异端的国家，还不如干脆不统治”。这种固执而专一的强烈信仰，把人们推向新教，使西班牙失去佛兰德斯的省份，新教也开始了象征性的十字军运动，反抗西班牙不宽容的残忍和不公义。在自己的国家，腓力也对疑似的异教徒进行了无情而毫不保留的迫害，甚至连全西班牙最重要的托莱多大主教卡兰萨（Carranza），也因仰慕伊拉斯谟而被起诉和废黜。尽管教宗抗议，卡兰萨大主教依旧受了18年的监禁和折磨，最后心力交瘁绝望而死。另外还有9位主教也受到侮辱性的惩罚。伊拉斯谟曾是查理一世的朋友，他在西班牙受到敬佩的日子一去不返了。人们也不再能自由使用上帝赐予的善于探索的心灵。西班牙现在陷入了僵化的教条主义，迄今尚未恢复。

1561年，腓力决定把西班牙首都迁到马德里，当时马德里只是乏善可陈的落后乡镇，但他认为马德里位于全国中心，适合当他所憧憬的大一统国家的中心。此外，这将是他亲自打造的首都。腓力向来自认是西班牙命运的伟大推手。马德里单调乏味，毫无历史或传统，反而使它更加适合作为首都。他会为它打造历史，他会给它一颗心，他自己的心。不，该说腓力二世会给它一颗纸做的心，因为他是“奏章之王”（el rey papelero），每一份公文他都要亲自审阅、消化、思考、传递、更改、取消、延伸、修订或者签署。他必须批示所有奏章。他确实是“奏章之王”，而马德里是他无尽公文档案的首都。倘若迁都损失了传统的吸引力，至少他在与卡斯蒂利亚无关的城市里获得了统治全国的优势。他认为这可以加强他对偏远分裂主义地区——阿拉贡、加泰罗尼亚、巴斯克和安达卢西亚——的控制。

因此，马德里完全是因政治因素而存在的。在那贫瘠而人烟稀少的卡斯蒂利亚平原上建立一座伟大的城市，既不是因为历史传承或经济因素，更没有军事理由。先前曾作为首都的三个城市托莱多、塞哥维亚和巴利亚多利德，都有悠久的历史。而马德里既无神殿又非堡垒，是西班牙城市中的年轻新贵。倘若卡斯蒂利亚在工业革命到来时能保持领先地位，马德里会是优秀的制造业城市，但巴塞罗那和毕尔巴鄂的居民更开明，在这方面迅速超越首都。因此马德里成了政治负担，重重地压在西班牙的肚子上；它既不古老又不美丽，既不繁荣又没有前瞻性。它就像腓力本人一样，严厉、满身官僚气、令人厌恶，只是制定法律和政客生活的地方而已。当卡斯蒂利亚把生产中心的地位拱手让给巴塞罗那、巴伦西亚和毕尔巴鄂时，马德里成了这失败的象征，阻碍着整个国家的进步。它依然是旷野包围的大城。游客必然愿意承认，近年来阳光、泉水、树木和鲜花、纯净的空气和水，以及爱情，让它有了旅游中心的魅力，庞大的官僚机构也使它成为政治寄生虫和绝望农村劳动者的避风港。但也因此，在其他地区的西班牙人眼中，马德里反而成为不信任、恐惧和暴力的象征，虽然有时也有希望，但鲜少令人喜爱。

迁都马德里后过了几年，腓力开始建造埃斯科里亚尔宫，这是他统治时期最伟大的王宫建筑群，位于新首都西北方 32 英里处。这灰色的庞然大物是冷峻严肃的文艺复兴风格，矗立在卡斯蒂利亚平原纵横交错的陡峭山脉间的小山谷。兴建的目的是要将它当作西班牙的王陵，腓力的父亲查理一世是第一位安放在这座国王万神殿中的人。这里呈污浊绿色的反射池和摩尔花园清澈的流水有天壤之别，令人生畏的巨大花岗岩墙更像是巨大监狱，而非宫殿或大教堂。埃斯科里亚尔宫是腓力二世的石制缩影。这个建筑就和西班牙的宗教裁判所一样冷酷刚硬，像奏章之王本人一样严肃忧郁，像 16 世纪后半的国王之心一样灰暗阴沉。一位闻名遐迩的建筑评论家写道："尽管埃斯科里亚尔宫缺乏想象力，又十分沉闷，但它有深远的影响。没有其他建筑像它一样影响西班牙的建筑趋势。"

腓力之父，查理一世皇帝也留下了自己的历史建筑，那就是格拉纳达阿尔汗布拉宫的范围内未完成的圆形文艺复兴宫殿，迄今仍矗立。其象征意义和埃斯科里亚尔宫相近，是圆柱围成的中庭，和阿尔汗布拉宫摩尔风格的亮丽色彩与光线形成明显对比。查理一世为建造自己的宫殿，破坏了阿尔汗布拉宫的一部分。值得指出的是，这两位西班牙国王的建筑都象征着毁灭和死亡。查理拆毁阿尔汗布拉宫的一部分，以建造他自己未完成的宫殿，而腓力打造的宫殿，出发点则是为已故国王建造庞大的万神殿。查理的宫殿是圆形的，宛如中世纪的生活；而腓力打造的王室陵墓则表现了已逝的荣耀。这两座建筑都冷酷、严肃、宛如监狱、沉重、不可爱。两者都给人以坚如磐石的印象。它们或许是西班牙最后一批宏伟的城堡。

16 世纪 60 年代，埃斯科里亚尔宫兴建之际，腓力陷入了债务危机。外国战争仍在继续，佛兰德斯是他的肉中刺，英国海盗让他在海上不得安宁，西班牙的工业又无法与其他欧洲国家竞争，停滞不前。有几次国王没收了在舰队严密保护下从美洲运来的所有黄金，但它们消耗得太快，他不得不再借更多钱，光是他付给外国银行家的利息就有如天文数字。他债台高筑。在某些年份里，他能一口气花掉 5 年的收入。1575 年时，他干脆抵赖了所有的外债。重税让人民无法忍受，经济开始崩溃。人民失业，街头巷尾都是乞丐、流氓、社会的寄生虫、落魄的次级贵族、没钱也没希望的退伍军人、形形色色毫无用处的流浪汉。百姓厌恶劳动成了国家的大灾难。这一切反映在当时的流浪汉小说（picaresque novel，或作恶汉小说，源自pícaro 一词，意为流浪汉或流氓）里，主角往往是反英雄、流氓、骗子，作者借主角之口叙述当时西班牙的情况。精疲力竭的国家从现实中飘过，并没有认真面对历史事实，而只想靠施舍或魔法突然改变一切，拥有不同的生活，可是却从未如愿。

腓力带着一贯的刚愎自用，在此时把注意力转移到安达卢西亚的摩里斯科人身上，这些人表面上改宗基督教，但仍穿着摩尔人的服装，仍用阿拉伯语，而且在半个多世纪表面的改宗后，骨子里依旧可能是穆斯林。有几次，查理想严惩这些人，但他们总能用钱解决事情。腓力则不同，尽管迫切需要资金，但他对这些人的金钱收买无动于衷。1567年，他禁止所有的穆斯林风俗，倾政府的全力执行禁令：

> ［摩里斯科人］不得有特别的装束，女人必须要把脸露出来。他们的门不许上锁，也立法禁止浴场；最重要的是，除了卡斯蒂利亚语之外，不准使用其他语言，除了基督教之外，不准信奉其他信仰。[4]

违者将遭到严厉的刑罚。

摩里斯科人于是公开造反。安达卢西亚的激战持续了两年。国王的异母（私生子）弟弟奥地利的胡安（Don Juan de Austria）奉命平息叛乱，他也极有效率地达成了使命。尽管胡安做出了最诚恳的请求，格拉纳达的所有居民还是被迫离开家园，被送往西班牙的其他地方。如今，南部已丧失了人口中最有进取心的居民，而摩里斯科人被赶去的地区，尽是充满疑心难以同化的少数族群。安达卢西亚富饶的绿色田野成了一片广阔的沙漠。

胡安战胜摩里斯科人（1570年）后，几乎是旋即又受命指挥由200艘船组成的强大的西班牙、罗马和威尼斯舰队，和土耳其舰队在希腊港口科林斯（Corinth）附近的勒班陀湾（Bay of Lepanto）交手，获得大胜。地中海的穆斯林力量经过这次的重大打击后一直未复原。这场海战在史上留名，主要是因为塞万提斯参加了这次战斗，左臂受重伤，因而被称为“勒班陀的伤残者”（el manco de Lepanto）。

16世纪80年代，腓力因英国海军反复侵扰感觉芒刺在背，特别是海上英雄弗朗西斯·德雷克（Francis Drake），正当西班牙庞大的舰队正为侵略英格兰备战时，德雷克直扑加的斯港，捋了国王的虎须，腓力勃然大怒，决定对英国人加倍奉还。1588 年无敌舰队出征英国，却因两个因素战败：惊涛骇浪，以及德雷克所指挥的体积较小、速度更快、更容易驾驭的船只。西班牙舰队有一半的船只和三分之二的人员都在此役中折损。

经过 22 年的建设，300 名男子全天候作业，埃斯科里亚尔宫终于在 1584 年完工了。腓力本人经常坐在山谷上方的由岩石凿成的椅子上监工。在走下坡路的岁月里，他退隐到宫内阴冷的修道院度过余生，也在此去世。国王在崎岖旷野，“为自己打造了牢房，为上帝建造了殿堂”。他在伟大的图书馆里收藏了无价的手抄本和画，也参加了大圆顶教堂的各种礼拜仪式。他在唱诗席附近有一间朴实的内室，可在弥撒时听到法衣摆动的声音。他的身体日渐孱弱，无法再四处走动，只能坐在特制的椅子上，一连数小时，肿胀的那只脚放在另一只脚上。有几次，他看着大家排练自己的葬礼。他的身体全是溃疡，但因为当时还没有杀菌剂，只能任溃疡扩大蔓延化脓，伤口上满是虫子，他承受了莫大的痛苦。他在生死间徘徊了将近两个月，沦为一具还在呼吸的干瘪尸体。1598 年，这位带领西班牙大起大落的国王终于撒手人寰。

腓力二世自己那可怜的肉体备受折磨，可是他对国家的肉体又做了什么？有一种比喻最恰当。在那个时代，甚至几个世纪后的医生都认为，人生病时，放血是最可靠的治疗方法，许多原本强壮的人因此被庸医放血致死，就连美国国父华盛顿也因这愚蠢的疗法而死。但不幸的是，这就是当时相当普遍的疗法，尽管不符合道理，却被广泛使用。腓力二世就是西班牙的庸医。他看到国家生病发抖，于是决定割开它的血管，让血流出。血液就像丑陋的红色小溪奔向佛兰德斯，或者流向英格兰，结果流失在大海中；它成为一条大河，流往美洲，混合印第安人的血液；它在西班牙有异端时，于街道和沟渠里奔流；摩里斯科人被杀害时，它在安达卢西亚奔流；它在勒班陀、在意大利、在法国、在非洲、在葡萄牙和公海上奔流。西班牙的肉体越来越孱弱，到最后已丧失力气。这是腓力二世统治的真实概括。有的西班牙人面对历史依然会自豪地说："没办法，我们就是这样，我们大多数人就像腓力二世一样。"这些人该仔细思索这自命不凡话语背后的真正含义。

随着西班牙的黄金机会白白浪费，其命脉消耗在遥远的各处战场，西班牙的面貌也逐渐起了变化。都市化的过程更加迅速，建筑业也欣欣向荣，尤其是政府和教会的建设。有些富裕的家族兴建豪宅，里面装满了世界各地的艺术品：佛兰德斯和意大利的挂毯绣帷、新世界的银器、威尼斯的玻璃器皿、镶嵌着金银或象牙且精雕细刻的西班牙及意大利家具、欧洲最杰出的皮革制品，还有高雅的蓝白瓷砖画，那是西班牙名不虚传的精品，另外还有马尼拉大帆船横渡太平洋运来的东方物品。

可是唯有顶端的少数人能享受这些精品。整体而言，百姓比以往更清楚地分为两个阶级：少数富人，以及很多穷人，两者之间有着巨大的鸿沟。都市和城镇生活，整体来说，比中世纪没进步多少，垃圾依旧扔在街道中间。直到18世纪后才有人行道。因此，骑马或乘马车的人依旧把秽物、水、泥和灰尘任意往行人身上抛。一般住宅是砖块或黏土建筑，只有教会贵族和国王住得起石头建筑。街道点的是油灯，排放废烟。房子很少沿街道整齐排列，而是随意堆挤在一起，毫无设计、卫生或通风可言。城市比之前更丑陋肮脏，居住其中的生活比中世纪更杂乱局促。扩张的宇宙和破碎的信仰，破坏了中世纪的凝聚力，取而代之的是虚幻的海外主权。国家的不确定和不安全反映在个人身上，人们追求欢乐无忧的生活。

尤其是马德里以南，家庭和社交生活在自家庭院进行，面对街道的窗户则覆盖着铁栅栏，当时文学作品中常提到的情人和弹唱小夜曲的人，就是站在这样的地方。西班牙文中的 comer hierro 直译为“吃铁”是现在用来形容“求爱”的词组，生动地勾勒出痴情郎把脸紧贴在恋人家沉重刚硬的栅栏上的样子。

当时的客栈恶名昭彰，流浪汉小说就是例证。小说经常描述饥饿的人在客栈里吃了不干净的怪味食物，急忙奔出屋外解决后果。西班牙文的客栈，即“venta”这个词，一般公认是源自 vender gato por liebre，意思是拿猫冒充野兔来出售，这话在流浪汉小说出现的次数惊人，好像这对客栈老板来说是很自然的事一样。

西班牙有一道常吃的菜是“炖什锦”。这个词形容得好，它是由猪、牛或羊肉以及无所不在的鹰嘴豆（数个世纪前迦太基人推广的结果），加入白菜、胡萝卜、南瓜、大蒜、胡椒、橄榄油、醋和培根一起炖烂而成。全国各地有许多谚语都提到它，证明了它普及的程度，譬如“牛羊肉一起，做成真正绅士吃的炖菜”（vaca y carneto, olla de caballero），或者“炖菜若不用蔬菜，既不美味也填不饱肚子”（olla sin verdura no tiene gracia ni hartuta）。毋庸置疑，olla 应用砂锅来做，最正统的做法是小火慢炖几个小时。如今在街上或市集偶尔也可以看到有人用巨大的三脚锅在卖，锅子下一直用小火熬煮。这习惯如今在墨西哥和安第斯山脉比在西班牙更普遍，他们用大型铸铁容器盛装各种热气腾腾的汤和炖菜。至于奶酪，通常由山羊奶或绵羊奶制成，客栈里一定有卖，葡萄酒则装在皮袋里，要喝的时候握住袋子头部一口灌下，嘴巴都没碰到皮袋的开口，酒已流进咽喉。用粗面包蘸浓炖什锦汤，是每天有限的日常饮食的最后一个步骤。

在饮料方面，热巧克力取代了咖啡或茶。自从科尔特斯描述这饮料的非凡特质之后，它在西班牙就变得很受欢迎。（这位征服者曾向国王报告："只要喝一杯这种奇妙的饮料，就可以工作一整天。"）一般是在早餐用巧克力配螺旋卷或硬面包皮，也常在下午当茶点；有时妇女也会在晚餐时饮用。浓巧克力上面覆盖着厚厚一层泡沫，价格便宜，就算一般人也能享受。1628 年，奥利瓦雷斯（Olivares）公爵曾想把巧克力的销售收为国家专卖，以充实破产的国库，结果民众严重抗议，他只好打消此念。

第一本西班牙食谱在 16 世纪初出现，是从加泰罗尼亚语翻译而来的。同一世纪中叶，许多关于烹饪技巧的书也相继出现。宫廷和富裕的贵族开始吃一种高度调味、食材丰富的巴洛克式饮食。有本古书列出了马耶纳（Mayenne）公爵 1612 年抵达马德里，协商法国和西班牙王室之间的两桩婚姻时获得招待的食物。在提供肉食的日子，王室膳房为他和随行人员提供以下食品：8 只鸭、26 只阉鸡、70 只母鸡、100 对鸽子、50 只鹧鸪、100 只野兔、25 只绵羊、40 磅猪油、12 只火腿、3 头猪、8 蒲式耳[1]的各种水果和 6 种不同的葡萄

[1] 1 蒲式耳 ≈36 升。——编者注

酒。在斋戒日提供给公爵的海鲜同样教人印象深刻：100 磅鳟鱼、15 磅鳗鱼、100 条鲻鱼、4 种不同的腌鱼各 50 磅、1 000 个鸡蛋、100 磅黄油、100 磅鳕鱼和 100 磅鳀鱼！[5]

在客栈和餐厅，大家坐在长木桌前用餐，桌子的中间有一把大刀，用链条绑在桌上。大刀供有需要的用餐者轮流使用。公营客栈的房间是原始的通铺宿舍，几个男人睡在一起，睡在粗糙、凹凸不平的被褥或普通的稻草上。塞万提斯在《堂吉诃德》里描述了几间这样的卧室："堂吉诃德又硬又破的烂床，是那间肮脏房间里四张床的第一张，旁边是桑丘睡的狗窝，除了床垫和床罩之外，什么都没有。"在小说的另一处，作者把赶骡人的床描述为"只是骡子的鞍辔和垫子堆在一起"。臭虫十分常见，没有臭虫反而奇怪。为避免这种说法对西班牙不公，我们要指出伊丽莎白一世时期的英格兰情况也不相上下。当时去看戏的观众臭气冲天，如果关闭戏院所有的通风口，演员就无法继续演下去。那时的英国客栈和西班牙的差不了多少。

难怪西班牙人喜欢"晒太阳"，"享受户外生活"。坐在马车或任何买得起的交通工具上招摇过市，是人们主要的日常乐趣。和朋友会面聊天是街头漫步不可分割的一部分，连生意也在街头交易，只要能远离那些被称为家的寒冷、肮脏、龌龊、狭窄的住处，做什么都行。

马德里、塞维利亚和托莱多是黄金时代的三大城市。1561 年，腓力二世把首都由托莱多迁至马德里时，上万名政府官员及其家属与他同行。托莱多骤然没落，马德里的规模则大幅增长。虽然马德里缺乏传统，这里还是成了人口密集、活动忙碌的中心，街头挤满人群，剧院蓬勃发展。流氓、乞丐、骗子等三教九流全部涌入新首都。起初，新首都空间不够，无法应付涌入的大批官员，于是国王立法，允许联邦政府使用每一座楼房的二楼。不过，就像西班牙大多数的法律一样，法规很快就形同虚设，因为它一通过，几乎就没人建造两层的楼房了。1623 年，首都约有上万座住房，其中 5 436 座仅有一层楼，显然是为了避免被政府征收。这些房子有个丑陋的名称："居心不良的房子"（casas de malicia），但也不能改变什么。国王得想其他方法为他的下属们买房子。因为这个原因，马德里的景观单调乏味，今天仍然如此。它也缺乏里斯本、格拉纳达和巴伦西亚等南欧城市的如画风景。

西班牙乡村地区的服饰通常美丽别致，黄金时代城市的服装却既没有特色，又不丰富。男士总是穿着非常合身的高领外套、灯笼裤、长筒袜，披着经典的西班牙斗篷。在腓力二世统治期间，披风成了得体穿着的必备品。女士则穿有裙撑的连衣裙，不过在1639年，这种服装因成了妓女特有的服装而遭到禁止。女性的头发通常梳成头戴王冠的形式，配上羽毛头饰或有垂穗的女帽。正式场合需要戴手套。散步时，女性的脸都要扑浓重的红白香粉，往往到离谱的程度，正如流行戏剧提到的那样。无论何种阶层，最受女士欢迎的礼物都是香水和有香气的物品，尤其是香丸，她们总把香丸放在刺绣手提包里随身携带。富人圈常见的礼物是金链子、羽毛、戒指、皮手套、珠宝、蕾丝手帕和十字架。在穷人之间，法国进口的劣质商品最受欢迎：别针、假珍珠串、扇子、念珠和其他便宜的小东西，几乎每个西班牙城市的大街上，都有外国小贩在出售这些商品。有钱人花大笔金钱购买精雕细刻的家具、花瓶、镀金和镀银的马车厢、金银线织的天篷、蕾丝、帷幔和地毯，以致 1611 年国家通过一条法令，限制购买这些“纯为炫耀的物品”。

斗牛在黄金时代和过去几个世纪一样，是民众的狂欢盛会。斗牛的历史可追溯到古代：有作家提到恺撒在罗马竞技场曾骑马与公牛相斗，也有人把斗牛追溯到罗马马戏团的人兽相斗。另外还有人说，杀牛这种仪式可追溯到基督出生前数百年，克里特岛上的米诺斯文化（Minoan）。也有权威人士主张西班牙的摩尔人推广了斗牛。无论如何，这是有历史和传统的古老节庆。“智者”阿方索在《七章法典》中谴责了这项活动，伊莎贝拉女王也和西班牙的其他国王和王后一样厌恶它，但这个传统是如此根深蒂固，这些反对几乎没有任何影响。波旁王朝的第一位西班牙国王腓力五世（Philip V）1700 年即位时，民众向他喊道：“我们要斗牛，陛下！”因此，西班牙在这方面延续了罗马的“面包与马戏”（bread and circus，指古罗马偶尔由公家提供饮食和娱乐等小恩小惠，满足民众表面的需求，类似于肤浅的愚民做法）。对西班牙人而言，“马戏”一词就有人和牛对决的特殊意涵。为什么是公牛而非狮子或老虎等其他动物？可能是出于上述的仪式原因，但更可能是因为公牛是唯一被逗弄必会攻击的动物。如果公牛不攻击，这节目就会变成丑陋的屠杀，虽然动物和人都会死，但变得没有意义，也不再荣耀。

直到 17 世纪末，斗牛的人都是贵族，这是他们向女士、同侪和下属证明男子气概的方式。在黄金时代后期，职业的斗牛士才开始取代绅士贵族。这些收费的斗牛士通常来自下层阶级，嘉年华的感觉变了样，斗牛的方式亦然。斗牛士们总是骑在马上，手持长矛，马术是这个活动的重点，如同今天的葡萄牙斗牛场。公牛被矛刺伤，在它支撑不住倒地后，由十几个仆从用剑刺死。这头高贵动物的临终死亡，与之前激烈的战斗过程相比，未免令人扫兴。

如果公牛太凶狠或太难缠，有时就会死得不光彩。有人描述了发生在腓力四世面前的一个事件：一扇小门打开，几只公牛被放了出来，但它们并未得到自由，而是滑下一条木制滑道，落到几英尺下方的河岸。通常公牛就会摔死在下面，但有时只是受致命性重伤，还会咆哮很长一段时间，令观众大为兴奋。在巴利亚多利德的斗牛场上，凶猛的公牛从涂了油的滑道滑到下面的水里，斗牛士在船上继续斗牛。把牛从水里追到陆地，再追回水中，就像过街老鼠一样。不过这种残酷的做法并非常态。

许多人竭力阻止斗牛，但徒劳无功。教宗庇护五世（Pius V）在 1567 年禁止斗牛，违者将会被处以绝罚，但 1575 年格列高利十三世（Gregory XIII）却放宽了禁令，只限制圣职人员，规定他们任何时候都不得参加斗牛，“尤其在宗教节日”。1596 年，在国王腓力二世的命令下，教宗克莱门特八世（Clement VIII）彻底解除了禁令。

一直到 18 世纪，斗牛都在城镇主要的广场进行，周围的建筑就作为看台。窗户、阳台和屋顶都挤满了人，主广场附近的阳台和窗户数量比城里任何地方都多。额外的临时看台则搭建在广场边缘，让成千上万的群众能从这些高处观看斗牛。马德里的广场周围环绕的都是四五层楼高的建筑，从屋顶到地面满满都是人，光是这样的景观就值得一看。黄金时代有一张旧图画，画中的斗牛场上同时有 6 头牛，4 名骑士用矛和它们搏斗，几名徒步的仆从则准备用剑攻击牛。这种斗牛肯定比同时有 3 场不同表演的马戏团更加复杂，广场各处都可能出现生死攸关的时刻。

值得一提的是，西班牙人把斗牛称为“公牛的祭典”（corrida de toros），字面意思就是奔牛，并没有“斗”的意思，也并没有把它当成运动。这是一种致命的仪式，人杀牛，牛总是必死无疑。整个过程是一种牺牲献祭；不是献给上帝，而是牺牲一头高贵勇敢的动物，以证明人类能驾驭野兽王国最了不起的力量和勇气。

西班牙孩子玩斗牛游戏，就和英国孩子跳马背或美国孩子打棒球一样。在西班牙，每个城市的街头巷尾都可以听到斗牛的叫喊，“和牛犊斗牛”（hacer novillos）就是表示逃学的俚语。还有许多其他常用词语从斗牛衍生而来，譬如 más cornadas da el hambre que los toros，意即饥饿比公牛用角撞还可怕，用来形容西班牙生活的贫困。这些年来，斗牛已式微，虽然不时还有精彩的斗牛，但黄金时代似乎已永远消逝。比起这传统的表演，足球吸引了更多的粉丝。这种转变也许只是暂时的，不过谁知道呢？

当然，并不是西班牙全国民众都对斗牛那么有兴趣。宗教、庆典、游行和仪式的吸引力也和斗牛相去不远。这些庆祝活动最能表现天主教会的排场和庄严。举办活动的原因包罗万象：为纪念当地的圣女或圣人、庆祝追封圣人、任命主教或枢机主教、教会或修道院破土或献祭、普天同庆的基督节日，当然还有教人心惊胆战的“信仰审判”，遭宗教裁判所定罪者公开受惩罚，许多人被绞死或受火刑。

几乎所有写过关于西班牙宗教裁判所的文字的人都会谨慎地指出，这样的机构并不只有西班牙有，宗教狂热和残酷的手段也并非罗马天主教所独有。在英国，天主教徒、英国国教徒和清教徒都曾受到迫害；萨伏那洛拉（Girolamo Savonarola）和布鲁诺在意大利遇害；法国也发生过多次狂热的宗教屠杀；在瑞士、荷兰和几乎所有的欧洲国家也是如此。因此，黄金时代的西班牙在宗教上的不容异己，确实不是独特案例。然而，西班牙在这一方面的持续时间上却是独有的。宗教裁判所直到 1820 年才被废除，而在本书 1963 年初版时，西班牙的非天主教徒依旧没有宗教自由。因此，西班牙的天主教徒不能夸口说这种愚行纯属过去。西班牙天主教会尽管一直抗议新教国家抹黑西班牙，但在最有机会表现教会宽容态度的佛朗哥当政时期，却毫无作为。因此，西班牙教会，以及世界各地数百万相信宗教宽容政策的天主教徒，在这一点上必须受到谴责。可惜的是，即使是美国的天主教徒，也未能对西班牙否定宗教自由的做法仗义执言，即使是在身为天主教徒的肯尼迪总统执政时期亦然。

黄金时代的“信仰审判”是公开的，许多人不远千里来看热闹。时间很早就公布，让好奇的人有足够时间赶路前来。审判在公共广场举行，四面搭建看台，并为审判者、教会神父、司仪和名流贵宾设有座椅，民众则涌入广场，占据四面八方所有建筑的屋顶、窗户和阳台。罪人身穿宛如三 K 党的长袍，上有高高的尖顶帽；被判死刑者手执绿色十字架，脖子上挂着绞索。罪人缓缓地沿着街道走向广场，仪式从讲道开始，接着一一宣布审判结果。罪不至死的人在大家面前接受宽恕，重新回到教会的怀抱（这种奇特的“金盆洗手”的做法，或许是为展示基督徒的仁慈）；而遭判死刑的人则转交给民事当局，立即处死，通常就在宗教裁判所成员的面前执行。关于宗教裁判所就不再赘述，因为西班牙人本身已经用比我更严厉的言辞谴责过。值得一提的是，今天的西班牙政府已不再对宗教持不宽容的态度。

西班牙黄金时代最受欢迎的消遣娱乐有马上长矛比武、场上竞技、马上刺环、国际象棋、狩猎、放烟火、各种民俗舞蹈、到宗教圣地朝圣、赌博，当然还有嫖娼。16世纪的一名德国旅人曾说："在西班牙，除了衣服、女人和马之外，花在赌博的钱比花在其他任何事物都多。"所有妓院都提供扑克牌和色子的赌局，还有跳舞和吉他音乐，这吸引了犯罪分子和普通人群。公共赌场24小时都不打烊，其中许多还在场内提供食物和厕所，让赌徒在手气旺时不必离席。

马上比武是由两大团队各自骑着骏马互斗，炫耀马术。而马上刺环是由一名骑士全速向一枚小环冲刺，设法用长矛刺中它。摩尔人和基督徒互斗的表演则重新演绎两个族群以往的战斗，穿着传统服装的摩尔人当然会被击败。在西班牙人抵达新大陆后，这些游戏都移植到新大陆去，印第安人自然取代了摩尔人的角色。西班牙的大学生，尤其是阿尔卡拉和萨拉曼卡的大学生，喜欢从事各种恶作剧、开玩笑、夜间打斗、猎取女色，因此必须组成特殊警察队，防止混乱。大学里的各典礼仪式也是欢庆的大日子。作家克维多-比列加斯在小说《骗子外传》(*El Buscón*)中，就描述了大学生的许多恶作剧。虽然国家越来越穷，宫廷仪式反而越来越奢侈。精彩热烈的活动，使民众的眼与心都忘了表面下的溃烂。

第八章

黄金时代的文学

> 有两种西班牙：形式的西班牙和实质的西班牙。会消耗的形式和耐久的实质，会崩解的形式和历久弥新的实质。
>
> ——西班牙诗人莱昂·费利佩（León Felipe）

西班牙文学在世界文学中举足轻重，原因之一是摩尔人、犹太人以及最初定居西班牙的古代非洲伊比利亚人所带来的异国特质。这也是西班牙文学无法被其他欧洲文化的民族普遍接受的原因，因为自西哥特时期以来，西班牙从来都不是一个完全的欧洲国家。不过，研究文学的学者和学生很清楚西班牙文学的深度、美感、质量、数量和多样性。它的叙事歌谣和流行的“科普拉”无与伦比。它的艺术诗歌足以和全世界最好的诗歌媲美，它的经典戏剧可与英、法两国的戏剧并列，它的散文作家以及诗歌、哲学和分析性小品文的作者都是世界顶尖。它把西班牙的第一本，可能也是最伟大的一本小说《堂吉诃德》呈给全世界，它的流浪汉故事则把文学的现实主义发挥得淋漓尽致。没错，在塞万提斯之后，除了佩雷斯·加尔多斯（Benito Pérez Galdós）和巴罗哈之外，西班牙的小说家未能跻身世界顶尖，在短篇小说领域，西班牙人表现一向不出色。但我们可以说，就算西班牙没有像法国那样的短篇小说家，它还是可以用精彩的流行诗歌弥补这方面的缺憾，法国在流行诗歌上就非常匮乏。进一步的比较只会导致不必要的争论。

研究西班牙文学史的学者公认，西班牙文学的伟大时期是黄金时代，它始于（这些学者认为的）1543 年，因为当年有一本诗集出版，这是两名西班牙人的遗作——加泰罗尼亚的胡安·博斯坎（Juan Boscán），及其合著者卡斯蒂利亚的加西拉索·德拉·维加。这些诗歌受到意大利的浓厚影响，为西班牙的创作开启了伟大的新前景。西班牙文学的黄金时代在一个半世纪之后，随着最后一位古典戏剧大师卡尔德隆·德拉·巴尔卡的去世，而于 1681 年结束，雪莱、叔本华、席勒和其他许多人都十分仰慕他。我个人倾向于认为西班牙文学的黄金时代是在 1499 年由《塞莱斯蒂娜》揭开序幕的，但很少有学者把日期推得这么早。无论如何，黄金时代都代表了西班牙思想和心灵的美丽花朵，在西班牙政治霸权衰落后，它还持续绽放了很长一段时间，甚至持续到 17 世纪末，当时越来越无能愚蠢的统治者，统治着一个满目疮痍的西班牙。

在这段重要的时期，西班牙试图实现一个酝酿了许多个世纪的愿望。“有志者事竟成”（querer es poder）将此观念表达得很贴切。西班牙的动力将朝三个主要方向发展：首先是发现、探索、征服和殖民；第二是黄金时代百花齐放的艺术和文学；第三是西班牙的反宗教改革运动中产生的由西班牙人罗耀拉创立的耶稣会、新世界的传教，以及欧洲其他地方无可媲美的西班牙神秘主义文学。西班牙黄金时代是这三种全国潮流的反映和融合。它们确实是俗世的神圣三位一体，指出了 16、17 世纪西班牙天才人物的主要道路。

我们很自然地会问：当这个国家的社会有机体日渐恶化时，它的文学怎么还能保持这样的高峰？我们必须用比喻来回答：花园里的花朵在枯萎死亡之前绽放得最美丽娇艳，而且因为土壤中的腐朽物质，使花开得更加臻于完美。西班牙黄金时代的作家就像那花园里的鲜花，从国家的衰败中得到养分，即使必须面对并接受腐朽的社会现实；他们用如椽之笔对现实一路否认，就像人们以同样的方式和同样的热情拒不承认征服他人的死亡有一天也会征服自己一样。

加西拉索·德拉·维加的诗开启了黄金时代，创作出把现实理想化的诗歌。他美丽的牧歌勾勒出静谧自然，完美之人在其中完美地活着。这是理念世界的图景，而非实际观察的现实世界。它把人达到完美的希望诗歌化，这种希望在中世纪作家中并不存在。西班牙骑士小说（《高卢的阿玛迪斯》）和田园小说［《狄亚娜》（*Diana*）及《多情的狄亚娜》（*Diana enamorada*）］为这个理想世界提供了更多的维度。在骑士小说中，爱情和勇气是完美的；在田园小说中，爱与大自然是完美的。在两者中，人几乎是神圣的存在，不受现实法则的约束。大自然成了上帝的女仆；或如塞万提斯所称的，它是“主的管家”。它与上帝分享宇宙的神圣精神；事实上，它是柏拉图式的造物主，人们在它宁静的脸庞上，可以看到至善至美世界美丽无瑕的一面。这个大自然是文化创造的，是文艺复兴的文化和情感的结晶。诗歌不再像《熙德之歌》那样是现实的反映，而是人类梦想的缩影，是理想化的现实。甚至鲜花、小溪和树木也不再只是鲜花、小溪和树木，而是代表着理念。“在文艺复兴的景物中，微风就像是一股神奇的力量，穿过轻轻摇曳的树枝、潺潺流动的溪水、叽叽喳喳的小鸟。然后，自然景观被转化为理念本身。”自然成为完美和谐、善良和平的象征。牧羊人或“自然的人”则代表这些完美的品质，他的爱自然也是完美的。诗人、小说家和朝臣则成为田园文学中的牧羊人，使模式得以完整。[1]

罗马天主教会在特伦托公会议（Council of Trent，1545—1563年）上仔细地自我检讨，决定自清，以更严格的方式解释教条，教规也益发严厉。完美的人活在完美的状态不再是被容许的想法，因为它违反原罪的教义。反宗教改革运动谴责这样的文学，强调人是从上帝的恩典中堕落的，必须要有信仰，才能拯救自己的灵魂。

在特伦托公会议期间，第一本，也是最好的一本西班牙流浪汉小说《小癞子》（*Lazarillo de Tormes*）在1554年出版。这本小书的内容强而有力，令人震撼，其匿名作者彻底扭转了田园和骑士小说的风格，通过一个机灵流浪儿的眼光，描绘了西班牙社会的状况。这个贫苦孩子换了一个又一个工作，服侍了一个又一个主人，看到无所不在的残酷、贪婪和投机。就连教会也由两个人物作为代表，被狠狠地讽刺了一番，因此该书作者不得不匿名。这些角色中唯一有尊严的是个穷乡绅，尽管一贫如洗，却非常高傲，并且无意伤害他人。他是这个国家大部分人的缩影，是个人尊严、贫穷和自傲的象征，也预示了西班牙的饥馑和物质匮乏。穷乡绅尽管饥肠辘辘，但为表示自己吃得不错，宁可忍着饥饿也要在衣服上撒一些面包屑。他以各种借口取用小癞子带回来的残羹剩饭，并且当着他的面吃得津津有味。乡绅和男孩两个人紧盯着一块干硬面包或一块牛膝，一个虽然饿得前胸贴后背却死要面子，另一个则做出饥饿和急着想填饱肚子的自然反应，两个角色的并置，勾勒出西班牙黄金时代现实主义最动人也最发人深省的画面。

1554年的西班牙其实没有那么糟，《小癞子》的作者是先知，预言了他的国家100年后的模样。无论他的目的是什么，他都像画家戈雅一样呈现了一组清晰的西班牙生活版画，尽管手法夸张，却带着真相的重担，震撼人心。在之后的那个世纪，又有几本流浪汉小说出现，西班牙的流浪汉角色也成为世界文学的知名角色。后来在法国，勒萨日和他的代表作《吉尔·布拉斯》（*Gil Blas*，取自西班牙流浪汉故事）将此文学类型普及化。但勒萨日并没有比西班牙小说家更高明，他只是在这个传统中最后出现，并使其再次获得关注。

到了1600年，西班牙城市街头挤满形形色色的流浪汉：失业士兵——许多是由意大利或佛兰德斯返乡，身体已有残废；把祖产挥霍殆尽穷困潦倒的贵族；无业游民和乞丐，无法到新大陆去，又不肯靠双手清白地生活；涌入城市但找不到工作的乡下人；因经济崩溃而流落街头的工人；想混进官僚机构纠缠不休的逢迎者；认为社会欠他们的骗子和罪犯，诸如此类。教会无意间鼓励了这种寄生的态度，因为耶稣会强调信仰才是获得救赎的方式，而不是工作。当时西班牙已不再出征，士兵们就再也不能用枪矛追求梦想；美洲的矿井虽把财富汇聚到少数几个人的口袋，但矿工再怎么努力工作，也只有微薄的酬劳；点石成金的梦，使诚实劳动的吸引力全失；西班牙已耗尽命脉。因此说流浪汉就象征着西班牙民族梦想的失败，象征着全国的饥饿和绝望，再合适不过了。

值得一提的是，最脍炙人口的流浪汉小说《古斯曼·德阿尔法拉切的生平》(*Guzmán de Alfarache*)(第一部分于1599年出版，第二部分于1604年完成)，其作者是有犹太人血统的马特奥·阿莱曼(Mateo Alemán)，当时这本小说比《堂吉诃德》更受欢迎。其英文版书名为《西班牙恶棍》(*The Spanish Rogue*)，共四大册，由詹姆斯·马贝(James Mabbe)翻译。在这本书和其他流浪汉小说中，我们看到了一幅悲观的世界图景，一种铺天盖地的绝望。最近有学者指出，这种对人生的态度起源于犹太人和摩尔人，而非基督教。但由于混合的文化和宗教环境，西班牙基督徒也不可避免地吸收了宿命论的哲学。潜意识的逻辑推理是，既然上帝预先确定了人类的命运，而且世界是个大骗子，人自然有权利行骗、偷窃、欺诈——总而言之就是做个流氓，来扳回一城。因此，流浪汉小说是非常人性化的抗议，是西班牙人民生存痛苦的表达，是在世界与现实从身边滑过时自我冲突的一种体现。

因此黄金时代的其他作家寻求摆脱现实，岂不是理所当然？他们在宗教神秘主义者的诗歌里找到了答案。神秘主义代表尚武精神已降级为宗教斗争。神秘主义者是灵魂的游侠骑士，他们就像大探险家一样，走过未知的海域，超越人类精神的已知界限。因为对《圣经》拉丁译本的解释而被宗教裁判所囚禁5年的萨拉曼卡大学教授路易斯·德·莱昂(Fray Luis de León)，就是最著名的神秘主义者之一。圣十字若望(St. John of the Cross)创作关于内心生活热情激昂的诗歌，他也是知名的神秘主义者。圣特雷莎·德·赫苏斯(Santa Teresa de Jesús，又译圣德兰，或称大德兰)虽在尘世有许多负担，但也借着神秘主义写作找到宗教的出口。值得一提的是，上述两位男性都曾遭监禁，而路易斯和圣德兰都有犹太祖先。路易斯的祖母是改宗基督教的犹太人，圣德兰的祖父也是改宗者。[1]

圣德兰（1515—1582年）年轻时很好看，读了许多骑士小说，也常想象自己成为其中的女主角。她和表兄弟相处融洽，对他们的爱情故事也很着迷。父亲为了保护她，把她送进修道院，后来她就成了阿维拉的“天主降生为人隐修院”（Convent of the Incarnation）加尔默罗会修女（Carmelite）。她热情地投入新生活，以禁食、忏悔、漫长祈祷折磨身体，漠视健康。她多次昏厥、剧烈头痛、呕吐、神经极度紧张，终于在一系列抽搐，全身僵硬后，看不出呼吸心跳，被宣告死亡。

她的父亲和其中一个兄弟不肯接受事实，轮流守候在她床边。“她的兄弟在守候时睡着，蜡烛掉在圣德兰床上着了火。即使如此，她也未能醒来。她的坟墓已经挖好了，眼睛也涂了蜡，修女来为她洗身。但她却出乎众人意料地突然醒了过来，吃喝后，将她在恍惚中的经历娓娓道来。她回到修院，瘫痪无助地躺了8个月。终于她能起身活动，于是确信痊愈是因宗教的力量。”[2]

圣德兰说自己通过“灵魂之耳”听到上帝直接传达旨意。她写了许多书和诗歌，过起为人表率的生活，在西班牙受众人仰慕，至今还拥有许多信徒。我们能从下面这首美丽的十四行诗中一窥这个极其虔诚的灵魂，英译者是凯瑟琳·伊丽莎白·斯特拉思迪（Katharine Elizabeth Strathdee）：

并非你愤怒的可怕前兆

[1] 1485年，宗教裁判所控诉他重信了过去信仰的犹太教。圣德兰的7个兄弟都远赴秘鲁，很可能是要“远离西班牙，以避开教人痛苦的流言”。

引我跟随你脚步所踏之处；

并非你神圣的蹙额，

也不是对你暴怒的恐惧

引导我的灯沿着你狭窄的道路行进；

光是你美妙的爱，就已征服了我。

你的光彩，就像优雅而明亮的斗篷，

在纯洁和有罪的灵魂上投射了光明；

在狂风暴雨的神秘的黑暗之中

你包住了正义和不公；

你把美丽赐给每一个人，

为什么我们的嫉妒之心却受到驱使，

追求世俗宝藏所托付的空虚的海市蜃楼？

我害怕你，但我并不怕黑暗的推力；

我爱你，虽然我没有上天堂的希望！[3]

在宗教热情之外，西班牙神秘主义者过着身体力行的生活。他们是勤劳的工作者，诚实的改革者。但他们对上帝的追求是一场脱离现实的逃避，在此过程中，个人的灵魂追求与神圣绝对结合。他们寻求一条引领他们走出灵魂暗夜的路径，走出感官黑暗和欺骗的现实，走向上帝的神圣现实。神秘主义者不冀求任何事物，因此能够立刻拥抱一切。他们感受到自己容光焕发，起了变化，并把自己渺小的灵魂与上帝融为一体。圣十字若望感受到上帝是隐藏在夜色之中的不死之泉，他穿越黑暗去饮用泉水。我们可以理解，像这样强烈的信仰，很可能会使信徒在宗教裁判所面前身陷危险，事实也的确如此。然而这些神秘主义者在人类灵魂中发现的光明之美，远超过我们用手触摸或用眼睛亲见的美，他们的逃避是人类在尘世中最伟大的逃避，他们的一些诗歌充满了最慷慨激昂的情感。在文艺复兴快速但往往笨拙的进步之际，它们代表了中世纪信仰的升华。

黄金时代的第四种文学类型，是被西班牙文学天才贡戈拉高度美化的巴洛克世界，是一种对现实的赞扬。贡戈拉的诗截然不同于田园诗人笔下的多愁善感和明白易懂的乡村景致，而是通过艰涩的比喻、出色的意象以及一连串印象的累积，以敏锐的诗意重新创造了整个世界。世界“经过塑造和简化，只剩下精心描绘的轮廓、灵活的缩影、和谐的声音以及缤纷的色彩。通过连续复杂的隐喻游戏，所描绘的事物往往失去了个体性，而进入一个比喻的范畴。在他的诗作《孤独》(Solitudes)中，我们不会寻找海水、淡水、喷泉或荒无人烟的咸水湖中的水，因为他用‘水晶’涵盖了这一切”。[4]但女人美丽的四肢也被他称为水晶。因此在我们检视诗人的词汇时，会感到迷惑和混淆。

贡戈拉在当时引起轰动，但去世后，他的诗歌就不再被重视。到了18世纪，几乎已没人读他的诗。法国象征主义诗人率先重新发掘贡戈拉的诗，“他们认为，这么晦涩的诗人，必然非常美好”。法国诗人保罗·魏尔伦(Paul Verlaine)想深入探究他的心灵，却迷失其中。他为理解贡戈拉而决心学习西班牙文，终究未能实现愿望。不过，他倒是用了《孤独》一诗结尾时代表婚床的美丽意象，作为自己一首十四行诗的引言：“爱情纷争的羽毛天地！”这可能就是他对贡戈拉了解的程度。拉丁美洲现代主义者危地马拉诗人鲁文·达里奥(Rubén Darío)受到魏尔伦的影响，怀抱热情来到马德里。他在诗中歌颂贡戈拉，让西班牙人重新注意到他。追随达里奥的年轻西班牙诗人，尤其是洛尔迦及其同侪，深深沉醉在贡戈拉的作品中。1927 年，诗人去世 300 周年，西班牙《西方评论》(*Revista de Occidente*）出版了他的新版作品集。学者研究这位诗人，洛尔迦的诗人朋友阿隆索（Dámaso Alonso）针对他最深奥的诗歌，提出批判性的解读。此后，贡戈拉在西班牙和美洲西语国家声名大噪，现已被视为最优秀的西班牙语诗人。

贡戈拉于 1561 年生于科尔多瓦的富裕书香之家。他的父亲以爱书闻名，拥有一间偌大的私人图书馆。贡戈拉以他的古城家乡和“河流之王”瓜达尔基维尔河为傲，这条河沿岸有众多文化扎根。他年轻时曾在萨拉曼卡大学求学，学习拉丁文和意大利文，他聪明潇洒，风度翩翩。他出手阔绰，和许多女人交往。他早期的韵文并不复杂晦涩，其中有些是用西班牙语写成的最棒的艺术民谣。他在 1600 年后的诗歌则开始描绘源自他想象的人造世界，与早期的诗截然不同。贡戈拉对陈腔滥调敬而远之，发明了符合他想象的用语。譬如，由于“白色”、“玉米”、“橄榄油”和“羽毛”等词语都具有色彩感，所以贡戈拉用“雪”来取代“白色”，用“飞雪”取代“羽毛”。他用“金箔”描述玉米穗，用“液金”描述橄榄油。正如有人指出的，任何形式的水，在他笔下都是“水晶”。

在形容较大的范围时，贡戈拉会用组合或延伸的意象。一条流入大海死亡的河流，在他笔下成了“一只水晶蝴蝶，没有翅膀，高低起伏，宛如波浪……”进入金牛座的太阳含有倒像，我们看到公牛“穿越蓝宝石田，去吃恒星玉米”。当诗人看到河岸垂杨，他借重新创造过程捕捉到的现实，成了一幅“烟火爆发”的意象。诗中只字未提白杨，而是描述它们“在波浪之镜前，借着烟火的光编辫子”。这些垂杨在此意象中化为神话少女，映着烟火的亮光，用溪水的倒影梳妆。诗人在其他意象中，把河中的岛称为“枝繁叶茂的括号”，麦哲伦海峡成了“捉摸不定的银色铰链”，村子里的烟囱则成了“夕阳的瞭望塔”。他还用一长串的意象来呈现一个简单场景，以描述几名农夫翻山越岭到即将举行婚礼的场地。贡戈拉撷取景物，把它描写为“一群鹤越过空气之海，不像飞船，而是像扬着风帆的鸟，四散在蔚蓝的空中，追踪类似盈亏之月的图案，或者也像用羽毛写在天空羊皮纸上的神秘文字”。简单朴实的景象，被改造成精美的日本版画。稍纵即逝的时刻化为永恒，因为它已被诗人的想象力重塑成辉煌的巴洛克式大教堂。

贡戈拉认为，如果以普通的名字称呼事物，它们的现实就止于那一刻。如果赋予它们更崇高的名字，提升、美化它们，它们就有获得永生的机会。诗人的目的就是追寻这个过程直到最终点。无论是否同意贡戈拉所得到的结果，是否因其形象的复杂难解而感到困扰，我们都必须承认，他能够创造一个独特的诗意世界，一个在诗人死后许多个世纪依旧存在的世界，让未来敏于各种语言的世代能从其中寻求灵感。事实上，许多现代诗人都可以说是受到了贡戈拉概念的启发。科尔多瓦的吟游诗人是西班牙黄金时代最辉煌的灯火。

下面这首贡戈拉的十四行诗由 17 世纪的理查德·范肖爵士（Sir Richard Fanshawe）所译，表现了诗人比较单纯、抒情的情绪。这首诗名为《玫瑰》（The Rose）。

早晨还被清风拂动的你，不到中午就会凋零，是什么在催促这么匆忙弃你而去的生命？
你如此美妙欢乐，因为很快就会逝去，
短暂的骄傲为你添上一点颜色。
如果你那脆弱的美丽如此欺骗你，
那么你该知道使你自负的事物就是你的祸根；
因为同样的美，在血腥的叶子里，
包藏了你早逝的判决。
如果耕犁时一不小心，就会把你扯下，
那些小丑粗俗的呼吸会毒害你甜蜜的花朵；

许多希律王时时刻刻都在等待
等你一出生就要把你杀害——
不，强迫你的花蕾开放——他们暴虐的气息
期待生命，加速死亡！[5]

史上最出名的西班牙作家塞万提斯和贡戈拉生在同一时代。他没有如贡戈拉那般显赫的出身，不过也是个小绅士贵族。他早年先后在阿尔卡拉和马德里接受教育，接触到西班牙文艺复兴的伊拉斯谟主义和人文主义潮流，这种自由化的影响在其杰作《堂吉诃德》中非常明显。该书分成两部分，第一部分发表于1605年，第二部分发表于1615年，也就是他去世的前一年。塞万提斯曾赴意大利旅游和工作，在勒班陀湾与土耳其人作战，身受重伤，左手落下残疾。不过他说："失去了左手，右手才更荣耀。"在返回西班牙的途中，他被北非巴巴里海岸的海盗俘虏，奴役了5年，最后付了500达克特（ducat，旧时在欧洲许多国家通用的货币）的赎金才获释。回到西班牙后，他奉命担任无敌舰队的食品采购，工作表现平平。他想靠写作谋生，写了几部戏剧和其他作品，还算成功，但没有创造多少收入。他有几次入狱，可能是因为欠债无力偿还，或是因为亏空。他动笔写《堂吉诃德》时，人在塞维利亚的监狱。

这部伟大的著作在很多方面都与作者的生活重叠，小说的第一部分问世时，塞万提斯已 56 岁，故事主角的年纪也相仿。塞万提斯大半人生都在四处漂泊，写文学书籍，遭受奴役和监禁，而他无疑也希望能够成名并伸张正义。虽然他总是被击败，但也总会东山再起，始终抱持乐观的态度和对人生美好的信念。他就像他笔下的主角一样大量阅读，也许这让他的脑袋远离现实，使他难以专注在乏味的谋生工作上。因此，虽年届知天命之龄，他依旧是失败的理想主义者，梦想着伟大的文学作品，却一事无成。

他说他写《堂吉诃德》是要讽刺骑士故事的荒唐，因此他让主角日夜展读这种故事，着迷不已。堂吉诃德决心要做个游侠骑士。这位老先生先是单枪匹马出击，一事无成，于是他回到家，找了精明又实际的农夫桑丘当他的侍从。作者自此开始有了把握，让这两个角色一起出发，进行他们的正义大业，两人相辅相成，仿佛另一个自我。随着情节展开，我们可以明显看出这些角色掳获了塞万提斯的心，于是他起初想讽刺骑士小说的念头，也化为更宏大的对人性形象的净化式创造。

“西班牙是母亲，塞万提斯只是带来了精子。”伊比利亚半岛上最了不起的现代哲人乌纳穆诺这么写道。无论怎么说，塞万提斯在他的小说中，已经给了我们提升到伟大世界文学地位的西班牙生活和角色的画像。桑丘代表的是感官和当下的现实，而堂吉诃德则象征人类信念的更宽广的现实。双方各自为各自的立场而战，因为观念和性格互相渗透而互有胜负。堂吉诃德起先很明显是疯了，但他只在一个层面疯狂，也就是他对行侠仗义的信念。在其他各个领域，他都是书中最理智的人，这可以从他的言谈举止中证明。譬如就任岛屿总督的前夕，他对桑丘的劝告集智慧、理性和常识于一身。对堂吉诃德来说，思想和意志胜于一切，他想到什么，看到的就是什么。他想到巨人，因此风车就变成巨人；他想到军队，绵羊就变成士兵；他想到城堡，客栈就变成了城堡。桑丘起先不愿相信这些事物，但他逐渐受到主人的幻想感染，另一方面，堂吉诃德也逐渐感染了侍从的务实。他经历了完整的循环，从完全仰赖信念之人变成彻底不信之人死去，奉劝他的亲友不要重复他曾经的疯狂生活。

整部小说是对人类个性、真理和正义的探讨。堂吉诃德自述，他的使命是行善。

> 我已经讨回了公道［他对责备他的教士说］，让受伤的人恢复，斥责了傲慢无礼的人，击败了巨人……我恋爱了，但不逾游侠骑士的天职之矩；我并非这时代的恶毒情郎，而是贞洁的柏拉图式恋人。我的意图全都以美德为本，不伤害他人，而对全世界都有益。现在，让高尚的法官，最出众的公爵和公爵夫人［他从那个脾气暴躁的教士，转向贵族听众，说出结语］决定，一个以实践这一切为唯一进取的人，是否该被斥为傻瓜。

这是堂吉诃德给书中角色和书外读者的答案。上面的场景发生在公爵和夫人的宫殿里，几个上流社会的成员正在款待堂吉诃德，企图捉弄他。但最后他们的嘲笑却成为不幸的真理，他们才是傻子，而非堂吉诃德。因为他们的行为动机是低下的欲望，而堂吉诃德的动机却无可指摘，而且还有不想伤害任何人的神圣特质。因此，尽管堂吉诃德疯狂，但经历这些后反倒变得更崇高，而捉弄他的人却卑劣、残忍和自大。

在书中另一处，堂吉诃德告诉他的好随从桑丘："就算你看到我身历至险，除非我是遭低劣的平民和卑鄙的恶棍袭击，否则你绝不要拔剑捍卫我。"他的斗争是针对那些他认为征服对方有其意义的人。他必须继续与理性的捍卫者，那些被物质现实俘虏的有常识的人进行无休止的斗争。这对理想主义者而言十分可怕，但这对不仅相信而且完全生活在幻想世界中的骑士而言，却是唯一可能的说法。即使受到死亡威胁，也要遵循规范——这是英国人所讲究的体育精神，也是西班牙荣誉最高层级的精髓，不是黄金时代剧院中所描绘的必须用鲜血夺回的荣誉，而是化为更深层次人性尊严的荣誉，是一种生存方式，是一种善的手段，是一条通向永生的道路。

堂吉诃德不相信什么"实用的理想主义"。对他来说，如果实用，那就不是理想主义。他认为理想主义意味着和不公与邪恶的强大力量决一死斗，无论面对怎样的危险或结果。这样的斗争不谈实用，因为在其中，人奉献了他的整个灵魂，不考虑妥协、退缩或姑息。从这方面来看，堂吉诃德的理想成了一种宗教，堪比为信仰而牺牲的耶稣基督。若说我们在小说的尾声看到了失败的英雄，聪明的读者必定明白，这个英雄的溃败就意味着他的理想会继续存在。文学悲剧总是由这样的元素构成。在高贵的角色失败时，无论是在戏剧舞台上，还是在小说中，他斗争的本质和现实都会留在观众或读者的心中，而这正是作者有意或无意想达到的目的。的确，基督教这个宗教的建立，不也需要耶稣的牺牲吗？

我们可以对堂吉诃德做出种种解释，这体现出一个伟大作家的特色。有文学评论家在谈小说推出后读者的反应时指出："17 世纪的读者哈哈大笑，18 世纪的读者会心微笑，19 世纪的读者却潸然泪下。"但无论读者的反应或层次，塞万提斯的角色分析和投射如此精明，每次重读本书，都能发现新的意义。因此几乎所有的评论家都称这部杰作为"举世最伟大的小说"。

在中世纪的人心里，上帝是超然的。人只是盖印神圣现实的模具。生命是前往永恒的通行证。"人，记住，你是必死的！"是中世纪生活的焦点。因此，中世纪小说永远在说教，其中的角色是各种类型的人物，一直要到 15 世纪，小说中的人物才有性格差异。

文艺复兴时代的人开始有了自己的现实。人不再只是反映现实，而是现实的化身。人是宇宙知识的起点，上帝不再凌驾于宇宙之上，而是内在于其中。大自然和上帝共同具有神圣的现实，而且确实是"主的管家"。宇宙按照秩序与和谐的法则展开，其基调是爱。

这种以自然为神圣现实的观念，在文学中塑造了住着完美状态的人的理想大自然。加西拉索的诗歌、田园小说和骑士小说，都表达了人类实现这种理想世界的愿望。这是个未受历史影响的世界，一个充满自然的善、美和爱的世界。

同一时期，另一个物质世界也存在。黄金时代现实主义以 1499 年的《塞莱斯蒂娜》为起点，在流浪汉小说中蓬勃发展，充分地描述了这个世界。这个世界是绝对现实的另一分支。“双重真理的信条，一方面是普世的诗意真理，另一方面是历史的具体真理，为理想化的和现实的小说铺了路。”[6]

特伦托公会议后，反柏拉图的道德家开始谴责这个理想化的世界。生活在完美状态中的完美人类，与原罪的教义背道而驰。文学的立场逐渐随宗教和哲学的立场改变。这两种真理之间的关系成了问题。

“塞万提斯发现自己置身于这个冲突之中，他的解决办法是按照特伦托的要求，综合两种真理。他以骑士小说和田园小说为出发点，运用幽默，融合了两种真理。他把堂吉诃德置于普世的诗意理想中，又把桑丘置于历史的具体时地。双方各自争夺位置，两个世界发生冲突，最后融合。”这个宇宙无论在情感还是理智方面，都是典型的西班牙世界，但同时也是全人类的宇宙。塞万提斯已从理性官僚手中拯救出了人性。

在塞万提斯生活的时代，西班牙民族戏剧诞生并发展起来。剧作家洛佩·德·维加（1562—1635 年）认识《堂吉诃德》的作者，并在文学上与其竞争，他也是民族戏剧的主要创造者。洛佩毫无疑问是举世最多产的剧作家，他写了 500 至 600 部长篇幅的剧本，其中许多是在紧凑的几小时之内完成的。除了令人叹为观止的小说、故事、诗歌和各种短篇戏剧作品，他还有 300 多部剧本流传至今。塞万提斯称洛佩为“大自然的神童”一点也不为过。

洛佩创造的西班牙戏剧[1]成了广为流行的戏剧形式，于是西班牙的剧作家忙着写剧本，以满足观众的需求。这些剧本主要是基于一些刻板情境和爱恨情仇等原始情绪的喜剧，常被称为"斗篷与剑戏剧"（cape and sword drama），因为在剧中，为解决种种阴谋，斗篷和剑会不断出现。约定俗成的做法是，主角以斗篷掩着下巴，变得难以辨认，因此剧作家不费吹灰之力就能让情节更复杂。剑在英勇义举中可派上用场，也能雪耻复仇。对贞洁妇女的流言八卦，足以使她蒙羞；妇女的道德不容怀疑，人们的传言就和真相一样至关紧要。我们很容易看出，这些元素的组合会带来矫揉造作的剧情，这种情况确实很常见。不过，尽管有这些公认的惯例，也不可避免受到大众品味和教会的限制，但西班牙黄金时代的剧作家确实创作了相当多的一流剧本。在这方面，西班牙足以与法国相比肩，它的地位仅次于伊丽莎白女王时代的英格兰戏剧。

公众需求和戏剧公式促使洛佩运用他的生花妙笔，把丰富的想象力发挥得淋漓尽致，成为世上最伟大的即兴创作文学家。西班牙人一向擅长即兴创作：政府、军事、经济问题、征服和探索、殖民，几乎是组织生活的方方面面。他们在文学上的即兴创作也有口皆碑，但没有其他西班牙人比洛佩更加多产。他出口成诗的速度惊人，也留下最精彩的西班牙抒情诗，许多流行歌谣、抒情诗、歌曲和舞蹈都融入他的戏剧。洛佩也采用了许多民俗"科普拉"和谚语，把它们穿插在剧本中，让创作显得流行通俗。他的许多剧本都以史实或家喻户晓的传说为根据。戏剧观众深爱洛佩，在他们的支持下，有

[1] comedia 指黄金时代的戏剧，非仅喜剧而已。

时甚至因为他们坚持，他的戏剧会朝某个方向发展。他创造了西班牙的民族戏剧。

弗朗西斯·海斯（Francis C. Hayes）所著的《洛佩·德·维加》（*Lope de Vega*），让我们近距离看到洛佩的诸多面貌，他是花花公子、剧作家、教士、杰出西班牙人、投机分子、天主教徒、幽默家、抒情诗人、父亲、情人。海斯指出洛佩有诸多灵感来源：

> 为了寻找戏剧题材，他走遍各处，从贫民窟到市场，到贵族的家、官殿、教堂，上天入地。他向观众呈现数百名流氓的生活。他走下社会底层（并曾入狱），探究囚犯、傻子、恶霸、匪徒、皮条客（包括男女）、妓女、寄生虫、小白脸和诈欺者……他到处寻觅，无论古今，无分外国或本国，无论神圣的和世俗的，田园牧歌、圣徒传记、众所周知的故事、地理传说和骑士故事。他跨越时空……他向希罗多德、奥维德、贺拉斯、薄伽丘、班戴洛［Matteo Bandello，意大利作家］、《塞莱斯蒂娜》、《圣经》和他的西班牙戏剧前辈汲取灵感。他一次次把谚语或叙事诗的角色或民族的男女英雄变得有血有肉……[7]

洛佩在西班牙各地旅行见到形形色色的人，他甚至把上帝也变成他作品中的一个角色，对西班牙那些著名的国王更是如此。他把很多贵族塑造为恶棍，国王则不会有这种待遇。洛佩总是站在国王和老百姓这边，对抗腐败的贵族。洛佩反映了他的时代，不断向海斯所谓“那无穷无尽的大众水库”取材，亦即西班牙人民源源不绝的民间传说。上一刻，他会让在座每名观众洋溢着民族的自豪感，但下一刻，某个角色会脱口而出："荣耀和骄傲，它们在这世界上有什么用处？"西班牙人喜欢这些。他们在洛佩笔下看到了自己炽热本性的矛盾心理，看到这种心理在自己眼前的舞台上活灵活现地演出，他们的感受类似于亚里士多德所谓古希腊悲剧带来的净化感。

对这位才华横溢，把人生发挥到淋漓尽致，精力无穷且感知力敏锐的人，还能期待哪些更多的成就？洛佩娶了两个妻子，还有几个情妇，多名子女，但都比他早死。其实洛佩的妻子和情妇，光是可算出来的就有 13 人，至少生了 16 个孩子。他的很多情妇都是已婚妇女。洛佩的座右铭似乎是"犯罪、悔改，然后再犯罪"。但任何事都未曾阻止他写作。

洛佩最好的一个剧本是《佩里巴涅斯与奥卡尼亚的领主》（*Peribáñez and the Comendador de Ocaña*，中译《爱情与荣誉》）。这名领主对农夫佩里巴涅斯的妻子魂牵梦萦，为了成其好事，他命令农夫去打仗，就像大卫王要诱惑拔示巴（Bathsheba）时的做法。农夫立刻察觉不对，但又不能抗命。等到军队一休假，他急忙赶回家，可是还没到家就听到田间工人嘴上的歌曲，知道最糟的事已发生。最后他向领主讨公道，把他杀死。国王下令逮捕杀人犯，可是听闻其中原委后，非但饶恕了农夫，还特别褒奖他，升了他的官。在斗篷与剑的戏剧中，要保卫荣誉就得杀死侮辱他的人，即使对方是贵族。

在洛佩的另一个剧本《羊泉村》（*Fuente Ovejuna*）中，村里一个有权势的领主玷辱几名妇女，还侮辱她们家的男人。村民忍无可忍，趁着夜黑风高破门而入把他杀死。国王派人来调查谁是罪魁祸首时，村民全都三缄其口。虽然调查者严刑拷打逼供，村民还是不说任何一个名字。尽管被折磨的人往往大喊要供出一切，但只要问道："是谁干的？"大家都异口同声地说："是整个羊泉村干的。"这个剧本捧高了全村的人，因此迄今还很流行，在俄国和法国也很受欢迎。洛佩擅长铺陈戏剧里的纠葛。他缺乏莎士比亚的深度，也很少描绘伟大的角色。他绝对没有创造如莎翁的哈姆雷特、麦克白、福斯塔夫（Falstaff）或埃古（Iago）那样著名的角色。他写剧本太快太急，无法像莎翁那样精雕细刻。

西班牙黄金时代的戏剧创造了另一种极其重要的角色，称作gracioso（愚人丑角）。这人可能是主角的仆人、心腹或朋友，是主角思想和行动的共鸣。gracioso代表常识，有点像桑丘，有时他也代表舆论。这个象征性的角色作用类似于希腊悲剧的合唱团。法国和意大利的戏剧也采用了这个类型，用在许多剧本中，但效果不如在西班牙戏剧中好。这个角色也出现在当今的歌剧中，譬如莫扎特《唐璜》（*Don Giovanni*）中的侍从莱波雷洛（Leporello），其歌词是填词家达·蓬特（Lorenzo Da Ponte）以西班牙最出名的戏剧《塞维利亚的嘲弄者和石头客人》（西班牙17世纪剧作家蒂尔索·德·莫利纳之作）为本写成。该剧也是文学史上第一部以唐璜为主角的戏剧。

在黄金时代的戏剧中，国王几乎总是被当成好人。他总是站在正义的一边，和下层阶级一起对抗社会上层，尤其是封建领主。心理上，这反映了西班牙当时的情况：国王希望与群众和教会结盟来对抗贵族。洛佩的戏剧一再向公正诚信的国王致敬，因而在民众心中巩固了这种形象。评估黄金时代剧作家在西班牙受欢迎的程度时，我们要记住，当时的西班牙人多是文盲，口述文学的形式是他们唯一可接触到的文学。几个世纪以来，他们自发地创造了成千上万无名的歌谣和科普拉对句，如今这些元素成了西班牙民族戏剧的一部分，每个人都可以看到、听到和理解它们，难怪他们对戏剧和诗歌的胃口难以满足。

洛佩在教会的怀抱中度过了人生最后的时间（后来的卡尔德隆与蒂尔索也是），不过他的年轻岁月可不平静。双亲在他念大学前就去世了，在宗教大法官的帮助下，他进入阿尔卡拉大学，完成哲学学业。毕业后，他担任阿尔瓦公爵的秘书。他有很多风流韵事，曾在一场决斗中把对手打成重伤，因此被迫离开马德里，流亡了好几年。他加入无敌舰队赴英国作战，尽管西班牙大败，他还是安全返回西班牙。在这段经历之后，是他身为作家最多产的时期。但在第二任妻子去世以及他最喜爱的儿子在南美洲溺毙之后，他接受了圣职，退出公共生活（1614 年）。然而，两年后，他又和一个比他年轻 30 岁的已婚女子爱得死去活来。她是他牧歌中的水仙。这位年轻的情妇失明后精神失常，洛佩伤心欲绝；她比洛佩早去世三年。伟大剧作家在仅存的女儿私奔后崩溃；他原本深爱着她，也精心守护她，结果还是无济于事。在这之后不久，他怀恨而逝，他的人生很像他自己写的剧本。最近发现在他那段时期写的一个剧本中，有位老年人哀叹："让我守护狮子老虎，让我守护鳄鱼，但不要让我守护美丽的少女！"

洛佩生前是备受仰慕的西班牙作家，无论是贵族，还是一般看戏的民众，大家都知道他，视他为偶像。他只要一出现在街上，总有大群人将他团团包围，就像现代影迷包围明星一样。只不过洛佩的粉丝主要是长者。然而，街头顽童也疯狂地追着他，喊他的名字。

在马德里平淡的生活中，洛佩的新戏是一件大事。他反映与发扬大众品味的能力，是其他西班牙作家都望尘莫及的。塞万提斯常常嘲笑他对大众品味的快速反应，但这种响应使他成为“西班牙舞台之王”。

其实洛佩在其他方面也受到推崇。他被选为宗教性质的马德里学院的院长，并被任命为宗教裁判所的“常员”，这是一项殊荣。教宗乌尔班八世（Urban VIII）授予他马耳他十字勋章和神学博士学位，并发了一封奉承信给他。他在1635年去世，终年73岁，葬礼如亲王一般隆重，仪式持续了三天，由三位主教穿着主教袍主持。西班牙所有剧院都举行仪式，纪念这位去世的偶像。

和洛佩同时代和在他之后的作家人数众多，而且都很重要，不可能在本书篇幅内一一细数。克维多-比列加斯（1580—1645年）有时被称为“西班牙的伏尔泰”，他笔锋锐利，用讽刺、夸张和苦涩的笑，揭露了西班牙的可耻和挫败。他的著作里有无能和拙劣的国王、最恶劣的谄媚阿谀者、卑劣的抄写员和城镇议员、无能的贵族、无知狂妄的医生、空洞自大的诗人、贪婪的恶婆娘。克维多-比列加斯操纵这些人类的典型，让他们跳起讽刺的死亡之舞，腐败的骨架让身体四处转动。作为一名作家，克维多-比列加斯最关注的是西班牙社会已病入膏肓的丑恶和愚蠢。他讥讽和嘲笑这些事物，但他的笑却令人心酸落泪。他的幽默成了悲叹，他的机智是令人心碎的剑。如果像法国哲学家柏格森（Henri Bergson）写的，笑就像海浪留下的泡沫，任何孩子都可以从沙滩上捡起来，看它变成几滴凝结的盐水，那么克维多-比列加斯的笑声似乎是将人生的泡沫收集到幻灭里，呈现给我们看的只是那泡沫苦涩的残渣。

在某种意义上，克维多-比列加斯是西班牙史上最重要时刻的国家良心。他也是描绘爱情、死亡和时光流逝的伟大诗人，这一切全交织为转瞬即逝的安魂曲。他留下了一系列十四行诗，堪称西班牙语界最优秀的诗句：

最后的阴影带走白昼的日光
也许我会永远闭上这深情的眼睛，
由尘世泥土中释出的灵魂，
沉溺于它狂热和渴望的呐喊；
但在那未知的更远之岸，
在冻结的水域解冻之处，我的火焰会爆裂；
它的记忆会再次明亮地燃烧，
不在意人类最庄严的法律。
对被锁链锁住的神，灵魂是监牢，
血管提供了燃料，造成这么多火光，
高贵地燃烧着的骨骼嘲笑心脏的努力：
它会离开这个躯体，但摆脱不了它的痛苦，
它们将化为灰烬，但因欲望而加速，
它们将成为尘土，但却是爱着永远的尘土。[8]

巴塔沙·葛拉西安（Baltasar Gracián，1601—1658 年）则是西班牙黄金时代最伟大的散文作家之一。他的许多书由托马斯·诺斯（Thomas North）译为英文，在英国大受欢迎。他以道德为主题的散文风格辛辣，条理分明，想象力丰富，即使今天读起来还是非常有趣，令人受益良多。下面这一段取自葛拉西安的《智慧书》(*Art of Worldly Wisdom*)的话，可以代表这位作家的语言和思想：

> 将你国家的弱点掩藏在你体内。水会沾染上它所流经隙缝的特质，无论这特质是好是坏；人也会受到他所处环境的影响。没有一个民族没有天生的缺陷，即使最有文化的民族也不例外，不过其邻国不会立即发现这些缺陷，或许是因为他们谨慎，也或许是因为他们[安于]舒适。能够消除自己身上所带有的这种民族弱点，或至少能隐藏它们，是值得赞扬的技巧：如此一来，你在自己的民族里就独一无二，因为最出人意表的事物最受人尊敬。种族、阶级、职业和年龄也都各有弱点，如果它们全汇聚在一起不受控制，就会生成难以忍受的怪物。

葛拉西安还有一些警句，教人想到法国作家拉罗什福科(François de La Rochefoucauld)的箴言：

> 人生是人与人的祸心之间的搏斗。
>
> 没有独立的美，没有不陷入粗俗的卓越，除非有艺术拯救。
>
> 空有内容还不够，还必须要有形式。不好的形式破坏了一切，甚至正义和理性。
>
> 没有理解的科学是加剧的疯狂。
>
> 勤勉的平庸胜过不勤勉的卓越。
>
> 运气不好多数时候是对愚蠢的惩罚，怨叹的人最容易染上

这个病。

疑惑之时，和聪明谨慎的人在一起是上上策，因为他们迟早会赶上运气。

要知道的东西太多，学习的时间太少；不知道的人就白活了。没有知识的人是黑暗的宇宙。

葛拉西安的杰作《漫评人生》（*El Criticón*）以奇特而象征性的观点描述世界和人类。老人克利提洛遭遇船难，在小岛上遇到一个在野兽群中独自长大的流浪儿。老人（代表世界的知识和判断）教年轻的野蛮人（代表自然的人，人类纯洁的灵魂）说话，文明和自然因而被放在一起互相对照。高贵的年轻野蛮人叙述了他的人生和经验。老人正要说自己的故事时，正好有船经过，把他们救了出来。年轻人在导师告诫他对这些人要有戒心，说他们是敌人时，感到十分困惑。和野兽总能交上朋友的人，却不能和自己的同类交朋友，未免奇怪，但老人说，人虽然没有狮子老虎的利爪和力气，却拥有更锋利的舌头，这个武器可以把人碎尸万段。两人上了船，最终在西班牙上岸。自此开始，作者对文明作了一连串的批判。自然之人纯洁的灵魂总是被欺骗，就连老师对自己也不再有把握了。他们去罗马追寻平和快乐，但在罗马亦徒劳无功。那么究竟要到哪找这些人生的理想目标？ 作者告诉我们，世上没有这些东西。尽管此书的结尾很传统，但全书发人深省，它对人生的悲观态度深深吸引了德国哲学家叔本华。在葛拉西安的笔下，世界的挣扎和冲突无所不在，一切事物都处在紧张的状态。上帝创造芸芸众生，人类是其中最残酷的一种，他唯一的希望是霸道或屈服；他必须冲破所有的障碍前进。他身上带着幸存的种子，灭亡的毒液。

洛佩在西班牙黄金时代戏剧界有许多追随者：蒂尔索·德·莫利纳、鲁伊斯·德·阿拉尔孔（Ruiz de Alarcón）、纪廉·德·卡斯特罗（Guillén de Castro）、罗哈斯·索里利亚（Rojas Zorrilla）、米拉·德·阿梅斯夸（Mira de Amescua）、莫雷托（Agustín Moreto）、佩雷斯·德·蒙塔尔万（Pérez de Montalbán），以及卡尔德隆。随着卡尔德隆在1681年去世，这伟大时代也告一段落。我只简略介绍这些剧作家中的第一位和最后一位，他们也是其中最优秀的剧作家。蒂尔索（1571—1648年）35岁才开始写剧本，共留下约150部长篇剧本，其中以唐璜为主题的《塞维利亚的嘲弄者和石头客人》最脍炙人口。剧本以中世纪传说中玩弄女人的塞维利亚浪子为本，所有其他欧洲国家几乎都有作家采用和模仿这个故事：法国的莫里哀、高乃依（Pierre Corneille）和罗斯丹（Edmond Rostand），英国的沙德韦尔（Thomas Shadwell）、拜伦和萧伯纳，意大利的高多尼（Carlo Goldoni），德国的霍夫曼（E. T. A. Hoffmann）和俄国的普希金。莫扎特的歌剧《唐璜》及达·蓬特所填的精美歌词使这故事流传开来，在世界各地的舞台上表演至今。

在蒂尔索的戏里，唐璜是典型的登徒子。他喜新厌旧，以引诱女人为能事，得手之后马上抛弃她们，乐此不疲。早在弗洛伊德提出理论前的数个世纪，他就象征了秉承快乐原则的本我轻率盲目的性冲动，不因社会交流、文明或良心的禁忌而放慢脚步。他象征女性的惩罚者。现代心理学可能会以唐璜对母亲的恨为解释，或者说他性能力有问题，需要证明雄风，不过蒂尔索没有提到这些可能，只是呈现这个案例，任凭它发展成可怕的结局。在蒂尔索看来，唐璜是不知悔改的大罪人，最后被杀死，下了地狱。他甚至根本不考虑悔改，死时一如生时，是个爱吹牛的浪子，准备接受自己种下的后果。在蒂尔索之后采用唐璜主题的剧作家，未必让这名浪子遭受同样的命运；事实上，西班牙最受欢迎的唐璜剧本是 19 世纪 40 年代浪漫主义诗人何塞·索里利亚（José Zorrilla）所写，主角因其中一位受害者的纯情而得救。后面这个剧本也是如今马德里每年都会公演的剧本，有时会有几个剧团同时演出，以供观众做比较。

蒂尔索在乎的是报应。他的主角沿着单一剧情线发展，那是一种无法克制的性冲动，为追求满足，不顾任何障碍。蒂尔索的唐璜只顾爱而不反省；他不是思索快乐和命运的浮士德，而是纯粹的肉体，纯粹的性欲，充满精力、盲目冲动、不负责任的本能。他代表没有开化的人类；在蒂尔索看来，他也代表着纯粹的邪恶，象征撒旦，因为唐璜被恶魔附身。他是脱离社会有机体的生命原则，把原应是创造性的事物变成破坏。他是失控的生命能量。当被他杀死的骑士团长的雕像邀请唐璜到坟上用餐，他毫不犹豫地去了。雕像握住他的手，把他一路燃烧拖到地狱，正义得到了伸张。这是恰当的故事结局，蒂尔索的叙述生动活泼。照作者自己的说法，这出戏的教训就是，在神的计划中“欠债还钱，天经地义”。人不可能逃避行为的责任。他总有选择的自由意志，如果做了错误抉择而不悔改，就会永远受诅咒。唐璜受到诅咒罪有应得，但他的能量、他的干劲、他的骄傲、他的意志，仍旧使他成为西班牙的象征，以及罪恶和错误的象征。

备受德国浪漫派作家推崇的卡尔德隆·德拉·巴尔卡（1600—1681 年）是西班牙黄金时代在国外最出名的作家。雪莱很欣赏他，也在英国写到他；使《鲁拜集》（*Rubaiyat*）扬名的作家菲茨杰拉德（Edward Fitzgerald）翻译了他的 8 个剧本。德国浪漫主义理论家施莱格尔（Friedrich Schlegel）和哲学家叔本华都认为他是世界上最伟大的作家之一。卡尔德隆是出类拔萃的巴洛克剧作家。他用经过扭曲的文字和光辉的象征，为黄金时代画下句点。他是西班牙天主教的诗人，除了较长篇的剧本，还写了许多雪莱口中的“星光灿烂的圣礼剧”（autos，简短的寓意诗剧，用寓言和神学象征解释圣餐仪式），这是充满诗意之美的宗教象征作品。反宗教改革此时已钳制了西班牙所有的自由思想，只剩下纯教条，外加无尽的点缀。黄金时代的戏剧缺乏人物分析和根本性的质疑。这是“巴洛克”在文学中的真正意义，在其他艺术里，尤其是建筑方面，也有相对应的作品。

如今天看来，卡尔德隆大部分剧本的核心都不精彩，全凭语言之美挽救。在《神奇的魔法师》（*The Prodigious Magician*）中，一个年轻的异教徒西普里亚诺对一名贞洁的少女日夜思念，却遭拒绝。他和（伪装成绅士）的魔鬼对神学进行了一番讨论。魔鬼承诺教他魔法并帮他抱得美人归，代价是要换取他的灵魂。双方签了约，并以血为誓。然而少女继续拒绝，她的美德和自由意志使她不容侵犯。西普里亚诺最后只好用魔法掳获心上人，但当他抓住她试图拥抱她时，他的怀里只剩下一具骷髅。作者总结道：“这就是举世所有的荣耀。”

卡尔德隆的《萨拉梅亚市长》（*The Mayor of Zalamea*）所用的主题，和洛佩的经典戏剧《贝利巴聂兹》（*Peribáñez*）基本上如出一辙。萨拉梅亚市长佩德罗·克雷斯波的女儿遭骑士团长阿尔瓦罗勾引，但他不肯娶她，身为农民的佩德罗审判他，将他定罪，并处以死刑。这个剧本也象征军队和民间权威的冲突，后者明显胜出。此剧的国王角色是腓力二世，他赦免并奖励了佩德罗的行为。

卡尔德隆最出名的剧本是《人生如梦》(*Life is a Dream*)，故事地点设定在波兰，不是真正的波兰，而是17世纪西班牙传说中远在天涯海角的波兰。波兰国王会占星，他从星象看出即将出生的儿子注定成为残忍可恶的人。因此孩子出生后，就被关进塔中，与世隔绝。这孩子在这种不自然的限制环境中长大成人。然而，国王在宣布由侄子继承王位之前，决定给儿子一个机会。他用了强力麻醉剂，将塔里的王子送到国王的床上。王子醒来后以为自己在做梦。他无法分辨哪部分的生活是现实。他变得暴力，把一个仆人抓起来扔下阳台，甚至威胁自己的父亲。老国王伤心地命令再次将他麻醉，送回塔楼。这对王子是重大的创伤，他困惑至极，无法区分梦的世界和现实世界。但经过短暂沉思之后，他顿悟了，表示他将成为一个好基督徒。他现在明白了人类的幸福，所有的荣华和权力，所有的财富和物质，都会“像梦一样过去”。唯有灵魂才真实。

几乎每本西班牙诗集都收录了下面这首卡尔德隆的十四行诗：

这些似锦繁花，洋溢甜蜜欢乐的气息
在破晓时清醒绽放，
到夜的寒冷怀抱中，很快就会成为
虚荣和死亡制作的凄惨花环。
挑战星空的这种色调，
这朵洒布了红褐、金色和白雪色泽的鸢尾花，告诉我们每个人心中必知的事情：
每天有多少生命从我们身边走过！
这些玫瑰在黎明的触碰下盛放，
但是盛开却只为了枯萎和老去；
每一个花苞都是生和死的象征棋子，
人已经预见到自己生命的短暂：
今天出生，明天死去，他的岁月展开，
虽然几个世纪已消失，但看来只不过是转瞬。[9]

在卡尔德隆的时代，马德里只有两家剧院：克鲁兹（Cruz）和普林西波（Príncipe）。但即便在黄金时代晚期的岁月，戏剧也常在城镇广场演出。自西班牙戏剧出现以来，户外场所一直都为剧团使用。在这段酝酿时期（1550—1570年），洛佩·德·鲁埃达（Lope de Rueda）的巡回演员从一个城镇到另一个城镇做简陋的演出，他们被认为是黄金时代第一个有组织的剧院。塞万提斯在塞哥维亚的广场观看了他们的一场演出，他写道："他们所有的行李只要一个袋子就够装，包括四块白色的羊皮、饰有镀金的皮革、四副假胡须和假发，以及四条曲柄手杖。"他们用绳子拉起一两条毯子做帘幕。乐手在幕后清唱古老歌谣。演员就在广场上、街角，或在两三栋建筑物构成避风处的开放空间搭起舞台，称作corrales（庭院之意）。剧场包厢就是附近建筑物的窗户和阳台。舞台仅是几英尺高的平台，用木板制作，放在长凳上。舞台后方一块轻薄的彩色帆布是唯一布景。如有必要，得由演员站在舞台上描述场景。这种粗陋的舞台后来逐渐改进，到卡尔德隆的时代，演员甚至有休息室可以更衣。女演员老是被男性观众纠缠不放，因此总在表演前把自己锁在更衣室内。但最后总免不了得开门，以免这些男人因为觉得受到怠慢而喝倒彩，毁了演出。舞台本身虽粗陋，却象征了全世界，而黄金时代的剧本确实包括了每个时代，以及任何想象得到的地理区域，尤其是在洛佩的丰富的想象力下。

站票观众被称为“火枪手”，西班牙文写作 mosqueteros，他们站在舞台前的天井，在戏剧进行时不断发出喧闹声，可能是叫好，也可能是喝倒彩。有时他们还把蔬菜丢到舞台上，塞万提斯曾写到，他早期的一出戏虽然不怎么叫座，但至少“没被扔青菜萝卜”。这些站票观众的鼓噪可能让任何戏砸锅。站票观众后方是专门保留给女性的座位，称作“炖锅”（cazuela）。后来这个位置设了格架，以保障隐私。来看戏的妇女除了看人，也爱被人看，她们会尽全力打扮，吸引男性观众的注意。

戏总在下午上演，夜间没有演出。冬天时下午两点开演，夏天则是四点。有时会有篷子遮阴，以防烈日，但若下大雨，演出就只好取消。这些戏很少能演出一次以上，如果上演一周，已是绝无仅有。所以洛佩的多产，一部分也是因为群众压力，他们每天都要有新戏可看。这些戏通常伴有舞蹈，中场时也会穿插幽默短剧。看戏的观众来自各行各业，也包括贵族和平民。在这里社会阶级终于平等，不过有钱人几乎总能占到最好的座位，有私人包厢。只有两个主题是戏剧绝对禁演的：对君主制度的批判和对天主教教义的攻击。在这样的限制之内，产生了相当多样的戏剧作品，其中大部分从未被翻译为英文，直到最近，黄金时代最精彩的作品由于糟糕的翻译，而听起来很荒唐。罗伊·坎贝尔（Roy Campbell）收录在《经典戏剧：

六个西班牙剧本》(*The Classic Theatre: Six Spanish Plays*)第三卷中的活泼译本可能是最好的翻译了，因为坎贝尔本人就是杰出的诗人，他于 1957 年去世。

西班牙文学在黄金时代达到了巅峰，多姿多彩，蕴含伟大的诗意力量和浓烈感情。中世纪作品的特色是直面现实的思考，到黄金时代就成了以巴洛克风格的精致复杂表达人类精神备受折磨的哀歌。与此同时，古老的民间元素依然存在，一如来自魔泉的潺潺流水。黄金时代的作家把这些元素塑造成崇高的现实，捕捉了危机之中的西班牙灵魂，让它永垂不朽。文学是国家历史和人类精神的精华，是永恒的。每个伟大的作家都绞尽脑汁、穷尽心力创造自己的宇宙，各自追求着永恒。文明本身不就是这些艺术残留的积累吗?

第九章

黄金时代末期的艺术

西班牙从未有过完整的社会制度，它的生活和艺术，随着一个个有力量和行动力的人的横空出世，在一次又一次的精神涌动中发展起来。

——皮奥·巴罗哈（Pío Baroja）

绘画与文学在西班牙黄金时代齐头并进。花园走向衰亡时，园中的花朵会展现罕见的可爱姿颜，空前绝后。三位腓力国王（腓力二世，1556—1598年在位；腓力三世，1598—1621年在位；腓力四世，1621—1665年在位）统治的时期，正是西班牙艺术进步之际，也是西班牙帝国衰落倾颓，沦为空壳的时期。委拉斯开兹为不幸的哈布斯堡王朝诸王及其家族所绘的肖像，比任何文字都更加清楚地揭示出近亲通婚的缺点，这个家族传到最后一位国王查理二世时，已退化到慢性病缠身且愚蠢无能的地步。

欧洲其他地方显然已把西班牙抛在身后。但西班牙仍然顽固地坚持天主教欧洲的梦想，严格地维持天主教西班牙的现况；它无力管理海外的帝国，而且莫名其妙地把最后的资源浪费在愚蠢的战争、不道德的庇护以及举世最多的圣职职位上。在西班牙，人人都逃避辛劳工作。凯旋的士兵不再打胜仗，轻易地沦为流浪汉、赌徒、强盗或教士；他们变成寄生虫，而非生产者。这正是他们的祖国的悲剧。

此时一种价值体系正在成形，将使西班牙赶不上欧洲主流的进步，落入无可救药的境地。工业、经济发展、科技进步、宪法政治、知识自由、教育——欧洲各国在上述领域都有稳定的进展，唯独西班牙一直走在队伍的末尾，既无法也不愿跟上时代，更不愿跟上已经改变的价值观。它将自己与这一切隔绝开来，谴责并嘲笑它们，说它们不好，顽固地紧抓着中世纪的过去。西班牙人可吃的东西越来越少，但却依旧吹嘘他们伟大的帝国、丰富的文化、热情的信仰以及无与伦比的个人价值。堂吉诃德和风车大战，被粗暴地挂在巨大风车叶片上之后，桑丘对他说："我不是告诉你了，它们只是风车？"另一次，堂吉诃德对桑丘说："在我看来，这明明是曼布里诺的头盔，但你却认为是理发师的脸盆，在别人看来，又会是另一样东西。"桑丘思索了一下答道："哦，那个脸盆、头盔……"这正是西班牙最大的困境之一：它什么都看不清，就连自己眼前的事物也模模糊糊。

但即使在盲目狂热的丑陋阴影笼罩下，西班牙人依旧继续创造出伟大的艺术作品。随着岁月的流逝，人们对绘画的品味也会变化，以前公认的西班牙最杰出的艺术家，如今未必受众人认可。50年前，大部分的西班牙艺术鉴赏家都会说，西班牙三大画家是委拉斯开兹、牟利罗和戈雅，但如今则更可能是格列柯、委拉斯开兹和戈雅。牟利罗已经退出前三名，而来自克里特岛的杰出希腊画家格列柯则排名第一。我虽不坚持这个排序，但它无疑反映了非常广泛的意见。

格列柯的名字是 Doménico Theotocópuli，他在画作上的签名就是这名字的希腊文。他被称为 El Griego 或 El Greco，意即“希腊人”，是因为这个名字较短，较好称呼。格列柯约在 1548 年于克里特岛出生，青年时期赴威尼斯，并在大画家提香的工作室学习。约 1577 年，他来到托莱多，在此度过余生，直至 1614 年去世。他在托莱多的第一幅画是《圣母升天》（*Assumption of the Virgin*），现存于芝加哥艺术学院。在托莱多圣比森特（San Vicente）的小教堂中，则藏有一幅他后来所绘更杰出的《圣母升天》。

托莱多恐怕是全西班牙最迷人的城市，说不定可算是全欧洲最有趣的城市，因为它规模小、历史悠久、艺术遗迹丰富多彩，除此之外，它与格列柯这位天才艺术家的一生密不可分。格列柯大部分的画都是为此地的教堂绘制，他所绘的托莱多景观如今收藏在纽约大都会博物馆，是有史以来画布上最精彩、最特别的景物之一。格列柯也尝试过雕塑，但不太成功，他甚至还在托莱多和马德里之间的小村庄伊列斯卡斯（Illescas）担任过几座教堂的建筑师。如今伊列斯卡斯依旧收藏着格列柯的两幅画作，很少被游客所知。它们被悬挂在古老的教堂内，由一位上了年纪的矮小修女带路展示，她看来就像绘画和教堂本身一样充满古意。伊列斯卡斯的小城如今荒凉破败，拥有这份昔日荣耀的它宛若古老平原的阴影，就在西班牙喧嚣繁华的首都旁（截至本书初版时，马德里已经成了一座 400 万人口的城市）。在西班牙各处游历，拜访西班牙偏僻地区的小路和小村庄时，经常会出现藏有伟大宝藏的古老教堂。而同样常会遇到的是尚未完成的巨大船体、未竣工的教堂、没有屋顶的修道院、几堵爬满常春藤的空墙……某人未完成的梦想。就像西班牙自己的梦想一样……未完成，不完整。

格列柯是伟大的画家。他早年“提香风格”的作品在西班牙很受喜爱，非常抢手，但格列柯急于发展自己独特的才华，并为此竭尽所能。但有时候，效果并不如预期。譬如在腓力二世巨大庄严，集陵寝、教堂、图书馆、修道院于一体的埃斯科里亚尔宫，就有一幅国王本人委托格列柯画的作品，主题是圣徒圣莫里斯（Saint Maurice）的殉道。如果腓力二世喜欢这幅画，可能会请格列柯继续为整栋建筑作画，但国王看到画时非常不悦，因为这画颜色刺眼，色调又偏灰，画面上的士兵半裸，迷人的面孔下却伸出丑陋的腿，而且因为焦点的缘故，面孔几乎不受注意。腓力把这幅画放在建筑物的角落，他认为这种东西不该放在宗教建筑的重要位置。不过或许因为失去这次机会，格列柯才得以继续发展自己的风格。至少此后他没受到国王的任何压力，不必按照规定的方式绘画。他的画作显然很受欢迎，教士争先恐后出高价请他作画，他的生活一直过得非常富裕。

格列柯的十二使徒画作是他最好的宗教肖像画，在托莱多有两组，一组收藏在所谓的“格列柯之家”（La Casa de Greco），另一组则收藏在大教堂里。“格列柯之家”的使徒画像尚未完成；尽管乍看并不明显，但很多手、脸和轮廓都还没画完。画中使徒精致的脸孔，尤其是大教堂里的使徒像，展现了真正的宗教热情。格列柯所绘的悲伤基督，显出更动人的虔诚，他抬起饱含热泪的双眼，把洁白的两手轻轻放在十字架上，融合了生命、悲伤和神性的奥秘。

格列柯在西班牙最早的画作之一，是收藏在托莱多大教堂的

《基督被剥去圣衣》(*El Expolio*)。主要的人物基督身着深红色袍子，无助地沿着街道行走，包围他的人正在撕扯他的衣服。这幅画现在仍然很壮观，但基督长袍的颜色显然已被后来的艺术家再涂过，成了斗牛士斗篷的色调。与我一起观赏这幅画的是一位在托莱多居住多年的德国画家，他一直在模仿格列柯的画作。他提出令人信服的理由，指出他为什么确信如此。

格列柯最著名的画作是《奥尔加斯伯爵的葬礼》(*The Burial of the Count of Orgaz*)，收藏在托莱多的圣多美教堂(Iglesia de Santo Tomé)。这幅画是红衣大主教基罗加(Quiroga)委托创作的，后来由主教赠送给教会。几个世纪来，它一直挂在墙上的阴影中，精湛的技巧只显露了一部分。现在展示的光线则恰到好处，整个教堂似乎变成以它为中心。奥尔加斯伯爵在14世纪去世，但格列柯却用他自己时代的人物作为画中的哀悼者，其中有许多著名的文化人物：剧作家洛佩·德·维加、加西拉索·德拉·维加和塞万提斯。他自己的幼子也在葬礼游行中。这些人的面孔、铠甲和轮廓都精心绘制。洁白的双手和苍白的五官是格列柯所绘男子的典型，清楚地表现出西班牙的贵族阶级逐渐变得软弱。画作上半部绘的是伯爵的灵魂进入天堂，呈现完全不同的风格。整幅画以巧妙的概念、色彩和设计，把现实世界和超自然世界做了对比。伯爵无生气的苍白身躯由圣司提反(St. Stephen)和专程下凡的圣奥古斯丁(St. Augustine)放入坟墓。圣奥古斯丁是一位戴着礼冠的老人，身着华丽的金色法衣，轻轻托住伯爵的肩膀，伯爵打磨抛光的黑色甲胄与圣徒的金色长袍形成鲜明的对比。小教堂位于蜿蜒狭窄的街道上，附近有古老穆德哈尔式的钟楼。我每次经过，总涌起热切的冲动，想要一次又一次观赏这幅壮丽的画作。

格列柯的圣母和圣家庭画作和他的许多圣徒画像一样，因形体不成比例而受到注意。他画的与他同时代人的画像则正常得多，其中收藏在纽约大都会博物馆的宗教大法官尼诺·德·格瓦拉（Niño de Guevara）的画像是佳作之一。画中的人物栩栩如生，仿佛正朝观众走来，他的脸上充满了宗教热忱。格列柯的许多人像比例都拉得过长，通常比正常比例的长度再高出一个头，有人说这是格列柯给予这些人超越现实面貌的手法，也有人说格列柯只不过反映了他那个时代膨胀的宇宙观。随着旧世界的极限向外扩展，人类对它和凌驾它之上的神性概念也在向外扩展。还有人坚持格列柯的眼睛有毛病，因此他看到的人体比实际更长，而且还和垂直线呈某个角度。在科学测量他的许多画作之后，最后这种说法似乎获得证明，但我认为这并没有什么特别的意义。这件事或许引人好奇，但它与格列柯的杰出（或不杰出）艺术无关。散光永远无法让画作卓越，也不可能让原本没有绘画才能的人变成天才。

在很多方面，格列柯都是西班牙黄金时代最典型的艺术家，他并非在西班牙出生，然而到头来，他却比西班牙人更西班牙；他能够看出并重现反宗教改革的本质，没有西班牙人能做到这点。他总是能够捕捉到他所移居国家的人民扭曲的精神，以及他们宗教梦想受到打击的挫败感。他能够以其他西班牙人所不能够的方式观察托莱多，并把它神秘的植物和奥妙的闪电以其他画家无法企及的方式化为形体、色彩和情感。美国艺术评论家谢尔顿·切尼（Sheldon Cheney）写道，格列柯做到了“西方绘画中对抽象元素的最无懈可击的处理”，这话很接近事实。格列柯生前虽然很受欢迎，但在去世后的近3个世纪里一直被艺术评论家和社会大众忽视。马奈（Édouard Manet）和其他法国艺术家都很欣赏他，但直到西班牙评论家科西奥（M. B. Cossio）在1908年至1914年间发表一系列的5篇研究后，欧洲才重新发现他的价值。英国鉴赏家和艺术收藏家威廉·麦克斯韦爵士（Sir William Stirling Maxwell）在1910年出版了精彩的《西班牙艺术家故事》（*Stories of Spanish Artists*），使格列柯在英国广为人知。

继格列柯之后的杰出画家是委拉斯开兹（1599—1660年）。几个世纪以来，他一直是最受推崇的西班牙画家。委拉斯开兹出生在塞维利亚，“系出名门”。他父亲是葡萄牙贵族后裔，血统可追溯到阿尔巴隆加（Alba Longa）的国王。这个年轻人接受了良好的教育，展现出相当杰出的语言和哲学才华。然而，他最偏好的是艺术，而且从小就狂热地画画。才华横溢的艺术家老埃雷拉（Herrera the Elder）是委拉斯开兹的启蒙老师。当时埃雷拉在安达卢西亚已家喻户晓，因此家中聚集了一大批有志绘画的弟子。这位老师最擅长迅速又灵巧地记录生物的形态和轮廓，但他脾气暴躁、言语刻薄，老是令徒弟感到沮丧。年轻的委拉斯开兹生性羞怯随和，他向埃雷拉学到该学的一切，然后便匆忙离开了。

他的下一位老师是帕切科（Pacheco），后来成了他的岳父和传记作者。帕切科的天赋不如埃雷拉，不过脾气比较温和。委拉斯开兹很快就认识到自然本身就是最好的老师，于是他花了很多时间刻苦地描绘生活中的物品、动物和人物。帕切科写道，委拉斯开兹雇了一个农家少年陪在他身旁，作为学徒和模特儿，让他可以随时记录这男孩的表情和情绪。他以寥寥几笔炭笔勾勒出大概，之后若有意再细心描绘。委拉斯开兹就以这种方式磨炼和改进了他作为艺术家的巨大天赋。在此同时：

> 为了掌握色彩，他花了一段时间研究动物和静物，绘制各种色调丰富、结构简单的物体，如木板、金属和陶制的壶，还有锅和其他家用器具，以及塞维利亚周边树林和水域常见的鸟类、鱼类和水果。[1]

这些在阴暗室内空间所绘的静物，是委拉斯开兹年轻时的主要作品，其中许多都与佛兰德斯大师们的杰作不相上下。人物头像、实物大小的静物、精心绘制的动物和幽暗的房间——这些是早期委拉斯开兹作品的代表。

在下一个阶段，他认识了格列柯，更精确地说是，他和格列柯最杰出的弟子特里斯坦（Tristán）来往。特里斯坦把卡斯蒂利亚的暗淡色调和威尼斯画派的艳丽色彩结合在一起，深深地吸引了他。委拉斯开兹公开表示钦佩特里斯坦，并从他那里学来更精彩的色彩和更有效的对比元素。

委拉斯开兹在 23 岁时去了马德里，他花了许多时间在普拉多博物馆（Prado Museum）和埃斯科里亚尔宫做研究。在这段时期，他画了童山濯濯的贡戈拉的画像——就是那位以别出心裁的比喻和美丽意象闻名的科尔多瓦诗人。不久之后，年轻的委拉斯开兹引起了国王腓力四世的注意，终其一生，国王都是他的赞助人。委拉斯开兹有 30 多幅画都是以这位苍白无力、眼睛下垂、生着哈布斯堡家族的突出下颚、纵情享乐的国王为主题的。还有其他许多画描绘的是王室成员、朝臣和侍从。另外也有几幅画上，是一个或多个真人尺寸的丑陋侏儒，这些侏儒在当时的西班牙宫廷颇受欢迎。不容否认，这些画都是精美的艺术品，但它们很难让观赏者如痴如醉。这位画家所画的最出色的人物毫无疑问是十字架上的基督，让人无比感动，也因此带来了西班牙语最优秀的诗歌之一，由现代诗人、散文家、哲学家和萨拉曼卡大学校长乌纳穆诺所作。

委拉斯开兹曾两度赴意大利。第一次是在他 30 岁时，听从先前来西班牙宫廷访问的鲁本斯的建议。他在意大利待了两年。第二次访问意大利是在近 50 岁时，当时他已跻身欧洲最著名的艺术家之列。这回是教宗英诺森十世（Innocent X）委托委拉斯开兹画他的肖像，那是一件非凡的艺术作品。“据说当教宗看到艺术家的素描时，他精明而严肃的脸上的肌肉不由自主地抽动了一下，然后说：‘太真实了。’”雷诺兹爵士（Sir Joshua Reynolds）后来称这是罗马最好的画作。此后不久，委拉斯开兹画了西班牙艺术圈的首幅裸女画，亦即著名的《镜前的维纳斯》（*Rokeby Venus*）。画面上是一位斜倚着的美女的背部，也许是为了遵守西班牙教会禁止裸女画的命令。[2]

在委拉斯开兹的最后时期，他画了《纺织女》（*Hilanderas*）和《宫女》（*Las Meninas*）。两幅画作所展现出的功力，让后来所有的艺术家钦佩不已。许多人称后者是“世界上最好的画作”。从技巧来看，这话或许不假；但从画作激发的情绪反应来看，它当然不是。委拉斯开兹是史上技巧最精湛的画家之一，但可惜他缺乏捕捉人物个性、痛苦或渴望等本质的能力，而那些经常出现在格列柯、米开朗琪罗或伦勃朗所作的肖像杰作中。

西班牙黄金时代第三位举世闻名的画家是牟利罗（1617—1682

年），他和委拉斯开兹一样生于塞维利亚，不同的是，牟利罗从未出国留学，也没有受到宫廷的宠爱。不过，委拉斯开兹确实多次鼓励过牟利罗，不仅让他进入所有的王家画廊，还让他待在自己家里，并把他介绍给来西班牙访问的外国画家。他还敦促牟利罗去意大利进修，但这位年轻人从未前往。

牟利罗以两种画闻名：一种是他的宗教画作，主要画的是带着少女清纯天真的年轻圣母；另一种是以社会底层阶级为主的画作，尤其是街头顽童和小贩。他画了几十幅圣母无沾成胎和圣母升天图，有评论者认为他在这样的画作中，以“甜美的蓝色调主导”，纯洁的圣母圆润的形体仿佛用“血与牛奶”所绘。也许牟利罗最杰出的画作是仍留在塞维利亚的一幅巨作《摩西击石》（*Moses Striking the Rock*），其中可见一股水流从中涌出，这是他为塞维利亚圣乔治教堂绘制的 11 幅画作之一，他因这批画而获得了相当于约 3 000 美元的酬劳。19 世纪初拿破仑占领西班牙期间，其中一些画被带到法国。但是这幅著名的摩西画和另一幅双胞巨作，《饼与鱼的奇迹》（*The Miracle of the Loaves and the Fishes*）仍然留在塞维利亚。

牟利罗笔下的街头顽童和农民很受喜爱，是 17 世纪安达卢西亚下层社会的很好的横切面。一幅很出名的画作是《祖母为孩子抓虱子》（*A Grandmother Delousing a Child*），记录了当时西班牙常见的场景。老太太小心翼翼地分开孩子的头发，寻找藏在下面的虱子。孩子的表情很满足。

这些年来，牟利罗已不再那么出名。他曾被视为史上顶尖的西班牙艺术家，但后来却被认为太多愁善感；不过最近他重获重视。黄金时代还有许多其他优秀的画家，最出名的几位可能是神圣的莫拉莱斯（Morales）、桑切斯·科埃略（Sánchez Coello）、里贝拉（Ribera）、苏巴朗（Zurbarán）和阿隆索·卡诺（Alonso Cano）。（伟大的戈雅是 19 世纪画家，稍后会讨论他。）

这段时期最主要的雕刻家是阿隆索·德·贝鲁格特（Alonso de Berruguete）、胡安·德·朱尼（Juan de Juni）、格雷戈里奥·埃尔南德斯（Gregorio Hernández）、马丁内斯·蒙塔内斯（Martínez Montañés）和胡安·德·梅纳（Juan de Mena）。虽然这些人都不能和米开朗琪罗相提并论，但那位伟大意大利大师的门徒贝鲁格特（1486—1561 年）确实能与文艺复兴时期意大利的雕刻大师多那太罗（Donatello）并驾齐驱。贝鲁格特在佛罗伦萨学习了 16 年，是两个国家在这一领域的主要联系。尽管意大利对西班牙的雕塑有非常强烈的影响，但在西班牙最好的作品中，却有一种深刻且扭曲的现实主义，暗示着一种闪米特的根源。

西班牙教堂常见的彩色木雕像，以及唱诗席和祭坛上的精美木雕装饰画作，堪称世界第一。托莱多、罗德里戈城（Ciudad Rodrigo）、塞维利亚和布尔戈斯的木雕都是这种作品的绝佳例子。很多西班牙雕刻家也制作了独特的木雕像，他们经常煞费苦心地把泪滴和血刻画得惟妙惟肖。西班牙宗教建筑内部常用铁格架分隔成各种房间，这种格架也可作为栅栏或栏杆，应用在许多其他用途上，这是西班牙人擅长的另一个领域。这种艺术被带进新世界，在那里重生，标志着从帝国一端到另一端的征服之路。

在建筑方面，银匠式风格在文艺复兴时期出现，这是新旧风格的精致融合（哥特风格、摩尔风格和意大利文艺复兴风格），是来自银匠的装饰艺术。穆德哈尔（摩尔）风格也继续发挥其魅力。许多西班牙特色的建筑物都把几种建筑模式融为一体。文艺复兴全盛时期的风格变得越来越强烈，在埃斯科里亚尔宫表现出腓力二世的忧郁。再后来，巴洛克和超级巴洛克风格兴起，作为对 16 世纪严肃风格的抗议，建筑师自由挥洒浮夸而过度的设计，装饰往往厚到很难看到下面的柱子。这种风格在墨西哥达到了巅峰，巨大的银矿涌出源源不绝的财富，矿工互相较量，看谁能建造出最美丽的上帝殿堂。位于塔斯科（Taxco）的由博尔达（José de la Borda）出资兴建的美丽教堂圣普里斯卡（Santa Prisca）就是其中一例，还有很多很多类似的建筑。

在音乐方面，当时一些最杰出的作曲家也在西班牙诞生。“西班牙巴赫”安东尼奥·德·卡韦松（Antonio de Cabezón）杰出的管风琴音乐至今仍备受推崇。阿维拉的路易斯·德·维多利亚（Luis de Victoria）可能是教会音乐之父帕莱斯特里那（Giovanni Pierluigi da Palestrina）的学生，也创作了欧洲最感人的宗教音乐，他的合唱作品几乎无人能出其右。萨拉曼卡的弗朗西斯科·德·萨利纳斯（Francisco de Salinas）于 1577 年出版了长篇的音乐理论著作，文中保留了几首民谣曲调。萨利纳斯是萨拉曼卡大学的音乐教授，他双眼全盲。神秘诗人路易斯·德·莱昂为他写了出名的颂歌，让他永垂不朽。

古西班牙音乐最珍贵的作品收录在《宫廷歌本》（*Cancionero de Palacio*）。原本学者们一直以为这本书已经佚失，但它于 1870 年在西班牙国家图书馆重现。这本书收有 15、16 世纪的约 500 首作品，其中有 75 首是胡安·德尔·恩西纳所作。歌曲内容包罗万象，爱情、田园、骑士、历史、宗教、流浪汉，还有幽默和难登大雅之堂的曲子！最近也有人用古乐器为其中一些曲子录音，尽力捕捉古老的风味和节奏。在黄金时代，来自各地的各种民间歌曲依旧蓬勃发展，包括民谣、劳动歌曲、宗教曲调、舞曲、情歌、朝圣歌曲等等。它们五花八门的形式和繁多的数量，使西班牙民歌在所有欧洲国家居于领先地位。尽管留声机、收音机、电影和电视使这些几个世纪来的古老遗产迅速消失，但其中的很多旋律至今还在传唱。

西班牙的乐器之王当然是西班牙吉他。16世纪的吉他与今天基本上是相同的乐器，琴身呈8字形，并有平的顶部和底部，以及弦柱的长颈，用手指直接演奏。早在公元前3700年，埃及的浅浮雕上就刻画了同类的乐器。然而西班牙吉他可能源自受希腊–亚述影响的罗马齐塔拉琴（cithara），约在基督时期传入西班牙。可以确定的是，中世纪西班牙的拉丁吉他是现代西班牙吉他的始祖。摩尔吉他的造型呈鲁特琴的圆形，在摩尔人被驱逐后，不再受欢迎。鲁特琴则由摩尔人引入西班牙（并由西班牙传入欧洲），尽管这种乐器在欧洲其他国家颇受欢迎，在伊比利亚半岛却从未流行。比起精致昂贵的鲁特琴，吉他的制作成本更低廉且更容易演奏。[3]

16世纪在西班牙用的吉他有好几种，有四、五、六、七根弦或四、五、六、七对弦，全都是用羊肠弦，最大的吉他弦最多。所有的弦通常都是复弦，只有最高音弦例外，这种乐器的西班牙语是“维维拉琴”（vihuela）或“用手演奏的小提琴”（vihuela de mano）。vihuela原意是任何有琴颈的弦乐器，但由于吉他是迄今为止在西班牙最受欢迎的此类乐器，所以这个词指的往往就是吉他。早在1535年，西班牙作曲家路易斯·米兰（Luis Milán）在《大师》（*El Maestro*）中就有一幅插图，上面是希腊神话中的俄耳甫斯对围在四周的鸟兽演奏六弦西班牙吉他。这种乐器自那时起就有辉煌的生涯。安德烈斯·塞戈维亚（Andrés Segovia，20世纪西班牙古典吉他演奏家）用他无与伦比的技艺恢复了黄金时代吉他的尊严，十几位弗拉门科吉他手也让安达卢西亚深沉之歌的快节奏大为流行。

这段时期尽管艺术蓬勃发展，可是国民经济、社会有机体、民族精神和民族潜能却陷入停滞。在黄金时代的最后一个世纪（1600—1700年），西班牙的国王变得越来越糟。腓力三世比他1598年去世的父亲腓力二世更糟糕，腓力四世又比腓力三世更糟糕，而哈布斯堡王朝的最后一位国王“中魔者”查理二世则最昏庸无能，他宛如一尊病态的雕像，统治着破败不堪的国家。恶劣的经济情况和一连串的军事失利使西班牙沦为二流国家，而这些国王本身的愚蠢更是使国家万劫不复。

17世纪，西班牙的古老二分法再次抬头：强势中央集权或地区分离主义，究竟该选择哪一条路？在过去的几个世纪，伟大的心脏地带卡斯蒂利亚展现出支配优势，并成功地统一了西班牙。卡斯蒂利亚是伟大的战士之乡，其战争精神令人钦佩，也以此精神强行统一了许多地区。“卡斯蒂利亚创造了伟大的事业；卡斯蒂利亚为崇高的司法、道德和宗教思想服务；卡斯蒂利亚勾勒出了社会秩序的蓝图；卡斯蒂利亚制定了标准，使社会上层优于下层，活跃的人优于怠惰的人，精明的人优于愚笨的人，高尚的人优于卑劣的人。”[4] 当然，卡斯蒂利亚也发扬了强者优于弱者的观念。

在腓力三世的统治下，我们注意到价值观发生了变化。乍看之下似乎没有任何改变，但仔细观察，就会发现一切都变得空洞虚假。

> 虽然仍然在重复同样的词句和理想，但它们已不再能打动人心。以往那些启发性的思想现在只不过是文学的题材。在政治、科学或道德领域都没有新发展，所有活动都基于这样一种观念：什么新事物都不做，只是坚持过去——过去的制度和教条——并且扼杀每一项新措施和每一个创新的理念。卡斯蒂利亚变得完全与过去的自己相反：它变得猜疑、狭隘、卑鄙、怨恨。它不再能领导西班牙的其他地区；它嫉妒它们，抛弃了它们，任它们自生自灭，不再理会它们正在发生的一切。[5]

加泰罗尼亚和巴斯克的分离主义重新抬头，开始活跃。卡斯蒂利亚懂得如何征服，但不知道如何治理。

1609 年，腓力三世在大臣的鼓动下决定驱逐摩里斯科人，当时西班牙境内可能还有 50 万摩里斯科人。他们名义上是基督徒，但有极多传闻说他们私底下依旧是穆斯林，而这种消息也传到宫廷。在数百名西班牙士兵的监督下，摩里斯科人上了船，被送到北非，然后被抛弃在当地。他们大多是农民或纺织工，他们掌握棉花、丝绸、纸张、稻米等许多产品的生产，以及西班牙几乎所有的灌溉农田，这些田地在摩里斯科人离开后又变回沙漠。西班牙工业和农业的衰颓可追溯到他们被驱逐的时期。

西班牙似乎受到数种狂热主义的支配：对王权的忠诚清除了建设性批评；轻信迷信而把农业、经济和健康等方面的明显错误，归咎于超自然原因；冥顽不灵，不接受变化，因此尽管欧洲其他国家都向前迈进，西班牙却依旧故步自封。即使发生饥荒和流行病，西班牙人也不肯研究原因、运用最新的科学知识，而是耸耸肩接受上帝的旨意，认定自己必然是犯了罪而触怒了上帝。

西班牙的经济状况非常糟糕，失业已经成为全国性的苦难。已届工作年龄的年轻人找不到任何工作，他们唯一的保障就是进入教堂接受圣职，这吸引了数十万人。到了 17 世纪中期，估计有 114.1 万人在西班牙帝国从事宗教工作，另有 44.7 万人在政府工作。他们成了西班牙其他人无法承受的沉重负担。

这个国家许多最有能力的工人陆续去往新世界。但那里的经济条件往往也极其恶劣，圣职人员变得严重过剩。“这种轻易获得光荣职业和舒适生活的手段，吸引了众多人口。1644 年墨西哥市议会恳请腓力四世不要再派出教士，因为已有 6 000 多名教士没有工作，却过着养尊处优的生活。”[6]

在摩里斯科人遭驱逐后，西班牙成为一个洁净国家的最后希望也破灭了。摩尔人的后裔都喜欢水，无论他们住在哪里，总会引水到居处。他们的身体和城市比卡斯蒂利亚的居民和城市更加洁净，诗人贡戈拉习惯家乡安达卢西亚处处引水的城市和家园，因此经常提到马德里和西班牙中部其他大城的臭味和污秽。

然而，西班牙宫廷在马德里仍然讲究繁复礼仪和奢侈排场。国王花钱如流水，很少按时支付债务，税收上涨到不可思议的地步。仿佛这样还不够糟糕，几位国王开始让货币贬值，物价以惊人的速度上涨，导致货币进一步贬值和通货膨胀。认真做任何生意都变得毫无意义。国王一直靠来自美洲的银子救急，但是这笔财富到达塞维利亚后，只会立即进到外国银行家的口袋。

在一片萧条中，教会之外的避风港只有一处，那就是西班牙的新世界。即使在那个时代，美洲依旧是充满希望之地。成千上万的人赴新大陆，找到了黄金和奴隶。塞万提斯就写道：“有些人出于贫穷，有些人出于贪婪，所有的人都出于疯狂。”大批人口外流，由受折磨的半岛迁往更自由的天地。美洲成为“西班牙穷人的避难所，破产者的庇护所，杀人犯的安全通行证，赌徒的避风港，追求自由妇女的应许之地，是许多人的诱惑和幻想破灭之地，也是少数人难能可贵的灵药”。这是塞万提斯笔下一个人物在旧世界丧失一切，又在新世界重新致富之后的感受。

在西班牙，征服者已经变得过时，落魄的淘金者满街都是。点石成金的梦使人们忽视了各种生产劳动，村庄和城镇沦为废墟，原本的田地和森林成了草木不生的废弃土地，覆盖着杂草荆棘。处处贫困，几乎没有任何人办婚事。

尽管西班牙本土衰颓不堪，但它在新世界推进的帝国主义在世界历史上却是没有先例的。从没有如此广阔的土地和如此多元的民族，被一个征服强权的文化和社会意识所吸收。从没有一个国家曾面对这么大规模的种族问题，之前和之后也从没有国家以这种较温和的方式解决种族仇恨问题。

西班牙作为殖民强权的根本弱点以及英国、荷兰和法国帝国主义后来居上的原因，包括西班牙政治和社会制度的落后和顽固的本性，停滞的经济，宗教上的不宽容延伸到政治领域，不愿顺应社会变革的潮流，但最重要的是它所要处理的问题范围太大。举例来说，英国人殖民的进度缓慢；他们先接管、定居并巩固较小范围的领土，直到学会殖民统治的技巧。北美 13 个英属殖民地在 1776 年起义时，英国在北美开垦定居的范围，才从大西洋向内陆延伸到不足 150 英里的地方。而西班牙在 1600 年就已经占领并统治了二三十倍大的领土，还包括居住其中的数百万印第安人。要是英国面对同样的规模，恐怕也免不了会失败，说不定比西班牙更悲惨。然而，这绝非西班牙社会和政治制度蒙昧无知和瘫痪的借口，无能的西班牙君主及大臣也不能借此推脱。

1676年，查理二世登基时，一切都已成流水。他完全没有机会挽救西班牙，所有的希望都已破灭，梦想已死。然而，西班牙人却更顽固地坚持一种其他人都认为不可行的观念，这些半岛上的居民依旧坚持他们过时的信仰。每条法律和政府的行动都还是导向君主集权。经济形势不断恶化，社会阶级彼此对立，导致国家缺乏活力，最后瘫痪。

腓力四世于1665年去世，终年60岁，留下体弱多病的4岁独子查理作为王位继承人。曾有一段摄政时期，但查理在15岁时收回了权力；他名义上是数百万人民和辽阔国土的帝国的绝对君主，实际上却受大臣和顾问左右，对国事几乎毫无所知。他生命的最后几年成了慢性病人。他没有生下任何王位继承人。1700年，他病入膏肓，知道自己来日无多，于是向教宗求教王位继承的问题。教宗说，法国人是王室的合法继承人。

查理二世对此十分烦恼。他恨法国人。

> 路易十四抢了他的领土，并对他不屑一顾。身心都无力的他痛苦地躺在床上，他的教士服从圣父的意旨，威胁他若不把王位留给法国的波旁王室成员，就会永远受到诅咒。惊恐万分、神志不清的国王签署了这项命令，接着泪流满面地倒回枕头上，大声说道："我已经什么都不是了。"此后不久，他死于

1700 年，年仅 40 岁。[7]

西班牙文化向来像是果实或花朵，来自物产本来可以更丰富的花园，只是因为缺乏适当的培育，花园荒废，最后一切枯萎了。在过去的几百年里，西班牙的历史始终是一片长满杂草、奄奄一息的花园。或者，如果我们以人体来比喻这个国家的生活，可以用英国学者特伦德的说法，那就是几个世纪以来，这个国家一直饱受动脉硬化之苦。或许从腓力二世以错误的热忱划开血管、放出生命之源的时候起，西班牙就开始患病了。

伟大的诗人贡戈拉曾写道：“在花丛间唱歌的并非全是夜莺，这是心灵的音乐。”堂吉诃德临终前，向急着再度出发的桑丘说：“桑丘，昔日的鸟巢，如今已没有鸟。”如果西班牙听进了这话，恐怕就不会是如今的模样。它伸手去抓幻影般的梦想，但梦想却总能逃脱它的手掌；它的手中只剩一副骨架。下面这段是否算是恰当的墓志铭？当代西班牙最有潜力的年轻诗人洛尔迦写道：“我以呜咽的言语歌唱，忆起悲伤的风吹过橄榄树。”他在盛年时被佛朗哥法西斯分子射杀。西班牙以残酷和惊人的频率，在历史上一次又一次地杀害、流放、诋毁最有前途的年轻人，只因他们敢于不配合国家死亡之舞的脚步。

第十章

波旁王朝

波旁家族成员从不学任何事，也从不忘记任何事。

——西班牙古谚

西班牙波旁王朝的首位君主腓力五世1700年就任西班牙国王时，这个国家的政治体已被两个世纪的赦罪麻醉了。腓力五世是路易十四的孙子，代表了那个时代相对聪明的法国君主。他的即位并未得到热烈欢迎，因为英格兰、荷兰、奥地利、葡萄牙和几个德意志公国的君主强力反对。他们担心由法国人担任西班牙国王会破坏欧洲的权力平衡，让法国得到无可争议的霸权。因此这些国家支持奥地利的查理（神圣罗马帝国皇帝利奥波德一世的次子，哈布斯堡家族成员）继承王位，认为他继位对他们比较有利。加泰罗尼亚和阿拉贡也支持查理，因为他们担心波旁家族的专制。这些地方是西班牙在政治上最先进的地区。卡斯蒂利亚人则支持腓力，认为他能更好地保持西班牙来之不易的团结。

于是，一场持续了13年的西班牙王位继承战争就此展开，耗尽了西班牙仅存的可怜资源。最终，腓力五世赢得王冠，但在《乌得勒支和约》(Peace of Utrecht)中被迫把直布罗陀割让给英国。这成了西班牙永远的痛。

随着腓力五世成为西班牙国王，法国思想悄悄潜入伊比利亚半岛，填补了重要的角落和缝隙。更招摇外现的法国风俗习惯，则受到更广泛的模仿。头三位担任西班牙国王的波旁家族成员［腓力五世、费尔南多六世(Ferdinand VI)、查理三世(Charles III)］殚精竭虑，追赶把西班牙抛在后面的欧洲国家，但他们“由上而下的革命和改革”政策，没有得到人民的支持。

沉重的传统几乎在生活的每个层面都阻碍着西班牙举步向前，因为西班牙人珍视传统。18世纪的西班牙人相信自己掌握了真理，或许比其他任何时代都更坚定，他们认为西班牙有最好的生活方式，他们的文化环境比其他任何欧洲国家都优秀，因为他们比所有其他欧洲人都杰出。尽管已看到西班牙著名的步兵大方阵几次败在看到西班牙人理应惧怕颤抖的法国人手下，尽管国家破产，尽管国民贫困、群众普遍不识字，但他们仍然相信对君主制的赞扬。如果哈布斯堡家族绝后，那么波旁家族的人就必须当国王。有些西班牙人可能会反对，也有些人确实反对尤其在加泰罗尼亚，但在年轻的波旁国王克服了所有反对，牢牢掌握联邦政府后，人民欣然接受了新的专制君主。当时的作家兼政治家坎波马内斯伯爵(Count of Campomanes)在18世纪末的一篇文章中说道：“在西班牙民众中，再没有比这更根深蒂固的观点：国王是我们所有人的生命、财富和荣誉的绝对主宰。质疑这个真理就是一种亵渎。”

波旁国王带来法国思想，同时竭力为西班牙思维注入新的活力。他们建立西班牙的语言、医学、历史和美术学院，开明化君主政体，制定经济改革措施，淡化宗教裁判所的重要性，让停滞的国家有了缓慢进步。18 世纪的西班牙大体上是两种对立倾向之间的斗争：一方面是受知识分子和王室支持的西班牙欧洲化，另一方面则是纯粹依靠实行两个世纪前的方法，力图重获西班牙昔日荣光的精髓。后一种态度获得西班牙人民的普遍拥护，一个例子是对反动耶稣会教士的态度。18 世纪末，由于耶稣会干涉国政，被开明的查理三世解散。可是西班牙民众支持耶稣会教士，国王此举产生了意想不到的结果，为耶稣会赢得了支持。在这种情况下，开明君主的想法再怎么好、再怎么努力，也只能蜗行牛步地前进。西班牙人一直抵制进步。“启蒙运动”的座右铭“为人民做事，但不让人民做事”（all for the people without the people），在西班牙没有多大意义。

波旁家族的国王不是娱乐或庆典的爱好者。“腓力五世生性忧郁，查理三世性格严肃，他更喜欢打猎胜过宫廷娱乐。只有在这两者之间统治的费尔南多六世才喜欢戏剧表演。”波旁家族的国王在西班牙没有真正的朋友。几十年来，他们一直不能把这个陌生的国家当作家园。腓力五世为追忆心爱的凡尔赛宫，也因为厌恶阴郁的埃斯科里亚尔宫，在马德里北部山麓的拉格兰哈（La Granja）建造了一座法式宫殿，周围有宽敞的花园环绕。查理一世建造的历代国王的居所马德里王室城堡和其内的许多宝贵艺术品于 1734 年被大火焚毁，腓力五世于 1738 年开始建造新的宫殿。1764 年，宫殿正式竣工，并成为欧洲王室的瑰宝。殿内的奢华使它成为世界上最令人惊叹的王室宫殿之一。但尽管波旁国王拥有华丽宫殿，他们的生活仍像一潭死水。

波旁国王尽力以音乐活动来提振精神，并且像巡回马戏团一样有规律地迁移。譬如查理三世总在1月5日离开马德里，到附近的帕尔多王宫（Pardo Palace），一直待到棕枝主日（Palm Sunday，基督教纪念耶稣进入耶路撒冷的圣日，复活节前的星期日）才回马德里。复活节时，宫廷则南迁至马德里南方数英里的阿兰胡埃斯，待到7月21日，再北迁至拉格兰哈直到10月8日，最后国王还会住在埃斯科里亚尔宫，直到12月10日再回到马德里。4月宫廷在阿兰胡埃斯时，查理三世会到山区猎山猫。他全年在马德里的时间是70天，不过由于其住所离马德里都很近，并不会造成政府缺乏效率的问题。

这个时代最著名的两位音乐家，是为娱乐西班牙宫廷而从国外请来的：著名的作曲家多美尼科·斯卡拉蒂（Domenico Scarlatti）和天赋异禀的意大利阉伶歌手法里内利［Farinelli，原名卡洛·布罗斯基（Carlo Broschi）］，在布恩雷蒂罗（Buen Retiro）花园和拉格兰哈的王室戏院，都听得到后者动人的金嗓。斯卡拉蒂于1729年“定居马德里，并在西班牙度过余生”。腓力五世对法里内利的声音深深着迷，每年都赐给他一大笔奖金，另外还赐他绘画、钻石、金饰，还有一辆漂亮的马车，并任命他担任所有戏剧演出的导演。法里内利“连续9年，每天晚上为他的王室主人唱同样的4首歌”。[1]

这些事物让波旁国王的生活好过一点，但没有任何事物让他们感到真正快乐。僵化的宫廷礼仪不但讨厌而且耗时，繁文缛节让宫廷生活毫无乐趣可言。这些早期波旁国王真正的朋友只有妻子，在她们去世后，国王们都陷入深深的忧郁。腓力五世在妻子去世后因极度抑郁而退位。费尔南多六世在妻子去世后不到一年就英年早逝。在这难熬的一年中，他有10个月活在梦的世界里，“从一种疯狂变换成另一种疯狂。经常坐在凳子边上，一连 15 到 20 个小时，双眼空洞地盯着空气”。

关于宗教，有位现代的西班牙历史学家写道：

> 就像 16、17 世纪的西班牙人一样，在 18 世纪的西班牙人看来，天主教不仅是官方宗教，也是唯一能让个人灵魂获得拯救的宗教。与穆斯林和路德教派数世纪以来的斗争，让这种信念加强到极端的程度。加入真信仰旗帜下的人必然是对的。不这样做的人，甚至不该用自己的呼吸来打扰真信徒的清静。[2]

西班牙的国王依旧是“天主教陛下”，要注意的是，西班牙从没有过新教教堂，而这是西班牙的一大悲剧。只要有几个新教教派，哪怕是两三个也好，都会让西班牙天主教徒不敢懈怠，可以防止宗教极权主义跨越到政治领域，然而西班牙一向不是一个政教分离的国家，8 个世纪对抗穆斯林的战争让政权和教会牢牢结合在一起，一直持续到近代。在佛朗哥政府的基本政策中，也坚持要重新系上旧的联结。政教合一的西班牙在 18 世纪和佛朗哥统治时期都不容许异议分子，无论是政治上的还是宗教上的。

确实，波旁国王不太热衷于支持宗教裁判所，查理三世被耶稣会教士的经济富裕和政治阴谋所激怒，终于在 1767 年下令解散耶稣会，并把该会所有教士驱逐出境。不过，没有几年，耶稣会东山再起，而且更加活跃。除了短暂的自由主义时期，耶稣会一直把持西班牙的教育，直到第二共和国成立（1931 年）。一位当代天主教史学家在谈到 18 世纪的宗教裁判所时，甚至还为之辩护，他说：“宗教裁判所的牢房光线充足，空气流通。早餐 6 点供应，午餐 10 点，晚餐下午 4 点。如果被告不到 25 岁，或者年龄在 60 岁以上，或者是孕妇，就不会用当时狱中常见的酷刑手段逼供。”[3]

尽管西班牙人在信仰上有教条式的形式主义，但许多外国游客对他们在教堂内缺乏庄重的表现大感惊讶。一位法国教士在加的斯吃惊地发现，大教堂的圣母打扮得像当时的年轻新娘，而且她的衣服还依季节经常变换。圣约瑟（St. Joseph）也作西班牙式打扮“穿着长裤、夹克和黑斗篷、蕾丝制的高围领、黑色鞋子，左腋下夹着宽帽子，鼻梁上架着大眼镜，右手拿着匕首和念珠”。即使孩提时代的耶稣也打扮得很世俗，有时穿得像教士，有时则像医生或律师，戴着假发，手持金柄手杖。诚如当时的某杂志所抱怨：

> 古时候，我们的家是教堂；如今，我们的教堂是家……妇女走进教堂，沿着主通道长驱直入走向祭坛，沿路吸引了每一位男士的注意。还有人登上圣所（Presbytery，指教堂前的圣体栏杆内，专为圣职人士保留之处），以便会众都能看到他。持续 3 小时的用餐教人愉快，持续五六个小时的舞蹈也可以是美妙的晚间娱乐；但持续半小时的弥撒就教人受不了，即使人们并没有跪在地上。[4]

西班牙的政体和君王制度有两大支柱：教会和贵族。在征服和殖民新世界期间，数以千计的新贵族诞生。西班牙征服者的出身都不高，几乎毫无例外，他们因为替国王建功而获得崇高地位。科尔特斯在征服墨西哥之前曾说：“我来到美洲，并不是为了要像农民一样耕种。”他说出了每一位西班牙士兵的心声。确实，这种新贵族并没有像费尔南多和伊莎贝拉时代的贵族那样，对军事有巨大的影响，但他们和国王熟稔，能够上达天听，而这是平民做不到的事。尽管西班牙宫廷有严格的规矩，但贵族在王宫内外都享有一定程度的特权，譬如他们在国王面前不必脱帽，也可以随意进出王宫，过从甚密的程度有时让人吃惊。有一张古印刷品的画面，是一大群贵族在女王的寝宫里等待她分娩。诸如此类的事让波旁王室难以忍受，因为他们最私密的时刻变成了公众表演。

查理三世（1759—1788 年在位）是 18 世纪最开明的波旁君主，在他的治理之下，政府采取行动，试图扭转西班牙人认为手工劳动等同于地位卑下的成见。王室颁布了法令，明确规定皮匠、铁匠、裁缝、鞋匠和其他几种使用双手的工作“是体面而光荣的；人们从事这些职业绝不会使自己或家人蒙羞，也不妨碍他获得政府工作或获得贵族地位”。这项法令是当务之急，因为多数西班牙人都不愿意从事基本的劳动。马德里的报纸热烈赞扬这条法令，可是几年过去，它依旧没发挥多大影响。正如坎波马内斯伯爵所写：“尽管法律明文规定鞋匠或裁缝的职业并不羞耻，但只要没写着完全不工作是羞耻，就总会有贵族认为什么也不做才崇高，并把所有体力劳动都当作从业者的污点。”

在教育方面，18 世纪至少不像前两个世纪那么迷信和无知。同时它也确立了“宗教和国家的永恒原则”，所有的宇宙理论和人类关系都必须以这些原则为基础。儿童教育在其中较以往占有更重要的地位，因为孩子被认为是稚嫩的种子，会成长为未来的成熟果实。其理想如下：首先，必须给他们灌输尊敬上帝、国王和父母的思想。

孩子在 8 岁时应该学习读和写，并学习卡斯蒂利亚的发音。9 岁时，他们应该学习算术、代数和几何。10 岁时他们应该学习地理，“这是最能启发人理解的科学之一”。在这个年纪，“应该禁止他们阅读任何骑士小说或低俗喜剧，因为这些是魔鬼的甜蜜诱饵，会削弱最纯真的少女和最警觉老师手下的男童”。从 10 岁至 12 岁，孩子们应该学习宗教和非宗教的历史；12 岁至 14 岁，则该学习外语。

注意上述句子中所用的“应该”。事实上，西班牙的学校与这种教育理想相差甚远，这些学校的气氛非常恶劣。老师时时紧盯，落后的学生哪怕是发出最轻微的挑衅，也会被鞭子打在肩膀或手臂上。正如谚语说的：“不打不成器。”

西班牙大学的情况也比较特殊。黄金时代的伟大教师已经不复存在，但中世纪的经院哲学及其冗长累赘的理论论证仍为主流。神学依然被认为是最重要的学问，其他所有科学都是为它服务的仆人。它也是大学里最受尊敬和最高薪的学科。在西班牙，不断被讨论的依旧是理论问题；而在欧洲的其他国家，物理学、解剖学、植物学、地理学、自然史及所有其他知识领域都在不断进步。历史学家巴列斯特罗斯（Ballesteros）说，当时的神学课程仍在讨论诸如天使用的是什么语言，天空是铸钟青铜还是像葡萄酒一样的液体构成这样的问题。萨拉曼卡大学认为，研究牛顿的理论无法改善人的逻辑或形而上学，而笛卡尔比亚里士多德离真理更远。宇宙的范畴、哲学的三段论、抽象的论证，只教会年轻的西班牙学者能言善道，背后却空无意义。西班牙没有好的地图，也没有实验室。书本陈旧过时，许多大学生甚至认为高等数学根本是谎言和巫术。在比利亚罗埃尔（Torres Villarroel）申请萨拉曼卡数学和占星学系主任时，这个职位已经空缺了 30 年。在医疗方面，放血被当成万灵丹。西班牙人放血的部位不是手臂，而是在手背或脚掌。妇女每个月往往放血两三次。一位学识渊博的旅人认为，西班牙很多盲人就是因为放血频率过高，身体虚弱而致盲的。

18 世纪初西班牙最肮脏的城市可能是马德里。近 20 万居民挤在一个相对小的地区，因此街道狭窄而阴暗，往往也很肮脏。查理三世 1759 年从那不勒斯抵达时，曾说这里比意大利的城市肮脏，其妻子也批评此地人民的无知、迷信和野蛮。他们的住处破烂污秽，窗框又小，而且是蓝色调，几乎不透光，门和窗框总是需要刷油漆，建筑物的外表破旧丑陋。有些西班牙知识分子认为国王住在西班牙最肮脏的城市里是国家之耻，当时的人依旧从窗户泼洒秽物，连空气都是臭气熏天的。塞维利亚、托莱多和巴伦西亚为解决类似的问题花费了大量的资金，但首都马德里似乎陷入了无休止的官僚主义，因此什么也没做。到了晚上，街道漆黑一片，除非全副武装，否则没人敢出门。波旁王朝以蜗牛般的速度慢慢改善了马德里的外观，到了 18 世纪末，它终于有了差强人意的南欧城市面貌，开始看起来像二流的巴黎或柏林。

在首都的咖啡馆和旅馆里，吸烟、读报、谈论政治、打牌或打台球都属违法。每个小酒馆只能有一个出口，以免罪犯从后门逃走。民众可以讨论的主题不出戏剧、斗牛、爱情和诗歌。女性不得在这种地方逗留。在 18 世纪末还通过了一条奇怪的法律：未婚的男性酒馆老板禁止雇用“40 岁以下”的女服务员或女厨师。

18 世纪西班牙服饰中最受欢迎的两件物品，是长斗篷和宽边帽。黄金时代的戏剧已使斗篷闻名，现在更是人人必备。当时的作家说："西班牙人出门可以不穿鞋子，但不能没有斗篷！"斗篷是国家的象征，甚至连死人都穿着斗篷下葬。这种宽大的垂坠服饰，让扒手和小偷很容易顺手牵羊，并立即隐藏赃物而不会被抓到。这种犯罪频频发生，最后查理三世的大臣埃斯基拉切亲王（Prince Esquilache）下令斗篷的长度必须缩短，尺寸必须缩小，帽子也要变小，甚至规定精确的尺寸。即使警察知道罪犯的身份，罪犯也可以很容易地逃脱，他也只需把斗篷拉到脸上，把大帽子的边缘压低，遮住面孔就好。不过，亲王犯了一个策略上的错误。他的侍从太过积极执行法令，违犯此法的人被逼到墙边，斗篷和帽子被大剪刀剪成适当的大小。民众为此抗议不休，不久之后，一群暴徒横冲直撞，威胁要剥亲王的皮。民众不喜欢他，因为他是外来者，是陪着国王来到西班牙的意大利人，他的意大利名字斯基拉奇（Squillaci）变成了西班牙文的埃斯基拉切。这次暴动害得国王不得不从马德里出逃，躲到数英里外的阿兰胡埃斯，他在那里待了 9 个月。但民怨没有平息，直到国王免去大臣的职务。

18 世纪西班牙另一件引以为豪的事物是马车。只要财力能够负担得起马车，宁可不吃东西，也不能没有这种身份地位的象征。拥有"科尔多瓦的小马"和"拉曼查的骡子"的人，更被认为是上层中的上层。乘着精美马车四处溜达是有钱人最享受的乐趣，其他民众在他们经过时只能羡慕赞叹。由于街道非常狭窄，又铺得很糟糕，再加上四处都是秽物，每当马车经过时，行人常得躲到最近的门廊内，才能避开飞溅的污物。

查理三世大幅改善了西班牙的公路状况，并在 1788 年建立了一个长途马车系统，称作驿站马车（diligences）。他竭力消灭西班牙道路上猖獗的土匪，因为一直到他统治之时，在国内旅行而不被打劫几乎是不可能的事。他还启动了许多经济改革和公共工程计划，从外国请来工业专家，教授新的工艺，并让 6 000 名农业知识渊博的巴伐利亚人，到莫雷纳山脉（Sierra Morena）的 13 个新社区开垦定居。在驱逐耶稣会士后，教育开始脱离宗教的控制，学校体系被改组整顿。

在 18 世纪的社交消遣中，有一种几乎成了西班牙生活的独特标志，那就是聚谈会（tertulia）。这个名词本身原是指剧院中保留给思想严肃者的区域，这些人多半是神父，喜欢谈论神学家德尔图良。因此他们在剧院的那一区就被称为 tertulia。后来，这个词被用来指任何男性，或者女性，或者男女皆有的谈话聚会。另外也有作家聚会的文学聚谈会。再后来，每位知名作家都有他自己的聚谈会，由他的仰慕者和门徒参加。这种习俗至今仍盛行。这些文学聚谈会总是在一周的某一天，选在特定咖啡馆聚会，作家的朋友对这些地方熟悉的程度更胜于对作家的住处。西班牙在 18 世纪有两种热饮：巧克力和咖啡。后一种饮料在法国人和少数追随他们的西班牙人中很受欢迎，但热巧克力仍是当时最受喜爱的饮料。它不仅是饮料，也是这个时代的习俗。就像在黄金时代一样，社会各阶级都喝热巧克力，就连查理三世本人，尽管是法国血统，也一样爱喝热巧克力，而且往往还要喝上两杯。宫中的巧克力锅可装 56 磅饮料，供许多人饮用。巧克力几乎被视为西班牙人的必需品，就连耶稣会教士被驱逐出境时，也规定他们可以随身携带“每日祈祷书、衣服、巧克力和其他个人使用的必要物品”。礼仪书籍的作者和流行诗人经常提到巧克力。下面这首巴伦西亚诗人的四行诗就是典型的例子：

> 哦！神圣的巧克力，
> 他们跪在地上研磨你，
> 双手合拢搅拌你，
> 双眼朝天喝下你！

西班牙人热爱跳舞。波旁家族登上王位后，法国的习俗和舞蹈几乎立刻取代了西班牙原本的习俗和舞蹈，但这种情况并没有持续太久。西班牙的塞吉迪亚舞［seguidillas，其中塞维利亚特有的塞维利亚舞（Sevillanas）是这种安达卢西亚舞的变种］、方丹戈（fandango）和波莱罗（bolero）是最受欢迎的本土舞蹈，而最受欢迎的外来舞则是小步舞、对舞（coniradanza）、加沃特舞（gavotte）、华尔兹、波尔卡（polka）、利戈顿舞（rigadoon）和加洛普舞（galop）。对舞来自法国的 contredanse，是起源于英国的乡村舞蹈。后来对舞又发展出阿巴内拉舞（habanera），而阿巴内拉舞最终产生了阿根廷的探戈。

18 世纪西班牙的智识生活充满了外国影响。当然，当时法国的影响主宰了整个欧洲，波旁王朝的统治使法国的重要性在西班牙国内更加明显。卢梭、伏尔泰、孟德斯鸠等法国作家受到一部分西班牙知识分子的推崇。而这个时期其他国家的影响也同样强烈。比如英国作家弗朗西斯·培根、约翰·洛克（John Locke）、阿瑟·扬（Arthur Young）、亚当·斯密和亚历山大·蒲柏在西班牙都闻名遐迩，对这个世纪西班牙学问的复兴有着莫大的裨益。法国百科全书派的影响在18世纪后期生根，但仅产生了相对较少的作品。知识停滞和经院主义在1700年把西班牙的智识生活拖至谷底，又过了几十年，西班牙的思想才逐渐摆脱困境；但那时，开明的查理三世已去世，王位被传给波旁王朝最愚笨最孱弱的查理四世。在艺术家戈雅的画作中，他和他愚蠢的家庭成员的形象被完整地保存了下来。

在促进西班牙思想进步的人中，本笃会修士贝尼托·赫罗尼莫·费霍（Benito Jerónimo Feijóo，1676—1764年）神父最受瞩目。费霍神父以辛辣的笔触写了许多文章，痛批迷信、神话、无知、经院主义、倒退、狭隘的思想，以及其他缺乏理智的西班牙人身上表现出来的弱点。他主张直接研究大自然和人类的直接经验，反对无用的抽象玄思和空洞赘言。1771年颁行的法令要求西班牙所有的教科书和课程现代化，这证明了费霍神父的成功。虽然他的想法受到传统派的强烈质疑，但追随者众多。据估计，在18世纪里，他的书总共印制了50万册，他的读者比塞万提斯的还要多。这表明，被禁锢在西班牙传统和无知泥淖中的精英知识分子，多么迫切地想吸收欧洲启蒙运动的进步元素。最终事实证明，这个泥淖实在太深，力道太强，18、19世纪之交，西班牙智识主义还是在腐败的查理四世和他品行不端的王后的宫廷中再次失败。

费尔南多六世和查理三世都是正直开明的君主，但他们都没有充分利用西班牙议会，议会在整个18世纪只开了三次会。这个新王朝继承了改良后的专制传统。“波旁王朝中最一丝不苟的国王是查理三世。他的日常生活都按照绝对精确的时间进行。每天早上5点45分准时起床，如果需要，就由睡在同一室的助理唤醒。”接着他祷告和冥想一个小时左右，7点整，进入内外科医生、药剂师和其他几名下属恭候的宫室，在那里更衣盥洗，饮用第一杯热巧克力，一喝完就把他的那不勒斯管家叫来，再要一杯。接着国王到宫内各处去探视子女。8点钟，他踏进私人书房一直工作到11点，这时王储阿斯图里亚斯王子进来，两人聊聊。“国王接着与他的告解神父谈话，然后接见那不勒斯（他统治的前一个王国）和法国的大使；之后其他外国大使也来晋见。”

“他公开用餐，通常都有托莱多大主教同桌，并且在用餐时与几个人聊天。夏天午饭后他会午睡，冬天则不会。”接下来，他接见其他外国访客，并和特定人物私下谈论国家要事。他喜欢下午狩猎，这是他主要的消遣。如果他有不错的猎物收获，回来后就会分给下属。他常常玩一种叫“翻转棋”（Reversi）的游戏，直到约9点半享用冗长的晚餐。餐后不久做晚祷，上床就寝。[5]

查理三世在1788年去世时，他的葬礼也遵循了精确的时间表。马德里所有的钟声全部敲响，宣告国王驾崩。国王寝宫的贵族为他更衣，并用他所属教派的领围装饰得恰到好处。他的遗体被放进木制棺材，盖上华丽的金色布料，再放进较大的铅棺里。国王遗体被抬到大使厅，安置在灵柩台上，由他的私人侍卫守护。然后，宫殿大门打开，让民众得以瞻仰遗容。

次日，教廷大使为死者祈福，金羊毛骑士团（Golden Fleece）和其他军事修会的团长走向灵柩台，庄重为遗体解下各种领围，也为国王脱帽，并把他的棺材抬到宫殿楼梯的最高处，在那里进行最后的仪式。然后用五彩织锦覆棺，抬进封闭的马车，展开前往埃斯科里亚尔宫的长途行程。道路两边有士兵列队，远处还可听到隆隆炮响。人们流泪簇拥观看送葬队伍走过。到了埃斯科里亚尔宫后，棺木被从马车里移出，送到“腐化室”，在那里国王的遗体被庄严地放置妥当。（5年后再把遗体移到墓园或永久安葬室。）然后国王的侍卫队长打断自己的杖，因为他护卫的国王已不在人世。侍卫队员鸣枪三次，接着钟声为死者缓慢而哀伤地敲响……国王终于与其他前任国王一起安息。波旁王朝失去了启蒙和改革的最后希望，接下来的100年，西班牙再度陷入腐败、迟钝和无用空谈的泥淖之中。

总的来说，西班牙人一直认为18世纪是他们历史上一段不幸中断的时期，他们觉得正如西班牙先前对文艺复兴和宗教改革置之不理，18世纪后期的西班牙也未接受启蒙运动。原有的仇外心理卷土重来，程度更加严重。

一个多世纪以来，一般普遍认为：在启蒙时期（西班牙人称之为La Ilustración或El Siglo de las Luces），共济会和耶稣会士产生了严重的对立，共济会代表的是进步的法国思想，耶稣会则捍卫西班牙的保守主义。耶稣会和共济会人士都认同这种普遍的看法，他们都有自己的可怕之处。不幸的是，在大部分西班牙知识分子中，下面这种观念就像教条一样正确：“共济会于1727年由直布罗陀来此；他们的会所遍布西班牙所有的城市；他们与英格兰新教徒有秘密联系，直到伏尔泰的朋友、耶稣会士的灾祸阿兰达伯爵（Count of Aranda）成为总会长，才把他们效忠的对象转移到无神论的法国。”[6]

由此观点又产生了第二个信念：西班牙在18世纪分裂成两个阵营，实际上该说是分裂为两个西班牙，这种分裂一直持续至今。持这两种极端观点的西班牙人都指出，18世纪是该国后来社会、政治和思想弊病的病灶。当然，双方都把这些弊病归咎于对方。

西班牙学者梅嫩德斯·佩拉约（Menéndez Pelayo）在 1881 年出版的《西班牙异端史》（*Historia de los heterodoxos españoles*）第三卷中说，启蒙思想带来了“现代最重要的异端思想，那就是对基督神性的否定”。伏尔泰是“全世界邪恶精神的象征和化身”，法国百科全书派是他的军队，传播反天主教的思想，传播唯物主义和非宗教主义，一言以蔽之，就是使西班牙变质。佩拉约总结说，因此到他那个时代（19 世纪的最后几十年），西班牙成为除土耳其和希腊之外，“所有欧洲国家中科学和各重要学科最落后的国家”。

佩拉约对西班牙启蒙时代最吸引人的两个人物费霍和霍维亚诺斯（Jovellanos）多加赞誉，但他抨击查理三世的自由派大臣［阿兰达、弗洛里达布兰卡（Floridablanca）、坎波马内斯］，以及其他西班牙百科全书派的作品和信念，他认为他们攻击了自己国家深植于天主教信仰的民族精神。这些不信上帝的自由派大臣和他们的同伴，导致了接下来的两个世纪的分裂，“两个西班牙”势不可免，让这个国家分裂。他们忽视了备受尊重的真正的西班牙价值。

20 世纪的医生兼史学家马拉尼翁–波萨迪略（Gregorio Marañón y Posadillo）也得出类似的结论：“西班牙在 19 世纪上半叶的失败，有数次内战可为见证，而西班牙失败的原因，几乎完全是因大部分改革派人士的愚蠢所致。他们努力想要以非西班牙的方式进步。”而在另一方面，仰慕 18 世纪自由派人士的卡斯特罗称他们为“西班牙生活的表皮”。他认为西班牙没有维持理性思考的能力。卡斯特罗之言立刻被同时代的桑切斯–阿尔沃诺斯痛批，认为他这种态度对西班牙人民的精神是一种侮辱。

另一位（20 世纪 30 年代的）西班牙知识分子拉米罗·德·马

埃斯图（Ramiro de Maeztu）则重申佩拉约的说法，他写道："18 世纪后半叶，我们受贵族气息的共济会支配……我们想要以非我们本色的身份，实现我们的梦想。200 年来，我们使尽全力想要做别人，而非尽我们所能做自己。"

现代最知名的西班牙科学家圣地亚哥·拉蒙-卡哈尔（Santiago Ramón y Cajal）则持相反的看法。他认为 16 世纪为西班牙开了一扇窗，面对文艺复兴的意大利；而 18 世纪则开了另一扇窗，让科学批评的精神进来。西班牙的任务是摆脱古老的孤立，进入现代思维的普遍潮流。由知识分子号召青年救国的"1898 年一代"（the generation of 1898），也鼓吹同样的想法。

无论如何，在西班牙的智识和社会生活中，明显的分裂仍在继续，后来因为难以协调的政治分歧造成了内战，保守派赢得这场战争，他们以"光荣运动"在大约 35 年的时间里试图恢复古老的西班牙价值观，但并不成功。奇怪的是，佛朗哥将军所宣称的至大成就，主要是其政权促进的物质进步，但在智识和情感的团结方面，他却未能使"两个西班牙"更加紧密地结合。

查理三世于 1788 年，也就是法国大革命爆发的前一年去世，他的死也终结了西班牙获得进步政治领导的希望。在法国发生的暴行令西班牙人惴惴不安，这个国家仍然一如既往地打压自由主义：

> 法国大革命在西班牙做到了美国革命做不到的事，原本启蒙运动和经济扩张造成的无害的不和谐，如今却因法国革命的刺激转为增生的癌细胞。
>
> 对法国大革命最感到焦虑的西班牙人是弗洛里达布兰卡，

他被革命对王权专制政体的挑战吓坏了，因此转而抑制其政府在查理三世鼓励下所采取的启蒙制度。他的反应和其他开明专制君主的反应类似。俄国女皇叶卡捷琳娜二世（Catherine II）禁止法国出版物在俄境内流传，并要求在俄的法籍居民声明放弃对法国革命政权效忠；约瑟夫二世（Joseph II）在1790年临终时谴责了路易十六的懦弱，并废除了奥地利的新闻自由；他的继任者利奥波德二世（Leopold II）则废止了开明的改革，以安抚贵族和圣职人员。[7]

因此，西班牙并非唯一一个用倒退来保护自己社会体系的欧洲国家。

接下来的两任国王查理四世及其子费尔南多七世（Ferdinand VII），是西班牙史上最糟糕的君主。

我们对查理四世的早年所知不多，只知道他的人生腐烂罪恶。他智力低下、行动无能，而且放荡荒淫。他的妻子是那不勒斯公主玛丽亚·路易莎（Maria Luisa），她纵情肉欲，对自己的堕落一无所觉。在查理四世即位后不久，全欧洲都开始感受到法国大革命即将来到的动荡，法兰西共和国和法兰西帝国也随之诞生。查理四世和路易莎对西班牙宫廷的污染罄竹难书，尽人皆知，国王和王后毫不遮掩他们的劣行。[8]

国王的侍卫中有个年轻英俊的士兵，名叫曼努埃尔·戈多伊（Manuel Godoy）。王后看上了他，两人有了奸情。于是戈多伊迅速升迁，而且没多久就出任首相，成为西班牙实际上的统治者。王储费尔南多对他憎恨不已，筹划篡位。此时（1807 年）西班牙王室分崩离析：费尔南多被愤怒的父母监禁，对戈多伊的统治和国王与王后荒淫无度感到不满的民众起而支持王子。戈多伊被民众追捕，被迫在宫中阁楼废弃的旧床垫里躲藏了 36 小时，最后由王室卫队救出，但民众随后涌入宫中，国王害怕发生像法国那样的革命，因此让位给儿子。

查理和费尔南多都尽力争取拿破仑的支持，两人都意识到如果没有外力协助就无望掌权。眼光敏锐的拿破仑看准机会，说服他们两人在法国南部的巴约讷（Bayonne）与他会面。查理四世、王后和儿子费尔南多在法国皇帝面前尽曝家丑，双方都以最下流肮脏的言语辱骂对方。费尔南多无礼地指责母亲通奸，而拿破仑则向他指出，如果此事为真，他就无权继承西班牙的王位。最后拿破仑认为这对父子若坐上西班牙王位，都绝非体面的法国盟友，因此决定让自己的兄长约瑟夫·波拿巴（Joseph Bonaparte）出任西班牙国王，希望他在这个邻国建立新的王朝。

与此同时，获得西班牙同意的法军进入西班牙，以便征服葡萄牙。他们接管了西班牙政府，约瑟夫成了国王。查理和费尔南多都未获准返回西班牙。西班牙民众对无缘无故得到外国君主一事大感愤怒。1808 年 5 月 2 日，人们在马德里自发地起义，反抗驻扎在当地的法国军队，在发生许多血腥战斗后才被镇压下去。[戈雅有两幅杰作描绘了这场起义，他也在一系列名为《战争的灾难》（*Disasters of the War*）的版画中，描述了随后发生的恐怖冲突。] 接着约瑟夫试图占领并统治西班牙的其他地区。他在西班牙没有多少支持者，因为他嗜酒，人们早已用此来羞辱他，称他为“酒瓶乔”（Pepe Botellas）。

英国人一直害怕拿破仑，现在他们看到了好机会，攻击这位法国皇帝脆弱的侧翼，并出动庞大军队开进伊比利亚半岛，为起义的西班牙群众提供各种支持。于是半岛战争（Peninsular War）开打，在西班牙被称为独立战争，西班牙人和威灵顿公爵最终胜出，迫使约瑟夫越过比利牛斯山撤退。拿破仑无法前来协助其兄长。他在莫斯科遭到大败，所造成的人员和装备损失使法国在西班牙也不可避免地失败，这同时确定了拿破仑的最终毁灭。不过，战争很少只为了单一目的或清晰的逻辑而打，我们得指出一件怪事：在这场西班牙战争中，威灵顿公爵和英国人实际上是努力把暴君费尔南多七世推上了国王的宝座，也因此恢复了西班牙宗教裁判所以及随着波旁王朝的堕落所发生的所有其他罪恶。

在战争进行之际，西班牙议会从马德里逃往加的斯，在那里起草自由派的西班牙宪法（1812 年）。议会成员大半来自城市，一般认为比绝大多数百姓更开明，因此无论西班牙的君主是谁，除非他全心支持这部宪法，否则宪法根本没有实行的机会，可是要国王支持这部宪法根本是天方夜谭。在拿破仑被击败之后（1814 年），费尔南多回到西班牙，各地人民都高呼“议会下台！专制君主万岁！”，欢迎费尔南多登基。自由派宪法的拥护者毫无对抗民意的希望，西班牙人民是自作自受。

拿破仑在反省了整件事之后这么说：

> 西班牙这场令人遗憾的战争造成了真正的创伤，这是法国不幸的第一个原因。要是我能预见这件事会让我如此烦恼和懊悔，我永远不会参与其中。但在迈出第一步之后，我就不可能

后退了。当我看到那些蠢货在我面前争吵互骂时，我就想我不妨利用这个机会，拆散这个水火不容的家庭……我在西班牙的失策因其结果而无可挽救。我应该让西班牙有自由派的宪法，并让费尔南多负责执行。如果他真诚行事，西班牙必然会繁荣，并和我们的新做法相协调。我们将达成伟大的目标，法国将获得亲密的盟友，并获得真正强大的支持力量。相反，如果费尔南多不尽责，那么西班牙人本身就会推翻他，并且会要求我给他们一个统治者。无论如何，西班牙那场不幸的战争是一场真正的灾难……如果我所建立的政府仍然存在，将会是西班牙史上最好的事。我会让西班牙人重获新生。我会让他们有个很棒的国家。我会给他们一个新的王朝，而不是虚弱、愚蠢、迷信的波旁家族，除非它能对国家有益，否则就无权得到王位。我会摧毁迷信和圣职人员的阴谋，废除宗教裁判所和修道院，并赶走懒惰的修士。[9]

费尔南多七世即位，成为专制君主，他重建了宗教裁判所，遏制了短暂的自由主义浪潮，并粉碎了每一种改革。他把反对他的人全关进监狱，恢复固有的特权。自由讨论也被扼杀。新国家严惩自由主义者，许多人被处以死刑，因此人们纷纷逃出西班牙。耶稣会被请回国，受命主持年轻人的教育。整个国家陷于贫困，没有工业发展，土匪在每条公路上出没，人们无法通行。国王贬低并抨击自由主义所有的主张。在约瑟夫·波拿巴政权期间已自立政府的美洲殖民地眼见无法与费尔南多谈判，决定永久自行掌权。重新收回西班牙帝国海外领土的希望，都因专制国王的无知和狂热而注定失败。

在查理四世、约瑟夫·波拿巴和费尔南多七世统治下停滞不前的年代里，西班牙文化中唯一闪耀的一丝光芒，是戈雅精彩的绘画和版画作品，戈雅是西班牙史上最伟大的三位艺术家之一。1808 年西班牙独立战争爆发时，戈雅 62 岁，在过去的近三分之一世纪的岁月里，他一直是西班牙宫廷的官方画家。

> 他已经画了各种肖像——骇人的、怪诞的、讽刺的、讨人喜欢的、报复的，都是统治西班牙的堕落者、妓女和怪物的家族，他们赴巴约讷，全力在拿破仑的脚下卑躬屈膝，在征服者的面前揭开家中臭不可闻的纠葛和卑鄙的政治阴谋，这一切都在蹂躏这个不幸的国度。10

他也以西班牙的生活场景为题，为王室绘制数十幅大型素描草图，用来制作一系列美妙的挂毯，但他的才华主要还是在更严肃的事物上。[1]

戈雅亲眼看过战争，其邪恶和恐怖的本质从未离开他的脑海。他有许多绘画、素描和版画直接或间接取材自那场浩劫，对战争的谴责在艺坛中前无古人后无来者。戈雅画出了他目睹的惨况，而且他见到了最糟的情况。在他的眼前，人变成了野兽，杀人放火。他

---

[1] 戈雅常用木条、海绵或抹布上色。他的刷子通常都是最粗糙的质地。有法国评论家说："戈雅用颜料涂抹画布，就像泥水匠抹墙壁一样，他会用拇指蘸少许颜料，为画面加上细腻的情感。"戈雅所描绘的美丽西班牙风情被西班牙作曲家恩里克·格拉纳多斯（Enrique Granados, 1867—1916）用作歌剧《戈雅之画》（*Goyescas*）的基础，其中有些绝美的旋律。戈雅所绘的黑白斗牛素描《斗牛术》（*Tauromaquia*）是西班牙艺术中最具活力的代表作。收藏在普拉多美术馆的还包括他的《穿衣的马哈》和《裸体的马哈》（马哈 Maja 是西语漂亮的姑娘之意），这两幅画显露出他深沉的感性。传说画中人物是他的情妇阿尔瓦公爵夫人，此事非常可疑。不过戈雅确实过着放荡淫乱的生活，并且有许多非婚生子女。据说他还是一名很高明的斗牛士。

看到一个人大腿被抓住，并被用剑由他的胯下劈成两半；他也刻画了另一名男子被钉在树上。他看到一个受伤的法国士兵被人在地上拖曳到死为止，他将画作命名为《他活该》(*He Deserved It*)；他看到母亲在惊恐的子女面前遭到强暴，他看到兽性带来的官能感受，这似乎带给他替代性的快感，他绘出被强暴妇女的裸露乳房。他看到 1811 年的大饥荒中饿得瘦骨嶙峋的妇女和儿童，他也画出了这些景象。他们可怜地向路人伸出双手，却什么也得不到。戈雅为这些画起的标题是:《呐喊没有用》(*Shouting's No Good*)、《没人能帮助他们》(*Nobody Could Help Them*)、《他们属于另一个种族吗？》(*Do They Belong To Another Race?*)。

他的版画中有一名神父脚上生着爪子，在耳朵的位置则长出吸血鬼的翅膀，这幅画名为《违反公共利益》(*Contrary to the General Interest*)。后来他又有一幅版画，画的是同一名神父的心脏被吸血鬼吸了出来，画名为《后果》(*Consequences*)。在另一幅画中，有一头驴子面前放了一本摊开的书，在向修士上课，戈雅把这幅版画称为《那更糟糕》(*That Is Still Worse*)。还有一幅版画，画面上是一个女人的尸体，戈雅的题名为《真理已死》(*Truth Lies Dead*)。

《战争的灾难》是有史以来最可怕最真实的战争记录。生者的脚下满是血泊，死者则摆出怪异的姿态，双腿分开，张开丑陋的嘴巴，手指蜷曲，难以用言语形容的怪相构成了人类生活的草图。戈雅通常只给它们起名为《我看到了这个，还有这个》(*I saw this, And this*)。

这一系列版画于 1824 年左右首印，当时 78 岁的戈雅独自越过比利牛斯山，去法国避难（命运真奇怪！），以逃避费尔南多七世的专制和他所担心的随时可能重建的宗教裁判所。他描绘斗牛的版画和揭露西班牙人恶习的《谬想》(*Los caprichos*)和《谚喻》(*Los proverbios*)系列，是以黑白两色绘出的有力画作。除了出色的草图和包括可爱儿童的肖像之外，他大部分的艺术作品揭露了人对其他人的残暴，象征性的堕落和西班牙人民的巨大勇气。他挂在自己家墙上的画作如今都收在普拉多美术馆里，画面传达了言语无法形容的恐怖，但观赏者往往看不出它们的意义。怪异可怕的罗马农神萨图恩(Saturn)咬下自己孩子的头就是一例。有些艺术评论家认为，戈雅在1828年以82岁高龄去世之前，就已经发了疯。

费尔南多七世的统治激怒了觉醒了的西班牙人民，1820年，西班牙军队中的一部分人起而反抗，接管了政府。加的斯的自由派宪法再次生效，宗教裁判所也遭废除，有3年的时间，西班牙出现了一个表面上的自由派政府。起义的列戈将军(General Riego)成了英雄，在他的军队中流行的一首歌曲后来也成为1931年西班牙共和国的国歌，被称为《列戈颂》，这首歌和当时流行的其他歌曲的歌词，说明了西班牙内部对立的本质：

> 如果神父和修士知道
> 我们要怎么让他们惨败，
> 他们就会蜷缩成一团，大喊：
> 自由！自由！自由！

其中有些歌曲用词很露骨，譬如：

吞下它，吞下它，吞下它，
长着马脸的老反动分子，
我们不想要妓女王后，
也不要戴绿帽子的国王！

“吞下它”指的是1812年的宪法，反对派，尤其是国王，被迫接受它。然而，这个自由派政府只是西班牙史上一段短暂而无效的插曲。如我们先前所说的，西班牙人民对开明政府持怀疑态度。他们偏好专制君主而非宪法政权，哪怕是像费尔南多七世那么堕落的君主。因此当法国军队再次侵入西班牙，让费尔南多再登王位时，人民并没有反抗。这些落后、迷信、反动的西班牙人民在10年内再次接受了桎梏，仿佛它们是用纯金制成的。

不过，在费尔南多七世于1833年去世时，他们的热情消退了一些。他过了放荡的一生，他的政府腐败得毫无顾忌，有目共睹。在他临终时，家族成员在他床头为了该由谁继位拳打脚踢，争吵不休。费尔南多已修改了法律，让他当时3岁的女儿伊莎贝拉继位。国王的长兄卡洛斯强烈反对，并由此发动了一系列被称为“卡洛斯战争”的长期内战，卡洛斯在宗教信仰极其虔诚的巴斯克地区获得很多支持。

一听到费尔南多的死讯，许多被迫流亡的西班牙自由主义者就回到了祖国，西班牙也慢慢地、痛苦地、费力地，再次收拾残局，由谷底开始漫长而痛苦的起步。正如我们看到的一样，凋敝的国家经历了启蒙运动却未获启蒙，经历了法国大革命取未获改革，后来又经历工业革命，却未能被工业化。

在欧洲的其他地方已有一系列价值观生根发芽，但西班牙却对此一无所知：宪法政府、社会改革、新发现和新技术在经济上的应用、通信和交通的建设、农业改革、政教分离、言论自由、集会与新闻的自由。西班牙顽固地坚守着中世纪的梦想。尽管它极其沮丧失望，仍然大谈神圣的信仰、光荣的过去、优秀的性格、无与伦比的勇气和独特的热情。这就像站在墓地里吹嘘死者的功业，好像这样的夸耀会使死者重获新生。

抓住了西班牙这个古怪梦境精髓的，是19世纪的伟大作家拉腊（Mariano José de Larra，1809—1837年）。他的父亲在法国占领时期曾经支持约瑟夫·波拿巴，法军落败后，他们全家逃往巴黎，后来在1818年大赦时回到故乡。拉腊幼时是神童，在法国又见识到了自由主义，这使他后来在自己国家的生活挫折不断。他决定投身新闻业，到他24岁时，已成为西班牙收入最高的记者。拉腊发展出一种精辟、辛辣的风格，与他同代的其他浪漫主义作家截然不同。他在许多文章中戳破西班牙夸张的吹嘘和自满，暴露出背后枯干的实体。他说："在马德里写作，让人哭泣。"这是因为，为西班牙人写作是在浪费墨水和灵魂。任何国家的缺陷都逃不过他的笔尖：法国纨绔子弟的势利主义，虚假爱国主义的粗鄙本性，众所周知的西班牙人的懒散，想要靠欺诈过上老式流浪汉生活的普遍欲望，社会、经济和政治制度的落后，理想主义在西班牙的徒劳无功，等等。

拉腊生为一个打破传统的浪漫主义者，死时亦然。1837年2月13日，他的小女儿进他的书房道晚安，却发现父亲躺在血泊中，年仅28岁的他用子弹爆头自杀。整个首都大感震惊，传说他有婚外情却遭小三抛弃，但一般人都认为他是因自己的痛苦而厌世，后来证实这两件事都是真的。他的葬礼规模盛大，全马德里的文学圈都前来参加。在他的遗体准备下葬时，一个身体瘦弱、脸色苍白的年轻人走上前来，用激动的声音读出他写给死者的挽歌。这位当时不知名的年轻人的悼词让在座的哀悼者都深深感动，他名叫何塞·索里利亚，从此展开了诗人生涯，后来成为西班牙浪漫主义运动的主要作家之一，也是1844年著名的《唐璜》(*Don Juan Tenorio*)的剧本作者，该剧本在西班牙舞台上取代了由蒂尔索所写的同一主题的剧本。这出唐璜剧今天在西班牙依然十分流行，经常在天主教的万灵节前后上演，因其最后一幕发生在墓地，时间上十分合适。

拉腊对折中的做法不以为然，身为作家的他追求淋漓尽致。他疯狂地寻找西班牙文化和科学复兴的证据，却一无所获。他寻找可能意味着拯救的性格元素，但它们也不存在。他开始觉得，由西班牙人推动西班牙的再生，是完全不可能实现的梦想。他陷入悲观和绝望，以一种坦率的文笔描写他的国家和人民，这在使保守派大为震惊的同时，像磁铁一般牢牢吸引住了知识分子。拉腊本人常作为主要人物出现在自己的文章里，因此他的文章有其他浪漫主义作家所缺乏的私人和个体的笔调。这种艺术气息浓厚的个人主义再加上简洁经典的风格和犀利批判的才华，使得后代作家崇拜他，称他为天才和先知。

拉腊在一篇杰作中写道，他故意让仆人喝醉，以便仆人直言不讳，说出心声。仆人欣然从命，因此成为“作者的良心之声”。仆人拿自己卑微但满意的物质生活（就像桑丘一样）与主人只会导致沮丧和绝望的理性主义（有点像堂吉诃德）做对比。仆人说：

你昼夜在书页中寻求真理，又因为找不到它而备受煎熬。你发明了文字并用它们表达感受、科学、艺术、存在的事物。

> 政治、荣耀、知识、权力、财富、友谊、爱情！但当你发现它们只是文字时，你就辱骂诅咒。而同时，我吃喝玩乐，没有人会欺骗我，就算我不快乐，也不会因此绝望。你可以命令我，但你不能命令你自己。作家，可怜我吧。我因酒而醉，的确如此；而你却因欲望和无能而醉！[11]

拉腊在西班牙有不少崇拜者，但他意识到要用写作来影响西班牙人不啻白日说梦。西班牙的三个阶级以各自的不同方式失聪，谁会诚心聆听？

> 一般民众冷漠而残酷，未来数年也没什么用，因为他们在智识上没有需求，也缺乏动力。他们无法自己行动，只能等着被推动。而逐渐开明的中产阶级终于开始有了对智识的需求，开始意识到自己过去和现在都处于非常糟糕的状态，他们希望改革，因为改革是改善自身的唯一方式。还有为数不多的特权阶层，他们在外国成长，并因异乡眼花缭乱：他们是政治移民的受害者——这个阶级自认只有他们是西班牙［最先进的］，但他们每跨出一步，都惊讶地发现自己只不过领先其他人几十步而已。[12]

在另一篇更为尖锐的文章《1836 年的万灵节》（*Día de difuntos de 1836*）中，他描述了由马德里来到墓地的大批人口，并惊叹道："为此，他们离开马德里！"在墓地，他羡慕死者，质问生者说：

你们自己就是死人，为什么来拜访你们的父亲和祖父？他们虽死犹活，因为他们有和平，有自由，世上唯一可能获得的自由，由死亡赋予的自由；他们不用交税；他们无法被动员；他们无法受谴责也不能被监禁；他们是唯一享受新闻自由的人……简而言之，他们只认可一种法则，那就是让他们躺在那里的专横的自然法则，他们遵守那条法则。

“那是什么历史遗迹？”我在广阔的墓地漫步时惊呼道。

“那是过去几个世纪的巨大遗骸，还是其他骷髅的坟墓？那是王宫！它有一面面向马德里，也就是说，其他的墓［就在那里］……”

作者在他的死亡漫步中来到政府大楼前方时，他反省道：“这里是西班牙的一半，它死在另一半手下。”

他想要躲藏在自己的心里，但却发现那里只有另一个坟墓。“让我们读一下碑文。看谁死在这里了？可怕的墓志铭！希望被埋葬在这里了！”

“沉默，沉默！墓地在我们心里！”

拉腊许多作品的签名都是费加罗（Figaro），这是法国作家博马舍（Pierre Augustin Caron de Beaumarchais）知名三部曲喜剧中的主人公。我们很容易就明白为什么这个名字这么吸引他。三部曲的第二部1784年的《费加罗的婚礼》正是掀起法国革命热潮的剧本。在剧中，象征贵族的阿尔马维华伯爵想要行使他作为封建领主的权利，在他的理发师费加罗结婚前夕和费加罗的新娘共度春宵。费加罗当然非常愤怒，而且因为他先前曾帮助伯爵赢得另一位女士的芳心，因此使他加倍气愤。在一番胡闹和乔装之后，理发师终于战胜了伯爵，娶回他的意中人。这出戏让欧洲的贵族大感震惊，因为在革命洪流之前，他们的真面目已遭揭穿：他们是无耻、不道德、堕落的旧秩序拥护者。莫扎特在 1786 年把这出戏剧改编成歌剧时，不得不用意大利文而非德语，让观众无法体会到故事中的细节。原剧本在维也纳禁演，巴黎当局也因担心会激起群众的义愤而禁止歌剧公演。当局知道这种作品多么危险，但尽管他们严格管控，在巴黎依旧有这部剧的私下“彩排”，而且广受欢迎。

拉腊是个出色的西班牙费加罗；他没有博马舍的主角那么幽默，但对现状的批评更加严厉。他了解西班牙的生命力、人文主义，普遍主义和信仰的理想，并且看出它们太根深蒂固、太强烈，因此无法在可让西班牙欧洲化的理性主义、科学、政治自由主义和社会改革面前屈服。正是这种绝境使他的作品以仇恨和自我毁灭的方式转向了内心。

费尔南多七世的女儿伊莎贝拉二世由 1833 年至 1868 年治理了很长的一段时间，头几年由她母亲摄政，当时西班牙的自由主义有了进步，也尝试让经济和教育制度现代化，成立了许多小学，重组大学，创办了数个文化机构。伊莎贝拉的私生活几乎和她父亲一样放纵，也养成了毫无来由指派和罢黜大臣的习惯，政府因为人事的不断变化而瘫痪，这也反映出女王的善变。伊莎贝拉人高马大，在宫廷里笨拙地跳跃（她爱跳舞）实在不甚美观。不消多久，她就被西班牙人用轻蔑和谴责的语气称为“esa señora”（那个女人）。伊莎贝拉的王夫是她的堂兄弗朗西斯科（Francisco de Asís），他高亢的声音教人不快（有传闻说他是同性恋）。伊莎贝拉生下王子（后来的阿方索十二世）时，几乎要用暴力掩住王夫的嘴，以免他公开宣称孩子不是他的。女王后来又生了 8 个孩子。

伊莎贝拉生性慷慨、不切实际、善良、迷信，情绪像婴儿那般不稳定。她的忏悔神父克拉雷特（Claret）干涉国政，不断造成麻烦。另外一位在背后影响女王的，是有“流血的西班牙修女”之称的帕特罗西尼奥（Patrocinio）修女，据说她手上出现基督伤痕的印记，在公共场合出现时总戴着手套，我们有充分的理由相信她的伤口是自己造成的。有这样的近臣和这样的性格，伊莎贝拉二世的政府不免荒谬。

尽管政治腐败，官僚主义盛行，但西班牙在物质方面确实有了进步。政府铺设了铁路，在 1848 年至 1858 年间铺了 500 英里，1858 年至 1868 年间铺了 3 000 英里。在西班牙的悠久历史中，这是第一次它的各个地区能够彼此密切交流。然而，中央政府太过无能且不得民心，尽管交通改善，却几乎无法减轻全国各地强烈的分离主义情绪。此外，在修建铁路时的财务和人事也爆出严重的丑闻，女王的母亲也参与其中，最后不得不永久流亡。[13]

伊莎贝拉二世政权最重要的大事是西班牙自由主义的逐步发展，不过我们必须先为这个词下定义。所谓西班牙自由主义只是指宪政政府为一般公民制定温和的权利法案，并没有偏左或类似的立场。法、英的政治事件和接触德、英的哲学学派引发了这个运动，不过许多西班牙人是被迫成为自由派的，因为他们讨厌伊莎贝拉二世和她的亲信，他们并不了解也不关心什么叫议会政府。到1868年，西班牙人受够了女王的政府，普里姆将军（General Prim）起义，结束了她的统治。但这场政变有个负担：西班牙军队。西班牙海军首先起来反抗，陆军很快就加入，对自由运动而言，军队是很奇怪的伙伴。伊莎贝拉二世发现自己没有援军，只能出国流亡，她哀叹自己的命运："我还以为我扎下了更深的根呢！"

军队开始寻找合适的国王，普里姆将军感叹说："在欧洲寻找民主国王，就像在天堂寻找无神论者一样困难。"[14] 最后萨伏依的阿马德奥（Amadeo of Savoy）接受了王位，他在马德里只撑了几年，自由派各派系之间的斗争使阿马德奥一世的统治成了一场噩梦。在他的短暂统治之后，是 1873 年至 1874 年的西班牙第一共和国。第一共和国共有 4 位总统，最后一位是著名的历史教授，也是当时最有名的西班牙演说家埃米利奥·卡斯特拉（Emilio Castelar）。他的前几任总统都按党意行事，只有卡斯特拉称自己是 posibilista（可能主义者），意思是他会尽其所能，但他所能做的实在不多。

无论是西班牙共和国还是其总统，都没希望生存下去。卡斯特拉自己就曾说："我们共和党有许多先知，却没有多少政治家；我们有很多理想，却没有多少经验；我们拥抱整个思想的天堂，却在路上的第一个坑就摔倒了。"他们的路上有很多坑：古巴反抗西班牙的统治、自由派的分裂、议会的敌意、军队的不满、西班牙北部如火如荼的卡洛斯战争、依旧要求波旁君王的君主制度支持者，还有骇人的经济和金融情况——这些只是第一共和国必须面对的一小部分问题。能够建立第一共和国已让人惊奇，它的死亡是意料中的事。

1875 年，在英国桑德赫斯特皇家军事学院就读的阿方索十二世获邀回到西班牙担任宪制君主，当时他 16 岁。他了解议会政府，并且尊重这种制度。他在欧陆和英国接受教育，远离他母亲堕落的宫廷，因此有能力担任国王的角色。在他短暂的统治期间（他于 10 年后去世），西班牙似乎在政治上取得了真正的进步。自由主义者和保守派轮流掌权，宪法受到尊重，秩序也得以恢复。但这些变化几乎没有意义；它们只是代表一种休战，双方同意做出温和有礼的表面姿态。在西班牙，权力由一方转换到另一方，通常被称为“换哨”。

阿方索十二世于1885年去世，年仅27岁。他的王后为他生了几个女儿，但他去世时还没有儿子。然而王后怀了遗腹子，6个月后，王子诞生了，后来成为阿方索十三世。在接下来的16年里，他的寡母担任摄政，这一时期与伊莎贝拉二世成为女王的早期摄政形成鲜明对比。1902年，阿方索十三世接掌政府时，西班牙站上未来伟大发展的门槛。它的学校获得极大的改善，培养出一批受世人尊重的知识分子，而国王本人似乎也同情人民日益高涨的自由主义情绪。西班牙的花园里即将开花结果，西班牙人是抓住这个机会，还是重回刚刚艰苦摆脱的过去的深渊？

不幸的是，波旁王朝的最后一位君主能力不足。阿方索“在强烈的圣职人员氛围中，被溺爱的母亲抚养长大。他的导师蒙塔尼亚神父（Father Montaña）是个激烈的反动派。阿方索一直未被送到国外学习”。阿方索强烈抗拒宫廷的郁闷气氛，和军事人员结为好友，他非常钦佩他们的冒险精神。最后，军队“在他眼中成了一切男子气概和英雄气概的象征”。[15]

教会和军队再度把持了权力，他们会继续拖着西班牙排到队伍最后吗？这还用历史学家们问吗？早熟年轻国王的才华在他的成长过程中渐渐消磨，而这个国家缺乏自治经验的特点也很快就显现出来。在阿方索统治国家的头两年，共有66位新大臣，而在他登基29年后流亡之前，一共换了33个截然不同的政府。

第十一章

西班牙的主要思潮（1870—1931）

失去了早晨就失去了下午，失去了下午就失去了人生。

——西班牙古谚

16世纪，在腓力二世的统治下，西班牙与其他欧洲国家脱了节，之后的历届国王更让这个问题成了全国性的灾难。西班牙更喜欢单独行动，坚持自己的价值观体系，抵制进步。在18、19世纪，西班牙在人民的教育方面远远落后于其他国家，虽然葡萄牙也许更糟，但西班牙在欧洲国家中也已排名倒数。在这个绝大多数人民不会读写的国家，社会大众却有强大的创造力和尊严感。西班牙人民继续创造出诗歌、歌曲和其他自然艺术流行情感的表达。全世界没有哪个国家拥有比西班牙更优美的民间诗歌和民间音乐，也没有哪个国家的不谙读写的群众比他们更文雅、更有活力。

未受过教育的西班牙人民总是创造出伟大的艺术，并且始终拥有任何事物都难以摧毁的深邃的尊严和力量。尽管这些品质令人钦佩，但在现代世界中，仅靠它们是不够的。实际上，它们使西班牙在现代国家中显得有点反常。民间天才无论在艺术领域多么富有创造力，都无法治理好国家。在 19 世纪后半叶，西班牙人开始意识到这一点。对西班牙人民来说，教育是一种迫切的需求。读书识字不再是奢侈品，思想已成为自由的钱币。如果不想让国家永久落后，那么建立学校——更多更好的学校，就是当务之急。面对这种需求时，有一个人脱颖而出。他名叫弗朗西斯科・希内尔・德洛斯・里奥斯（Francisco Giner de los Ríos），1839 年出生在风景如画的安达卢西亚小城龙达（Ronda）。

英国的西班牙学者特伦德称希内尔为“第一位现代西班牙人”。西班牙作家马达里亚加也说他是“西班牙 19 世纪最崇高的人物”。希内尔是马德里大学杰出的法学教授。西班牙的法律学位就相当于美国人文学科的学位。希内尔对这个较广泛的文化领域感兴趣。他是全心奉献型的教师的典型。

19 世纪 70 年代，西班牙教育大臣要求所有大学教授都得宣誓效忠，宣誓支持王室、国家王朝和天主教。希内尔和其他几位知名教授都拒绝宣誓，因此被解雇。这一群没有学校的教师决定筹办一所自己的大学，命名为“自由教学机构”（Institución Libre de Enseñanza），于 1876 年成立。希内尔因此成为西班牙第一所独立于国家和教会之外的学校的校长。

这个机构并不参与政党政治，但其教师坚定地相信要在自由和非宗教的基础上改造西班牙。机构的主要目标是在自由的气氛中教育西班牙青年。这个自由的新大学教育出许多知名的人物。1956 年获得诺贝尔文学奖的诗人胡安・拉蒙・希梅内斯曾在此学习，20 世纪上半叶的另一位伟大的西班牙诗人安东尼奥・马查多也一样。希内尔的理想是以博雅教育培养一群具有全面、自由思想的人，他们品格高尚、性格宽容，能够领导国家向前迈进。在传统阻碍了进步的西班牙，在卡哈尔（后来获得了诺贝尔生理学或医学奖）仍然需要靠偷窃尸体才能做解剖学研究的西班牙，这样的理想令人耳目一新。

希内尔是一代西班牙人的导师，他们对他推崇备至。在他的学校的带领下，其他教育机构也纷纷成立，使思想自由的学风遍地开花：先进的历史研究中心（Center of Historic Studies）是我本人在第二共和国时期攻读博士学位之处；女生学院（Residence of Señoritas）和学生书苑（Residencia de Estudiantes），相当于牛津和剑桥大学的学院；以及与其他机构合作相关的进修教育委员会（Committee for the Extension of Studies）。这些文化机构中，位于马德里皮纳尔大道（Calle del Pinar）21号、坐落于山顶的学生书苑可能是外国人最熟悉的一个，因为这个位于西班牙首都心脏地带的可爱绿洲的机构，秉承着博雅教育的优良传统，年复一年地为外国学生举办暑期学校。

这栋建筑外围环绕着一条小护城河，流水奔流不息，教人想到安达卢西亚摩尔人水声潺潺的花园。这条护城河有其象征；它意味着此地属于自由状态，独立且不受任何政府或宗教的影响。我在这里暑假修学时，长久居住在这里的有诗人洛尔迦、散文家何塞·莫雷诺·比利亚（José Moreno Villa）和评论家达马索·阿隆索，其中阿隆索也是这个地方的负责人。穿着像新教牧师的哲学家乌纳穆诺也是此地的常客，希梅内斯、佩德罗·萨利纳斯（Pedro Salinas）、豪尔赫·纪廉（Jorge Guillén）这些诗人和老师亦然。我还记得来自阿根廷的米格尔·柯多米（Miguel Cordomí）和阿兰布鲁（Aramburu），以及来自法国、德国和西班牙各地的许多人。英国研究西班牙的学者特伦德经常来此，其他西方国家的知名西班牙研究者，包括许多美国学者也常来此地。

我对这个地方最有趣的回忆之一是这里的学生知道他们的主任阿隆索喜欢裸睡，因此有一晚在他的床上撒满了盐。洛尔迦很喜欢这个恶作剧。阿隆索后来成为诗人贡戈拉的伟大翻译者，他的身材像《爱丽丝漫游奇境记》中的双胞胎（Tweedledum），还是个秃头，再加上遭捉弄后的大声咒骂，教人毕生难忘。

希内尔的学生和他们的追随者是建立第二共和国的杰出一代里的重要人物。世界上任何一个国家都会为拥有这样优秀的一群人感到骄傲。问题是这样的人并不够多，西班牙的自由教育开始得太晚。在数百万人仍然是文盲的国家里，没有自治的训练，专制主义盛行，少数几个优秀的人能有多大的用处呢？

努力让西班牙振兴的人并非仅仅希内尔一个。安赫尔·加尼韦特（Angel Ganivet，1865—1898 年）出生于格拉纳达，是当时尖刻批评的愤青，就像拉腊第二。没有人有比他更锋利的笔和更有洞察力的思想。他和少数几个深爱西班牙的人一样，深切地感受到它的不完美，并极力探索和恢复西班牙永恒的精神传统。他和当时的许多西班牙人不同，并不鼓吹西班牙欧洲化；恰恰相反，他所说所写的内容全都是呼吁西班牙灵魂在非欧洲的过去中寻求原创性和独特性，为未来的成长奠定基础。加尼韦特努力阐释和评价自己国家的精神和性格，他试图从内部重振西班牙。他的格言来自圣奥古斯丁："不要忘本，因为你真正的灵魂存在于内心深处。"他认为这不但适用于个人，也适用于国家。

加尼韦特声言，西班牙人虽有征服的才能，却无法统一和治理被征服者。如果西班牙要在现代国家中维护自己的尊严，就必须重拾这一重要的活力，并且把它集中用于一个新方向上。加尼韦特和乌纳穆诺结为好友，他们在信中对国家的命运进行了睿智的评论。加尼韦特的文章数量不多，却是当代西班牙文学中最好的随笔，不过他的批评大多反民主。"把人民当成社会有机体，他们让我恶心……我热心支持普选，但有一个限制条件：没人投票。"他认为政府应该留给聪明人和强者治理。

加尼韦特经常旅行，他被政府派到比利时、芬兰和俄国。33 岁时，他在俄国的德维纳河（Dvina）投河自尽。在这些北方国家，他能更清楚地观察自己的国家。他对他自己的读者也毫不留情。就像拉腊一样，他自己的生命力和理想主义毁了他；要在一群阴险的人中坚持纯粹的理想主义，向来都不利于健康。

在这个时期第三个把生命献给西班牙振兴的人是华金·科斯塔（Joaquín Costa，1844—1911 年），一个讲究实际的阿拉贡人。科斯塔努力要使他的国家与其他欧洲国家并驾齐驱，他既用文字，也用言语，留下了许多令人难忘的箴言，其中有些直到今天仍然深植人心。他喊道："熙德的墓必须加上双重锁。"不能再回顾过去的光辉，现在的西班牙需要的是"学校和食物"，还需要"铁腕的外科医生"，一个敢用无情的手术刀进行切割和截肢的人。西班牙是空心的芦苇，是干涸的河流；它的投票人口是"无所作为的民众"。西班牙必须去非洲化，必须要欧洲化。必须以荣耀交换进步，必须用战舰交换学校。"我们的国家并不需要英雄或殉道者的热血，而是需要能够支配并运用自己情绪的智慧者的冷血。"西班牙的衰弱是由于缺乏意志，经济落后，普遍存在的文盲，以及根深蒂固的政治独裁制度，这使得所有选举都成为一场闹剧。西班牙需要自由，“自由的根源在于独立，独立的根源在于肚子”。饥饿的人永远无法真正自由。

科斯塔在西班牙各地大力宣扬他那充满活力的自由主义思想。他向广大的民众提出土地和社会改革的问题，他让年轻知识分子把注意力集中在母国社会有机体的溃疡上。他敦促要灌溉贫瘠的土地。他承认同胞没有能力接受纯粹的民主政府，因此主张像罗马一样的“选举专政”（elective dictatorship），迫使无知和持异议的反动分子服从。科斯塔对他那一代的年轻人影响深远，让他们了解到国家的问题所在。

智识主义的浪潮在西班牙日益茁壮，催生大批作家和艺术家，他们被称为“1898 年一代”。那年西班牙与美国作战，西班牙大败，这迫使西班牙人反省自己，因此产生了这个名词。西班牙军队的荣耀显然已经不复存在，它失去了最好的殖民地，如今孑然一身，弱小、贫穷、失去了尊严，甚至连现代国家的荣誉也不复存在。难道它的铁腕将军没有残酷地迫害古巴人吗？ 即使几乎所有的西班牙人都认为这是一场非正义的战争，是美国为了夺取殖民地而强迫西班牙参与的，但这次战争却彻底证明了自己的国家没有能力接受现代挑战。

因此一个基本的问题出现了：西班牙是什么？这正是“1898 年一代”的成员想要寻找的答案。他们深入研究了这个国家过去的历史和文化，想揭示西班牙真正的灵魂。他们探究了它与世隔绝的城镇和村庄，以便感受到它的精神地理，因为在这些地方，过去仍然活生生地存在着。他们试图让西班牙欧洲化，像尼采一样，全力以赴。他们极其重视感性的价值，认为这是艺术创造力的主要来源。他们对信念本身持怀疑态度，但矛盾的是，这些拥护强大意志的人却过着“缺乏意志”的生活。这些为了重燃信仰而热切争辩的人相信人生本身就是苦闷的，并且因此持悲观态度。

在这一代人中最能抓住卡斯蒂利亚精髓的诗人马查多，充分表达了他国家特有的“精神包容”态度：

> 悲惨的卡斯蒂利亚，昨天统御所有的人，
> 如今却一身褴褛，鄙视它所不认识的一切。

“1898 年一代”是一群因所处的时代而联系在一起的才华横溢的作家。每个人都有独特的个性，都有自己的美学信条和哲学。他们虽未发起统一的文学运动，但确实创造出自伟大的黄金时代以来最好的西班牙文学。在这些人的带领下，伊比利亚坚硬的土地再次燃起熊熊火焰，激起了巨大的热情和能量。在几个世纪的沉睡之后，西班牙再次活跃起来。

“1898 年一代”的作家们体现了现代西班牙最后也是最好的希望。他们人生和作品中隐含的矛盾是他们国家的矛盾。他们颂扬人的意志，但自己却没有这样的意志。他们讴歌卡斯蒂利亚的力量和荣耀，但自己并非卡斯蒂利亚人。他们主张西班牙的欧洲化，但在他们的作品中，传统却无处不在。他们渴望信仰宗教，但自己却是怀疑论者。他们倒是做到了西班牙人一直都能达到的成就：建造了一座美丽的宫殿。

我们没有篇幅或时间单独讨论“1898 年一代”的所有成员及其

同时代的人。列出他们的名单并无意义，尤其他们是不熟悉的外国名字。不过简述这一批作家，以及另两位（实际上并不属于该团体，但在西班牙确实发挥了强大影响力的作家）的主要观点，绝不会有错。这两位不属于“1898年一代”的作家是佩雷斯·加尔多斯（1843—1920年）——塞万提斯之后最杰出的西班牙小说家，以及布拉斯科·伊巴涅斯（1867—1928年），后者的小说在全世界广受欢迎。

来自加那利群岛的加尔多斯一生大半在马德里度过，成为这个杂乱首都的阐释者。他来到马德里时，正好目睹了19世纪70年代的政治和社会动荡，他立即开始寻找民族心理的基本动向和情感。虽然加尔多斯本人主张自由解放而且反教士，但他观察到西班牙人精神的内部有一种良性的中立。正如曾任西班牙驻美大使的史学家马达里亚加所说的，希内尔提出了西班牙的ethos，也就是民族精神或内在特征，而加尔多斯则展示了它的epos，也就是其19世纪生活的宏大动态。加尔多斯是唯一能与其他欧洲小说大师相提并论的西班牙小说家。西班牙有加尔多斯，法国有巴尔扎克和左拉、英国有狄更斯、俄国有托尔斯泰和陀思妥耶夫斯基，以上只仅举几例。

加尔多斯全心写作，由早上7点开始写到晚上9点，日复一日，周复一周，只有在吃饭和运动时才休息。他衣衫褴褛，放弃了社交或咖啡馆生活之乐。他是天才，擅长堆砌细节、构思情节、描绘人物，并把这一切全部导向他细心铺就的结局。他对人类的心理有惊人的了解，且有不可思议的观察和分析能力。他以深沉的人性温暖赋予了小说人物生命，但他缺乏诗歌或预言的宏大气势，而这种气势使俄国小说家得以超越现实主义，施展使人类精神升华的交响乐魔法。

加尔多斯的细节堆砌偶尔会多到乏味，读者必须强迫自己，才能读完他最长作品的冗长段落。他的杰作《福尔图娜塔和哈辛塔》(*Fortunata y Jacinta*，1886—1887年)共有1 700页。加尔多斯对西班牙的了解只有少数同胞能及，他能够在他的文章中给出西班牙人生活的完整横截面。他从未放下过他的利笔，也不会因为道德教化而加重思想负担。他抱着活力乐观的心态，反对人类意志中没有意识到的那股盲目、鲁莽、非理性的驱动力。他宽容、通情达理、富有同情心、开明，就像一个理想的精神病学家。加尔多斯大部分的小说都写在弗洛伊德之前，在1870年至1900年间，因此他的作品中并没有弗洛伊德的术语。但他对性格的剖析会启发那些有兴趣探究正常和异常心理的人——尤其是那些对西班牙人的心理有兴趣的读者。

加尔多斯一生未婚，但他有许多情妇，并与她们有一连串“类家庭”的关系。他非常了解并亲身感受了夫妻、孩子、朋友、恋人等关系的相互作用。他还认识各个阶层、各种职业的人，包括各种宗教的信徒。他笔下的犹太人是西班牙文学中最具影响力的人物之一。加尔多斯早年的写作受法国现实主义和自然主义的影响，但最终他从托尔斯泰对人性的热爱中找到了归属。不过他“最喜爱的大师”是英国小说家狄更斯。他原本就在英语学校接受教育，可以流畅地阅读英语。正如与他同代的作家莱奥波尔多·阿拉斯(Leopoldo Alas)所指出的，在加尔多斯的小说中看不到西班牙文学的昨天，只能看到前天。这些小说继承了西班牙黄金时代的现实传统，使加尔多斯成为自那个时代以来最伟大的西班牙小说家。他描写19世纪西班牙人的生活，“以无比的忠实和精准，使得永恒的现实显现在对逸事的描写之中，而在19世纪人的形象之下，是永恒的人的形象”。

加尔多斯的小说技巧与黄金时代的诸位前辈很相似，如流浪汉小说的作者、剧作家蒂尔索和洛佩·德·维加，还有塞万提斯。

> 对这些人来说，写戏剧或小说就是无限地增加故事情节及相关内容。塞万提斯就连在《堂吉诃德》中也收集和使用了他所经历的一切：田园故事、骑士故事、言情故事等。加尔多斯也是如此，他以一个行动作为小说的中心轴；但这个行动的进展几乎总是缓慢到令人厌烦的地步，在每一个转折处都会被打断，并朝着每个可以想象的方向延伸和分岔……

加尔多斯以及黄金时代散文作家所用的技巧，也是当代西班牙和西班牙语美洲小说的主要特色。

加尔多斯最擅长的是刻画人物个性的发展，以及对个人追求理想及适应社会方面的呈现。他从未完全接受左拉那决定性的自然主义，虽然他确实以近乎无情的准确性呈现人性和外在现实，但他并未把个人意识视为外在环境所决定的结果。他赋予书中人物自由意志，这是天主教的基本原则之一；他以富有哲理的方式，通过呼应黑格尔的观点来呈现这点。在黑格尔看来，个人是在浩瀚历史汪洋中掀起的波浪。在加尔多斯的小说中，人物的个性一方面是来源于自我内部，另一方面是与周围人之间的冲突相互作用而形成的。个人借由与他人的关系寻求自我拓展和成长；他遇到了许多不同的人，每一种的际遇都使他自己的个性发生了变化。人与人之间的关系始于对立的斗争，最后却达到了某种融合。自我由别人身上吸收，去除自身的一部分个性，成长、超越其初始的局限，最后达成自我实现。在这个过程中，加尔多斯融合了文学现实主义、基督教理想主义和黑格尔的人格观。

加尔多斯未能写出世界级的杰作可能有两个原因：他下笔非常迅速却粗心，而且他也不像巴尔扎克、托尔斯泰或狄更斯那样善于讲故事。尽管如此，他的作品依然是欧洲和世界文学中真正不朽的丰碑，他本人也是19世纪西班牙文坛的巨人。他的杰作《福尔图娜塔和哈辛塔》是一幅宽阔的画布，勾勒出许多生活在马德里的人物，让人错以为那就是人生的样貌。他对书中两名女性角色妻子和情妇的细腻描写，让其他西班牙作家望尘莫及。书中一名男子马克西·鲁文（Maxi Rubén）极端神经质，在幻觉的梦中逃避现实。梦境的叙述和分析是加尔多斯小说技巧的基本要素。这本小说以精湛的笔法描写错综复杂的人际关系。这部佳作未能得到英语世界的认可十分可惜。

加尔多斯总共写了77本小说，作品数量惊人。他比任何其他西班牙小说家都清楚地看出：

> 过去对现在的西班牙的引力是无解矛盾的结：因为一个民族既不能放弃过去，放弃它基本性格的基础，也不能活在历史的边缘，因为要适应现在就意味着要不断地革新。现在，也就是生活，是过去和未来所构成的。因此，停滞的国家——正如西班牙传统主义者所希望的那样——注定要失败或死亡。[1]

加尔多斯虽然反对教士干政，却并不反对天主教。他的这个观点代表了数百万开明的西班牙人的看法；也就是说，他反对的是偏执、狂热和迷信，而这些在西班牙天然与天主教产生关联。他并不反对宗教教条。在西班牙，教区神父和修女过着贫困的生活，奉献一生，他们并不极端狂热，也从未招来人民的反对，但一个宗教团体或修会如果变得像耶稣会那样富裕强大，最终会激起民众的敌意。在小说《悲翡达夫人》(*Doña Perfecta*)中，加尔多斯就探讨了反教权的问题，而故事就发生在古卡斯蒂利亚的小城中。悲翡达夫人象征传统、信仰；对她来说，科学和学问可能会毁灭宗教生命。代表科学和启蒙的年轻自由派工程师佩佩（Pepe Rey）来到小城，一心想娶堂妹——悲翡达夫人的女儿。两种观点产生致命的冲突。镇上谦卑得让人啼笑皆非的神父当然站在悲翡达夫人那一方。整个城镇象征了偏狭、不宽容的态度，人们把佩佩视为异端。这个青年准备与恋人私奔时，被一个拥护王室的人杀死，而已显露出精神不稳定迹象的女孩则被送往疯人院。这个小城的气氛再度恢复成一片冰冷的灰暗。

加尔多斯还写了许多剧本，虽然它们不像他的小说那样精彩，在当时却非常受欢迎。其中，1901 年的《埃莱克特拉》(*Electra*)最脍炙人口。这出戏重演了《悲翡达夫人》的悲剧，但做了一点变化。年轻的自由派主角想娶一个象征传统的女孩。这女孩为了逃避婚姻，被迫进入修道院。在这出戏中，自由派的力量获胜。该剧演出后大受欢迎，甚至还引发了各种骚乱：示威、罢工、攻击修道院，最后导致内阁垮台。由萨加斯塔（Práxedes Mateo Sagasta）组成的新内阁还因此被称为“埃莱克特拉”。[2]

尽管加尔多斯刻画了西班牙人的悲哀，但他自己却是坚定的乐观主义者。这位小说家的朋友写道："在夜幕降临之时，大自然会为白昼仿佛永远逝去而变得悲观吗？艺术的哀伤就像大自然的哀伤一样，是一种希望。为什么基督教如此具有艺术性？因为它是悲伤的宗教。"

另一位不属于"1898 年一代"，但其作品却与这个世代的作家并驾齐驱的西班牙小说家是来自巴伦西亚的伊巴涅斯，他于 1928 年去世。伊巴涅斯[1]是他那个时代的颇受争议的人物，有些人说就是因为他太受欢迎了，所以被排除在知名的"1898 年一代"之外。他在美国声名鹊起，许多评论家称赞他是继伟大的俄国和法国小说家之后的接班人。美国文学评论家豪威尔斯（William Dean Howells）写道："俄国人已不再是大师，又没有法国、英国或北欧作家能与伊巴涅斯相提并论，当然也没有意大利人、美国人，以及我们现在难以说出口的德国人能与他相比。"

事实上，伊巴涅斯只是西班牙乐队里演奏得最大声的乐手。他有原始的生命力和讲述故事的天赋。他在世界文坛暂时真空时现身，享受这所谓的名声。他最好的小说都将场景设在他最了解的巴伦西亚，他的杰作是 1898 年出版的《茅屋》（*The Cabin*）。在离开巴伦西亚之后，他的作品也就不再那么精彩了。他有着通俗剧风格的《启示录四骑士》（*Four Horsemen*）、《碧血黄沙》（*Blood and Sand*）、《地中海》（*Mare Nostrum*），以及其他许多在国外大受欢迎的小说，都是在他离开巴伦西亚之后写下的，而这使许多聪明的

[1] 伊巴涅斯应该被称作布拉斯科（Blasco），在西语世界中他也确实被如此称呼，但他在英语世界中被称为伊巴涅斯。布拉斯科是他父亲家族的姓氏，伊巴涅斯则来自母亲的家族，而根据西班牙的传统，母姓置于名字的最后。

西班牙人为身为作家的伊巴涅斯感到惭愧，他们不喜欢外国人因为较差的作品而钦佩他们的文学。伊巴涅斯本人对自己后期的作品也不太有把握；他曾说过自己在写完一本小说后，并不能确定它究竟是杰作还是垃圾。

在美国，文学评论家门肯（H. L. Mencken）驳斥了豪威尔斯对伊巴涅斯的颂词。他认为伊巴涅斯“几乎是典型社会主义者的化身，反传统、能言善道、感情充沛、浮夸做作，热切地拥护各种崇高的目标，对当时的陈腔滥调有热诚的反应”。每当有人问伊巴涅斯他在做什么，他总充满活力地回答：“战斗！”但其实他在世界各地旅行并写作。门肯介绍了另一位作家——“1898 年一代”的皮奥·巴罗哈，来取代伊巴涅斯的文学地位。尽管海明威对巴罗哈十分钦佩，但巴罗哈的小说却一直未能在世界文学中扎根。不过巴罗哈、乌纳穆诺、巴列-因克兰、阿索林（Azorín）、奥尔特加-加塞特（José Ortega y Gasset）、希梅内斯、马查多，以及贝纳文特（Jacinto Benavente）这一代人，几乎甩掉了自黄金时代以来一直压在西班牙灵魂上的负担。然而这些人之中并没有巴尔扎克，也没有托尔斯泰，当然也没有塞万提斯。他们让西班牙留在他们发现它时的原貌；西班牙处在一种极度的痛苦状态，一脚踩在过去，另一脚悬在空中等待未来；而此刻它仍然横跨在无底的深渊之上。

乌纳穆诺（1864—1937 年）是“1898 年一代”的元老人物，他是萨拉曼卡大学的希腊语教授，后来成为该古老机构的终身校长。乌纳穆诺虽然是巴斯克人，却在卡斯蒂利亚生活和写作，也在卡斯蒂利亚看到他的国家的焦虑不安的灵魂。洛尔迦曾告诉我说，乌纳穆诺最亲爱、最亲密的朋友是他的傻儿子，他会带着儿子花很长的时间沿着西班牙古老蜿蜒的街道巷弄散步，作为父亲的他经常大谈生死问题。是不是可以说，整个疯狂世界都是这位非传统哲人的音箱？他要在永恒的疑惑面前做出信仰的一跃。

然而乌纳穆诺却爱和会聪明聆听的人谈话。他的聚谈会因为他的谈话而相当有趣，或者该说是他的独白，因为他很少让别人有插嘴的机会。他总说："想法说着说着就来了。"而他的文章的确洋溢着口语的激情。这些谈话生动活泼，达到了一流文学作品的水平。他不是为广大公众演讲的演说家，而是只面向个别读者侃侃而谈。

乌纳穆诺在政治上一向是异议分子。在20世纪初，他反对国王阿方索十三世；后来他更激烈地反对1923年普里莫·德·里维拉将军的专政，因此遭到流放。当局可能默许乌纳穆诺越过葡萄牙边境，但他不愿让他们称心如意，所以他收拾了一些物品，把希腊文的《新约》和意大利诗人莱奥帕尔迪（Giacomo Leopardi）的诗塞进口袋里，乘船前往富埃特文图拉岛（Fuerteventura）。西班牙民众为此大声抗议。于是乌纳穆诺借着言论和行动，于1931年协助西班牙第二共和国成立。他返回故土时，受到了热烈的欢迎。

他欣喜地迎接共和国，但同时也谨慎地提醒说，永远不该忘记"永恒的西班牙"的存在，这是传统的主根、国家的命脉。不久他就开始攻击共和国的无能政府；他厌恶社会主义，因为他怕它会摧毁个性。他始终是各政党的眼中钉。最后，在佛朗哥将军受教会强力支持的民族主义军队叛乱时，乌纳穆诺也以某种程度的热情迎接，因为他希望能够在其中看到他那神秘、永恒的西班牙的重生。但当看到德军与西班牙法西斯主义者在他心爱的萨拉曼卡混在一起时，他对西班牙法西斯主义发出痛苦而憎恨的呐喊，然而为时已晚。不久之后，这位老哲人去世了。人们说他是因体力衰竭、心碎而死。或许他忘了自己早前的信念。他曾说：“从长远来看，王座和圣坛的结合，对两者都会致命。”

乌纳穆诺曾和伊巴涅斯在巴黎会面，那位热情的巴伦西亚人想说服他，巴黎和世界其他地方才是20世纪真正的主流。乌纳穆诺直截了当地说：“不，给我萨拉曼卡的广场，它比其他一切的价值更高。”说来奇怪，伊巴涅斯在下意识中也同意他的看法，因为他在写他自己国家的问题时表现得最为出色。他较差的作品《启示录四骑士》在美国成了畅销书；他的这些作品华而不实，但他自己却无法从这样的作品跳脱出来。

乌纳穆诺绝不会赢得最受欢迎作家的奖项，他对读者的要求太高了。他强烈的情感有着深厚的西班牙根源：

> 西班牙的灵魂之中，不仅有我们自己的灵魂、现在活着的人的灵魂，另外还包括我们祖先的灵魂。我们自己的灵魂，也就是生者的灵魂，在西班牙灵魂中是最没有活力的，因为我们的灵魂要一直到我们暂时死亡，不再是单独的个体，才会进入我们国家的灵魂。
>
> 在我们的语言既不现代也不欧化时，怎么可能要求我们的思想变得现代和欧化呢？在我们努力说一件事之时，它却让我们说出另一件事，因此我们说不出我们假装在说的想法，却说出了我们不想说的想法。
>
> 我们努力——我的意思是说，我们之中的许多人都在努力，要用外在的标准扭曲我们的精神。我们既没有让自己成为

我们假装模仿的人，也没有做自己，因此产生了可怕的混合产物，一种无价值的混种。

最奇怪的就是，总有一天人们会理解这一切——只要有人研究19、20世纪之交时的西班牙的精神情况，这一天就会来到：最奇怪、最令人惊讶的事就是，最西班牙、最正统、最地道的西班牙人，是最欧化、最外来的人，他们的灵魂包含最异国的特质；而许多头脑单纯的人认为来自异国的精神，英国的、法国的、德国的、挪威的，其根源却与创造西班牙灵魂者的根源最紧密相连。[3]

乌纳穆诺显然把自己算在最后一类中，因为他非常崇拜上述各种文化的某些精神。尤其是他把克尔恺郭尔当成自己的导师。

乌纳穆诺又说："我们的缺点，或者其他人所谓的我们的缺点，往往就是我们卓越的根本；通常被当成我们的恶习而遭谴责的特质，其实是我们美德的基础。"乌纳穆诺真心认为西班牙的生命力可追溯至西班牙民族古老的非洲起源，因此他认为西班牙和欧洲这两个词并不相容。他对为了复兴国家而提出的各种计划都深恶痛绝。他说：

"欧洲人"一词表达的是一个模糊的概念，非常模糊，过于模糊；但更模糊的是"现代"一词所代表的概念。如果把两者结合在一起，它们似乎应该相互限制，产生具体的结果，而"现代欧洲人"一词所表达的，应该比组合成它的这两个词的任何一个都更加清楚；但它可能依旧很模糊。

显而易见的是，我是以某些人称为"任意陈述"（arbitrary

statement）的方式评论，既无文件支持，也没法验证，不受现代欧洲逻辑的支配，并且蔑视其方法。除了热情之外，我没有寻求其他方法；当我厌恶、反感、怜悯或轻蔑时，就让我口说我心，让话语尽情倾吐。

人家说，我们西班牙人是专横的骗子，我们用修辞填补了破碎的逻辑联系，我们过分精细但毫无用处，我们缺乏连续性和归纳法，我们有学者的头脑，我们是诡辩家……

我听过有人以类似的言辞批评圣奥古斯丁，说这位伟大的非洲人的灵魂，淹没在修辞、措辞上的歪曲、对比、矛盾和自负的浪潮之中。圣奥古斯丁既是贡戈拉派（Gongorist，以夸张虚饰为风格），也是警句派（Conceptist）。这让我相信贡戈拉风格和警句风格是激情和热烈的自然形式。

这位伟大的非洲人，这位伟大的古代非洲人！在这里，古代非洲人与现代欧洲人可以相提并论，至少具有同等价值。圣奥古斯丁是非洲人，属于古代世界；德尔图良亦然。那么为什么我们不能说，“我们必须面向古代，让自己非洲化？”或者是“我们必须面向非洲，让自己古老化？”[4]

乌纳穆诺不信任科学和理性主义。在他看来，教育应该力求使人们获得智慧，而非知识。

智慧之于科学，就像死之于生，或者你也可以说，智慧之于死亡就像科学之于生命。科学的对象是生命，智慧的对象是死亡。科学说，“我们必须活”，并寻求延长、增加、促进和放大生命的方法，使生命可以容忍，可以接受。智慧说，“我们必须死”，并寻求如何让我们死得其所。

乌纳穆诺认为，没有比死亡更真实的自由，而那些热衷于追求科学和生命，背弃智慧和死亡的人，是追求快乐超过其余的一切。这是现代欧洲的哲学和宗教，而不是西班牙的。乌纳穆诺随后提出了一个专断的困境——

说它是专断，因为我无法用逻辑证明它，因为它是由我内心的感觉强加给我的，而非来自我头脑的推断。是要快乐还是要爱？如果你想要其中之一，就必须放弃另一个。爱杀死快乐，快乐杀死爱。

在这里很适合引用我们的神秘主义者，我们令人敬佩的神秘主义者，我们仅有的古典哲学家，我们西班牙的智慧而非科学的创造者——也许科学和西班牙这两个词［幸好］是互相排斥的。引用他们的感受，关于爱和快乐的感受而非思想——“因为我不死，所以我死了”（muero porque no muero），以及由同样的情感深处解放出来的甜蜜痛苦及其他感受。

在乌纳穆诺看来，个人就是一切，民众则什么也不是。“其他国家产生了制度、书籍，我们则留下了灵魂。”个人的灵魂是这个宇宙中唯一的真正价值。它很珍贵，因为它独特而无可取代。据说伟大的德国诗人歌德去世时，遗言是：“光，更多的光。”这句话象征了日耳曼人对知识的追求。乌纳穆诺则发出了不同的声音，他喊道："温暖，更多的温暖，主啊，因为我们死于寒冷，而不是死于黑暗。"在这一点上，他体现出了西班牙人不同于北欧人的气质。这位哲人接着继续陈述他自己个人灵魂的"绝对命令"（categorical imperative）：

> 我需要灵魂的不朽，我个人意识无限期持续存在——我需要它。如果没有它，没有对它的信心，我就无法生存和去怀疑；无法相信我会实现它的这一点折磨着我。既然我需要它，我的热情就会引导我肯定它，并且武断地肯定它。当我试图让别人相信，让自己相信它时，就会违反逻辑，采用被欠缺热情且对终局认命的那些不幸的人称为"机巧和矛盾"的论述。热情的人，专断的人，是唯一真正的反叛者……[5]

乌纳穆诺的基督教处于痛苦的状态；他想做虔诚的天主教徒，他想要不朽长存。就哲学而言，他真正的宗教是堂吉诃德式的；他极其希望"从理性的官僚中拯救堂吉诃德的坟墓"。如果他的话语在旷野中消失，终有一天旷野会聆听，并且会转变成发声的森林，向主宰生死的永恒上帝咏唱和散那（hosanna，赞美上帝的呼喊声）。他写道："如果死后只有虚无在等待我们，那么让我们采取行动，让它成为不公义。"

奥尔特加-加塞特（1883—1955 年）是"1898 年一代"的另一位杰出人物，他公开反对乌纳穆诺，并坦率地站在欧洲一边。乌纳穆诺坚信西班牙本身的价值，他的哲学思想充满了西班牙天主教的传统。他希望借着揭示和振兴其最佳价值来重建、复兴他的国家。

奥尔特加-加塞特是马德里大学的哲学教授，后来成为共和国议会很有影响力的成员，和乌纳穆诺持对立态度。他相信西班牙欧化的必要性，并且不信任纯粹的西班牙价值观。他不相信民众——尤其是只接受过半吊子教育的西班牙民众，并赞成由少数人统治国家。奥尔特加-加塞特和当时其他几位有潜力的西班牙年轻人一样，被送往德国接受高等教育，他从那个国家回来时，对日耳曼思想和事物产生了深深的崇拜。把这些西班牙青年送到德国求学是根本的错误。西班牙永远无法使用日耳曼的秩序、权力，或日耳曼文化的概念。这些西班牙青年需要的是通才教育和对司法与议会政府的持久信念，而这些是德国无法给予的。当时德国已经感染了强力病毒，导致后来的两次世界大战和最后希特勒主义的崛起。

奥尔特加-加塞特颂扬科学、秩序、组织和理智化。他担心西班牙人难以控制的无政府倾向；他为公民秩序、客观方法和社会纪律而呐喊。尽管他有哲学家之称，但他根本不是哲学家，而是一个受过良好教育且经常语出惊人的记者，在西班牙的著作和影响力使他具有独特的重要性。1923年，他创办了20世纪最精彩的西班牙杂志《西方评论》（*Revista de Occidente*）。他出身富裕的记者家庭，自称“在印刷机上诞生”。和乌纳穆诺深刻诚挚的宗教信仰及对上帝的毕生追求相比，奥尔特加-加塞特对宇宙持的是较怀疑和科学的看法。正如他的同事及朋友马达里亚加所写的，他就是会在报纸头版贴上“上帝在望！”（GOD IS IN SIGHT!）大标题的人。

不过奥尔特加-加塞特也会严厉地批判他的国家；他在1921年出版的《没有脊骨的西班牙》（*Invertebrate Spain*）中全力抨击，炮火猛烈，书中最生动的句子是：“当今的西班牙不是一个国家，而是一个伟大的民族沿着历史的公路奔驰之后扬起的尘埃。”难怪奥尔特加-加塞特多年来始终拒绝让这部作品被译为外语，因为他担心这会彻底暴露自己国家的缺点。但奥尔特加-加塞特其实并不认为西班牙有那么糟糕。在同一本书中，他也明白地表示，在他看来，西班牙在欧洲历史的阶梯上从没有处于如许多人所说的那种高处，而当时（1921 年）它也没有像其他人所说的那样，落在衰败的低点。它的毛病在于它不是真正意义上的社会，没有凝聚力，没有统一的和谐。西班牙是群龙无首的混合体，是一个没有头的无固定形状的躯体。在西班牙，成也卡斯蒂利亚，败也卡斯蒂利亚。它的统一，虚幻的统一，源自卡斯蒂利亚，但它对分裂主义和区域主义的强烈冲动也出于同样的源头，而后者在加泰罗尼亚和巴斯克两地最为强烈。奥尔特加-加塞特说，其主要原因是，卡斯蒂利亚主宰的时代把自己关在坚固的塔楼里，对于它强迫统一的其他地区漠不关心。这造成了小行政区主义的永久存在。此外，西班牙的阶级分明，即使彼此住所相距仅一石之遥，人与人依旧会因阶级上无法衡量的距离而分隔。他们对于对方的需求所知甚少，就如西班牙人对阿比西尼亚人（Abyssinian）的需求所知甚少一样。这样的民族如何能创造和谐的社会、和谐的政府、和谐的文化？个别的西班牙人虽然杰出，但整体而言，西班牙人是一群在从未化解的歧异中，难以控管且不和谐的民众。西班牙人民拒绝遵循知识分子的领导，因此国家生活脱序，“没有脊骨”。

1930 年，就在西班牙第二共和国建立前夕，奥尔特加-加塞特发表了他最知名的作品《群众的反抗》（*The Revolt of the Masses*），该作很快就被翻译成英文，并在当时正经历经济大萧条的美国风行一时。这本书的目的是对欧洲历史上的运动做一个一般性的阐释，强调群众的兴起和反抗（奥尔特加-加塞特指的群众是中产阶级，而非工人）。然而，作者把论述的重点放在了历史背景独特的西班牙，因为这里的一小群知识分子正在全力引导保守的群众走向社会自由主义。正如奥尔特加-加塞特所指出的，群众犹豫畏怯，拒绝继续前进。这是个根本的错误，因为在奥尔特加-加塞特看来，群众“是社会中保持被动的那部分，这是他们的天职。他们来到世界就是为了要被引导，要受影响，要被代表和组织”。当群众自己行动时，就会动用私刑。因此暴力几乎已成为当今世界许多地方普遍的社会行动。每当一个国家出现困难、冲突或问题，“群众就会要求国家立即干预，并以其庞大而不容置疑的资源直接解决问题。这是如今威胁文明的最大危险：国家干预”。奥尔特加-加塞特接着指出，法西斯主义就是这样一种群众运动。后来出现的希特勒更进一步代表了同样的观念。而跟随他们的佛朗哥难道不会成为这种理想的最终化身吗？

在奥尔特加-加塞特看来，群众已经开始相信他们就等于是国家，因此“越来越倾向于发动其机制攻击任何借口，粉碎任何以政治、思想、工业等事物扰乱他们的有创造力的少数”。他将这个想法的起源追溯到罗马的恺撒时代；在五贤帝时期（公元 2 世纪），国家已经成为专横的集权力量，一切都为国家而存在。“全部的生活都是官僚化的。结果如何？生活的官僚化导致了所有层面的绝对衰败。”国家的迫切需要接着出现：军队。“来自非洲的塞维鲁王朝（Severi）出兵世界……想想（塞维鲁王朝的创立者）古罗马皇帝塞普提米·塞维鲁（Septimius Severus）给儿子们的遗言：‘保持团结，支付军饷，其他都不用管。’”

罗马统治下的西班牙的社会有机体和政体在北方日耳曼游牧部落的攻击下解体。后来，在18世纪，国家（根据奥尔特加-加塞特的说法）仍微不足道，早期的资本主义和工业化产生了一个新的社会阶层，即拥有活力和政治才能的中产阶级。他们也极其自负，发明了“国家之船”（ship of state）一词，认为自己是“海洋，拥有无限的力量，酝酿着暴风雨”。这个国家是在中世纪由一群与资产阶级截然不同的贵族建造起来的。“贵族，一个因为勇气、领导才能、责任感而受尊敬的阶级。如果没有他们，欧洲的国家现在就不会存在。”可是贵族尽管有心灵上的美德，却缺乏杰出的头脑。他们的感性、非理性和有限的智力导致他们无法发明出任何技术。他们并未发明火药；民众由东方获得火药，然后开始要求他们下台。这些高贵的骑兵绅士如此愚蠢地披挂着沉重的铁甲，受着束缚，在战斗时几乎动弹不得，他们怎么可能赢得了枪械?

因此群众接管了他们自己的政府。法国大革命就象征了这一点。奥尔特加-加塞特一向都恐惧群众统治。他写道，他相信哲学的统治，而哲学（伟大的新理想）统治并不表示哲学家本身会如柏拉图所希望的那样成为统治者，甚至也不意味着统治者会变成哲学家。“严格来说，这两者都是最具毁灭性的。哲学只要存在就足以统治，意即哲学家要做哲学家。近一个世纪以来，哲学家已经成了什么都是——政治人物、教育家、作家、科学家，却偏偏与本业渐行渐远。”可惜的是，也许在不知不觉中，奥尔特加-加塞特本人和他同时代的伟大人物乌纳穆诺，双双成了后一种哲学家。

当佛朗哥将军在1936年对西班牙第二共和国发动叛乱时，奥尔特加-加塞特是议会的成员。经过两年多的围攻，马德里最终沦陷，奥尔特加-加塞特流亡阿根廷。然而5年之后，因为轴心国在二战中败象已露，佛朗哥政府急于表现出民主宽容，因此作态邀请他和其他知识分子回到西班牙，并承诺不会报复。奥尔特加-加塞特接受了邀请，代价是缄口不言。奥尔特加-加塞特付出了这个代价，他于10年后去世，他的嘴永远密封在坚不可摧的沉默中。

乌纳穆诺和奥尔特加-加塞特无疑是到西班牙内战之前最具影响力的思想家和领导人。他们的思想共同点很少，一个是传统主义和存在主义者，另一个则是崇拜日耳曼秩序和少数精英神话的人。两人都接受了可称为世界性的教育，而两人也都没能理解他们在人生舞台上把握机会的必要性。一般的西班牙人都没能理解那种必要性，因此两人不应受到苛责，只是说他们既然高人一等，应该了解得更多。事后看来，很容易就发现他们应该留在西班牙自由主义的架构之内，乌纳穆诺应该尽力改进共和派的无能，追求公正的政府，而奥尔特加-加塞特则应该继续流亡，发声支持公义、民权和宽容。这两位杰出领袖的晚年成了对他们那个时代西班牙知识分子的政治参与的讽刺，虽然两人都在理论上很杰出，但实际上却没什么成果。

“1898年一代”的伟大小说家皮奥·巴罗哈（1872—1956年），和乌纳穆诺一样，是成年后在卡斯蒂利亚度过一生的巴斯克人。海明威十分崇拜巴罗哈，称他为“大师”；这位美国作家直截了当的尖锐风格似乎是受了巴罗哈的影响。门肯也赞美巴罗哈，并且为他1972年出版的精神自传《青年与自我崇拜》（*Youth and Egolatry*）的英文版写了导读。门肯写道：

这位小说家无疑与伊巴涅斯一样技巧娴熟，而且更为深刻，他缺乏热情这种特质，因此并不那么吸引人。他提出了令人不安的问题，取代了花哨的必然；他提出了一种广义的反教条，取代条理分明而全面的学说……巴罗哈是分析家、评论家，他几乎可说是愤世嫉俗。如果他倾向于任何明确的教条，那就是人类的基本弊病无法治愈，所有的补救措施都与疾病一样糟糕，要干预普遍的人性，根本是浪费时间。[6]

巴罗哈的小说主要是“思想小说”，其情节和角色的描绘不如其他同时代的伟大西方小说家。但是，当伊巴涅斯在美国广受欢迎，电影业也将其情节夸张的小说制作成十分成功的电影时，巴罗哈则是西班牙最受欢迎的小说家，尽管为数众多的圣职人员非常不喜欢他。

在《青年与自我崇拜》中，巴罗哈讲述了他在火车上的一段经历，根据新闻报道，当时西班牙革命者为了抗议阿方索十三世的无能政府而“陷入混乱”。这就是 1917 年 8 月西班牙工会呼吁建立共和国时的大罢工。巴罗哈写道：

从圣塞瓦斯蒂安（San Sebastian）回来时，我正巧和来自马德里的一家人同一辆车。父亲身体虚弱，患有黄疸且表情阴沉；母亲是一名胖胖的、棕发黑眼的妇女，全身上下戴满了珠宝，她的脸上化了妆，白得像蜡烛一样。一名 15 岁至 20 岁的美丽女儿则由一名显然与她订了婚的中尉陪同。最后还有一名女孩，年龄在 12 岁至 14 岁之间，无精打采，好像餐桌上的静物。突然，正在看报纸的父亲惊呼："我可以料到，他们什么都不会做！他们会让革命分子获得赦免，政府什么都不会做。"

"我希望政府把他们全部杀光！"那个与中尉订婚的女孩插嘴说，"想想看！竟然射击士兵！他们是土匪。"

"是的，我们竟有这样的国王！"脸如石蜡的胖妇人用悲哀的语调说，"毁了我们的夏天。我希望他们枪毙他们每一个人。"

"而且不只他们，"父亲打断说，"在他们背后的人，那些作家和领导人，他们躲藏起来，然后扔出第一批石头。"

进了屋子后，我发现我的书的最终校稿刚印好送来，于是坐下来阅读。

那个马德里家庭的话仍在我耳边回荡："我希望把他们每一个人都杀死！"我心想，无论我们有什么样的感受，都不可能不恨这样的人。这些人天生是敌人。这是不可避免的。现在，我读着校对稿，觉得写得还不够尖锐。我应该让它更激烈，更反中产阶级。我不再听到谨慎的声音像几天前那样诱惑我，让我在清晨的白雾中写下共谋的翻案诗，收回我先前的看法。

战斗、冒险的热情再次在我心中涌动。在我眼中，这个避风港成了一个可怜的避难所——它的宁静和平静都显得可鄙。来，男孩，站起身来，升起帆来！把革命的红旗升到我们脆弱船只的桅杆顶上，面向大海出发！[7]

不过坦白说，巴罗哈并不是真正的革命者。在政治上，他是个自由派人士，但在他的私生活和社会生活中，他根本是反政治或不关心政治的。他确实及时逃离了佛朗哥将军的政权，但他却称不上是反对派的思想领袖。1956年，他在马德里的一家医院去世，海明威曾去那里看望过他。

巴罗哈反对一切，所以他自然会嘲笑西班牙的两个政治极端。他声称西班牙议会就像动物园一样，自由派和保守派都遵循相同的道德观，只是采用不同的风格。“唯一的区别在于，保守派大捞一票走人，而自由派虽然捞得较少，但次数更频繁。”所谓的严刑峻法也遭他讥讽：“很久以前就有人指出，法律就像蜘蛛网，抓住了小苍蝇，却让大的溜走。”

但巴罗哈的态度并不完全悲观。在他的小说中，曾有一个角色描述了理想的国家，他只简洁地说：“没有警察、没有神父、没有苍蝇！”这是巴罗哈真正的信仰：一个不需武力就能统治，没有圣职人员来阻碍进步，并且干净的地方。

巴罗哈的小说和加尔多斯的小说一样，呈现了宏大的西班牙生活的各个方面。他描述下层阶级及他们“生存的挣扎”，这也象征了他们国家的生存挣扎，他的笔法让人想起黄金时代古老的流浪汉小说，两者有很多共同点。他的人物为生存而挣扎奋斗；他们和真实存在的人一样行事，并对自己的行为负责。他们遭受完全的自由所带来的惩罚，就像影子在昏暗的床单上来回闪动一般。

“1898年一代”的成员之间最奇怪的一段友谊，是小说家巴罗哈和阿索林之间的情谊。阿索林是继乌纳穆诺之后，这个群体中最著名的阐释者和精神散文家。如果把巴罗哈比喻为棉花原料，那么阿索林就是织好的丝绸，但这两人多年来一直是忠诚的朋友。阿索林是何塞·马丁内斯·鲁伊斯（José Martínez Ruiz）的笔名，他在

1874 年出生于西班牙东南部的阿利坎特省，但他和乌纳穆诺一样，成了卡斯蒂利亚的伟大阐释者和支持者。他的文章明显缺乏行动力，大半是描述、思想、情感、抒情和象征主义。阿索林采用典型的西班牙风格，一直是主观的散文家，而非客观的分析者。他对宇宙间的高度诗意有敏锐的观察。诗人萨利纳斯曾经讲过关于阿索林的逸事，充分说明了他的性格：有一天，萨利纳斯、希梅内斯和阿索林在马德里繁忙的街头等待拥挤的交通停下来好过街，前两位对噪声和繁忙的交通大发议论，但阿索林却发现角落的街灯中有少量的气体逸出，专心聆听它微弱的嗞嗞声响，十分着迷。他在作品中也采取类似的态度，由最微小的事物中看到了伟大事物的象征，而在伟大的事物中，他也看到了无足轻重、渺小的事物的投射和延伸。

在《村镇》（*Los pueblos*，1905 年）和《卡斯蒂利亚》（*Castilla*，1912 年）这类的作品中，他在现在的痕迹中捕捉到了过去的气息和精神，揭示了古往今来的唯一和永恒。或者如他所说的，在花朵枯萎、花器清空之后，空气里依旧弥漫着"玻璃的香味"。这种感觉让阿索林与美国小说家沃尔夫（Thomas Wolfe）产生了精神上的亲近感；对沃尔夫而言，"分秒必争的日子，像苍蝇一样，嗡嗡地投奔死亡的归宿，而每一个时刻都是一扇代表不同时间的窗户"。

《萨里奥》（*Sarrió*）是阿索林最优秀的速写之一。虽然它写于 1905 年，但它依旧把握了今天西班牙的精神，可见这个民族真正的核心没有多少变化。曾任首相的卡诺瓦斯·德尔·卡斯蒂略曾说："在西班牙，变化的只有表面，而非其下层。"其实萨里奥是阿斯图里亚斯一个微不足道小村庄的名字，但阿索林用它来给一名卡斯蒂利亚常见的那种老朽士绅起名。在象征上，这个名称也适用于这位老绅士所住的城镇，适用于卡斯蒂利亚这个地区本身，最后也适用西班牙全境，这一个卡斯蒂利亚人是这一切的缩影。以下就是阿索林对这位老绅士所住的城镇的描述：

> 这位名人的朋友和崇拜者如果看到下面这些文字，一定会感到惊愕。萨里奥生病了；萨里奥日益孱弱……我在早上来到这个宁静而明亮的小村庄；太阳照亮了辽阔的广场；清新的蓝色阴影落在房子屋檐的角落，笼罩住门；教堂和它两座平坦的石塔，古老的塔楼，金色的塔楼，映着清澈明亮的天空，显得格外醒目。广场中央，喷泉由四个喷水口轻轻地流出，声音轻柔，流进雕刻的石盆。我停步欣赏蓝色的影子，封闭的窗户，深沉的静默，轻柔的水声，塔楼，天空中燕子振翅，古钟悠长而有节奏地敲击。等我敲了敲这伟大人物的门：咚，咚！门是半开的；走进去应该不算失礼。前厅空无一人；一张桌上有一个烛台和用了一半的蜡烛，一只空玻璃杯，也许还有一些药物，和一堆还没拆封的地方性报纸。整栋房子都弥漫着深沉的寂静，家具上布满了灰尘，有一两把椅子的底部不见了。空中飘浮着一股被遗弃的气息，浮现在这个地方所有的细节之处，就像深深的倦怠，像不可抗拒的绝望……

阿索林拍了拍手，过了一会儿，一名仆人出现了。他脸上流露出他在等待的同时也害怕某个事物的表情，而这正是住在这些陌生房屋里的仆人典型的模样。阿索林说他来找他的朋友。他的朋友还在床上，虽然已经上午11点了。不，他没病，但他凌晨3点起床，后来又回到了床上。阿索林很惊讶。这事闻所未闻、十分荒唐。那么他那3个漂亮女儿卡门、劳拉、佩皮塔呢？卡门老早以前就结婚了；劳拉也是，而以前常用细长纤白如丝缎的手指弹钢琴的佩皮塔则已经死了。

> 现在，这个被遗弃的房屋内浮现的神秘气氛，对我来说变得好懂多了。我们曾如此爱着的人怎么会以这么快而残忍的方式消失？难道在世上，我们所爱、所偏好的事物中，没有任何固定不变的东西吗？
>
> 这时头顶上传来沉重的脚步声，接着是一声咳嗽，最后是萨里奥模糊的声音。过了片刻，萨里奥在楼梯的转角处出现。是他吗？不是他吗？他拖着脚步。从前他总是收拾得整整齐齐，现在脸上却有几天没刮的胡茬。他的衬衫不再浆烫整洁。还有什么可以更清楚地显露他颓丧衰腐的细节吗？在他面前，我感到一股深沉的悲哀，和我原已感受到的悲伤融合在一起。现在他走下楼梯，重重地靠在栏杆上。我专注地看着他。
>
> 在这些小城里总有些普通的、不起眼的、微不足道的男女，他们的友善亲切、他们单纯的话语叫你着迷，而他们的消失会让你像失去英雄或伟人的艺术家一样悲伤。佩德罗、安东尼奥、路易斯、拉斐尔、阿尔贝托、莱安德罗，我们幼时或青春期所认识的人如今何在？也许你不在的时候，在你忘记了他们友好的回忆之时，他们全都已经去世；也许其中一些人，譬如萨里奥，经历了家庭破碎、朋友辞世，构成他时代氛围的一

切都消失无踪之后，他仍然活着。然后你明白，在西班牙村庄的古老房屋中，这些悲惨、哀伤、孤独的人在生与死之间摆荡了两年、三年、六年。(虽然大家努力拯救他们，但一切都是徒劳。)岁月已经逝去；青春活力已经浪费；即将吞噬我们的气氛已然形成，而我们为逃避它而做出的一切努力都是徒劳无益的。你现在明白了萨里奥的悲剧吗?

"萨里奥！"我向他喊道。

接着他伫立了一会儿，迷惑不解，用黯淡无光的眼睛看着我；之后，他张开嘴，仿佛要说他说不出的话，最后他用含糊冷漠的声音喊道："啊，是的！阿索林……"可怕、浓厚的沉默再次浮现在前厅中。我们不能对彼此再说任何话语。我们要说什么？我们没有必要说话。生命中有一些时刻，譬如在多年之后站在你当年所爱的人面前——生命中有一些时刻，你以为有很多事情可说，你要表达强烈起伏的情绪，但尽管如此，你却发现脑海里就连最常见的词语都没有浮现……

在这位伟人面前，我保持沉默、悲伤、不知所措。我离开这栋房屋时，再次在村庄里宁静的广场上看到了怡人的蓝色阴影、教堂扁平的塔楼、封闭的阳台；我又一次听到流水潺潺，燕子迅速掠过天空的鸣叫，那记录了时间的古老大钟永恒地、有节奏地走着，对人类的悲伤漠不关心……[8]

萨里奥就是西班牙的精神本质，像山峦一样古老，不受变化的影响，紧紧抓住陈旧古老的记忆度过一生。西班牙经历了文艺复兴和宗教改革，而从未改变它的灵魂；经历了自由主义和工业革命，却从未真正在乎。它埋头于它的历史，不愿接纳新事物，也不能改革旧事物，对能推动其他国家进步的人类的巨大冲动也无动于衷；它在艰苦中毫不妥协、在惰性上毫不动摇。新芽长出，就会被摘掉；花朵开出，就会在藤蔓上遭到修剪；甜美的音乐一响起，演奏者就必死无疑。西班牙就像萨里奥一样活在过去的腐朽宅邸中，它的思想尚未觉醒，它的衣着蓬乱不齐，它在楼梯上的步伐摇摇欲坠，它的眼睛则因为永远朝内而黯淡无光。当古老的蓝色阴影落在村庄广场及扁平岩石建起的教堂上时，喷泉里的水仍在流泻，燕子大声鸣啼，而时钟提醒我们，在对人类精神的永恒测量中，时间正在流逝，而因为人类精神的完整性，它当然被置于这个宇宙之中。

第十二章

第二共和国建立的政治及社会背景

西班牙有很多东西可看，却没有多少东西可吃。

——奥尔特加-加塞特

西班牙带着各种各样的固有价值观进入20世纪，这些旧价值观仍有极强的生命力：有极右派，崇尚与教会牵连的绝对主义政体；有在知识分子和中产阶级及工人群体中蓬勃发展的自由主义，把19世纪的优良传统发扬光大；有由于与古巴和美国作战，人力过剩的军事组织；还有虽然暂时对政治活动谨慎起来，但在国家政治生活中仍然拥有强大力量的教会；以及加泰罗尼亚和巴斯克两地怀抱反叛情绪的分裂主义。在以上所有这些元素中，只有第二个——民主自由主义——承担了将西班牙转变为现代国家的真正重担，也就是拥有真正的议会政府和真诚的社会及经济改革方案。其他的要么拖拖拉拉，要么直接或间接地阻碍能促进民族团结、和谐和进步的大部分措施。

但是，有个从前不存在的新元素进入了国家政坛：激进左派。19世纪激进的革命思想，外国激进分子带来的意识形态和经济援助，西班牙国内骇人的恶劣工作条件，最后再加上1917年俄国革命的刺激——这一切催生了一个激进左派团体。起初他们自称为无政府主义者和工团主义者（syndicalists）；后来左翼社会主义和共产主义也发挥了影响。这些激进人士主要是在工会中发挥作用。

在20世纪西班牙的政治史中，光明希望和痛苦挫折不断交替。在阿方索十三世统治的头10年，他似乎真心偏向自由主义，但随着时间过去，他对立宪政府越来越不耐烦，对西班牙的保守派（大地主、军队、教会）日益友善。他把大部分时间都花在耍政治花招上，而非致力于了解西班牙真正的问题，进而积极领导、跳脱政治，为国家谋福利。也许对生来就是西班牙国王的人而言，这些要求是奢望；也许对波旁王朝来说，这期望太高。无论如何，阿方索十三世无法满足时代的要求，而这也是他被废黜的原因。就像典型的波旁家族成员一样，他没学到任何事物，看不出不祥之兆。

美西战争之后，西班牙失去了古巴、波多黎各和菲律宾，于是把重心转向西班牙帝国的最后一个前哨：摩洛哥。法国和西班牙争抢北非地区，结果西班牙抢得面积较小却麻烦无穷的殖民地。西班牙只是出于不切实际的顽固和骄傲才固守这块领地，但它无论在金钱还是在军事上带来的麻烦都超过它的价值。这块地涉及西班牙的尊严，这是被赶出西班牙的摩尔人和摩里斯科人的定居之处，现代西班牙当然想要重申它对古老敌人的统治地位，尤其在它已失去了所有的海外领地之后。曾是最伟大殖民帝国的西班牙怎能放弃这个依旧象征殖民强权的一方天地？

然而就算西班牙政府感受到帝国的最后一丝统治冲动，不得不前往摩洛哥当士兵的贫穷西班牙劳工和农民却绝无同感。从前只要一击鼓，西班牙的各个可怜虫就会赶去入伍的光景已不复见。这种欺骗游戏玩了太多遍，就连最无知的乡下人也不再有上战场追求荣耀的欲望了。而且要和摩尔人对战？政府一定是疯了！但无论疯狂与否，阿方索十三世的政府已经全力投入。法国早已吞食了非洲这个地区的精华部分，而且还想要更多。曾经有可靠报道说，要是西班牙士兵当初再晚几小时抵达他们的控制区，就会发现法国人已经捷足先登了。

1909 年，在摩洛哥的西班牙军队由于管理不善，遭遇了重大的军事挫败，西班牙政府决定召集加泰罗尼亚的后备军。这对于主张分离的加泰罗尼亚而言如同一记耳光。这是中央政府的愚蠢错误。巴塞罗那的工人发起大罢工，骚乱不断，教堂和修道院受到攻击，经过数天的巷战才镇压暴乱。这次的事件被称为“悲惨的一周”（semana trágica），预示着即将出现的血腥冲突。情势变得十分紧张，全西班牙都实施戒严。

混乱的悲惨局面结束时，中央政府逮捕了弗朗西斯科·费雷尔（Francisco Ferrer），指控他策划了这一事件，这是一个更大的政治错误。费雷尔虽是狂热的无政府主义知识分子，却可能是无辜的，但政府仍指控他是暴乱主谋。费雷尔是现代学校（Escuela Moderna）的校长，这个学校教导学生相信社会平等，厌恶主张传播错误教义的教会。费雷尔另外还开设了一间夜校和一家报社，分发许多无政府主义的传单手册。因此，尽管费雷尔在暴乱方面是无辜的，却自然成为替罪羊。他接受了审判，律师为他提出了强力抗辩，但他还是被判有罪，并遭枪决。就这样，他成了伟大的烈士，对自由派的同情席卷了全西班牙。反政府示威频频发生，内阁垮台。谁都不想死在摩洛哥。

自由派现在得到了机会，他们的领导人何塞·卡纳莱哈斯（José Canalejas）是位能力过人且正直的人，也是一位深谙妥协的艺术的政治家（妥协在西班牙非常罕见）。但在1912年，卡纳莱哈斯遭一名无政府主义者暗杀，此事象征着自由派梦想的终结。接下来由罗马诺内斯伯爵（Count of Romanones）担任首相，他是“西班牙政治人物的原型”。要是卡纳莱哈斯活着，军队和教会可能会受到约束，坚定的民主之手会将它们联结在一起。卡纳莱哈斯是西班牙历史上罕见的杰出人物，他是虔诚的天主教徒，也是优秀的自由主义者。自由派失去了这位灵魂人物后就群龙无首了。

> 1914年3月的一个下午，一个额头厚实的年轻人站上了马德里剧院的舞台，他的眼神意味深长，带着自觉的魅力微笑，用优雅的姿态和斯文的声音向全厅热切聆听的观众讲话，而观众们不时报以热烈的欢呼。[1]

这位年轻人是知名作家兼马德里大学哲学教授奥尔特加-加塞特。他的演讲是对进步的呼吁，他说，我们这一代听到西班牙这个词时，想到的不是黄金时代，“我们记不得宗教的胜利，也召唤不来蔚蓝天空之下的光辉憧憬——我们只剩下感觉，感觉到的是悲伤”。奥尔特加-加塞特继续拆解波旁王朝复辟的“官方西班牙”。滥用职权者和特权阶级的古老西班牙正在消亡。复辟必须结束，“斩草要除根”。奥尔特加-加塞特滔滔不绝地表达了他对知识分子力量的呼唤：西班牙的一切都必须自由化、民主化、国有化——军队、王位、圣职人员、劳工、贵族。

自由派现在有了知识分子领导人。一个世代之前，希内尔在自由教学机构种下的树，如今开花结果。在希内尔的学校接受培训的西班牙教授和作家对国家的问题有深入的了解，教育终于得到了回报。但是，4个月后，奥地利大公在塞尔维亚遇刺身亡，第一次世界大战爆发了。

欧洲大陆一阵战栗，西班牙也准备面对新危机。人民对支持交战的哪一方产生了严重的分歧。中上阶层、保守势力和圣职右派，以及大多数军人都亲德国；大工业家、知识分子和许多工人则亲协约国；大部分的农民则冷漠无感。在众人立场尖锐对立的状况下，西班牙力求中立。国王极其谨慎，不公开表态支持任何一方，他娶的是英国公主，但他的母后却是奥地利贵族。在这次的大浩劫中，阿方索十三世与他的国家走了4年钢索。

在战争进行时，西班牙也不能无所事事。购买西班牙商品的订单纷纷涌来，外国的影响力也随之飞快增长。大量外资带动工业发展，西班牙央行的黄金储备在4年内增加到4倍。西班牙货币升值，经济开始复苏。前西班牙驻美大使及史学家马达里亚加写道：“大战带来了外国活力的强大洪流，注入国家最深处。”法国和德国的激进主义开始在西班牙发展，工人团结成为一股统一的政治力量的理论也逐渐成为现实。国王继续玩弄政治，他的联合政府反复变动，加速了政党解体和政党体系的死亡。西班牙选民从来不知道何谓真正诚实的选举，因为所有的选举都是由政府“制造”的，现在他们看穿了这种骗术，也逐渐变得更加自主。

大战尽管对西班牙有诸多坏处，但也让西班牙终于觉得自己又成为欧洲不可或缺的一部分。马德里放下了它的地方主义，成为欧洲最重要的中立城市；许多国际政策和金融问题都在那里解决。兼顾交战双方的失踪士兵局也在此成立，工作效率极高。西班牙接管了许多外国大使馆和在其他欧洲国家的公使馆。西班牙医生到协约国的医疗船上去，“向愤怒的德国潜艇指挥官保证医疗船的善意”，西班牙军官也经常到战俘营地检查当地情况。西班牙对自己重新成为欧洲国家的重要一员感到非常自豪，它再次“参与国际生活，16、17 世纪西班牙的将军、教士和大使在欧洲地位崇高，然而从那时以后，已很久没有这样风光的日子了”。[2]

“革新”的精神弥漫在整个西班牙境内。后来成为第二共和国大报的《太阳报》(*El Sol*)率先领导国家自由化的运动。1917 年危机爆发了。在大工业家、左翼各党派的支持及民众的拥护之下，议会多数成员（共有 71 名代表）集会，要求实行彻底的政治改革。如果有合适的领导，这本可能是转变为真正议会式民主的关键机会，但结果却因两派极端分子掌控，成了全国性的灾难。国王成了极右派的领袖，他指派了保守派的首相和内阁官员，为改革运动浇了一盆冷水。全国都感到受了骗，工会大声抗议。风格较温和的马德里社会主义联盟（Socialist Union)率先发起大罢工，激进左派的巴塞罗那工团联盟（Syndicalist Union)紧随其后，罢工很快就蔓延到了所有的主要城市，譬如马德里、巴塞罗那、塞维利亚、毕尔巴鄂、奥维多、巴伦西亚等。

西班牙的经济瘫痪了，交通和建设停摆。工会要求建立社会主义的民主共和国，并封锁了道路。他们性急的领袖做得太过火，反而把这个国家直接送到了他们最讨厌的团体——军队手里。军队袭击了堆路障的工人，数百人死伤，2 000 人遭监禁，罢工也遭到无情的镇压。军队“由无政府主义手中拯救了国家”，获得至高无上的地位。左右两派极端造成了这场危机，而这两者中较强劲的右派以极高的效率解决了它。

4 年后的 1921 年，在摩洛哥又发生了第二场灾难。指挥大批西班牙军队的将军西尔韦斯特雷（General Silvestre）想要迅速结束摩洛哥战争。他去见国王，国王赞同了他的计划。于是西尔韦斯特雷率兵前往，可是他非但没能如愿赢得战争，反而陷入摩洛哥领袖阿卜杜勒·克里姆（Abd el-Krim）所设的陷阱，西班牙军队被围困在一个小山谷中，惨遭屠杀。这是极不光彩的灾难。虽然国王极力撇清与此事的关系，但事实说明了一切。人民的愤怒和失望情绪与日俱增。虽然政府做了各种调查，也组成了 14 万名士兵的新军队准备与摩洛哥打仗；但为时已晚，现在什么也挽救不了政局了。

西班牙将军们认为该是接管的时候了，而普里莫·德·里维拉将军则是执行这项任务的人选。马达里亚加写道：“每个西班牙将军的雄心壮志，都是通过成为国家统治者来拯救国家。”他接着说，这种野心并不仅限于将军，而且遍及每个公民。英国人或北美人往往只要在党派或团体中工作就会满足，但西班牙人却热衷于自行掌控一切。安达卢西亚的普里莫·德·里维拉就是这种人。他继承了纯正的西班牙传统，而这也是最受欢迎的拉丁美洲独裁者的传统。群众在他身上看到他们自己以及他们那充满热情的爱国主义，他是他们热情的缩影和象征。他跟他们一样，会快刀斩乱麻，降低宪法的复杂性，解决政府无能的官僚作风，借由精挑细选的法令，让国家重回正道。

国王非常清楚军队在酝酿这样的图谋，但由于在摩洛哥的惨败，他对自己失去民心非常不安，因此默许一切的发展。国王数次痛斥议会，在他统治的21年间，换了33次内阁，平均七八个月政府就更迭一次。在这种情况下，要保持稳定的政府是不可能的。1923年发生政变时，阿方索十三世反倒松了一口气。军队虽然接管政府，但国王不就是军队的总司令吗？ 西班牙宪法此时宣告死亡。在当时的激情中，许多人以为这是好事，但实际上这是一种倒退，借着军事政变倒退到19世纪由军队统治的习惯。普里莫·德·里维拉就和19世纪发动过类似政变的列戈将军、普里姆将军等军事领袖一样。国王非但未能如愿统治军队，反倒成了军事集团的俘虏。

其实独裁统治反而推动西班牙的物质发展。“秩序和进步”这样的口号不正是每个独裁政权的灵丹妙药吗？ 但最终很明显的是，这样的举动却让另一种力量篡了权，即军国主义、教权主义及寡头统治，结果它们阻碍西班牙的进步达一个世纪之久。新政府迅速地使劳工转向中立；它偏向社会主义而非更激进的工团主义，让工人的反抗陷入僵局。在独裁专政的头几年里，西班牙的社会主义者与政府携手合作。

平心而论，普里莫·德·里维拉有其功劳，他亲自接手指挥摩洛哥战争并获胜。他让西班牙的运输系统现代化，而且像墨索里尼一样，“让火车准时运行”。他还展开了大规模的高速公路建设计划；在他的政府倒台之前，西班牙有了自罗马时代以来最好的公路，但它们不久就失修了，而且有一代人的时间维持在此种状态。他邀请大企业在西班牙设立分部，许多企业也付诸实行。军队让这个国家保持了一段时间的秩序。

但是代价是什么？ 首先是政府对媒体进行严格的审查。西班牙最知名的文学、科学和艺术俱乐部，马德里的阿蒂诺（Ateneo de Madrid）被关闭。最高法院院长被撤职。甚至连教科书都经大幅修改，因为要以圣职观点出发，确保安全过关。教师被施压，无论他们愿不愿意，都得参加弥撒。普里莫·德·里维拉的这些措施获得军队、教会、企业和大地主的支持。就如每一位受欢迎的独裁者一样，最初他也得到了相当一部分工人的拥戴。

可是普里莫·德·里维拉获得的支持并不长久。知识分子最先反对他。德高望重的乌纳穆诺反对态度激烈，他写信给阿根廷的朋友痛批独裁政权，这封信在未获他同意的情况下被公开发表。西班牙政府于是把乌纳穆诺赶下了萨拉曼卡大学希腊语系主任的位置，并把他流放到加那利群岛去。他后来赴法国，声称只要普里莫·德·里维拉在位，就拒回西班牙（除非获得特赦）。

这个独裁政府另一项更不得人心的错误，是对两名国民卫队（Civil Guard Corps）士兵遇害案的处置。罪魁祸首究竟是谁不得而知，当局逮捕了几个人，经军事法庭审判后宣判“无罪”。这激怒了国民卫队，他们要求改判被告有罪。当局在威胁之下照办，而且执行死刑，全国民众义愤填膺，在法国流亡的乌纳穆诺和奥尔特加-加塞特领导民众反抗这种专制行动，他们也公布证据，证明整个事件都是西班牙警察在没有任何事实根据的情况下强行进行的，他们需要替罪羊，就找到冤大头。于是，这几个无辜的西班牙人因为政府的无理要求而牺牲。遗憾的是，因为西班牙的报纸受到严厉的审查，因此这些报道从未见诸报端，但借由口耳相传，许多人都知道这些事。

普里莫·德·里维拉在位的最后几年曾试图在他自己的领导下

建立一个文官政府，但此时舆论强烈反对任何形式的独裁。除了极右翼之外，信奉自由主义的人在各个阶层中都迅速增长。教会中也有许多神父是坚定的自由派；他们反对独裁统治，支持朝共和国的方向努力。1930 年，全球经济大萧条导致西班牙国内经济恶化，反对独裁统治的呼声越来越大。同年，政府关闭了西班牙的所有大学，因为它们已经成为公开的暴乱的根源。工人失序的情况日益严重，1930 年共有 504 次罢工，1931 年的罢工次数更多。民众不顾牢狱之灾，开始联署共和宣言，他们聚在一起大声呐喊："打倒国王！"国王此时已和独裁统治画上等号。他们甚至没有提起将军的名字。普里莫·德·里维拉在同年下台，由努力重建宪政体制的达马索·贝伦格（Dámaso Berenguer）将军接任。但是，1931 年 4 月举行的选举表明，人们对军事或君主政权有多么得深恶痛绝，阿方索十三世逃离了西班牙。共和国登场的时刻来临。

西班牙共和国的缔造者和管理者是欧洲历史上最混杂的混合体。首先有我们先前已经提过的有远见卓识的知识分子。接着是形形色色的自由主义者，其中有些人是天主教徒，但大多数人不是。接下来是加泰罗尼亚和巴斯克的分离主义者，在他们看来，共和国意味的是地方自治。最后还有由无政府主义者、社会主义者及共产主义者所组成的西班牙的左派。上面所有的人都自称为共和派，其中绝大多数都反对教权干预政治。

反对教会干政已成为西班牙自由主义的显著特征，在共和国时期演变为政教之间的激烈冲突。这样的冲突并非第一次在西班牙出现。1767 年查理三世驱逐了境内的耶稣会教士；1812 年和 1820 年，暂时掌权的西班牙自由主义者也采取了强硬的反对教权的立场。在这三个案例中，政府都主张改革，而教会则反对。

其实在西班牙，情况并非一直如此。中世纪村庄里的神父支持地方反抗中央政权、穷人对抗富人、弱者对抗强者。但是，后来逐渐地借由鼓励迫害犹太人、摩里斯科人及其他异议分子，宗教裁判所变得势力强大并持续了那么长时间；教会与反动社会情绪和专制政府结合，变得不再是群众的保护者了。起初，人民依旧追随他们的反动教会，反对一切政治自由主义，但日子一久，当欧洲其他国家纷纷前进，西班牙的经济和政府却因循守旧，西班牙人民不由得对教会感到失望。这种感觉越来越强烈，许多人开始认为教会欺骗了他们，因此加入反教权知识分子的阵营，并由原来热烈支持教会转变成强烈反对。这解释了 20 世纪反教权暴动的狂热暴力，以及第二共和国反教权的立场的部分原因。20 世纪西班牙左翼政党的迅速发展，是这些历史发展的自然结果。无政府主义期望建立一个没有政府的社会，成了左派政治哲学里第一个在西班牙大受欢迎的类型，因为在西班牙，几乎之前所有的政府都相当恶劣。

身材高大、精力充沛的俄国贵族巴枯宁（Bakunin）是西班牙（及欧洲）无政府主义政治运动的推手。这是西班牙左派观点第一次有组织地得到表达。巴枯宁起先追随马克思，但后来与他决裂；两人在 1868 年至 1872 年间产生了激烈冲突。巴枯宁想要摧毁国家、上帝，以及代表上述两者、倚财仗势的富人。他相信如果这些力量消失，社会将自行分割成几个较小的部分，带来幸福的生活。巴枯宁的信条是基于他年轻时曾在俄国农民的社区看到的生活，他的想法会在西班牙扎根，就是因为西班牙的中世纪城镇有类似的历史。

总之，巴枯宁成了支持分离主义、地方政府、分割中央政权等西班牙古老传统的群众的先知。

受到巴枯宁狂热的理想主义和对教会的激烈仇恨的启发，一场无政府主义大会于1872年在科尔多瓦举行，会上起草了一份宣言，声明他们的成员（有五六万人）提议“在国家统一的崩毁上建立自由独立的城市，只受联邦协议的约束”。实际上，西班牙无政府主义代表的是一个没有教士和国王的复活的中世纪。

次年，巴伦西亚以南几英里的小城阿尔科伊（Alcoy）有一位无政府主义教师率领当地造纸工厂工人罢工，这是西班牙首次把这种政治行动当作武器。工人示威和讨论，市政当局站在工厂主一方，工人上街游行，然后开始射击。这场激烈的斗争持续了数个小时，造成数人死亡。工人似乎胜券在握。他们接着烧毁了造纸厂，射杀了市长，砍了他的头并带到街上游行示众。一名西班牙将军奉令率兵前去平乱，迅速肃清了主要起事者，并高效地镇压了无政府主义运动。

然而这只是使无政府主义暂时转入地下，日后它将带着新的动力与气势卷土重来，这样的事发生过许多次。1891年，数千名工人进入古城赫雷斯，高喊着“无政府万岁！”他们在杀害了两名店主后被警察驱散。接下来的20年中发生了数起暴力事件，爆炸四起，无政府主义者遭监禁和折磨，而首相卡诺瓦斯·德尔·卡斯蒂略在1897年遭到报复性枪杀。这样的暴力最后导致了1909年的罢工，随后自由主义在西班牙各地风起云涌。

从一开始，“西班牙的一切都源于西班牙自身”就是与这个国家存在的问题有关的一个基本常识。无政府主义者能够在西班牙取得如此进展，就是因为他们与从未消逝的西班牙传统同步。不仅中世纪有村庄合作社，到19、20世纪仍然有许多类似的合作社。华金·科斯塔和约翰·兰登·戴维斯（John Langdon Davies）都谈到这些合作社，而杰拉尔德·布雷南（Gerald Brenan）在他精彩的著作《西班牙迷宫》（*The Spanish Labyrinth*）一书中也有所提及。中世纪共有土地的制度自然带动了其他的社区活动。在科斯塔于1898年书写这类生活时，莱昂的拉纳比斯村（Llanabes）及附近的村庄仍然遵循这种生活模式。布雷南引用镇上神父的说法，说明这些公社活动在拉纳比斯村中如何进行：

> 这种政策令人佩服。外科医生、牧羊人、铁匠、药铺、教皇的赎罪券、连祷文等，都由政府免费提供。盐、谷种，以及租用公地之所需，在村里公平公正地分发。所有的土地都是公有地，每十年由邻居平等地重分一次……村里只有一片实施长了继承权的土地。

另外还有许多迄今依然存在的农村公社的例子。比利牛斯山谷大部分的牧场都是公有的，在卡塞雷斯（Cáceres）和阿斯图里亚斯山脉也有公社制的乡镇。在这些村庄里，所有的基本服务，通常也包括兽医在内，都由地方政府提供，作物的种子也是如此。村里通常有合作商店。在阿斯图里亚斯、人口近1.5万的卡索村（Caso）共有2万头牛。加泰罗尼亚也有许多类似的村庄，迄今还存在。譬如在制网业重镇贝古尔（Bagur），产业是共有的。在1936年的塞尔瓦港（Port de la Selva）还有渔民合作社，渔民共同拥有和营运渔船、加工厂、仓库、冷藏设备、商店、卡车、咖啡馆、剧院及会议室。他们甚至自行铸造钱币，并建立了一套针对死亡、事故和船只损失的保险制度。社区提供戏剧表演、舞蹈及一系列的教育和文化讲座。就像西班牙的许多村落一样，他们也有信贷基金供当地居民使用。加泰罗尼亚还有许多其他的渔民公社。[3]

无政府主义者和这种合作生活方式的建立并无关系，然而他们却充分利用了从远古时代起就充盈在这些村庄的集体精神。更重要的是，1936 年佛朗哥将军发动国民军叛乱时，“西班牙无政府主义地区的每个村庄都放弃了城市，开始通过组织自我统治”。在市政厅会议中，工人讨论了他们的问题，并决定了要采取的行动方案。这意味着即使失去了中央政府的管控，这些较小的社区也会继续正常运转，不会减少成效。

20 世纪初，另一场左翼运动进入西班牙：工团主义。工团主义是无政府主义的一种变体，两者很快就融为一体。它的发源者是法国哲学家索雷尔（Georges Sorel），他在 1908 年出版了一本关于这个主题的书。值得一提的是，虽然无政府主义源自俄国，工团主义源自法国，但这两种运动的思想都是在西班牙得到了最广泛、最有效地运用。部分原因在于西班牙的中世纪历史和根深蒂固的地方情感，但西班牙国内恶劣的宗教、经济和政治情况也难辞其咎。法语里的工会一词是“syndicalisme”，在西班牙语中，工会是“sindicato”。

无政府主义者的联合体开始失势时，西班牙工团主义者就接手了。两者的观点非常接近：工团主义被认为只是建立无政府主义社会的手段。因此新运动很快就被称为“无政府工团主义”（anarcho-syndicalism）。1909 年在巴塞罗那发生的“悲剧的一周”，随着费雷尔殉难，让左派工人认识到建立更强大、规模涵盖整个国家的劳工组织的必要性。次年，这样的工会联盟以“全国劳工联盟”（Confederación Nacional del Trabajo）为名成立，简称 CNT，到 1936 年西班牙内战爆发时，这个联合会大约有 100 万名成员。

工团主义在组织和方向上，都优于先前无政府主义者没有条理的做法。工团主义者的工会完全以地方为基础，并非全国性的行业工会。每个地方工会几乎都有完全的自主权，决定在什么情况下采取什么行动，使工人摆脱了西班牙人一向不信任的绝对集权的领导者。此外，工团组织的领导人和工作人员没有报酬；1936 年只有一名秘书领薪。会员缴纳的会费极低。这些使工团运动比其他工会占有更多道德上的优势，并因此吸引了一批全心追求理想的工人。

工团主义工会的主要武器是罢工，西班牙全国劳工联盟成立几个月后，于 1911 年发动首次罢工。这次的罢工未做充足的准备，很快被首相卡纳莱哈斯领导的政府镇压，西班牙全国劳工联盟的运作被迫中止，其办公室也被封锁。工团运动暂时失败，但它并未消亡。接着无政府主义者在 1912 年射杀首相——这是 15 年来的第二次。激进左派所痴迷的暴力导致西班牙两位备受敬重的政治家卡诺瓦斯和卡纳莱哈斯的死亡。这两次都引发了政府内部的反动浪潮。

第一次世界大战阻碍了无政府工团主义运动的发展，成员之间因大战而起了严重的分裂，有的人主张中立，有的则支持协约国。1917 年社会主义联盟发起的大罢工只得到了无政府工团主义者半推半就的支持，但两年后的 1919 年，后者发起了一连串罢工，始于巴塞罗那，并迅速扩及全国各地，数以百计的新成员也纷纷加入运动。

1919 年 12 月，西班牙全国劳工联盟在马德里举行了一次代表大会；共有 450 名代表出席，号称代表了 70 万名工人。他们在马德里剧院开会，这正是 5 年前奥尔特加–加塞特慷慨陈词，主张西班牙复兴的地方。奥尔特加–加塞特敦促同胞走上自由改革之路，无政府工团主义的代表公开表示支持他们所谓的“无政府主义或自由共产主义”。大多数代表投票，决定不与规模较小的社会主义组织“工人总同盟”（Unión General de Trabajadores，简称 UGT）合并。不久后，在摩洛哥发生反抗西班牙殖民的战争，政府垮台，普里莫·德·里维拉将军的独裁专政在 1923 年掌权。他的政权强烈支持较温和的社会主义工会，无政府工团主义再次转入地下。

许多作家评论说，西班牙的无政府主义是纯粹的伊比利亚主义。它代表了西班牙人在政治行动的舞台上获得的伟大独立。无政府主义者的理想是绝对的自由，这当然是荒谬的想法，但在西班牙，人们对荒谬的事物一直都很迷恋。这在本质上是一种对堂吉诃德式行为和空想的崇拜。“自由共产主义”真正的意义是，经济和政府在不受国家集权控制的情况下，以集体社区为基础重组。小型自治村或工会本身就是这种新集体主义的基础。

无政府工团主义者狂热地相信，最后也是最大的一场暴力冲突会终结所有的暴力，随后新社会就会出现；但强权和图谋不轨者必须被铲除，他们会阻碍人类自然地实现其社会理想——自由。无政府主义者不只要没收富人的奢侈品，而且要消灭他们。他们被一种几乎禁欲的道德感动，这让人想到早期的基督徒和犹太人。在团体中，他们努力戒除所有酒精饮料、烟草，甚至连咖啡也不喝。他们以国家或教会都达不到的效率压制他们所在地区的妓院——通常国家和教会对这个社会的“安全阀”都睁只眼闭只眼。无政府主义者从没有社会主义者那种“更高生活水平”的理想，因此无政府主义运动就是发展到极端的西班牙理想主义，但无论它由哪里起源，都没有人会怀疑它在本质上是属于西班牙的。同样也没有人怀疑，如果无政府工团主义者在内战结束后掌权，一定会是最可怕的暴政。在无政府主义者看来，自由意味着不受国家、教会和资本家的控制，但这并不表示良心的自由。如果有一些好国民想要参加弥撒，或把孩子送进教会学校，或者喝一杯威士忌，或者过奢华一点的生活，或者吃非当地的农产品，或者支持将国家发展得更强大的想法，他们就会自动被妖魔化，必须被清算，才能让其他人保有自由。所以让他们靠墙站好，给他们吸这辈子最后一支烟，然后开枪！

一无所有的人自然对物质深恶痛绝。西班牙这么多世纪都一无所有，因此对奢侈的蔑视几乎是与生俱来的。西班牙人是天生的禁欲主义者，他们颂扬祖先克制物欲的美德。在今天西班牙的小村庄，甚至在城市里，许多西班牙人也反对最基本的奢侈品，甚至会吹嘘他们的房子不需要暖气，他们就是如此有耐力。只有孱弱的英国人和美国人才会依赖人工的暖气。斯巴达人般的坚忍和绝对的自由，这是许多西班牙人抱持的理想。

西班牙的无政府主义者诉诸这种原始的骄傲和种族的力量，以此奠定了他们成功的基石。此外，他们把焦点集中在地方工团的自主权上，从而诉诸西班牙性格的根源，即凭本能单打独斗。在西班牙对抗约瑟夫·波拿巴和法国的战争中，就像在西班牙内战时一样，这种本能的行动或者“有组织的无纪律”常来了最顽固且持久的游击战。他们就像杂草一样，除草机一走，就又长出来了。这些倚靠本能行动的游击战术赢得了对拿破仑的战争，也差点成功击败佛朗哥，尽管他有意大利和德国的盟友，但这个故事留待后面再讲。

无政府主义或无政府工团主义这两种运动利用了工人阶级坚定的美德和地方自豪感，但西班牙社会主义的表现却更胜一筹。马达里亚加写道："马德里的社会主义是现代西班牙政治中唯一真正的历史实体，即唯一有内在生命的实体，它在这个国家的生命中，具有永久性、成长性和发展性的价值。"在第二共和国的早期，许多观察家都认为西班牙正在朝温和的社会主义国家之路迈进。要是这样的行动成功了，苏联共产主义在西欧就会有一个充满活力的社会主义的竞争者，现在的世界局势可能就会有所不同。有许多因素使这些观察者认为西班牙经济和政府自然会采取社会主义，这些因素包括：地方集体主义的传统、无所不包的教会、强大的中央集权政府，以及一群受过高等教育、聪明过人的社会主义领导人。在理论上，把这些因素放在一起，可能会使一个有效率的社会主义国家成功诞生。实际上他们也试图这么做，却彻底失败并以内战告终。

19 世纪 70 年代，社会主义几乎与无政府主义同时出现在西班牙，但它的发展慢得多，因为社会主义需要更多的培训和更多的控制。直到 1888 年，工人总同盟成立，社会主义运动才真正开始。这个新组织的成员只有 3 000 人，是温和且训练有素的组织，没有不切实际的革命计划。这些社会主义者对议会程序、纪律严明的全国性联盟和民族国家富有信心，也相信能提高生活水平。这些信念使他们和无政府主义者有所区分，他们组织收取的费用也较高。

进入20世纪后，工人社会党（当时约为2.6万人）开始建立并发展他们的“人民之家”（Casas del Pueblo），这给他们的政党带来了文化和政治上的吸引力。人民之家不仅是党在城镇上的分中心，也提供了公共图书馆、委员会和社交室（通常是咖啡馆），以及文化和教育计划。马德里的人民之家原是公爵府邸。正如布雷南说：“社会主义政党对自己的尊严有强烈的自觉，认为自己是过去辉煌时代的继承人。”西班牙派往新世界的传教团不是经常被称为社会主义团体吗？当然，无政府主义者谴责这些文化的幌子，认为这表明这些社会主义者已经把自己出卖给资本主义。

西班牙工人社会党积极争取诚实的选举，坚信这会让他们更有可能掌权。他们也积极反对政府腐败、裙带关系、政治上唯领袖是从的做法和文盲。他们参加的1909年和1917年的罢工表明，他们在经济和政治领域也有相当大的影响力。因此在西班牙所有的大型政党中，工人社会党最能为政府的诚实和正派、法庭的公正、群众的教育，以及国家财富的公平控制和分配而斗争。1917年的罢工虽被军队镇压，但不久之后，几位工人社会党员获得无政府主义选民的拥护，被选入议会。该党声称有22万名成员，成了不可忽视的政治力量。只可惜党内的冲突削弱了其实力。毕尔巴鄂的因达莱西奥·普列托（Indalecio Prieto）率领自由派和更加灵活的成员，而马德里的拉尔戈·卡瓦列罗（Francisco Largo Caballero）则代表专制的卡斯蒂利亚精神。普里莫·德·里维拉掌权时，社会主义政党持续成长，到了1931年，它已拥有上百万名成员；无政府工团主义者也宣称有同等的成员数。社会主义政党的成员中有许多杰出的知识分子：历史学家和法学教授费尔南多·德洛斯·里奥斯、逻辑学教授胡利安·贝斯泰罗（Julián Besteiro），以及著名作家路易斯·阿拉基斯塔因（Luis Araquistain）。[1]

西班牙所有的左翼党派都主要由城市工人组成，并由少数热心的革命人士领导。然而这些城市工人大多是无法靠种地维生而涌入城市的农民。他们背井离乡，特别容易受到从其他欧洲国家传入西班牙的新兴激进思想的影响。

因此我们可以说，土地这个基本问题是西班牙左派的核心关怀，包括土地的分配不均和使用不当。西班牙人最初是牧羊人，而非农民。后来罗马人引入了大庄园制，开始发展农业。在西哥特人统治时，农业每况愈下，罗马人所带来的其他一切也大抵如此，只有教会例外。摩尔人在统治西班牙时，在灌溉和耕种土地方面比罗马人做得更好。通过他们的努力，在安达卢西亚和巴伦西亚处处可看见灌溉沟渠、高架渠、水车和其他变沙漠为绿洲的工程。

卡斯蒂利亚虽是西班牙的心脏地带，但并非肥沃的农地。卡斯蒂利亚人是优秀的战士，他们最终战胜了摩尔人，占领了他们的土地，把土地分给地位崇高的贵族用于放羊，致使庞大的灌溉系统被荒废。因此在西班牙历史上，大庄园再次成为一种生活方式。腓力三世把摩里斯科人驱逐出西班牙，摩尔人农业的最后遗产也就随之消失。

唯一的好处是，安达卢西亚有许多公共村庄，让农民能够依赖共有的土地勉强糊口。教会在此地区也拥有大片领土。1812年，自

[1] 西班牙共产党于1920年由一些社会主义和无政府工团主义异议分子成立。在普里莫·德·里维拉独裁统治时期，它的势力还很小，因此政府并没有对它采取任何控制和镇压行动。

由派议会使出致命手段，没收这些共同土地和教会所拥有的土地，并公开出售来还清国债。庄园被贱价出售，产生了一个全新的在外地主群体。

1929年，就在共和国成立之前，一项针对1 026 412名地主或佃户的调查发现，其中847 548人每天的收入不到1个比塞塔（peseta，西班牙货币），相当于当时的0.25美元。安达卢西亚大约有4 000名大地主，只占地主总人数的2%，但他们的收入是20万名小地主所得总和的两倍。大地主的平均收入大约是普通小农的50倍。工作人口中，有一半是无地劳工，他们每日所得是西班牙最低的，更糟的是，他们一年中约有一半的时间都没有工作。曾细心研究这个问题的布雷南引用了1780年查理三世的大臣坎波马内斯如下的文字，并说这“完全符合目前的情况”。

> 安达卢西亚的居民几乎都是单纯的劳工，他们的职业都是暂时且不稳定的，在一年里大半时间都因为没有工作而过得相当贫困、无所事事。他们的妻儿也都没有工作，挤在城镇和大村庄里，依靠施舍过活……处于饥饿状态——这和土地肥沃与否并不相关，而且当然不是因为他们懒惰所致。[4]

安达卢西亚的城镇多半相当大，人口在8 000至2.5万之间。但它们与英、美相同规模的城镇不同，并没有给人以忙碌或高效的印象。它们的房屋和建筑使人想起烈日下堆聚在一起的古老岩石，居民挤在狭窄的街道上，就好像从岩石下面爬出来的蜥蜴，饱经风霜，外出觅食。这些城镇的产业都是最原始的类型：制陶、纺织、糖果制造、烟草加工、肥皂制造、皮革加工等。然而这些人尽管营养不良，却有着让人难以置信的活力，给每一位旁观者都留下深刻的印象。他们几乎可说是光凭呼吸就可以生存，但他们的内心却埋藏着炸药，只要点燃导火线，爆炸就会发生，一如日夜交替一样自然。

如果向北走，情况很明显会逐渐改善，到坎塔布里亚地区和一路延伸到西班牙北部的比利牛斯山麓时，达到最高水平。但西班牙农民的生活水平依然比也许除葡萄牙外的欧洲其他国家的农民落后。灌溉和机械化可以让西班牙广大农业用地的生产力提高至少 6 倍，在多数情况下甚至可提高 30 倍。可是这需要相当大的投资，因此大地主们对这样的改进兴味索然。

所有这些社会力量的相互作用和联合促进了第二共和国的诞生，而这些力量之间必然的冲突也导致了它的解体。尽管知识分子说服力强，并且发言适度，但工会领袖和工人却掌握了缰绳，想要把马车转向他们自己想走的道路。社会主义者、无政府主义者、自由主义者、农民、知识分子、激进左派与温和的共和派、开明的天主教徒，以及渴望自治的巴斯克人与加泰罗尼亚人，构成了西班牙第二共和国的民众基础。这些形形色色的元素彼此之间，甚至在每一个团体之中，都经历了激烈的冲突。我们有理由希望他们能够长期团结在一起，把西班牙转变为现代的议会制民主国家吗？这是绝大多数西班牙人的期望和梦想。

第十三章

西班牙第二共和国（1931—1939）

活在初曙的时代是幸福的，

然而拥有青春，更是无上的美好……

——威廉·华兹华斯（William Wordsworth）

英国诗人威廉·华兹华斯写下上面的知名诗句时，法国大革命刚刚开始。一切都显示出几个世纪以来的梦想可能在不久的未来实现。但当革命人士开始因狂热而失控，在断头台上砍下一个又一个的头颅，直到街道都流着猩红色的鲜血时，这位诗人只能厌恶地背过身去。西班牙第二共和国起先也有光明的前景，但随后爆发了内战，恶毒的报复又随之而来，这使得许多客观的观察者心中也涌起了和华兹华斯相似的感受。

长久以来，西班牙人一直梦想着他们的共和国，并自19世纪起就称之为La Niña Bonita，意即“美丽女孩”。“美丽女孩”终于降世，但她却只能随即死亡，永远没机会成长为主妇。事后看来虽很明显，但在1931年时却很少能有人如此预言。我在1932年夏天抵达马德里时，人人都自豪地说：“我们做到了，一滴血都没有流！

独裁统治崩溃了，国王逃走了，新政权上台了，这一切都在几个小时内完成，因为这是人民想要的！而且连一滴血都没有流！”大学教授重复着类似的话，学生随声附和，店主、医生、律师、社会主义者、工人也是，甚至连先前曾是保王派的人，也为这美丽的知识分子梦想的热情而感动。

1931 年 4 月 12 日，西班牙举行了市议员选举；投票率很高，许多地方都达到九成，也没有发生任何混乱，但在计票结果出炉时，正反两方都很惊讶。投票结果显示，西班牙50个省份的每一个首府，除了 4 个微不足道的例外，都投票反对君主制。在马德里和巴塞罗那，共和派取得了压倒性的胜利。保王派虽在乡村地区占上风，但众所周知，这些地区在政治上向来就受到支配和操控，因此并没有占太重的分量。国王接到通知说，他的统治已经结束了，并被建议离开西班牙；他从善如流，但并未放弃王位。国民卫队开始支持共和派。4 月 14 日，共和国宣布成立。

马达里亚加生动地描述了当时马德里的情况。大批人群聚集在王宫前，获悉国王已逃出此地。这些群众并不想要流血；他们只是喊着：“万岁！万岁！这个万岁！那个万岁！”不过宫殿负责人担心群众失控，于是招来更多的警察。警方应允并派了“武装警力”前来，但来的只是另一些手无寸铁的平民。他们在王宫四周围成一个松散的圆圈，要求群众后退。群众立刻服从，不久之后就散去了。

共和国大受人民欢迎。这正如奥尔特加-加塞特所说的：“当命运赋予西班牙人大胆设想的责任，光辉灿烂的一刻便来临了，这是几个世纪都不会重现的伟大时刻！”萨拉曼卡大学的老校长乌纳穆诺昂首阔步地进入马德里，获得了成千上万人前所未有的欢呼。庆祝的炮声响起，整个城市都沉浸在极大的热情之中。

> 像春天的大自然一样欢乐——这就是西班牙在共和国成立的最初的光辉时日的心情。他们的革命如此干净，没有像其他戏剧性历史时刻那样，受到任何过度行为的污染，没有任何军事的干涉或反对，人民如此秩序井然地表达意见。获胜的共和党人心中感受到的第一种情绪，就是自豪的喜悦。

马达里亚加如此写道。他是新政权的创始人，也是最伟大的领导人之一。

这是西班牙历史上知识分子首次和群众站在一起。奥尔特加-加塞特先前说西班牙没有脊骨，虽然有很大的群众活力，却没有骨干和大脑；如今却相反，整个国家被铸造成新的合金，群众当然是肌肉和躯体，知识分子和受过教育的人则是大脑，负责指引。这种合金制造得太快。抱持理想主义的知识分子太不切实际，议会代表私心太重、过于顽固地坚持己见，工人则未经思索就提出要求。教会因为受到惩罚且对近期事件感到恐惧，选择暂时撤退，但它这样做只是为了保存实力；军队对政府的反军事政策越发沮丧。明确的反对派——君主主义者则大为惊骇。

要是共和派知道他们正在重蹈覆辙就好了。这是一个多世纪以来的第四届“自由派”政府，也是第二个共和国。1812 年、1820 年、1873 年，再到 1931 年，共和派都有机会大展身手，只可惜他们没有吸取历史的教训，或者说他们记不得阿尔卡拉·加利亚诺（Alcalá Galiano）的箴言。他在 1820 年感叹道：“法国人经历了三年的奋斗，血流成河，才赢得自由。而我们在西班牙却只需要两天的解释和一天的欢喜。”这位史学家说不定会毫不客气地补充说：“还要加上多少年的哭泣？”

1931 年 4 月市政选举中投下选票的实际统计，说明了君主主义者的力量并未消亡。当选的市议员人数是：共和派有 34 368 人；工人社会党员有 4 813 人；共产主义者有 67 人；反君主主义者总数共有 39 248 人。但另一方面，支持君主主义者则有 41 224 人。在经常伪造选票的国家选举中，君主主义者虽得到略高一点的优势，但这数字至少应打个八折或八五折。结果仍然显示约 40% 的选民支持君主主义，而这就是第二共和国诞生时的情况。

在这两大政治集团较劲的世纪斗争中，天主教会的态度颇不值得仿效。一直到 1927 年，官方的教义问答书仍称投票给自由派是一种罪行。在 1931 年的竞选活动中，许多教士都把共和派称为“共产党”，希望这样可以让他们落选。在市政选举和共和国宣布成立后仅仅 4 周，托莱多大主教就发布了一封主教信，咄咄逼人地质疑新政权。他根本不肯等着看共和国会是什么样的政府，反而对阿方索十三世赞不绝口，并指共和派的胜选是“耶稣基督王国的敌人”胜利。其他主教的观点则较温和，有数百个教区的神父也在选举中投票给共和派，但是西班牙教会的大主教却如此公开地站在反动势力那方。3 天后，群众开始攻击教会。

那种景象令人触目惊心。教堂被纵火焚烧，四处都陷入危险的混乱。这场暴乱由马德里开始，像野火一样蔓延到整个西班牙，在最贫困的安达卢西亚尤为暴力。这些暴徒和纵火犯是什么人？显然有很多是来自极左翼的无神论者，但其他则无疑是保王派花钱雇来的特务。上百座教堂被焚毁。共产主义现在成了一个常用词，共和国最初的幸福热情如今变成一种严肃的忧虑。这些暴行如此轻易地发生，显示了新政权天生的弱点：它无法维持秩序。不过，负责调派警力的内政大臣是天主教保守派的米格尔·毛拉（Miguel Maura），他显然对突如其来的暴力事件大感意外。无论如何，木已成舟，起事者已被查出，民众义愤填膺；君主主义者和圣职人员占据一方，另一方则是共和党各派，双方之间的鸿沟越来越深。

加泰罗尼亚的人民极其渴望独立，他们大模大样地宣布要成立加泰罗尼亚共和国，但最后还是被说服，接受中央政府让它们半自治的承诺，与之合并。时任战争部长阿萨尼亚（Manuel Azaña y Díaz）大幅缩减西班牙军队，解散了 37 个步兵团和 17 个骑兵团。退伍军人得以拿全薪退休，这举动最初似乎教人钦佩，但反而创造出一大群自觉受到不公正待遇而被剥夺了地位的有力人士。

为了组建共和国的第一个议会，1931 年 6 月再次举行选举。投票结果显示，尽管有种种挫折，人们对共和国的热情依旧在增长。西班牙人民仍然充满了希望；他们仍然情感充沛，并且以伟大而慷慨的姿态要赋予代表全权将他们的国家转变为现代国家。有 115 名工人社会党员当选，是当选人数最多的团体。左翼团体的代表总数达到 282 名，而极右和中间派的当选人数仅 172 人。议会中知识分子和专业人士的数量惊人：（共有）65 位教授、41 位医生和 123 名律师。而当选的工人代表只有 24 人。

共和国当然是知识分子的产物。议会开始制定充满理想主义的新宪法，这份文件自豪地宣布："西班牙是所有阶级的劳动者的共和国。"接着它宣布拒绝以战争作为国家政策的工具，因此使西班牙成为第一个采取这种人道主义立场的国家。宪法规定了普遍选举、单院制议会、政教分离、宗教自由，取消对圣职人员的经济支持，教育世俗化，借由征收私有财产进行土地改革，以及其他许多进步的立法项目。

新宪法出自理想，充满了不切实际的辞藻，是美丽的纸上梦想，它承诺的远超过政府所能办到的，除非人民愿意花数十年的努力和耐心，而非只是焦躁不安数周坐等它凭空出现。譬如西班牙宪法上明确规定："共和国将保证使每一位劳动者过上有尊严生活的基本条件。其社会立法将规范以下内容：疾病、意外、失业、老年、体弱和寿险；妇女和儿童的劳动，尤其是母亲的权益；工作日时长、最低工资以及最低家庭工资；每年的带薪休假；西班牙劳动者在国外工作的条件、合作机构……"还需要我们做更多的引述吗？

正如共和国的一位创始人所说，共和国的政客"决心从商业展览的第一天起，就把所有的商品都陈列在橱窗里"。人们在情感上极度渴望国家转变，他们被喂了一顿丰盛的甜点，但这对他们空空的胃来说实在是难以消化。一如既往，西班牙的理想主义又是唱高调。尽管共和国的知识分子领袖非常正直，但他们却不擅实务，也几乎完全缺乏真正的政治家风度。堂吉诃德再度回到西班牙，骑着他那匹营养不良的老马，穿过不毛的荒地，高呼他对国家的救赎。除了先前引用的几行宪法之外，还有许多迹象表现出这种堂吉诃德式的风格。譬如，宪法的起草人真心相信，为了消弭战争，就该在宪法中明文规定不可作战，接着就可以裁军。然而，重要的应该是消弭国内可能导致战争的紧张局势，寻找共同的立场，让政见不同者至少有个抒发的出口可以释放大部分的不满。重要的是要倡导宽容和耐心，并且在国家议会开会时，公开树立这样的榜样。重要的是要遵循大多数西班牙人民的意志，他们在这段关键岁月的每一次选举中，都明确表示他们全心全意地反对以暴力解决国家的问题。悲哀的是，虽然西班牙人民态度温和，但议会本身却很快便分裂为顽固的派系。这种分裂导致了局势的紧张、互相指责、暴力、报复，以及极端主义在政治光谱两端的增长，最后发展为西班牙有史以来最血腥的战争——西班牙内战。

尽管障碍重重，但共和国在成立的头两年里仍然勇敢地奋斗，要让一个长久以来习惯于专制政权的中世纪国家改头换面，变成拥有进步议会政府的现代国家。他们以教人感动的热情改革教育。第一任教育大臣创建了3 000所新学校；第二任大臣费尔南多·德洛斯·里奥斯（后来担任西班牙共和国驻华盛顿的大使），在这个已经很惊人的数字上又增加了7 000所。新宪法宣布“义务教育”，但由于没有足够的学校可容纳四分之一的就学人口，因此这成了空谈。尽管如此，共和国于1936年开始解体时，它依旧可以自豪地说，教育系统中已新增了1万所学校。必须说明的是，并非所有的新学校都有足够的人手，然而共和国最伟大的成就或许就在于民众对受教育的渴望。内战开打后，共和国依旧强调教育。即使在前线，学习也继续进行。人们传阅书，印制小册子，学习课程，教师也奔赴各处教学。从前认为不可能读书写字的人学会了读书写字。只是无论如何努力，落后的国家都不可能在5年内完成教育，而要让激动、武断的人冷静下来则需要更长的时间。

这就把我们带到了宗教问题上，这是自由派共和国在西班牙引起的最严重的暴力仇恨的症结所在。教会一直都公开反对自由主义，西班牙的自由派也几乎总是反对教会。自由派本该由历史的殷鉴学到要把脚步放得更慢，但人类这具锅炉承受的压力有限。多年来计划及等待上的挫折、普里莫·德·里维拉军事独裁的障碍，加上现在他们终获西班牙人民的授权，他们压抑的热情突然间有了出口——他们难以抗拒这一切，因此共和派是以“全力以赴，对抗西班牙人顽固不化的岩石”的态度来驾驭国家这艘巨轮的。马达里亚加多年后检讨起来，认为这是共和国最根本且最致命的错误。当时最受尊敬的共和派领袖阿萨尼亚宣称，最激烈的反教权行动不可避免。

阿萨尼亚并非激进的左翼分子；他曾受教于奥古斯丁修会的修士，后来取得马德里大学的法律学位，是颇有文化的知识分子，多年来一直是作家和公务员。他的文学和评论的读者虽然不多，但其作品相当出色。他是温和而思想活跃的自由主义者。乌纳穆诺曾这么说他：“小心阿萨尼亚。他是没有读者的作家。他有能力发动革命，好让人家读他的书。”这当然是开玩笑，但阿萨尼亚对教会所做的正面攻击必定让这位老哲学家犯嘀咕：“看到了吧？我早就告诉你们了。”

反教权的运动使得下列条款被列入新的西班牙宪法或者在不久后颁布的特别法令中：政教分离；允许夫妻在结婚两年后由双方协议离婚；教育世俗化；解散耶稣会和没收耶稣会财产，所有墓地的世俗化，除非死者在遗嘱中明确要求，否则禁止宗教葬礼；宗教自由；两年内取消国家对圣职人员的所有财务赞助。

针对教会机构的正面攻击立即引起了激烈的反抗。如果共和派在这方面采取较温和的路线，教会的政治教条主义可能就会渐渐衰退，就像其他许多天主教国家一样，譬如法国、意大利、比利时、荷兰。共和派如果能更加宽容而积极渐进地推进社会立法，几乎可以确定行得通，因为西班牙有成千上万的天主教徒支持这样的做法。但是对于以前完全不允许离婚的国家，现在经过两年的婚姻，只要双方同意就可以离婚，这样的改革太过激烈。至于除非死者生前立下遗嘱，否则禁止宗教葬礼的法律，则是愚蠢的不宽容，因为九成的西班牙人去世时都没有留下遗嘱。这一革命性的变化无疑是教会长期以来的政策所导致的，教会原先要求在社区中具有一定重要性的西班牙人都得实行宗教葬礼，即使这些人留下了与之相反的指示。

自由派这种“神圣的反教权教会”的不宽容心理需要一些解释。首先，在西班牙，遣散耶稣会教士并非新鲜事。在共和国批准新的反对法令之前，耶稣会在西班牙已被压制或驱逐出境5次。查理三世在18世纪首次将耶稣会教士逐出西班牙全境后，教宗本人在整个天主教基督教世界也解散了耶稣会。这种天主教国家与宗教团体的冲突和宗教教义无关；它是源于两个强大的经济、政治和道德力量的对立：一方是强大的耶稣会组织，另一方则是西班牙即将出现但混杂异质的自由主义。这两种力量的碰撞是无可避免的，但它们没有正面冲突的必要，而这次碰撞只是削弱了共和国政府的权威。

阿萨尼亚为解散耶稣会的命令辩护，他说，耶稣会用反民主的哲学毒害学生，从而阻碍现代国家的出现。

西班牙临时政府总统萨莫拉（Alcalá Zamora）曾高声抗议这些严格的反教权措施，但徒劳无功。由于人们的热情长期以来一直被压抑，这些法令获得了相当多人的赞同并得以通过。萨莫拉是虔诚的天主教徒，因此他辞去职务，由阿萨尼亚继任，于是大局就这样定了。如果自由派采取更温和、更缓慢的措施，或许可以挽救西班牙共和国，但他们在胜利的狂热浪潮中，浪费了他们的优势。

虽然在西班牙宗教问题上的武断决议可能是共和国垮台最大的原因，但共和国处理土地问题的方式也很令人失望。西班牙政府缺乏训练有素的公务员来执行土地改革计划或任何其他形式的社会或政治改革。此外，负责土地改革的人完全没有能力领导这项改革。他“是名漫不经心且无责任感的记者，无论在土地还是在任何行政问题上都毫无经验”。战争爆发时，大量私人土地还未充公，遑论公平地进行土地再分配；然而无论是在当时和现在，这种土地改革都是西班牙社会和经济进步的必要条件。

共和政府的劳工政策则比较开明。人们有机会集体谈判；除了意外和失业保险，政府还提供了公共就业方案，以稳定并尽可能降低失业率。在劳工部长拉尔戈·卡瓦列罗的领导下，工人社会党做了一项令人尊敬的工作，解放了劳动者在国民经济中的地位并给予他们尊严。在大原则上反对工人社会党的工团主义者则继续攻击他们，想要证明真正民主的国家主义不可能成功。

鉴于前述的所有错误和障碍，第二共和国能够撑这么久真是奇迹，但在1931年至1932年年初，自由主义者对民主愿景抱着近乎神秘的信心。在那段变化剧烈的年代赴西班牙的访客几乎都会立即注意到这点。优秀的政府旅游局几乎在全国各地都有分部，证明了西班牙人只要下定决心，便可以做到什么样的程度。国家旅游局（Patronato Nacional del Turismo）在这段时期的表现空前绝后，不但提供了多种语言的导游，还有各主要欧洲语言的免费出版物，上面介绍了西班牙各个艺术古迹和地理区域的背景和意义。无论走到哪里，西班牙人似乎都充满骄傲与希望。在共和国早期的日子里可以感觉到一种梦想，尤其是在学生、知识分子以及城市工人身上更加明显。富人和保守派人士则对他们采取温和的反对态度。

工人毫无保留或偏见地阐述了他们对国家未来的希望，并对西班牙的民主深信不疑。作家和教师也持相同的观点。或许西班牙会转变成像瑞典一样温和的社会主义形式，过去中世纪的合作社区不就证明了这种生活方式不仅非常具有西班牙的风格，而且对西班牙也非常实用吗？不流血革命不就证明了西班牙已经超越了作为政府手段的暴力威胁吗？西班牙人民不是选择了最杰出的人才来带领他们前进吗？然而，西班牙的黄金岁月却并未到来。虽然人民梦想着，但共和国议会每天都在加重自己的错误，而保守的反对力量也在巩固实力并加强抵抗。

那段时期几乎天天都会出现在头条新闻上的名字是亚历杭德罗·勒鲁斯（Alejandro Lerroux），老资格的激进共和党（Radical Republican Party）领袖，该党在国家议会有90位代表，是第二大集团。（工人社会党代表最多，有115人。）阿萨尼亚的共和行动党（Republican Action）只有30位代表，但他本人的地位和正直，使他成为政府的主要领导人之一。勒鲁斯原是典型的以煽动为能事的政客，但后来变得较为温和。起先他是公开的反教权领袖，但他的极端态度已经减弱，加上其党在议会的代表人数众多，使他在议会享有礼遇。阿萨尼亚不信任也不喜欢勒鲁斯，认为他是粗鲁庸俗的政客。他完全无视勒鲁斯的政治敏感性。另一方面，阿萨尼亚的政党成员中包括了全国最杰出的知识分子。这两人之间的分歧导致了议会内部的混乱。这是阿萨尼亚的致命错误；勒鲁斯原本会与他合作，但阿萨尼亚认为这有失尊严，这让勒鲁斯觉得自己和他的代表们被自由派排斥，于是开始转向右派。

在保守派这边则有希尔·罗夫莱斯（Gil Robles），他是精明杰出的罗马天主教教授，也是一流的议员，有相当多的资金支持。在两年的“自由派”政府之后，左右两派清晰地画出战线。1933 年选举时，西班牙共和国突然右倾，这可能是因为大约有 600 万名妇女首次享有选举权投票之故。工人社会党在 1931 年赢得了 115 个议会席位，现在只剩 59 席。阿萨尼亚的政党由 30 名代表减为 5 名，而左派代表的总数则由 282 人减至 99 人。另一方面，勒鲁斯的中间派由 90 人增为 104 人，而右派的总票数由 60 增为 207。工人社会党领导人拉尔戈·卡瓦列罗因为采取改革策略而流失大量支持者，而希尔·罗夫莱斯则成为举足轻重的政治领袖。自由派在共和国头两年的立法要么被废除，要么成为一纸空文。这种突然的转向证明了西班牙议会采用单院制是严重的政治错误。如果有上议院来平衡选民情绪的迅速变化，政局会稳定得多。但由于缺乏这种稳定的力量，政府一头栽入了困境。

心怀不满的煽动派政客勒鲁斯受命组成内阁。这位新总理试图挽回军队和教会。他任命一位名叫弗朗西斯科·佛朗哥（Francisco Franco）的将军担任军事学院的院长。在新总理治下，西班牙几乎一夕之间就发生了变化。全国经济开始步履蹒跚。农场工资大幅下降，地主再次翻身；在处理劳资纠纷时，开始变成对雇主有利。另一方面，有关苏联的书籍涌入西班牙国内，共产主义开始真正吸引左翼选民。拉尔戈·卡瓦列罗的革命热情使他越来越亲近共产主义的哲学思想。普里莫·德·里维拉之子何塞·安东尼奥·德·里维拉（José Antonio de Rivera）组织了西班牙法西斯组织长枪党；天主教领袖希尔·罗夫莱斯在访问维也纳后也采用了纳粹的一些做法。这两个极端背叛了共和国真正期望的中间道路，西班牙开始不可避免地走向内战。

西班牙极左派首先采取行动。拉尔戈·卡瓦列罗，工人社会党激进派领导人，在国内四处宣扬起义；他最喜欢的一句话是，如果右派继续推动西班牙走向法西斯主义，那么就可能有必要进行“无产阶级专政”。保守派天主教领袖罗夫莱斯领导议会中最大的联盟，由联盟成员出任司法、农业及劳工三个部门的部长，左派则以大罢工回应。西班牙的重要城市都瘫痪了。在马德里，民众意识到发生了什么，于是起义反抗迅速瓦解，拉尔戈·卡瓦列罗被关进监狱。但在奥维多和巴塞罗那，尤其是位于西北部阿斯图里亚斯省的奥维多，却发生了大量流血事件，阿斯图里亚斯的矿工走上街头，占领城市长达一个月，在那里推行一种粗略的共产主义。起义最终被镇压时，已有上千人被杀、数千人受伤。奥维多市的大部分地区都被战斗摧毁。双方都在讲述对方可怕的暴行。

让我们记录一下这场起义的左派版本。下面这段文字刊登在1936年出版的《西班牙的反抗》（*Spain in Revolt*）一书中，作者哈利·卡纳（Harry Cannes）和西奥多·雷帕德（Theodore Repard）说：

> 1934年10月，工人启动对法西斯独裁统治的英勇回应，将这段时期永远留在了西班牙的记忆中。10月1日，以西班牙自治权利联盟（CEDA，罗夫莱斯的联盟）为首的法西斯集团在勒鲁斯的新内阁里安插了他们的人，目的是挑起内战。面对意大

利和德国模式的法西斯独裁统治的直接威胁，西班牙工人决定进行一场殊死战斗。1

但法西斯政变的威胁是真实的存在，还是说是左派的幻想，因为他们想要在无产阶级专政中掌握权力？明显不是右派的马达里亚加支持后面这种观点。[1] 他指出，尽管罗夫莱斯是议会中最大团体的领袖，却没有获邀筹组内阁，这个任务交给了勒鲁斯。结果如何？几乎立即就发生了暴力反抗，但发生的地方不是在最贫困之处，而是在工资最高且条件最好，激进左派工会也组织得更好的地区。共和国中央政府派佛朗哥将军和其他军事领袖镇压暴乱，并招来了摩洛哥的摩尔人部队。这些军队在阿斯图里亚斯出现，让民众产生了可怕的印象，因为这似乎是在刻意侮辱他们的荣誉和传奇历史。无论如何，起义遭到了相当激烈的暴力镇压，如果罗夫莱斯希望的话，他本可以走向法西斯主义，但他并没有这么做。这个国家在摇摇欲坠的议会制度下蹒跚地走了三年。1935 年，罗夫莱斯负责战争部，但即使在这里，他也没有试图破坏共和政府的体制。国家情势越来越糟，经济开始崩溃，全国各地爆发罢工，土地改革几乎没有进展。议会中争执不断，双方都变得激动、狂热和执拗。

最后，1936 年举行的几场新选举，被视为左派联盟的伟大胜利；他们用“人民阵线”（Popular Front，左翼党派牵头组建的反法西斯统一战线）的形式巩固了地位。如果把巴斯克民族主义者也包括在内，那么这个由各种政治力量组成的左派联盟获得了 4 206 156 票。

[1] 马达里亚加在新政府初期担任西班牙驻美国的大使。

中间派获得 681 047 票，右翼的总票数为 3 783 601。人民阵线因此获得 256 个议会代表席位，中间派 54 个，右翼则是 143 个。先前未进入议会的共产党这回获得 14 个席位，后来又增加了 2 个席位。极右翼取得了与之相当的代表席位。左派声称获得压倒性的胜利，但如果仔细研究这些资料，却会发现并非如此。如果中间选民改投右派，那么右派就会得到优势。西班牙人民在投票中显然赞成温和的做法，并赞成维持共和政体。但此时，左右两个极端完全掌权，温和或妥协似乎不再可能。受人民拥护的阿萨尼亚当选总统，但他也无力回天，身为总统，他的权力还不如总理大。总统是装饰性的职位，真正的统治权在其他人手上。失去阿萨尼亚的稳重领导对共和国是巨大的打击。极左派的拉尔戈·卡瓦列罗和他激进的伙伴策划反抗，极右翼的佛朗哥及同僚则谋划军事政变、接管政府。后者趁前者还没开始，率先发动攻势，西班牙内战爆发。

随着极左派和极右派巩固其立场，西班牙也经历了一系列骚乱、暗杀、报复、罢工、对宗教建筑和圣职人员的攻击，以及其他混乱情况。由人民阵线掌权的中央政府无法维持秩序。1936 年 6 月，罗夫莱斯在议会中提出了以下悲惨的数据——即使把这些数字减半，也同样惨不忍睹：160 座教堂被毁，251 座被放火或遭其他攻击，269 人被暗杀，1 287 人受伤，69 个政治场所被破坏，发生了 113 次罢工。但与会代表并没有太在意他所说的话。暗杀继续进行，甚至连议员也遭到谋杀。1936 年 7 月 17 日，极右翼发动军事政变，摩洛哥武装部队被带到西班牙本土充当先锋，次日西班牙本土发生叛变。

事后看来，不难指出共和国的错误。首先，宪法过于理想化，没有足够的灵活性来适应时代的需要。工人和工会，尤其是无政府主义者和左派工人社会党，发动了多次不必要的罢工，引发了混乱，这使大部分西班牙人受到惊吓并对共和国产生了反感。极右翼，尤其是何塞·安东尼奥·德·里维拉的长枪党吸收了意大利和德国的法西斯主义思想，行事暴力且无法无天。整个右派急于控制议会，但政治领袖不愿意发动法西斯叛乱，于是这项任务由军事将领们承担。

西班牙人愿意为了西班牙或人类的自由，在马德里或巴塞罗那的街头牺牲性命，但如果要他付出性命之外的东西，譬如他收入的一大部分、他的土地、他作为劳工领袖或将军的权力，或者要他为捍卫在政治上和他不同意见者花力量和时间，那情况便截然不同了。他们起草了理想主义的政治宣言，使其在拉丁美洲和西班牙随处可见，然后松了一口气。他们的牺牲就此结束，但议会政府需要更多的让步。首先需要在最初阶段的节制和宽容，直到社会大众对这种政府形式的稳定和诚信建立信心。确实，大部分西班牙人投票支持温和路线，但其中约有十分之一的人支持极左派，以及至少另外十分之一支持极右派。民众的支持激起了这两派领导人的极大热情，他们盲目地向前冲，却没有仔细看是谁在追随他们，又是什么正在他们国家内部上演。

在这场权力斗争的祭坛上，西班牙民众显然被牺牲了。共和国从未建立中间立场，也没有真正的保守党。在迫切需要上议院为议会政府提供稳定因素的时期，宪法却确立了问题多多的单院制议会。宪法在反教权问题上管得太多，其劳动条款又引起左派的热情和右派的谩骂。最重要的是，没有训练有素、超越政治的公务员，可以有效而无偏见地执行政令。不过尽管有这些问题，要是当初被选来领导共和国的代表是较冷静且更有常识的人，愿意把共同利益置于党派利益之上的话，共和国也有幸存的可能。

佛朗哥将军的军队由南方侵入，就如数世纪前的摩尔人一样，横扫南部平原和山脉，向卡斯蒂利亚推进。他们虽在安达卢西亚的城市遇到激烈的抵抗，但最终那些抵抗势力都被消灭了。叛军很快就逼近共和国首都马德里。他们在这里遇到了共和国的主力军队，进攻的脚步于是趋缓。最后，他们决定围攻首都。接下来的三年，两军在首都郊区对峙，就在现在的大学城的校园附近。在这里发生了许多血腥的战斗，但围攻的部队虽然不断轰炸，依旧无法进入马德里。不知什么原因，他们并未切断城市的供水，如果这样做，可能几天内就能结束战斗。来自北方的引水渠是绝对无法被保卫的。大学城的古建筑在战斗中完全被摧毁，炮弹也射穿了城内王宫的厚墙和屋顶。

其他共和派激烈抵抗的地区包括巴斯克和阿斯图里亚斯两地、巴伦西亚及加泰罗尼亚，巴塞罗那更尤为突出。巴斯克和加泰罗尼亚人除了为共和国而战，也为自治而战。这些巴斯克团体组成了共和派的宗教和保守元素。他们在卡洛斯战争中曾长期和中央政府对抗，无论从哪个角度看，都不能被称为自由主义者或左派。另一方面，在巴塞罗那，成千上万的共和派人士则是彻头彻尾的无政府主义者，他们对组成工团地方政府的兴趣比赢得对佛朗哥将军的战争还要高。他们渴望充分利用国家的混乱情况来争权。另一方面，共产主义者主张先赢得战争，然后再讨论战利品的分配。大部分参与共和军的群众则不属任一阵营，他们纯是为了捍卫共和国而奋斗。

西班牙内战是历史上最残酷的斗争之一。任何内战都必然会产生分裂，但是一个为意识形态路线而战的内战会从中间分裂国家、家庭、兄弟、父子、朋友，并在家庭和社区生活的基本结构中引起分裂和仇恨，历经数代也难愈合。加上西班牙人充满热情和容易冲动的个性，就导致了最可怕的全面血浴。这正是发生在西班牙的情况。共和军因为支持共和国，而被称为“忠诚派”；他们狂暴地杀死神父、修女，以及其他所有被视为同情佛朗哥的人。而另一方之所以被称为“国民军”，则是因为他们认为他们的反抗表达出反对共和国的强烈民族情绪。他们在他们攻占的每一个地区挑出支持共和国的人，让他们靠墙站着，然后开枪。大约有 10 万名西班牙人在这些野蛮的报复中丧生。这些残酷的暴行迄今在西班牙仍有根深蒂固的可怕遗绪。

佛朗哥及其拥护者把他们的军事暴动称为“国民军起义”是错误的，因为它并非出于国民，而是受到专制政体旧有保守的传统启发。身为佛朗哥袍泽的将军都非常厌恶共和国，因为它主张自由主义，也因为它积弱不振，难以遏止乱局。这些将军并没有政治或社会计划。他们代表消极的一切：反对共和国、反对广泛攻击宗教人士和宗教建筑、反对罢工、反对自由主义、反对让劳工得到任何权力、反对任何一种议会或民主政府、反对公民自由和宗教自由，并且大声疾呼强烈反对暗杀他们自己的同情者。这些反叛分子的消极主义从一开始就揭示出佛朗哥政府的底色。

这些将军并未声称他们是为了拯救西班牙免于共产主义才发动军事政变。这个说法是后来为了政治宣传才提出的。佛朗哥将军最初的宣言甚至没有提及共产主义。他厌恶的是共和国。而共和国起初并未把这次军事暴动当成羽翼已丰的法西斯叛乱，事实上也非如此，因为西班牙大多数的右派都不赞成这样的武装政变。事实上，在叛乱最初的几个小时，如果共和国立即采取行动，本来是有可能阻止叛乱的；可是共和国掉以轻心了，等到真正开始行动时为时已晚。这很可能是必然的结果，因为三军几乎都加入了这些将军的叛乱，许多国民卫队的士兵也参与其中。几乎失去所有士兵保卫的共和国，虽有一些警卫和小型军事团体效忠，但在数量上无法和佛朗哥的军队数量相比较。何况佛朗哥还几乎立即得到了德国和意大利的飞机来运送他的部队，不久还有来自上述两国的大型特遣部队来帮忙。意大利派了四个师，全副武装地来西班牙作战，而德国人则派出数量可观的空军和数千人的地面部队。

因此，共和国不得不临时拼凑出一支军队，如果考虑到它几乎无法克服的障碍，可以说它表现得非常出色。然而，这支军队主要由训练不当、装备简陋的新兵组成。许多人要和“法西斯分子”战斗时，还说从未听过这个词。没有国外的军备援助，这支军队几乎没有指望打败人数众多、军备精良的右翼势力。几乎所有的外国都拒绝援助共和国，包括美国在内。虽然苏联派出军队与宣传专家及一些飞机驰援，共和国也从法国购买了一些飞机，但这些都只是杯水车薪。战争后期，大批外国志愿兵抵达，其中大约有八成是共产主义者，他们为共和国而战，但这些部队无法与成千上万和佛朗哥并肩作战的意大利和德国军队相提并论。共和军主要还是由西班牙人组成，他们在战争中表现出西班牙人特有的坚韧和勇敢。

如果内战最终是共和军获胜，西班牙成为共产党执政的国家的可能性有多高？在总计 473 名代表中，共产党代表占 16 人，也许至少有五六十名工人社会党员会支持他们。无政府主义者是在打自己的战争，而且是以反革命的方式，因为他们既不希望保留共和国，也不想给共产党和他们的同路人提供太多帮助。因此大约有八分之一的代表可以被视为共产主义者或其追随者。可是这些人并不能代表八分之一的选民。英国史学家阿诺德·汤因比主编的期刊《国际事务调查》(*Survey of International Affairs*)做出了一个可能相当准确的估计：在内战开始时，西班牙的共产党员不到5万人，而到了内战第一年结束时，这个数字增长到约30万。他们竭尽全力扩大在政府中的影响力，毫无疑问他们的势力远远超过他们的人数。即便如此，除了在内战中一败涂地的最后几个月，他们一直未能掌控西班牙共和国。

如果共和军赢得内战，共产党人似乎也不太可能主宰政府，因为他们没有得到绝大多数西班牙民众的支持。如果美国、法国和英国由内战一开始就运送武器和装备给共和国政府——他们有权利这么做，因为这是正规的西班牙政府，这些国家本来可以施加足够的压力，确保共和国仍然掌握在非共产主义者手中。但那时人人都害怕希特勒，全世界虽诚恳但被误导的人们都不愿意提供武器给别的国家，以免自己国家在无意中卷入战争。当然，希特勒做好准备后，这场战争还是来了。事后来看，我们可以说，要是第二次世界大战在1936年希特勒尚未准备好之时爆发，同盟国对付他就会轻松得多，并且可以挽救数百万人的生命。

我们已经由惨痛的经验中了解到，世界上任何一个民主国家的失败都会削弱美国的力量。美国现在遵循全球承诺的做法，其实是为了保护美国自己的利益。要是美国能在西班牙内战时协助共和国，便会迎来一次难得的机会。其实这场战争不仅仅是西班牙国内两个派系之间的斗争，也是一场德国、意大利和苏联或多或少都参与其中，以西班牙为战场，测试他们的武器和政治宣传的国际战争。西班牙内战是第二次世界大战的预演。最可悲的是，在希特勒和墨索里尼死后30多年，身为西班牙法西斯国家元首的佛朗哥依旧继续蛊惑人心，宣扬他们的哲学。他的存在提醒我们，我们还没有完全赢得反法西斯战争。当然，正是这位佛朗哥将军，派遣了成千上万西班牙士兵与希特勒一同作战，而那场战争夺去了许多美国人的生命。

并非所有的美国人都赞成对西班牙内战采取不干涉政策。罗斯福夫人就非常明确地表示过，她的丈夫罗斯福总统想要运送物资给西班牙共和国，却因受到政治压力而未能如愿。施压的大部分是美国的天主教徒，他们喜欢佛朗哥。曾在罗斯福的内阁中担任战争部长的著名共和党人亨利·史汀生（Henry L. Stimson）在致《纽约时报》总编辑的信中表示："西班牙共和国政府被我国政府认定为西班牙的真正政府。因此共和国完全有权'购买必要的用品和弹药'以镇压叛乱。"

接着史汀生先生对美国被迫遵守，而德国、法国、苏联却丝毫不理会的"不干预"政策，做出了相当尖刻的评论：

> 关于这项协议，第一件该谈的就是，它彻底放弃了国际社会过去多年来采用的行为准则……不干涉协议既是嘲讽也是失败……结果表明国际法的新实验多么徒劳且危险。美国本身放弃了传统政策，这一个半世纪以来，它一直谨慎地奉行这个政策，以保护各个国家的和平与稳定，而这些国家也和美国一

样，不喜欢全副武装的生活。废弃这个原则，并且同意另一个未来可能会造成穷兵黩武的新先例时，可能会带来莫大的痛苦……

如果这个忠诚派政府被推翻，那么显而易见的是，它的失败完全是因为它被剥夺了向我们及其他友邦购买防御所需的弹药的权利。[2]

赫伯特·马修斯（Herbert L. Matthews）在《轭与箭》（*The Yoke and the Arrows*）一书中引述了上文，并加上他个人的意见说："这是一位真诚而明智的美国人的意见，它将长留青史。"

西班牙的共和派自称"忠诚派"，因为他们对共和国"忠诚"，但佛朗哥那方却总是称他们为"赤色分子"；另一方面，共和派则称佛朗哥的支持者为"法西斯主义者"或"反叛分子"，而佛朗哥那派自称为"国民军"。西班牙内战是一场口水战，也是思想、火药和钢铁武器的战争。

至于美国对西班牙内战的舆论，盖洛普民意调查显示，曾有一度有 76% 的美国人表达对忠诚派的支持。这项调查必然包括了许多美国的罗马天主教徒在内。不过天主教高层在华盛顿游说——华盛顿对高层比对基层更有反应，施压偏袒佛朗哥。

西班牙内战摧毁了西班牙，全国有数十万人牺牲。有些观察者认为总死亡人数达 100 万，不过真正的数字可能略低。随战争而来的是反感和恐怖，因为双方都狂热到让各自的行刑队开枪射击所有涉嫌协助另一方的民众。

对于所有还能记住这次内战的人来说，那场无情的屠杀仍然是可怕的噩梦。佛朗哥政府收集了 54 594 名被对方处决的支持者的名字，而被佛朗哥处决的人可能更多，因为在内战结束后的很长一段时间里，佛朗哥依旧继续处决“共和派”。日复一日，周复一周，马德里和巴塞罗那的居民往往会在清晨听到行刑的声音。一天内被处决的人数可能达两三百。监狱里充斥政治犯。在战争结束两年多后，佛朗哥的牢房里仍然关押着 24.1 万名政治犯，其中包括许多西班牙新教徒，因为在那个年代，只要是新教徒，就自动被国民军视为嫌犯。

西班牙忠诚派可能由于友邦拒售武器弹药给政府而输了内战，但共和国本身早已因其议会的无能而分崩离析。共和派领导人几乎都是用心良苦、真诚、理想主义、诚实、敬业、热情的人，但他们不知道如何治理国家。他们不愿意妥协。他们让个人的敌意破坏了议会的程序。阿萨尼亚、勒鲁斯、罗夫莱斯、卡瓦列罗等人都受过高等教育，应该知道成功的政府乃是在可能限度之内求全的一种艺术。但这些领导人是彻头彻尾的西班牙人，他们是从专制政府、宗教裁判所、军事霸权高于人民领袖的传统中走出来的。他们的失败再次证明，在西班牙，国家只能从下述两种方式中做选择：要么分裂成地区，要么屈从于强大的中央政府。因为只有最强大的中央政府才能战胜长久以来地方对分裂的渴望。就如过去几个世纪的历史所见证的一样，自第二共和国成立以来，西班牙人民本身就不断反映出这种倾向。

第十四章

共产主义和法西斯主义在西班牙的斗争

在我看来，关于我们的颓废，最悲哀的不是颓废本身，而是负责公共事务的人经常表现出来的纯粹愚蠢。

——安赫尔·加尼韦特

在第二共和国早期，西班牙的共产党只有几千名成员，在政治上的力量微不足道。西班牙的法西斯政党长枪党在当时的全国政坛上同样无足轻重。将军派在苦战后获胜，法西斯主义占了上风。佛朗哥统治的西班牙非常明显地成了法西斯国家，多年来一直运用暴力、任意发布法令和恐怖行动等手法，就像德国和意大利一样。佛朗哥政权后期，独裁统治有所软化（但必须一提，这是在轴心国落败之后），这只能说明他是名讲求实际的政客，而非他有民主的觉悟。毕竟西班牙是欧洲唯一残存的法西斯政权，远不是西方民主国家的对手。

至于共产主义对忠诚派有哪些影响，不是一两句话就能说清的，因为专家的看法并不一致。然而毫无疑问的是，在内战开始后，苏联的军事援助大幅提升了共产主义的影响力。在整个内战期间，共产党都强调要赢得**对抗法西斯主义**的战争，同时淡化无产阶级革命的说法，以免引起西方民主国家的警觉。回顾在西班牙亲历这段重要时期的专家对这个问题的看法，应该会有帮助。

首先，我们想探究的是克劳德·鲍尔斯（Claude G. Bowers）的看法，他是 1933 年至 1939 年这 6 年里美国驻马德里的大使。鲍尔斯不仅是杰出的大使兼公务员，也是一流的历史学家，写了许多名著。他本人认识西班牙第二共和国所有的领导人，并经常和他们接触，譬如阿萨尼亚、勒鲁斯、希尔·罗夫莱斯、将军何塞·米亚哈（José Miaja）、胡安·内格林（Juan Negrín）、普列托等领导人。他对苏联或共产主义从未抱有特别的情感。在整个内战前夕和期间，鲍尔斯一度在情感上非常支持共和国政权。他认为美国、英国和法国的“不干涉”协议其实正中希特勒、墨索里尼和佛朗哥的下怀。1937 年 7 月 20 日，他预言：“随着每一次投降，由很久以前的中国开始，其次是阿比西尼亚，然后是西班牙，法西斯势力在虚荣心的煽动之下，将毫不迟疑地转向其他国家——如捷克斯洛伐克。而每有一个地方屈服，欧洲战争的前景就变得暗淡一分。”[1]

鲍尔斯怎么看西班牙国内的情况呢？他在 1933 年来到西班牙，这年右派在选举中获胜。他一方面承认新右翼政府反改革的偏见，一方面也强烈谴责“左翼社会主义者”拉尔戈·卡瓦列罗在 1933 年和 1934 年于全国各地四处威胁要发起革命。1934 年，在阿斯图里亚斯的矿区和巴塞罗那的起义真正发生时，鲍尔斯报告说，这是社会主义联盟的左翼所组织的劳工起义。他也煞费苦心地指出这样的起义如何遭到摩尔人军队和西班牙外籍军团的残酷镇压。在此之后有很长一段时间，右翼政府没有任何建设性的立法或政绩。共和国先前两年所实施的改革措施都被逆转或取消。人民对政府普遍不满。鲍尔斯先生报告说1936年，在选举前的10个月，费尔南多·德洛斯·里奥斯（知名的西班牙共和国驻美大使）向他保证，右派会在选举中惨败。鲍尔斯答说，他听到的民意并非如此，但费尔南多解释说，由于鲍尔斯是外交官，他当然只听得到上层社会、实业家和金融家的反应，他们不会有这样的看法；不过所有的小城镇和村庄里的人民都对右派政府很反感，他们被摩尔人和外籍军团在阿斯图里亚斯的野蛮行径激怒，尽管这些消息因为媒体受审查而被封锁，但借着口耳相传，现在早已尽人皆知。等1936年选举举行时，费尔南多的预言果真一一实现。[2]

阿萨尼亚领导的自由派胜选后建立了新政府。鲍尔斯说，在这个政府中并没有共产主义者或社会主义者，也没有激进人士。

> 在阿萨尼亚的政府中，没有任何一位成员与共产主义有丝毫的关联。他是伟大的政治家、伟大的思想家和政治哲学家，也是鹰派的民主人士，西班牙的每一个人都知道他既反对共产主义，也反对法西斯主义。他的阁员全都来自保守的共和派和各民主政党，没有一名左翼的社会主义者，共产党人就更不用说了……凡是脑袋清楚的人都不会把当时轴心国要对其发动战争的西班牙政府说成共产主义政权。那时法国议会里有100个共产党员，但没有人说法国政府是共产党政府；现在（1953年）意大利议会里的共产党员还要多，但也没有人说意大利是共产党政权。[3]

在西班牙，总计473名的议员中有16人是共产党，但他们之中没有任何人在政府中任职。

佛朗哥叛乱反对的是阿萨尼亚的共和派政府，是希特勒和墨索里尼称之为“赤色”的政府，而他们也以此为借口来干预西班牙政局。这两名法西斯领导人都急于让西班牙成为“布尔什维克主义的坟墓”。佛朗哥将军称所有共和派为“赤色分子”的习惯让他获得了德国和意大利的大量援助。

然而，他声称他反叛的原因是共和国政府无力维持社会秩序。右翼的希尔·罗夫莱斯先前避开了希特勒和墨索里尼，他于1936年控诉西班牙议会的罪行，包括一连串谋杀、犯罪及政府似乎无法控制的失序。鲍尔斯并不同意罗夫莱斯所列的种种不满，此时他在西班牙已待了三年，对这个国家有了深入的认识。他决定自行驾车到掠夺破坏情况最严重的地区察看。在横跨西班牙全境、长达数百英里的驾驶途中，他发现了一座惨遭祝融之灾的教堂。他虽未能到访每一个据称发生暴乱的地点，但他的考察之旅十分认真，而他能明确断言：

> 反叛的将军预先安排了希特勒和墨索里尼的军事援助，使一个和平的国家陷入腥风血雨之中，其目的是结束共和国为消除残留在这片土地上的封建制度，以及提升工人的地位至拥有人的尊严所做的改革。由于他们这种目的无法获得国际舆论的认同，必须另觅说法。因此在众将军义正词严打击叛徒，希特勒与墨索里尼大军抵达西班牙宁静的土地的数个月之前，他们展开了不实的政治宣传，要说服世界，让世人以为西班牙处于

> 混乱状态，而由阿萨尼亚领导的政府则是共产党的组织。
>
> 据我所知，并没有“无政府状态”，因为我亲自造访据称发生混乱的地方，却没看到混乱的场面。[4]

鲍尔斯并没有说罗夫莱斯提出的数字不正确，但他确实十分肯定地说，每一场民众斗殴、每一次酒吧里的闹事、每一次的犯罪和凶杀案、每一次对教会的抢劫，以及每一次的地方罢工和蓄意破坏都被列出并大幅报道，好作为政治宣传之用。他认为，如果《纽约时报》也列出并大肆宣扬美国各地每天发生的类似事件，再以“美国社会骚乱”为标题刊出，那么美国也会面对相同的情况，从而让人们以完全错误的角度来看美国政府。鲍尔斯举出了共和国政府竭尽全力保护全国教会及其人员的许多事例。他还表示，他确信许多众人皆知的骚乱和罪行都是法西斯内奸的渗透造成的，他们许多人伪装成当时群聚在西班牙各地的德国“游客”。他进一步指出，根据他的第一手资料，许多混乱事件根本从未发生。

对于共和派人士在这段关键时期中的内部争权，鲍尔斯大使有什么看法？他是否依旧支持他最初的强烈主张，为阿萨尼亚在1936年组成的非共产主义政府背书？他是否依然相信，共和国政府在战争开始后也能维持其领土上的秩序？鲍尔斯确实全心全意支持共和国，他一直都抱着它会赢得内战的希望，但他非常清楚地指出，在战争结束前，共产党的力量已深入该政府。他还说，在战争期间，共和国境内出现了无法控制的暴行、成千上万的野蛮杀戮，且民众的房屋遭到大规模的破坏。

共和派人士之间一直都有分歧存在。1934年起义的领袖拉尔戈·卡瓦列罗是激进派的领袖，急于以社会主义打造西班牙。鲍尔斯指出，拉尔戈·卡瓦列罗在1936年的选举民调中居共和派人士之首（人民阵线候选人），再加上在进化社会主义者中最受推崇的胡利安·贝斯泰罗根本未能在初选出线，已可以明显看出当时的情势。贝斯泰罗是有文化修养及品格的公务员，以其廉洁和温和而著称。共和国政府曾请他放下平静的学院生活，出任议会议长。在这样的职位下，他依旧能够在两年多的任期中保持宽容、公平、温和和斯文的态度。鲍尔斯大使说，这位杰出人物的失势以及拉尔戈·卡瓦列罗在1936年的胜利，对于在马德里的温和的共和派人来说是巨大的冲击。[5]

相比之下，泥水匠出身的拉尔戈·卡瓦列罗是训练有素而不拘小节的政治人物。他是"自己人"，也习惯把民众称为"工人"。他是工人社会党的领导人，是该党的激进派。他信仰无产阶级革命，而且不想等太久。他对议会程序感到不耐烦，并认为自己是无产阶级救星。不过拉尔戈·卡瓦列罗也非常诚实廉洁；他过着清苦的生活，成了工人阶级的偶像。鲍尔斯大使坚定地表示，拉尔戈·卡瓦列罗的压倒性胜利及贝斯泰罗初选的失败，恐怕是最重要的单一事件，让右派认为左派在选举中获胜就等于认可了社会革命。即使贝斯泰罗后来获得提名，也无助于减轻这种忧虑。拉尔戈·卡瓦列罗本人也未设法安抚恐惧他的人。他自恃自己在选举中的胜利，又因1934年起义不成反遭右翼政府监禁的余怒未消，他就像火柴一样，准备点燃火药桶。当时西班牙监狱里还有3万名左翼分子因起义遭囚，拉尔戈·卡瓦列罗要求立即释放他们，他的要求得到了满足。鲍尔斯大使并没有提到暴力事件在释放他们之后是否增加，但马达里亚加却表示，这3万名激进者一被释放，骚乱程度就猛增至原来的10倍。这发生在1936年那个灾难性的夏天。

随着摩洛哥军队反叛，右翼于7月17日出击。鲍尔斯大使向美国国务卿科德尔·赫尔（Cordell Hull）报告说，支持军事叛变者包括君主主义者、希望维持封建农业的大地主、实业家与金融家、教会、以西班牙前独裁者之子何塞·安东尼奥·普里莫·德·里维拉（José Antonio Primo de Rivera）为首的法西斯分子，以及军队。

鲍尔斯说，由此开始，共和国领土上爆发了难以控制的混乱和暴动。情况一直到共和国政府牢牢掌握维持公共秩序的武力之后才获得控制。旧势力——国民卫队、警察、士兵及几乎所有的军官——已经放弃了共和国。有效的替代力量需要很长的时间才能建立。

在社会混乱和政治暴力的环境中，人们往往寄希望于共产主义，在当时的西班牙也不例外。在共和派方面，共产党人和左翼社会主义者是关系密切、组织良好的集团，他们打铁趁热、立即动手，占据了很多重要位置。几个月后，最初领导内阁的卡瓦列罗不能配合共产主义原则，因此受到共产党的全力抵制，并在1937年5月17日被较受共产党喜爱的胡安·内格林博士取而代之。内格林是前内阁的财政部长，他原是马德里大学的生理学教授，在政坛上则是较没名气的社会主义者。有了他这个理想的人物站在台前，西班牙共产党控制共和国政策的努力就不那么显眼了。鲍尔斯大使表示，西班牙共产党充分利用由苏联运来的战争物资，促使共和国政府做出这个改变。卡瓦列罗辞职的原因表面上是健康因素，但鲍尔斯表示，“他的失势毫无疑问是因为共产党人的坚持”。[6]

鲍尔斯佩服内格林博士的文化和语文能力；内格林能说5种语言，也是诺贝尔生理学或医学奖得主拉蒙–卡哈尔的得意门生。在政治方面，内格林冲动、过于自信，自认为可以应付任何事或任何人，但他应付不了共产党人。鲍尔斯先生没有注意到这点，显然在他看来，内格林是勤奋、敬业、开放的社会主义者，这的确是他一直以来的标签。

1937年5月之后，拉尔戈·卡瓦列罗不得不退居二线。他继续发表激烈的演讲，任何怀疑他对无产阶级革命信念的人，只要读读他的言辞，就绝对会相信他的热忱。后来他逃到法国，在纳粹占领法国时被关进集中营。鲍尔斯说，卡瓦列罗在战争结束时由集中营获释，身体已衰残不堪。他在1946年的一场截肢手术后于巴黎去世。

内格林是个勇敢的人；在内战最后悲惨的几个月里，他勇敢地苦撑，希望欧洲能爆发大战，拯救西班牙共和国。在内战接近尾声时，马德里的共和派罢免了他，认为他的领导太过左翼，而内格林不得不逃亡。已经有很多文章写过他的政治信念和政治行动。鲍尔斯大使并不认为他受制于共产党人，写下经典著作《西班牙内战》(*Spanish Civil War*)的休·托马斯(Hugh Thomas)、《纽约时报》在内战期间驻西班牙的通讯记者赫伯特·马修斯也持同样的看法。马修斯在《轭与箭》中写道：

> 内战后半期的共和国总理内格林和你我一样都不是共产党员。他名义上是社会主义者，但西班牙的社会主义者就像英国的工党党员一样，并非马克思主义者。内格林博士面临的问题

是如何赢得这场战争，或者至少坚持到欧洲战争爆发为止，他和我们所有的人都已看到欧洲战争即将到来。如果没有西班牙共产党人或苏联的帮助，他就无法继续内战，无法让西班牙共和国继续撑下去。苏联是唯一愿意出售武器给他的国家，也是在国际联盟中少数几个支持西班牙的国家之一。

由这个角度来看，内格林博士是“赤色分子”甚至是其同路人的说法，根本是无稽之谈。内格林政府从未受“赤色分子”支配。以往有许多人都说，要是共和派获胜，那么西班牙将会变成共产主义国家，现在也有许多人如此认为，但在我看来，这并非实情……我确信西班牙不会成为共产主义国家，最好的证据就是第二次世界大战后欧洲的情况……即使在有大规模共产主义运动的意大利和法国，建立共产主义政权也是不可能的。[7]

鲍尔斯大使并没有称内格林和拉尔戈·卡瓦列罗是共产主义的同路人，但他认为莫斯科在以提供武器为条件迫使共和派在政治上让步。鲍尔斯还提到，共和军中有太多共产党员，但“每一个共产党员旁边都有一名非共产党军官为他的行为把关”。不过鲍尔斯断言：“若世界自 1945 年以来有学到什么的话，那就是，**出于选举政治组合的目的而把共产党纳入人民阵线，影响是巨大的。**”[8]（粗体为作者所加。）

希特勒和墨索里尼对西班牙内战的态度并不相同。墨索里尼急于主宰地中海地区，他认为若把西班牙纳为盟友，可助他实现这一野心。如果西班牙实践法西斯主义，也会引起法国极大的忧虑，让法军撤离意大利边境。墨索里尼征服和军队凯旋游行的伟大梦想也激发了他的灵感，他认为意大利士兵必须借着战斗，保持良好的训练。齐亚诺伯爵（Count Ciano，墨索里尼的女婿）也热诚援助佛朗哥将军。这两个意大利领导人都非常害怕西班牙会变成"赤色"政府，并在所有的公开声明中都充分表达这一点。

希特勒则是在纳粹空军司令赫尔曼·戈林（Hermann Goering）的影响下介入西班牙的，至少这个德国元帅在纽伦堡大审判做证时如是说。戈林急于测试他成立不久的纳粹德国空军的实战能力。他和希特勒两人都歇斯底里地恐惧"赤祸"。希特勒说，要不是因为这种忧虑，他会把西班牙留给共和军，而"教会就会遭摧毁"，他兴致勃勃地如此补充。意大利和德国都渴望借着帮助佛朗哥，战胜脆弱的西班牙共和国，打击"颓废的民主"。此外，西班牙长期内战将吸引西欧民主国家和美国对伊比利亚半岛的关注，让德国趁机重整军备。意大利和德国都认为西班牙内战是千载难逢的机会，可以为即将到来的欧战做演练，他们希望借这场更大的冲突统治整个欧洲。

送抵西班牙的外援数量一直没有正确的纪录，但是根据现有的各种报道和档案，休·托马斯在精彩且详尽的《西班牙内战》一书中，列出了可说是非常接近事实的数字。德国对佛朗哥的援助总计超过 5 亿德国马克，而德军在西班牙人数最多时，有约 1 万名士兵和飞行员，其中包括 30 个大炮和反坦克连，以及数量不详的空军中队。意大利分批派了 10 万大军来协助佛朗哥，但其士兵在西班牙的人数从未超过 5 万人。

这场战争造成6 000名意大利士兵死亡。齐亚诺伯爵表示，意大利曾派出上千架飞机援助佛朗哥将军，但这个数字可能略高。官方的斯蒂法尼通讯社（Stefani News Agency）报道的数字为763架意大利飞机和141台飞机发动机。同一通讯社还列出了7 663辆汽车、10 135支自动化枪械和1 672吨炸弹的清单。[9]

送抵共和军的外援则少得多，其中主要来自苏联。德国武官报告说，苏联派遣了242架飞机、731辆战车、1 386辆卡车及920名官兵，另外还送去了数千吨的燃料、衣物、医疗品及小型武器。法国支持共和派的官方数字则为200架飞机，也许其中许多飞机是共和派私下向法国和其他国家购买来的。在共和国这方的国际纵队（International Brigades）中，外籍官兵的总数从未超过2万人，他们来自世界各地，其中大部分都在行动中丧生。

在坦克、火炮和飞机的数量上，共和军以1比10居于劣势，因此尽管他们的军队人数接近100万人，但除非英、美、法等民主国家支持大量重型装备，否则他们的失败便是定局。这样的援助从未送抵共和派手中。

共和军得到了法国象征性的支持，但英、美两国却都采取彻底“不干涉”的政策。两国政府都对西班牙实施武器禁运，并获得英国议会和美国国会支持。美国国会对禁运投票时，众议院只有一张反对票；参议院也只有参议员杰拉尔德·奈（Gerald Nye）反对。纳粹政府迅即称赞此举，佛朗哥亦表示，罗斯福总统在禁运一事上，表现得像“真正的绅士”。

公平地说，不能把美国的“不干预”或“孤立主义”政策归咎于华盛顿政府。美国政府对舆论非常敏感，除非国人有强烈的情绪，至少有百分之五十的国人支持，否则不可能运送军备给西班牙共和国。这样的事史无前例。大多数美国人都乐见共和国战胜佛朗哥，但很少有人愿意冒着开战的风险，扩大物资的援助。如今回顾起来，我们也只能指出哪些领导者正确地阐释了当时的局势，哪些没有。鲍尔斯大使应该比美国政府中的任何人都清楚情况，在我看来，他是对的。

托马斯在《西班牙内战》中指出，美国曾有一刻差点解除武器禁运。那是1938年5月，内格林为解决冲突而宣布了他的十三点方案，主旨是要所有外国军队都撤离，举行全民公投来决定西班牙要有什么样的政府。华盛顿官员及著名政坛名人才终于了解禁运为轴心国带来的好处。此时，曾任胡佛总统国务卿和罗斯福总统战争部长的史汀生发表了坚定的声明，赞成解除禁运。美国驻德大使威廉·多德（William Dodd）也表达了类似观点。爱因斯坦及其他德高望重的美国人签署了请愿书，敦促这一行动。参议员奈和众议员拜伦·史考特（Byron Scott）在国会提出撤销禁运的决议案。显然国务卿科德尔·赫尔暂时改变了观点，并决定在背后运用他的影响力。于是消息在精心筹划之下走漏给《纽约时报》。政府急于了解公众的反应。刚被派往伦敦的大使约瑟夫·P. 肯尼迪（Joseph P. Kennedy）警告说，此举可能会引发欧洲大战。数千名美国天主教徒也发起类似的抗议活动，反对向西班牙赤色分子提供援助，而罗斯福总统受到这样的压力，只好要求赫尔改变立场，后者也立即从命。[10]

1939年《纽约时报》派驻西班牙记者的托马斯·汉密尔顿（Thomas J. Hamilton）在西班牙内战结束后不久出版的《绥靖的产物》（*Appeasement's Child*）一书中，扼要地总结了法西斯派的胜利。

他指出各民主国家的“不干预”政策剥夺了西班牙共和国购买军备的权利，造成共和国的失败，又说：

> 另一方面，轴心国决定给予佛朗哥足够的帮助，让他赢得胜利，根本不理会委员会（非干预委员会，即 Non-Intervention Committee）。其实如果希特勒和墨索里尼愿意，大可以助佛朗哥早一年赢得内战。他们如此谨慎地分配援助……似乎证实了他们故意利用内战，在民主国家造成分裂的说法。当然，分化伦敦和巴黎比在西班牙扶植法西斯政权更重要；那虽也是有用的次要成就，但在这里，战争时间拖得越久，法西斯主义就能越稳当地压在西班牙背上，让佛朗哥更容易受他们控制。[11]

苏联在西班牙内战中还扮演了什么角色？直到内战开始之时，共和国才与苏联建立外交关系。双方接着互换了大使，苏联派了马塞尔·罗森伯格（Marcel Rosenberg）驻马德里。

在西班牙内战开始后不久，苏联军援就抵达西班牙，国际纵队中有百分之八十的士兵是共产党人或其支持者，他们大半是出于宣扬共产主义的热情而参战的。在纽约市一直有人招揽“为西班牙民主而战的志愿兵”。在这些反法西斯的集会上，人们收取捐款，并热情洋溢地为流血的西班牙民主发表演说，当共产党人最爱的歌曲响起时，共产党人便高举拳头致敬。而后来，英国遭受敦刻尔克的灾难，法国遭到纳粹军队掠夺其领土时，就没有这样的待遇了。在西班牙内战中和其他战争时一样，他们都是在捍卫自己的国家利益，如今亦然。

我们完全有理由相信苏联的援助有一定的目的性，一旦他们在西班牙共和国境内站稳脚跟，就永不放手，而且还随着战争的进行越收越紧。只要情况的发展合乎他们的期望，苏联的装备就源源不断地流入西班牙，但如果西班牙人变得太过独立，这些供应就会减少为涓涓细流。此外，苏联的装备经常被用来威吓那些不愿按苏联意志行事的人。

共产主义作为一种政治哲学，它的吸引力究竟有什么秘密？休·托马斯清楚地表明：

> 共产党人表现出了掌握未来的气势，很有活力，政治态度务实，加之苏联的武器威名在外，有志者自然都愿意加入共产党。到 1936 年底，党员的人数已经增加到大约 30 万。但正如冈萨雷斯·佩尼亚（Gonzáles Peña）所说的，要不是因为视觉宣传（苏联飞机和坦克）的力量，他们也不会那么成功。巴塞罗那的共产党人凭借支持私有制和反对革命的额外优势，在各处都站住了脚。[12]

他们和该地区的无政府主义针锋相对。

共产党人总是支持最忠于他们观点的人。拉尔戈·卡瓦列罗、胡安·内格林和阿瓦雷斯·德尔·巴约（Alvarez del Vayo）恐怕是最助长他们声势的人。先前我们已经谈过了前两个人物的角色。而第三位阿瓦雷斯·德尔·巴约，则先后担任过卡瓦列罗和内格林的外交部长。他在 1930 年访问过苏联，而且也和内格林一样，虽然从未贴上共产党人的标签，但几乎在每一个问题上都遵循共产党的路线。渐渐地，共和国总统阿萨尼亚被挤到了不重要的角落。

1938 年 4 月，内格林博士展现出独断独行的态度，接管了国防部，却没有放弃总理职位，并将战争部、海军和空军全部交到身为共产党员的副部长手中。外交部门被交给阿瓦雷斯·德尔·巴约，后者也任命了一名身为共产党员的副部长。阿萨尼亚总统的权力被架空了。下面让阿瓦雷斯·德尔·巴约说明他自己的立场，这是引自他在 1940 年二战爆发时出版的《自由之战》(*Freedom's Battle*)，其中很难看出他是如自己所称的自由爱好者。书中非但没有反共的言辞，而且作者显然认可苏联的所作所为。但在第 219 页，他明确地说出了他对民主政府的感受：

> 在拉尔戈·卡瓦列罗担任总理期间，在程序上，内阁要对重要决定投票。每当为了保卫共和国，必须采取强力措施时，都会发生这样的情况：尽管大多数人都投票支持总理的立场，但内阁中的普列托集团却总投票给政策举棋不定的温和派。但内格林博士担任总理时，他采取不同的做法，仅在死刑判决时才进行投票。在任何其他事项上，内阁不必协调分歧的意见，每一位部长都可以自由表达他的观点，最后由总理就大家讨论的结果做出决定，不必投票。这确保了较有力的领导。[13]

1938 年 8 月，就在内战结束前 7 个月，内格林博士检阅了他在巴塞罗那内外所能征召的所有战车和飞机，并且在这次阅兵后，要求阿萨尼亚总统同意他希望任命的新内阁。从这一刻起到内战结束，内格林都是西班牙的实际统治者。阿萨尼亚总统又撑了 5 个月，最后离开西班牙。内格林赴巴黎拜访他，试图说服他回国，但阿萨尼亚不愿意再当傀儡，依旧留在法国。内格林回到西班牙背水一战。他希望欧战爆发，说不定可拯救西班牙共和国，但最后却差了几周而错失机会。

苏联人非常明显地想在西班牙共和国建立无产阶级专政，让共产党或亲共产党人士掌权。要实现这一目标，首先必须赢得内战，并在战斗中尽一切努力让共产党人或亲共人士掌握权力。尽管大多数共和派人士反对，但到内战尾声的时候，共产党的力量占了上风。共和派内有各种立场和派系，但共产党及其支持者却能团结一致，因此他们在政治上能有更大的力量。

然而，西班牙共产党后来做过了头。共和派需要他们所能取得的一切帮助，甚至愿意忍受各种轻蔑侮辱来争取援助。苏联是唯一帮助西班牙的国家，因此也是唯一能对西班牙共和国施加强大压力的国家。如果民主国家能向支持共和政府的人士提供大规模的军援，无疑能发挥更大的影响，但它们并未这么做。在苏联援助不可或缺，且仍有助共和国获胜的机会的时候，西班牙共产党要求并获得了巨大的权力。只是在战争尾声，非共产党人的共和派人士脱离他们，建立了完全不受共产主义影响的政府。两组人马之间发生了严重的冲突，经过三天激烈的战斗，反抗的共和派获胜。他们的领导人是全马德里最受尊敬的胡利安·贝斯泰罗、共和军司令米亚哈将军，以及首都指挥官塞西斯蒙多·卡萨多（Segismundo Casado López）上校。内格林博士失势后搭乘飞机赴法。几周后，内战于 1939 年 3 月 26 日结束，共和军解散。

极力反对佛朗哥政权的老牌自由派共和党人马达里亚加，他对自己的共和派同僚可没有像鲍尔斯大使和《纽约时报》记者汉密尔顿及马修斯那么客气。马达里亚加指卡瓦列罗领导的西班牙左派在1936年策划造反，并说他们打算“强迫西班牙采取无产阶级专政”。

马达里亚加对胡安·内格林和阿瓦雷斯·德尔·巴约的看法是，他们是共产主义路线的追随者，几乎愿意为马克思主义理想牺牲一切。内格林在1938年5月宣布了可能和平解决内战的十三点方案，马达里亚加尖酸地评论道：“他们义正词严、无懈可击，但和事实及其政府作为都相去甚远，因此知道他们底细的人，都无法对他们产生信心。”[14]

马达里亚加甚至否认轴心国对佛朗哥将军的援助对内战结果举足轻重。他的言论与鲍尔斯大使的观点并不完全吻合。他们两人都是西班牙共和国和内战真挚且诚实的诠释者，两人都以正直和客观著称。鲍尔斯的优势在于，整段内战期间他都留在西班牙，但马达里亚加的优势则在于他和共和国的许多领导人交好。真相必然存在于两者看法的中间地带，介于这两个人所写的文字之间。无论如何，现在看来美国为了自己的利益，应当支持共和国政府，出售武器给它，早早施压，并在内战期间持续努力。第二次世界大战期间和之后，美国在法国、意大利和德国都采取了如此做法。西班牙或许不会像其他西欧国家那样立即响应，但它会有所回应，因为它大多数的人民都表达了这样的意愿，而且它也别无选择。

西班牙内战给西班牙造成了物质和精神上的极大破坏。休·托马斯估计：大约32万人在战斗中丧生，约22万人死于疾病或营养不良，另外至少有10万人遭处决或谋杀，总计约有64万人死亡。战争结束后，至少有200万人被羁押在佛朗哥的监狱中，刑期各不相同。战争本身破坏了大量的建筑物：25万栋房屋被毁、25万栋受损、183座城镇惨遭蹂躏、2 000座教堂被毁。幸运的是，在战争中于巴塞罗那和毕尔巴鄂兴起的产业并未遭受太多影响，但在西班牙有三分之一的牲畜被杀，大部分农业机械也遭到破坏。铁路损失了61%的客车、22%的货车及27%的火车头。战争造成的不动产方面的损失约为20亿美元，但整个内战的耗费至少是该金额的6倍。[15]

内战最悲惨的结果之一，就是许多知识分子放弃了自由主义原则，并有数百人遭到放逐。内战爆发时，这些人大都在马德里被捕，几乎所有人都签署了支持共和国的声明，包括名医马拉尼翁-波萨迪略、小说家佩雷斯·德·阿亚拉（Ramón Pérez de Ayala）、文学评论家梅嫩德斯·皮达尔、作家奥尔特加-加塞特及其他许多人。由于共和派的暴行和共产党在政府中不断增长的压力，这些人不久就逃离了西班牙，并在安全抵达海外之后便开始批判共和国。

诗人洛尔迦在暴力冲突爆发之际返回格拉纳达的家，如他所说，家乡父老都认为他是那里的“小小的荣耀”，因此他觉得自己应该能够平安无事。没想到他却因为是共和国的忠实支持者，而在半夜遭法西斯分子逮捕并杀害。[16]著名散文家拉米罗·德·马埃斯图（Ramiro de Maeztu）在马德里被共和军枪杀。年轻一代中最杰出的小说家拉蒙·森德（Ramón Sender）加入共和军作战，他的妻子和兄弟因此被敌对派杀害。西班牙最优秀的知识分子大举出走后，留下了巨大的空白。

内战爆发时，巴罗哈由共和军的领土逃到国民军领土，但他发现这个地方也待不下去，所以逃到国外。不过他在战争结束不久返回西班牙，并继续在那里生活，直到几年后去世。阿索林逃到巴黎，后来也回到西班牙。卡斯蒂利亚的伟大老诗人安东尼奥·马查多对政治从来不感兴趣，一直支持共和国。他后来被迫以难民身份逃亡，死在法国的货运车厢里，最终长眠于法国的土地上。

内战爆发时，乌纳穆诺在萨拉曼卡，而他在冲突的最初几周支持佛朗哥将军的国民军。到了10月，他改变了心意。德国军队亵渎了西班牙的土地，西班牙的长枪党在他心爱的萨拉曼卡大肆宣扬狂热盲从的思想。1936年10月12日，萨拉曼卡大学举行了一场盛大的仪式，庆祝西班牙人口中所称的"民族日"（día de la raza）。这是西班牙（资助哥伦布）发现新大陆的纪念日，西班牙以此为契机一跃成为全球性大国。出席仪式者包括佛朗哥之妻、一位名叫米兰·阿斯特赖（Millán Astray）的法西斯将军、大学教授、市民、长枪党人，以及乌纳穆诺本人。仪式一开始就充满了火药味，米兰·阿斯特赖将军发表了充满激情的煽动性演讲，他对共和国，尤其是对支持共和国者所居的巴斯克及加泰罗尼亚两地大肆批评。听众情绪激动起来，几个穿着蓝色衬衫的长枪党人向这个法西斯主义者致敬，并大喊："死亡万岁！西班牙自由统一！"

身为校长的乌纳穆诺终于起身说话了，人人都洗耳恭听。这位老先生毫不动摇；他立刻说了一句"死亡万岁"的口号是"毫无意义且恋尸的"，接着愤怒地为巴斯克和加泰罗尼亚辩护，并在最后对米兰·阿斯特赖将军发起了攻击。这样的演讲在国民军的领地上前所未有。米兰·阿斯特赖被激怒了，他无法克制自己，用尽力气高呼："知识分子下台！死亡万岁！"乌纳穆诺回答道：

这里是智慧的神殿，我是它的祭司。是你亵渎了圣地。你会获胜，因为你拥有足够的蛮力，但你无法让人们信服。因为要取信于人，必须要先行说服，而你缺乏说服所必需之物：斗争中的理性和正义。我认为劝你为西班牙考虑是徒劳的。我说完了。

听众们目瞪口呆。"大家沉默了很长一段时间。然后教会法的教授挺身而出，一手挽着乌纳穆诺，另一手则拉着佛朗哥太太。这是乌纳穆诺最后一次演讲，之后他被软禁家中。要不是国民军当局担心会引起国际上的反对，他可能已经被监禁了。"1936 年的最后一天，这位老人去世了，享年 72 岁。[17]

成千上万的自由派人士逃离西班牙，以躲避佛朗哥的新教会国家。整个出版业几乎全都离去，最优秀的作家、大学教授、艺术家和科学家也一同离去。两位最重要的西班牙史学家，拉斐尔·阿尔塔米拉（Rafael Altamira）和桑切斯-阿尔沃诺斯，双双流亡。全国最受欢迎的剧作家亚历杭德罗·卡索纳（Alejandro Casona）和西班牙最优秀的文学及社会评论家阿梅里科·卡斯特罗，以及马达里亚加、拉蒙·森德、巴勃罗·卡萨尔斯（Pablo Casals）、佩德罗·萨利纳斯、路易斯·塞努达（Luis Cernuda）、何塞·贝尔加明（José Bergamín），费尔南多·德洛斯·里奥斯和其他数百人。

这些人无法忍受佛朗哥。他们之中没有极端主义者，全都是值得敬重的自由主义者，对公平正义与自由深具信心。失去这些人是西班牙难以弥补的损失。除了不幸的死难者之外，最受景仰的领导人自愿流亡，也意味着国家失去了命脉。总共有三四十万人越过边界进入法国；其中约一半留在当地，另一半则分散到天涯海角。最后有数千人又回到西班牙，1 万到 2 万人赴墨西哥，还有大批人去了美国。除了墨西哥外，拉丁美洲国家大都紧闭门户。在整整一代人的时间里，西班牙民众都没有英明的领导人，致使国家缺乏骨气。这带来的后果就是，民众成为一盘散沙或顺从的羔羊，接受佛朗哥的独裁统治。

西班牙内战在全世界许多著名知识分子的心中激起了熊熊烈火。海明威、安德烈·马尔罗（André Malraux）、阿瑟·凯斯特勒（Arthur Koestler）和乔治·奥威尔都积极支持共和国的理想，战争也塑造了他们的人生。加缪解释了原因："正是在西班牙，人们才知道即使是对的却依然会遭打压，蛮力可以战胜精神，勇气有时候得不到报偿。无疑，这就是为什么世人会将西班牙的戏剧视为一种个人的悲剧。"[18] 或者如英国学者特伦德所说："（西班牙）在战争中失去的不仅仅是一个政府，而是整个现代文明。"[19]

第十五章

烈士谷

西班牙在历史上总是表现出一种荒谬的冲动，非要摆脱自己最有前途的知识分子。

——马达里亚加

马德里西北方约25英里的瓜达拉马山脉上，有佛朗哥将军追求不朽之地——著名的烈士谷（Valle de los Caídos）。这个工程经过数年的建设，于1959年完工。佛朗哥把自己想象成现代的腓力二世，他建造这个纪念建筑，希望它能像腓力为历代国王修建的巨大古朴的陵墓埃斯科里亚尔宫一样，令人敬畏。

这个纪念碑区有两处主要建筑物：一个是巨大的混凝土十字架，高450英尺，耸立在山顶；另一个是位于山内岩洞中的著名的巴西利卡式教堂，通过坚实的花岗岩隧道前往。教堂长900英尺，但既没有其他西班牙大教堂的内部那样宽阔、挑高，当然也没有那么美丽。有些地方，寒冷粗糙的花岗岩还保留着原始的状态，让人有巨大洞穴教堂的印象；它的一部分用大理石仔细地包围起来；另一部分则直接让花岗岩裸露在外。教堂采用大理石为地板，并以昂贵的挂毯覆盖大部分的墙壁。一座祭坛位于教堂的尽头，其上方是巨大的圆顶，高200英尺，天花板上是巨大的镶嵌画，画中央的人物是基督，他的周围有许多圣徒。祭坛和唱诗席都乏善可陈。正如佛朗哥在西班牙的一切作为，它们并未展现出任何创意思维上的新意，而只是重现西班牙的过去，而西班牙过往的艺术精神远远超越了这座巨大的建筑。

在明亮的穹顶下，长眠于大理石地板下方的是长枪党的何塞·安东尼奥·德·里维拉。他的遗体由埃斯科里亚尔宫移出，安置在此地。佛朗哥将军让里维拉变成了他的胜利和政权的象征。人们或许会在里维拉的墓上看到花圈，在那后面则是一个粗糙的原木十字架，横梁是佛朗哥亲手砍下的。十字架与精心修建的周围环境形成了怪异的对比。

人们在宽阔的中央通道上走动时，扩音器里流泻出宗教音乐。这里有一股阴冷潮湿的气味，可能来自山岩，但或许也是因为被埋在墙壁和挂毯后面的1.5万至2万具尸体（或骷髅）。据佛朗哥的说法，因血腥内战而死的双方“现在和平地在此一同长眠”。他建造这座纪念碑的确切理由是“为了永久纪念解放圣战中的牺牲者，纪念为上帝和祖国奉献生命的人，并为后代树立榜样”。而且由于佛朗哥“宽宏大量地”决定让死去的共和派人士也埋在这里，现在才有了“烈士谷”这个比较普遍的名字。

佛朗哥征用囚犯来建设墓地。他们夜以继日地工作，以破纪录的时间完工。无论是在过去还是现在，许多西班牙人都对此感到愤怒，因为这个国家当时面临极度贫困，处于破产的边缘，为什么还花大笔金钱和大量的劳力去建造这个墓地？为什么不去生产食物？

为什么不去修筑道路？为什么不去兴建房屋？这些人嘲笑佛朗哥模仿腓力二世的企图，并把这个墓地称为“佛朗哥的愚蠢建筑”。但也有人认为这是国民军政权的不朽作品，意味着教会和国家总是团结在一起。

烈士谷距埃斯科里亚尔宫仅数英里之遥，旅客可以在一天之内参观两座古迹。本笃会是这个新庇护所的守护者，他们住在当地的大修道院里。原本计划让方济会负责，但这个修会以侍奉和贫穷为宗，拒绝让修士们住在如此奢侈的地方。成千上万的西班牙人根本不肯来此，认为这是纪念西班牙内战的永久耻辱。

许多作家把这座纪念碑描绘为史上最宏大的事业之一，几乎可以肯定会成为佛朗哥将军不朽的成就，但我个人对此相当怀疑。当这一代人离世，佛朗哥政权被遗忘之后，所有的旧仇恨都会集中在这个地方，它将会遭到破坏或改变，使它不再代表它现在所具有的意义。我看不出下一代可能还会有什么不一样的做法。或许这座纪念碑会成为埋葬整个西班牙时代的象征。同时，这个圣殿主要是佛朗哥将军和国民军“解放起义”领袖的墓地；它更是何塞·安东尼奥的安息之地，这个年轻的贵族和花花公子是20世纪20年代大众拥戴的独裁者之子，在内战之初被共和派处决。但这个何塞·安东尼奥究竟是谁？他何德何能，如此受人瞩目？他信仰什么？他又为什么被处决？

虽然内部瓦解是西班牙共和国失败的原因，但如果不是因为佛朗哥将军以强大的手腕把右翼各派系融铸成强大的共同体，军事反叛可能会失败。这是共和派没有的能力。当然，传统和历史站在佛朗哥将军这边，而非共和派那边。

起初军方叛变除了推翻共和国，扶植由军队、教会和贵族组成的右派独裁政权之外，并没有任何政治方面的策略。佛朗哥将军立即看出其不足，人民需要政治纲领，因此他全面接管了西班牙法西斯党派长枪党，将它拉入他与共和国斗争的框架之内，使它成为他自己的官方政党，最后让它完全顺从他的意志。这是佛朗哥的惊人能力：为了自己的目的占有并利用右翼联盟的各种力量，否则这些力量可能会在他的队伍里产生破坏力。从佛朗哥将军成为长枪党党魁的那一刻起，该党就注定了不再拥有行动自由。

长枪党为西班牙定的口号是“统一、伟大而自由”，这非常适合佛朗哥。其强烈的天主教观点也增添了它的吸引力。因此佛朗哥将军立刻将他所领导的军事反叛称为“基督徒圣战”，为的是要把西班牙由无神论者和共产党人手中拯救出来。这个想法很快就流行开来，因为古时候的卡斯蒂利亚人不就是为了同样的信念，才与穆斯林斗争的吗？

长枪党的创始人是何塞·安东尼奥·德·里维拉，他的父亲是共和国时期之前的西班牙独裁者。在佛朗哥政府时期，西班牙各城市有一半的主要街道都以此人之名命名。即使在马德里，著名的格兰维亚大道（Gran Vía）也曾被改名为何塞·安东尼奥大道，全国其他地方亦然。没有采用这名年轻法西斯主义者之名的大街则被改名为“Caudillo”街，亦即领袖街。幸好在佛朗哥去世后，所有的街道名再度改回传统名称。

长枪党党名“Flanage”的意思是方阵（Phalanx），取自马其顿军队的军事阵法，这些部队在公元前 4 世纪推翻了希腊共和国。长枪党于 1933 年由何塞·安东尼奥·德·里维拉建立，很快就把其他西班牙法西斯集团纳入组织内。1934年，何塞·安东尼奥获选进入国家议会，是唯一的法西斯代表。天主教右派领导人希尔·罗夫莱斯藐视这个年轻人的政治野心，称他为“señorito”，意思是花花公子。罗夫莱斯表示，西班牙政治不适合花花公子，但无论何塞·安东尼奥是不是花花公子，他都是勇敢且具有相当个人魅力的青年。他急于为父亲辩白，并且坚决反对西班牙共和国。他钦佩墨索里尼和希特勒，并模仿他们用彩色衬衫作为党员的制服；他挑的是蓝色。这个党的党徽是著名的“轭与箭”，也是天主教双君费尔南多和伊莎贝拉的象征。长枪党的旗帜颜色是黑与红，而其政治理想是天主教、专制主义和法西斯主义。在内战期间，它还建立了自己的民兵组织。

休·托马斯这么描写何塞·安东尼奥：“他的演讲和著作给人感觉是出自一个有才华的大学生；他虽然上过冗长的政治理论课程，却没有完全消化。”接着他引用这个年轻人的一段话：“这个国家是历史性的整体……在我们每一个个人和我们的团体之上。国家建立在两个原则上……（它）服务于统一的国家和阶级的合作。”何塞·安东尼奥后来又说：“法西斯主义是一种欧洲的不安，是了解一切的方式……历史、国家、公共生活的无产阶级化，都是认识我们时代现象的新方式。法西斯主义在许多国家已经取得了胜利，它在某些国家，譬如德国，是通过最无可指责的民主手段获胜的。”[1]

在内战前几周的那些糟糕日子里，长枪党在西班牙的所作所为和希特勒的冲锋队在德国所做的事情大致相同；其成员组织骚动和暴乱，大肆挑衅、侮辱政府，并用各种恐怖手段对付反对他们的有力人士。这是一个崇尚暴力和暗杀的政党，尽管何塞·安东尼奥个人强烈反对这种策略。在大约三个月的时间里，40 名长枪党人和 50 名共和派人士被杀。在内战爆发前几周，何塞·安东尼奥本人被共和国逮捕，先是被囚禁在马德里，然后被送到巴伦西亚附近的阿利坎特当人质，这让他的信徒不敢轻举妄动。1936 年 7 月 17 日军方叛变时，他在狱中。同年秋天，他在共和派法庭受审，并被判处死刑，正式的罪名是他参与反叛共和国的准备工作。

何塞·安东尼奥慷慨陈词，为自己辩护，但判决结果已成定局。宣判之后，他迫不得已向在马德里的共和国内阁提出上诉，但这群人意见不一，而他们还在审查这个案子时，地方当局就自作主张，处决了何塞·安东尼奥。斯坦利·潘恩（Stanley G. Payne）在关于长枪党的著作中详细描述了这个年轻人的审判和他在世的最后时光，认为对他的指控可能与事实不符，他只是替罪羊。[2] 当然，他去世后，在所有反共和国人的眼里，他就成了烈士。这个消息传到共和国的敌对阵营后，他们立即审判并处决了共和派总理拉尔戈·卡瓦列罗的儿子作为报复。

何塞·安东尼奥既死，长枪党就成了佛朗哥将军手中的一枚棋子。内战结束后，这年轻人的遗体被重新葬在佛朗哥将军的烈士谷的主祭坛前，迄今仍然有些西班牙人视他为佛朗哥“圣战”的伟大烈士。然而，他原本的许多追随者最后都反对佛朗哥。长枪党的政治和经济哲学主要体现在（建立）带有垂直工会（包括管理层）的国家工团主义社团国家的概念上，在佛朗哥将军接收后，却为了配合他的目的而改变。长枪党人也创造了几个颇具说服力的口号，后来被将军采用，有很好的心理效果。长枪党本身也分裂为左右两翼；右翼的想法多少和佛朗哥将军相似，而左翼则信仰社会改革。佛朗哥担心左翼的活动和承诺可能失控，因此急于吞并这个群体。

佛朗哥将军的全名是弗朗西斯科·保利诺·埃梅内希尔多·特奥杜洛·佛朗哥·巴阿蒙德（Francisco Paulino Hermenegildo Teódulo Franco Bahamonde）。他于1892年出生在加利西亚省的埃尔费罗尔（El Ferrol）。他的家族以长寿闻名，其父亲活到93岁，祖父寿命也达102岁的高龄。佛朗哥在1907年进入位于托莱多的军事学院，自此开始以从军作为终身职业。国民军在1936年发动叛乱时，他是西班牙共和国的陆军参谋长。他在此事上起到举足轻重的作用，并由此立即成为叛军的领袖。

佛朗哥先前曾随西班牙军队派驻在摩洛哥多年，被认为是个从不发脾气的强有力的领袖。他很擅长行政，也是勇敢的军官。打从他称作“光荣运动”的叛乱爆发开始，摩洛哥军队，包括摩尔人和外籍军团在内，就是他最坚定的核心支持者。佛朗哥有钢铁般的意志，并且具有在西班牙人身上少见的冷酷，精于算计。有时他挂着淡然的笑容，对群众的欢呼很少流露情绪。他从没有像希特勒或墨索里尼那样喜爱掌声，而总是将其视为他胜利的自然结果。

他在摩洛哥时期的一个故事揭示了他的个性。由于伙食太差，外籍军团经常闹事。有一天，号角响起数次，士兵才不情不愿地集合接受检阅，佛朗哥在检阅时没有任何恼怒的迹象。他在一名身材魁梧的士兵面前停步时，这人突然把他野战餐盒里的东西朝将军脸上丢去，并破口大骂说：“你喜欢猪食！好，把这个拿去！”佛朗哥不动声色，冷静地掏出手帕，抹去了制服上的飞溅物。他检阅完之后，先下令立即改善军粮，然后平静地说：“把那人带出去处决。”

佛朗哥从不和蔼可亲，他在西班牙从来没有真正受人民爱戴。尽管有些人总是为他呐喊，但在他赴西班牙各城市时，通常都只听到敷衍的掌声。他总是乘坐一辆劳斯莱斯的防弹车，由特勤局人员围着，在某些国事场合，则由包戴着头巾、骑在马背上的摩尔卫兵保护。但凡他暴露在群众面前的场合，都会明显看到许多拿着冲锋枪的护卫。

国民军起义 25 周年纪念时，我正在马德里，当时正计划举行一场盛大的“胜利”庆祝活动。军队将沿着美丽的卡斯特利亚纳大道游行，预计会有大批群众。露天看台沿着整条大道设置，却与游行的军队队伍隔着一道厚厚的铁丝网，这正象征了佛朗哥独裁统治多年的丑陋和不安。

佛朗哥政权是西班牙历史上统治最长的政权之一，在他统治西班牙的 36 年间，佛朗哥和他的政权融为一体。他是所有武装部队的总司令、政府的首脑，以及全国唯一政党的领导人。他的议会只有一种权利：批准他的政令——如果佛朗哥要他们批准的话。他之所以这样做，是出于西班牙和中南美洲独裁者常有的那种奇特感受，要为他们所做的一切提供合法的面具。

将军执政的头几年并不成功。全西班牙经济萧条，几乎停顿。西班牙内战才结束，“二战”就爆发，西班牙没办法更新损坏的运输设备和已遭破坏或老旧的机器。“二战”结束后，西班牙发现他们同时被民主阵营和共产主义阵营疏远，被排除在马歇尔计划、联合国和北大西洋公约组织之外。但到 1950 年 6 月，朝鲜战争爆发，美国感到不安和恐惧，开始急于在共产主义集团周围建立包围圈来保障自身安全。原本一直很盼望美国在西班牙设立军事基地的佛朗哥将军突然变得冷漠起来，等着美国自己找上门。1953 年，双方达成协议；这是自西班牙内战以来，外援首度涌入西班牙，毫无疑问，这些提振并拯救了它的经济和政府。1955 年，西班牙被联合国接纳，成为其会员国。

佛朗哥将军自认为他在内战中所发起的是圣战运动，西班牙各阶层也大都同意。1937 年，除了三位主教外，其他所有的西班牙主教都签署了支持国民军的牧函（主教写给教友的公函），为国民军背书。然而他们也在这份文件中指出："这场战争并不是为了建立专制国家。"内战结束后，佛朗哥独揽大权，直到 1953 年，佛朗哥才和罗马教廷达成关于西班牙教会的协议。其实佛朗哥早已自行恢复了耶稣会士的影响力，并取消了共和国所有反教权的法律，只是他要让世人看到他与罗马关系良好，因此才有了 1953 年的教廷协定。

西班牙国家元首和教宗的这项协议，是向罗马迈进的明确一步，因此也是远离西班牙宗教分离主义的做法。从长远来看，这的确是走向宗教自由主义，摆脱西班牙狂热主义之举。在 1953 年的协议中，教会获得国家财政支持，也掌握了教育，罗马天主教会被认定是西班牙唯一的宗教，圣职人员在法庭上获得某些特权，几乎使他们成为国内的一个独立群体，教会财产免于被征税，高级教士要教宗与国家元首双方协商后再任命。

这项协议让佛朗哥在一定程度上获得了国际上的尊重，但西班牙国内有很多国民对此感到恼火。长枪党右派持敌意是因为西班牙政府手中没有保留足够的权力，佛朗哥的反对派则因教会被官方赋予诸多权力而不满。教会的领袖则因在新职位上感到更安全，因此毫不掩饰他们的渴望——渴望更多的社会正义、新闻自由、公民自由，以及制度化的政权，来实现某种合乎逻辑的权力继承。

西班牙所有理性的公民也都抱持着这样的信念，但教会对这些有特别浓厚的兴趣，认为其能保证20世纪30年代反教职人员的残酷暴乱不再发生。

《纽约时报》评论说："经验丰富的观察家认为，长期被指责为反动的西班牙天主教会，正在小心翼翼地让自己在工人眼中摆脱和佛朗哥将军独裁统治的关系，以巩固其自己在任何未来政权中的地位。"

西班牙宗教中较为保守的一面是由被称为主业会（Opus Dei）的组织所代表，它后来在政府中发挥了非常强大的影响力。左派批评者称其为"天主的章鱼"（Octopus Dei）或"神圣黑手党"（Holy Mafia）。而西班牙极右翼人士则称其为"新的白色共济会"，认为它太自由。主业会于1928年由一位富有律师转任的神父在马德里成立，慢慢获得了地位、金钱、影响力并受到尊重。1950年，教皇庇护十二世正式核准主业会为天主教官方承认的俗世会。

主业会的人数向来不多，它在西班牙的会员不超过2.2万人，包括美国在内的约65个国家的全球会员总人数约为6万人。然而，主业会在西班牙却成为一股强大的政治和社会力量，许多内阁部长和其他重要政府官员都是主业会成员。

主业会的宗旨是复兴传统价值观：让西班牙更西班牙，回归古老的西班牙和基督教伦理，重建传统美德，恢复西班牙古老的尊严和荣耀，打击自由主义、理性主义及悖德的邪恶。主业会成员发誓贞洁、贫穷和服从，但这个誓言可以随意撤回。许多成员都很富有，也被要求把个人收入的盈余捐给组织，因此主业会累积了一大笔财富，并控制了许多金融机构，包括西班牙最大的银行之一的西班牙人民银行。它还控制了马德里、巴塞罗那、巴利亚多利德和莱昂等地的几家报纸，并发行了几本杂志。

在教育方面，主业会的影响是强大的，令人窒息的。它明确反对由希内尔和一些自由派教授在1876年成立的“自由教学机构”的理念。主业会成员认为这被人推崇备至的机构是西班牙自由主义、左派思想和不负责任行为的温床。他们中的一些人在西班牙的大学担任重要职务，该组织在潘普洛纳也有类似大学的机构。其他几所西班牙高等学府的师生厌恶潘普洛纳学校的学术标准和对神学的重视，纷纷抗议，但无济于事。

主业会在经济方面对佛朗哥政权也发挥很大的影响力，但其政策不像在宗教和社会观念上那样传统或严格。大企业做法不一，尤其在国际金融方面，而主业会则急于跟上国际潮流。有人可能会说，他们在经济上可称得上是自由派，他们渴望西班牙加入共同市场，并且看出这样做的好处。因此在主业会的领导下，西班牙资本家开始由半孤立的情况中走出，登上赚大钱的舞台。西班牙当时陷入了来自欧洲各地强大的经济和政治潮流，而没有意识到主业会取得的其中一项成就，就是为西班牙做好迎接后佛朗哥时代的准备。届时主业会本身虽然会逐渐消失，但它所建立的经济基础却会坚固地保留下来。

1962年2月9日，西班牙正式要求加入欧洲共同市场，希望因此成为欧洲发展主流的一员，但正如该组织的一位官员对一位巴黎记者所说：“西班牙当然可以准备加入我们，但我们需要西班牙吗？”毕竟，它能提供什么呢？它主要的出口产品包括橄榄、橄榄油、柑橘类水果和葡萄酒，这些产品都与意大利和法国的产品冲突。多年后的1984年，西班牙仍然在试图加入共同市场，这时大部分的反对声音已经弱化。在此期间，西班牙已成为不容忽视的工业强国，它和北约的持续合作也比以往任何时候更加必要。

许多西班牙人都乐意承认，他们的政府一直都是世界上最糟糕的政府，现在的政府也不例外。但他们说话的方式有时却让外国观察者感到困惑，因为其手势和语气都让人相信，西班牙人实际上是在吹嘘自己历来的烂政府。在某种程度上，他似乎相信世界上任何地方都没有像这样的政府，因此糟糕的政府是西班牙独特的传统。表面上这似乎很有趣，却是国民生活中最悲哀的事实之一。这也是任何外国——无论抱持着多大的善意——都必须面对的现实。

当然，佛朗哥政府试图在现代西班牙复兴教会国家的历史。无论在政治上多么含糊其词或慷慨激昂，都难以掩盖这一基本的事实。佛朗哥和他的政权展现出的是知识的落后。他们在一开始就已失败，只是自己不知道。他们虽然在物质上取得实质进展，但智识上的进步接近于零。他们的坟墓就是那个巨大、昂贵且充满仇恨的烈士谷——20世纪的埃斯科里亚尔宫。

今天的西班牙是过去所有一切的综合体。它的主根深入无底的过去。它曾在历史上数次美丽地绽放，把光辉洒向欧洲文明。但在其他许多时候，它却冷酷地关上了通往外界的大门，退回至定格的回忆的黑暗之中。尽管它的政府一直很差劲，但它的生命力却始终存在，而且似乎取之不尽、用之不竭。西班牙人民是世界上最慷慨、最高尚的人。他们自发性的艺术使他们在欧洲诸国间独树一帜，既因为其数量，也因为其无与伦比的美丽。今天的西班牙一只脚踏在现在，另一只则踩在过去，横跨在深不可测的深渊之上。

我上一次赴西班牙旅行就在短短几个月前。当飞机由北方进入半岛时，我们看到拔地而起的山脉，然后是巴斯克的骄傲——工业城市毕尔巴鄂，它的烟囱彻底地污染了空气。由海岸到马德里，一路上都是山峦起伏，平地很少，农田很少，几乎没有什么城镇。当飞机接近马德里时，群山突然退到远方，我们低飞在一片平原之上。在明亮的光线下，大地就像水晶一样。我们飞到更低处，准备要降落。我们可以清楚地看到在地面上有个男人正在扬麦子；他把小麦扬起来抛向空中，让金色的麦粒落到地面。附近有另一个人正在用骡子耕地。马德里附近的土地被严重侵蚀，凹凸不平呈锯齿状。红色干燥的地面上几乎没有植被覆盖。机场单调乏味，拥挤不堪，但功能齐全，能设法让你进出。这是一个丑陋城市令人不愉快的入口。出租车司机千方百计地多收车费，一直在谈物价的飙涨。

最后，我们终于抵达了马德里著名的卡斯特利亚纳大道，朝市中心而去。我们经过外观肃穆的国家图书馆，当年我在马德里大学念博士时，曾花了很长时间在馆内读书学习。图书馆内一如当年，图书的卡片索引让人头痛，导致许多书难以找到。每天都有一小群外国的西班牙学者聚集在图书馆的台阶上，讨论西班牙文化领域的名人和最新流行话题。

卡斯特利亚纳大道每年都变得更长、更嘈杂，大道外围还有很多新的建筑。但这条著名大街较古老的部分，其面貌50年来并没有太大的改变。两旁的绿树依旧成荫，喷泉依旧流动，人群依旧在散步。这里的交通比过去更拥挤，人们的穿着则让人想起美国的大城市，到处都可以看到蓝色牛仔裤，发型在长度或风格上也各自随心。

马德里市中心并没有留下内战的遗迹，尽管当时它曾被围困并严重轰炸了好几年。巨大的王宫位于这个大都会西边，确实留下了炮轰的痕迹，但附近的大学城却是新建的。老校区遭到彻底摧毁，这一地区被挖出了深深的壕沟，向四面八方延伸，守卫者曾在那里抵抗围城。佛朗哥将军攻下马德里后，把整个地区铲平，然后兴建了新的大学城，由许多平凡现代风格的大型建筑构成。校园入口处有一座巨大的教堂和高耸的拱门，纪念国民军的胜利。拱门的尺寸令人印象深刻，但称不上美丽。如今佛朗哥的幻想已破灭，其华丽的铭文也黯然失色。

王宫的外观并不特别壮丽，其内部却是欧洲最美丽、最豪华的宫殿之一。它拥有无数古代和现代、各种尺寸和风格且最复杂精致的时钟收藏。佛朗哥常在这座宫殿里接待外国政要，他也在这里欢迎过艾森豪威尔总统。看到美国总统和佛朗哥将军在这座城市里驱车参观，许多西班牙人感到很不舒服。艾森豪威尔口头上夸佛朗哥是对抗共产主义的好盟友，但这并不能解决任何问题。而西班牙媒体反复转载的艾森豪威尔拥抱佛朗哥的照片，则进一步贬低了美国民主的理想。

到了肯尼迪总统任上，他的许多支持者都希望他不要再公开拥抱这位西班牙独裁者，但 1961 年 12 月，肯尼迪的国务卿迪安·腊斯克（Dean Rusk）在与西班牙的陆军参谋长、海军参谋长和商务大臣会晤之后，又拜会了佛朗哥，称许他是美国抗衡共产主义的盟友。

完全受政府掌控的西班牙媒体对腊斯克的访问表示欢迎。同样，美国最高官员拥抱拉丁美洲独裁者的做法，也在那些国家造成了非常恶劣的影响。就在美国试图在拉丁美洲国家面前摆出世界民主国家捍卫者的姿态时，腊斯克在西班牙与佛朗哥一起出现的情景对美国的邻居们来说，是特别难以下咽的一剂苦药。他们嘀咕道，山姆大叔言行不一；而约翰逊总统和尼克松总统却无意澄清这种质疑。

内战在托莱多留下较多痕迹。在查理一世建造的阿尔卡萨城堡，1 200 名民兵和家属抵抗共和军，被围困达两个多月之久，直到最后才被国民军救出，而这个城堡有一半被摧毁，不得不重建。甚至由费尔南多和伊莎贝拉所建美丽的圣胡安修道院，也在内战中严重受损。在托莱多，曾有一段时间，街道上满是鲜血。但是这个古城经受住了历史上的数次猛攻，在最近的战争中也幸存下来。这个西班牙的古老首都被荒芜的田野和塔霍河深深侵蚀的河床所包围着，边界上种有白杨树和高大的红柳。在这片狭小的土地上融合了西班牙被人所知的每一种入侵的文化的遗迹。塔霍河的河面是蓝色和黄色的，时时捕捉着变化的光线。夕阳西下之时，天空变成诡谲的玫瑰色和紫色，燕子发出怪异的叫声，在塔霍河上盘旋。整个区域都笼罩在淡紫色的阴影之中，让游客再也分辨不出一个世界在何处结束，另一个又在哪里开始。托莱多的黄昏时刻是去西班牙的游客的最难忘的经历之一。我原本只要在托莱多住几天的，最后却逗留了数周。

在驱车返回马德里的途中，看到一块缺水的土地，无论从哪个方向看都是一大片枯萎的田野。已经一个多月没有下雨，小麦一排一排地堆在一起，黄色的残株留在空旷的田野上。有几座农庄种植玉米，低矮的圆丘上则长着一些橄榄树。到处都可看到的西班牙白杨，树叶在婆娑起舞。山峦看起来在遥远的北方，就像灰蓝色的羊毛堆。这条路的两旁都是新兴产业，路上有很多汽车和摩托车。田里则有劳工的茅屋；他们在中午时分会躲进屋内，避开灼热的太阳。所有的树木都是灰扑扑的绿色。唯一较深的绿色来自偶尔出现的玉米田，或是一丛在风中挥舞着树叶的白杨。

夜晚的马德里是一座梦幻的城市，因为舞动的灯光和喷涌的喷泉。尽管白天的卡斯特利亚纳大道灰暗冷清，但月光下的它是世上最美的林荫大道之一。托莱多、格拉纳达、塞维利亚、科尔多瓦、巴伦西亚——西班牙的任何一个城市都是如此。一到黄昏，各城镇就开始有了生气、恢复活力，又变得青春美丽，充满了希望；即使是那些整天被奴役的人，日暮时的声音都响亮悠扬。西班牙难以言喻的魅力就在夜晚时分的这些城镇。城内轻柔的空气和流动的水声，教人心醉神迷。塞维利亚风标塔的闪亮尖顶映着月光，是一道无与伦比的风景。由阿尔汗布拉山上的阿尔汗布拉宫旅馆的阳台上眺望格拉纳达市的景致，令人一生难忘。在这个迷人的安达卢西亚小城，公鸡昼夜啼叫；处处响起钟声，余音在平原和山间回荡。在阿尔汗布拉山下，孩子们在小公园里嬉戏的声音像远处的鸟啼一样飘荡在空中，他们正等着要乘坐旋转木马，嘴里喊着“tío vivo”，在西班牙文里的意思是快乐的叔叔。西班牙的每个城镇都有自己的声音、自己的气味、自己的建筑、自己的历史、自己的魅力，它们各不相同。

我们乘夜车由马德里去圣地亚哥。在西班牙，只有非常贫穷或非常糊涂的旅客才会自己去车站或售票处买票。旅馆的服务人员或旅行社都很乐意为你效劳，而且几乎非得这样做不可。在你要求协助买票时，旅馆员工的阶级秩序立刻显露。主管交代给下级，下级会再交代给他的下级。最后总有个倒霉的女职员不得不打电话订票，再由倒霉的小弟搭乘有轨电车或公交车去取票。整个交易可能需要花费两三个小时，即使旅客有大把时间，恐怕也找不到对的办事员。

在比较好的西班牙旅馆，领班几乎可以为你做任何事。他可以帮你买到观赏斗牛的票券，帮你租车和司机，帮你买戏票或音乐会的票，为你找临时秘书或打字员，为你订并且取飞机票或火车票，提前打长途电话为你预订旅馆。我在美国的旅馆从未看到过这样的高效。说西班牙人效率低下的古代格言在这里并不适用。西班牙人只要有心，可以像世上任何一个民族那样充满效率。

我们去圣地亚哥所搭乘的火车卧铺虽旧但舒适，而且对于近400英里的距离来说，价格也算便宜。电动引擎的火车头拉着一长串车厢缓缓上坡，它先经过教人印象深刻的埃斯科里亚尔宫，后来在轨道的另一侧就看到了有着中世纪城墙围绕的城镇阿维拉。在那之后则是一片黑暗。火车于早上8点抵达圣地亚哥。

我一早就醒来，看着车窗外的风景。地面现在比较绿，显然土壤较肥沃。这里有玉米田、葡萄藤、长排的啤酒花。每一块田都用灰色的石头围住。加利西亚没有卡斯蒂利亚那样明亮的洁白，这里甚至连房屋和教堂都是灰色的。烟雾从烟囱冒出，空气凉爽，有层薄雾笼罩着大地。到处都可看到被称为“hórreos”的吊脚粮仓，这是为了防止老鼠偷吃粮食；它们有些是石头制成，有些则是木头所造，其一端都有一个十字架。奶牛正在草地上平静地吃草，它们因为绑在角上和一条腿上的绳索，而奇怪地跛行。绿色的山脉出现在铁轨两侧，如波浪般连绵起伏。我们经过了一条又一条隧道，以免坡度过于陡峭。轨道两旁是紫色和黄色的花朵。我们显然已经离开了荒芜不毛之地。

圣地亚哥拥有古代建筑的荣耀，整个城市被评为联合国世界遗产城市。著名的圣地亚哥帕拉多酒店（Parador de Santiago de Compostela）或许是全欧洲最有趣的旅馆；它是在原来的天主教双君酒店（Hostal de Los Reyes Católicos）的基础上修旧如旧改建而成的，过去是朝圣者的休憩之处。圣地亚哥的大教堂是巴洛克风格，外表阴沉，内部却有中世纪天主教堂的美丽柱廊。圣地亚哥和整个西班牙一样，到处都是观光客。我上一次来到这里时，到处都是神父，如今却不然。西班牙教会在现在的中左翼政党执政下小心地保持着低调。

几天后，我们和一些西班牙朋友开车去加利西亚的旧都贝坦索斯（Betanzos），并参观了那里的几座古老的罗马式教堂。其中一座由一位年近 80 的老先生弗朗西斯科神父管理，因为乡下的葡萄酒不够好，他用自己的圣餐酒招待我们。他有四五个聪明的年轻助手。在内战期间，工人来烧了他的教堂，而他曾经站在教堂前恳求他们。工人们和他很熟，先向他道歉，但还是继续放火，因为他们说，他们是奉命行事。幸好神父在教堂烧毁之前先灭了火。没有人对他有什么不满，附近的人都认识他并爱戴他。但在西班牙其他地区未必会像这样。

弗朗西斯科神父是旧政权的古老象征，而他手下年轻的神父则代表受过教育的、宽容的、可爱的新人类。他们的生活毫无疑问是完全的奉献，是对人类以及上帝的奉献，而不是抽象的理想。同样明显的是，他们过着贫困的生活。由这些纯朴的人的性格，可以看出这个国家的高尚。只要西班牙人民齐心协力，就有如此巨大的潜力。

西班牙的个人主义依旧是无政府和无组织。这个种族没有凝聚力，除非是为了“反对某人或某事”。如果西班牙人能像他们反对某事一样努力工作，他们的国家就会成为西欧甚至全世界最有活力、最进步的国家之一。加尼韦特在多年前曾写道：

> 在中世纪，我们的各个地区都想要自己的国王，并不是为了方便治理，而是为了破坏王权；各城市都想要市政特权，使他们摆脱早已大不如前的国王的权威；而各个社会阶层也都想要各种特别法、豁免权和特权。那时我们的国家距离实现法律理想只有几步之遥：所有的西班牙人都应该在口袋里放一份法律文件，干脆利落地写明：这名西班牙人已经得到授权，可以为所欲为。[3]

我在龙达的一间旅馆遇到一名恼怒的英国人，他用另一种方式说出了同样的话：“在这个国家，每一个幸福的乞丐表现得都好像国王一样！”西班牙历史学家拉斐尔·阿尔塔米拉曾严厉批评他同胞的这种破坏性的个人主义。他说：“我们国家不团结，是出于两个原因：第一，每一个西班牙政府的第一要务，就是推翻前任所支持的每一件事；第二，西班牙的政党从来都不能为了国家的福祉而抛开信仰上的分歧进行合作。”[4] 这一切的结果就是这个国家产生出政治无能的政府和无组织的民族，尽管它在艺术创造力上表现惊人。

西班牙的幽默值得大书特书。它有一种怪诞尖刻的特质，在美国或英国人听来并不觉得好笑。西班牙经常有关于死亡的笑话，甚至在常吃的食物中，也会有像“圣人的骨头”（huesos de santo）这样奇怪的名字，这指的是一种甜食。当今西班牙最受欢迎的饮品叫桑格里厄汽酒（sangría），意思是放血，看上去和它的名字很相像，是一种红色的餐酒，混合了一点柠檬汁、冰块，也许还有一些其他的成分。每个在典型的西班牙小餐馆用餐的人，都会点桑格里厄汽酒佐食。

西班牙人有一点一直让我觉得很有趣，但我很确定他们自己并不觉得。那就是他们在和你激烈地谈论一个话题时的行为方式。一旦讨论变得热烈，你的西班牙朋友就会用连珠炮似的语言来“攻击”你，或者一跃而起靠近你，直到让你觉得他随时会扑上来。如果你们两人都站着，这尤其令人不安。西班牙人不可能和你真正展开谈话，除非他的脸就在你的脸旁边或前面，几乎贴在你的鼻子上。要是你曾经注意过两个西班牙人并肩走在街上聊天，当话题变得让双方都感兴趣时，他们几乎会无一例外地突然止步，然后转过身面对面，站在那里挥舞双手、大声叫喊，连一条街之外都能听得见。在这个话题谈完之后，他们会平静下来继续散步。这种散步是西班牙生活的主要消遣。除非是午睡时间，否则西班牙的街道和广场上都挤满了人，而且到处都是观光客。安达卢西亚人吵闹而快活，生活在北方的人则比较内敛。甚至不同地区的人连声音的音色也会有所不同，语调也是如此。

从圣地亚哥美丽旅馆的露台上，我看到一群要去大教堂的学生正沿着西班牙广场散步，巴洛克风格的大教堂外观是这种风格在西班牙最令人印象深刻的典范。6名加利西亚妇女正沿着街道前行，她们头上顶着沉重的东西。虽然她们从不用双手触碰这些重物，但直立和优雅的步态能使她们保持稳定平衡。这显示出她们行走的姿态如王后般优雅。这些人打扮得很干净，但他们的衣着，尤其是鞋子，却很破旧。橄榄油和大蒜烹煮的气味，山间弥漫的雾气，辛辣的烟熏味，来自大教堂淡淡的馨香，古老腐烂木材的气味——所有这些气味混合在一起，形成加利西亚的独特香气。我们几乎可以想象得出海洋的气味与其他咸味混合在一起，渗透到该省的大部分地区。建筑物屋顶上的瓦片因年代久远和烟熏而呈灰色。瓦片上、屋顶上、墙壁上、阳台上的角落和裂缝里，到处都长着紫色的小花，那是状如波浪花边的纤弱花朵——加利西亚石楠。

有一晚在旅馆的小教堂里，我们欣赏了由110位埃尔费罗尔工人组成的合唱团的精彩演出。按西班牙习俗，音乐会直到晚上11点才开始。他们动听地演唱了亨德尔、马斯卡尼的歌曲及北美灵歌。我从未听过更好的合唱团。第二天晚上我们听了来自蓬特韦德拉（Pontevedra）的另一个合唱团的演出；这一场男团员都穿着晚礼服，女团员则穿着白缎，他们也唱得很美。凭借其古老的宗教音乐传统，西班牙的合唱无疑是欧洲最好的。

我们沿路一直走到圣地亚哥的大教堂。教堂外部的石头因为奇怪的问题而破碎剥落，有些地方喷上厚厚的石蜡涂层，以让水滑落。大教堂内有着宏伟的荣耀之门，这是欧洲罗马式艺术的典范之一，它是古老大教堂的一部分，可以追溯到12世纪。大教堂内部昏暗、湿冷、华美、灰白，充满焚香的气味和如小号声般的风琴声；这在我听来相当吓人，并不美好。在教堂内部有一处内墙是沉重的钢门，门后是大教堂的宝藏。每隔 6 年，这些门会打开一次，展示巨大的财富。

大教堂的另一处是“摩尔人杀手”圣雅各的画像，画中一名不幸穆斯林的头颅滚落在地，满是血腥。约旦国王参观这座大教堂时，画作的这一部分被小心翼翼地遮盖起来，以免冒犯。在其中一个较小的礼拜堂里有圣母和圣婴耶稣的雕像，以及东方三博士中的梅尔基奥尔（Melchior）和加斯帕（Gaspar）的雕像，但却找不到另一位博士巴撒泽（Balthasar，传说是阿拉伯国王），这表明了对摩尔人的仇恨。在教堂另一处，巴撒泽被以衣衫褴褛、双脚赤裸的模样呈现出来。

当然，大教堂里最著名的是一个小银棺，里面应该是圣雅各和与他埋在一起的两位朋友的遗骨，因为无法确定哪些骨头是圣人的，所以把所有的遗骨全都放在棺材里。但其实这些骨头很可能是早期西哥特时代的异教徒的。关于天空中星星的异象，以及说这里是圣雅各埋葬之处的故事，源自西班牙早期的宗教信仰，圣雅各崇拜受到法国克吕尼修道院修士的推波助澜；他们在西班牙对抗摩尔人的运动中相当活跃。圣雅各崇拜是对早期基督教异端和将战争与宗教结合的狂热穆斯林的合理反应。

在圣地亚哥狭窄的街道上，我们再次听到熟悉的声音。有宛若铁匠铺的叮当响声，里面的男子正在敲打象征圣雅各的银色小贝壳，来到圣地亚哥的人都会抢购。我们听到断断续续、尖锐的说话声；有些只听得到元音，悦耳的西班牙语里清晰完美的元音。一个母亲对着正在街上骑三轮车的幼儿大喊：“不要在街上骑，不然鬼会把你抓走！”小贩沿街叫卖商品。正在一间房里擦地的女仆突然唱起一首歌。另一间敞开的大门传来风笛清脆甜美的声音，还有人正用铃鼓打着节奏。

还有一天，我们驾车沿着风景如画的巴哈斯海岸（Rías Bajas）驶往维哥（Vigo），这些道路几乎已荒废了。路上我们经过一个叫作塞苏尔（Cesures）的小村庄，让我想起了一首古老的西班牙民谣，是我先前在这个地区听过的《塞苏尔之花万岁》（*Viva la flor de Cesures*）……西班牙民歌是世上最美丽的民歌之一。只有俄罗斯民歌在多样性和美感上可以与之一较高下。通常西班牙民歌的歌词也特别诗意可爱：

De rosas y claveles
  y de alelíes,
se te llena la boca
  cuando te ríes.

La iglesia se ilumina
  cuando tú entras,
y se llena de flores
  donde te sientas.

这些诗句很难恰当翻译，因此只能把原文收录在这里。在美术上，西班牙也百花齐放，毕加索、达利、米罗、格里斯（Juan Gris）及其他许多20世纪重要艺术家的作品，都以其独特性在现代绘画史上占有一席之地。

我们和加利西亚的一些朋友驾车，由拉科鲁尼亚（La Coruña）来到埃尔费罗尔附近的一个古老村庄参加节庆活动。这些人对待朋友的热忱和慷慨大方令人感动。埃尔费罗尔的人对驻扎在那里的美国海军越来越不耐烦，这些年轻人远离家乡，对西班牙人的生活方式一无所知，犯了许多粗鲁的错误。其中最难以忍受的是，他们把脚伸到其他桌椅的横木上。在西班牙的家庭中是不能摆出这种懒洋洋的姿势的。不过有位美国人已尽力挽回了他国家的荣誉。有一天，这个城市举行庆祝活动，演讲人准备上场时，这名美国人问他是否可以说几句话。他站起身来，非常戏剧化地宣布他爱西班牙，如果有需要，他愿意在这广场上为西班牙民众献出生命。观众们热烈鼓掌。这件事之后，这位美国人在埃尔费罗尔成了大英雄。许多个月之后，有人满心钦佩地把这个故事说给我们听。这显示出这种行为在西班牙人心里留下了什么样的印象。但我相信，这样的人在美国一定会被视为炫耀，或者被当成傻瓜。

加利西亚、阿斯图里亚斯、巴斯克等地区都是多雾的山地。有人告诉我们，在那些地方，夏天并非从早到晚都有阳光，不过通常一天内总会有一个时段能看到阳光。这里太多雨、太多阴天，这解释了乡间四处都是深沉的绿色的原因。加利西亚人用这句话描述他们的 4 个主要城市：拉科鲁尼亚开心、蓬特韦德拉打瞌睡、维哥工作、圣地亚哥祈祷（Coruña se diverte, Pontevedra duerme, Vigo trabaja, Santiago reza）。加利西亚人只要离开家乡，总会思念故土，这种情感称为 morriña，思乡之情。世界上很少有地方能像加利西亚这般绿意葱茏，群山环绕，古色古香，充满传奇色彩的凯尔特风情。

我们由拉科鲁尼亚出发，经过里瓦德奥（Ribadeo）前往奥维多，然后从卡斯特罗波尔（Castropol）越过迷人的海湾。内战在奥维多留下了明显的印记，也许比西班牙任何其他大城市都要明显，甚至连大教堂都遭到猛烈的轰炸。在奥维多，西班牙的种种反常现象也给了我们迎头一击，即那些由西班牙风俗演变而来的奇怪矛盾。譬如，旅馆的服务员穿着晚礼服，用夹子夹面包卷，从不用手触碰它们。但我们在面包店的橱窗上看到同样的面包卷毫无包装地敞开陈列，上面都是苍蝇。西班牙的餐桌礼仪也很奇怪；他们会小心翼翼地把水果切开，一块块地吃，认为直接拿水果吃的美国人非常粗鲁；可是他会将满嘴塞满面包，几乎无法咀嚼，同时又一直高谈阔论。服务员虽然衣着讲究，手指甲却很肮脏，但桌子上的玻璃杯都像钻石一样闪闪发亮。劳力浪费的情况很吓人。有天早上，我在饭店看到 5 个女服务生跪在地上用拖把擦洗大理石地板，有时一天要擦两次。

西班牙人的哲学是享受当下，不管明天。他们说，“趁早采下玫瑰花蕾”（Cojamos la florde instante）。然而，西班牙历史的不确定结构加剧了内战留下的不安全感和恐惧。就像在苏联一样，内战之后是一段时期的镇压，但与苏联不同的是，紧随西班牙内战之后的是另一个迈向自由的机会。如今很少人提到那场战争，部分是因为西班牙人典型的想法：只要不提它，它就不存在。有趣的是，西班牙和苏联确实有几个共同的基本特征。两者都是欧洲边缘的大陆国家。地理位置纵然相似，但更重要的是，它们的社会，几个世纪以来，都是由大批未受教育的落后农民和大地主所构成的小贵族圈子组成的。近年来，数以百万计的农民成了贫困的城市工人。这样的社会缺乏凝聚力、没有耐心，又未准备好应付自我管理的需求。

怀着开放的心态的外国人来到西班牙，立刻就会开始享受西班牙的阳光和生活乐趣，这种乐趣凌驾于经济不安之上。外国人可以自在地接受这些乐趣，因为他无须负责。这种感觉可能持续数月，但最后他逐渐能感受到西班牙人为了这样的无政府状态付出的巨大的代价，进而感到难过。他感受到挫折的啮咬，绝望的威胁，然后他开始明白，西班牙的快乐总是充满了深深的悲伤，是生命挣扎的自然结果。游客可能会反复告诉自己，这不是他的责任，这里不是他的国家，这些人不是他的人民，而且他与西班牙的烦躁不安之谜无关。然而他内心却会一直感到悲伤，并且终于明白西班牙的歌舞都是悲伤的歌舞。如果注视西班牙的时间足够长，长到足以看透它的面具时，就会发现这里并没有真正的欢乐或如画的美景。根本没有“浪漫的”西班牙这种东西，“浪漫”其实是那些既不了解这片土地，也不认识这些人民的游客的肤浅评价。

最优秀的西班牙舞者并非暴露性感身躯的年轻女孩，而是胸怀深刻悲伤的成熟妇女；她们谨慎地遮蔽身体，光是表现情感就已足够。西班牙是一片悲壮的土地，它的歌曲是悲伤的歌曲，它的舞蹈是忧伤的舞蹈，弥漫着失落感、分离感、悲剧感以及即将到来的厄运。上一刻人还活着，下一刻他就成了宇宙里散落的碎片。他的存在只是这些碎片的暂时结合，就像一只鸟飞过一个房间。

旅人说，让西班牙人自己去管理他们的国家吧，但必须承认的是，旅人的内心确实发生了变化。他感觉到了加利西亚那个古怪美国人所描述的感受，即愿意在公共广场为西班牙人民献出自己的生命。也许在现实中他不会这么做，但光是在某个时刻他产生了这种牺牲的想法，就已足够。

西班牙人是真正的存在主义者。生命始于存在，人要对其行为负责。他通过这些行动塑造他的人生和命运，就像建筑师建造一座大楼一样，一点一滴地打造出自己的宇宙。它有自己的法则、自己的美的体系、自己的理想。世上没有其他人的私密宇宙与他的相同。个人价值是唯一的价值。人是终极的、绝对的、无懈可击的，只有死亡能战胜他。在托莱多大教堂的地板上，一位古代大主教的墓石上雕刻着这段发人深省的话："躺在这里的只有尘土灰烬，其他什么也没有"（Aquí yace polvo, ceniza, nada.）。但在死亡来临之前，我们难道不能细细欣赏那只展翅飞翔的鸟儿吗？

西班牙人渴望在不朽的艺术中创造和捕捉自己的不朽。伊塔大司铎把自己刻画在他著名的《真爱之书》中，这样他就永远不会完全死去。出于同样的原因，雕塑家马特奥大师制作了自己的雕像，并把它放在圣地亚哥老教堂美丽的荣耀之门背后。格列柯和委拉斯开兹在画中放上了自己的脸和身躯，以便在艺术品中永垂不朽。乌纳穆诺和阿索林，还有其他许多当代作家都在自己的文学作品中追求同样的永生。西班牙从未放弃对肉身复活的信念。

西班牙诗人塞拉亚（Gabriel Celaya）提到佛朗哥生前最后几年时写道："西班牙已没有多少欢乐，但正如你所看到的，我们抱着希望。"西班牙人总是能从他缺乏的事物中创造出一种哲学。黄金时代哲学家葛拉西安的观点和塞拉亚相呼应："从经验中学到的第一个教训是抱持着生的希望，但永远不要满足。在一切事物中找寻安慰。因为即使是无用之物，也会永恒存在……保持渴求。欲望才是衡量价值的标准。”每一个人身上都承载着整个人类处境的宇宙。他是宇宙真正的孩子，就像树木和星星一样。

不久以前，我和一群托莱多人一起走在那里最狭窄贫穷的街道上，一个和我们同行的聪明年轻人因为无聊单调的环境而感到不安，他大声说道："我们的祖先并没有给我们留下太多财富或好的政府，但他们留下了许多谚语！"接着他引用了非常适合眼前情况的谚语："耐心点，洗牌吧！"（Paciencia y barajar）在这场不可预知的比赛结束前，可怜的西班牙不得不多次"重新洗牌"。

第十六章

佛朗哥的政绩：秩序与进步

让打铁声响起，让钟声保持沉默。

——安东尼奥·马查多

自1960年以来，西班牙快速融入20世纪。西班牙人下了驴背，坐进车子。汹涌的建设热潮让国家焕然一新，工商业迅速发展，新的高速公路网连接了各大城市，让许多偏僻的小地方也进入了国家生活的轨道，民众的医疗水平向前跃进，人民收入也上升到这个国家有史以来的最高点。这些物质上的进步是佛朗哥的重大成就。

在那之前不久，数百个西班牙村庄还与世隔绝，没有路，没有电，没有水。大规模的工业并不存在。劳工大都不熟练，每工时的生产率低得可怜。雇主的剥削、微薄的工资、缺少事故防护、虐待童工以及学徒制是当时的规则。庞大的农村阶级依赖农业为生，在失业、疾病、老年等方面几乎没有任何福利或保障。南部的女仆每天工作12至14个小时，只能换取少量食物和旧衣服，而且没有工资。她们的丈夫和孩子每年有三个月外出打工，每天的工资仅二三十比塞塔，按当时的汇率计算，还不到半美元。

教会一度完全垄断了教育；全国只有不到2%的人上过大学，而且大学的课程陈旧过时，有阶级歧视，并且针对的是传统职业。沉重的间接税制，就像这个国家其他的一切，对上层阶级有利。在政治上，在内战中属于战败方的人们就像不存在一样，找不到工作，死者的遗孀没有法律地位。求职者必须出示受洗证明，而民事结婚证必须附有教会的婚姻证明。人们自豪地穿着蓝色的长枪党衬衫，戴着右翼翻领别针。这些严苛的条件迫使成千上万的西班牙年轻劳力离开农村进入城市，并且最终离开西班牙，远赴劳动力短缺的更繁荣的北欧国家。

上述情况与佛朗哥统治末期相去甚远。1960年，西班牙国民人均收入仅317美元，到1975年则超过1 500美元。由于佛朗哥治理时的进步，今天的西班牙人民享受到这个国家有史以来最大的物质繁荣；从前一般家庭罕见的电视机和家用电器，如电冰箱、洗衣机等等，现在已经司空见惯。几乎所有的中产阶级和许多工人阶级家庭都拥有汽车、电话，大部分人都可享受社会保障福利。西班牙人称这种令人印象深刻的经济转变为“奇迹”，实则不然。虽然政府为这些发展做了很多准备，但人民的辛勤工作及牺牲才是主因。然而，光凭这些并不足以扭转局面。要是没有旅游业（西班牙的头号产业），没有西班牙人在其他欧洲国家工作汇回的大笔资金及数十亿元的外援，所谓的奇迹就永远不可能发生。

将一个经济和政治状况几乎还停留在中世纪的社会转变为20世纪的消费社会的代价，仍然是通过晚上兼职、在工厂长时间加班，以及西班牙劳工在北欧国家获得的羞辱性的待遇来持续支付的。然而与1960年相比，今天西班牙人的衣、食、住都比以往任何时候更好；他们得到了良好的医疗保健，也可以在人满为患的海滨度假胜地享受一个月的带薪假期。

在佛朗哥统治期间，政府和企业合作提高了生产力。外国专家受邀与西班牙人在工商业和教育领域合作；数千名聪颖的西班牙青年出国深造，在经济、社会、科学和教育方面进行深入研究。这样的结果是促使西班牙产生出了前所未有的团队合作态度和精神。

由于起步较晚，西班牙工业借鉴了其他国家的经验，并引进了最新的生产技术和现代化机器。另外也开设了市场营销、广告宣传和公共关系等课程，以加速销售，而随着贸易的扩展和与共同市场国家达成的优惠协议，美元储备也开始累积。政府引导外国公司投资关键领域和行业，并以低税率和廉价劳力吸引他们。这些公司还引进了管理和主管培训项目，从而大大提高了企业高层的效率。

政府在数十个重点地区建筑水坝，水力发电和灌溉都因此有了大幅改善。政府也展开热核项目。王储和公共工程大臣总是在为新的水坝或水库揭幕。政府采取的保护和重新造林的措施让被放牧和内战破坏的土地得以休养生息，农村的绿化显而易见。佛朗哥将军着力于让贫瘠干旱的土地有水可用，因此许多西班牙人开玩笑地称他为“青蛙佛朗哥”。

航空运输的规模不断扩大并实现了现代化，客运和火车的舒适度也有所改善。数百英里的轨道都电气化了。那些慢吞吞的、木制座椅的三等火车车厢，曾经是农民们与你亲切交谈、分享玉米饼的地方，现在已经被称为 Tafs 和 Talgo 的流线型特快列车所取代。无可否认，佛朗哥政府为工人谋了很多福利，尤其是在社会立法和提高工资方面。社会保障涵盖了大部分的劳动领域，此外还有老年、意外和健康保险、退休、生育和家庭福利，以及免费医疗和药品折扣，这一切都让西班牙更接近社会主义国家，尽管政府中的任何人（与许多保守的西班牙公民）都不愿承认。国家还补贴低价住房，成立技术学校，组织合作社，鼓励手工艺，在山区和海滨建立度假中心，举办体育、娱乐和文化项目。政府工会负责管理大部分这种教育和文化活动。

人们由农村涌入工资较高的城市。马德里的人口增长至 300 多万，而巴塞罗那、巴伦西亚、毕尔巴鄂及塞维利亚也迅速扩张。许多高雅的郊区都建起了现代风格的豪华小木屋，地中海沿岸也建造了最豪华的运动场和游艇码头。西班牙工业在欧盟市场上变得更有竞争力，数以百万的观光客前来游览。西班牙如画的风景、弗拉门科舞、斗牛及聚谈会这些异国风情的组合，和以葡萄酒、橄榄、柑橘、廉价劳务出口为基础的经济，这些过去的印象已开始消失，尽管许多游客依旧为了这些元素和西班牙的艳阳及低廉物价而来，但如今消费已不再那么便宜。

马德里这个新的经济大轮的轮轴，由传统的官僚首都变为工业化的首都。这也造成了城市规划和建设的几个转变。“建设热潮”与商业和旅游业齐头并进。西班牙各地的面貌都因这些新建建筑而改变，从阿利坎特海岸和巴伦西亚（能负担得起的马德里人都在那里买了公寓，每年只住 1 个月），到通往马德里机场路上放着几盆天竺葵的单调高楼，到普拉森西亚（Plasencia）、卡塞雷斯和奥伦塞（Orense）等首府不断变化的天际线。

内战结束后，马德里有足够的空间扩张和规划一个欧洲最现代化的城市，但西班牙人却没有这么做。当今的马德里由于城市规划的严重错误，公然滥用分区法规，房地产投机猖獗，绿化带付之阙如，加上各种污染，城市已接近饱和。其中很重要的问题在于缺乏建筑规范，过去几年兴建了无数丑陋公寓。在今天的马德里，找公寓住处可能是仅次于填写足球彩票的最受欢迎的运动。此外，虽然马德里市区的人口增长了 2 倍，但面积并没有增加。马德里人只是简单地改变了他们的居住区域或搬到更新的公寓。

因工业而从农村前来的大量移民被大都市周围的郊外住宅区和所谓的卫星城市工业园区所吸纳。其中一些城镇被纳入马德里市区，但一些统计数据可显示这些大都市边缘城镇的人口增长情况：阿尔科孔（Alcorcón）增长了 4 倍、阿尔科文达斯（Alcobendas）和赫塔费（Getafe）增长了 5 倍，莱加纳斯（Leganés）则增长了 7 倍。政府重新安置工业的计划使得其他许多“空城”人口激增，比如沉睡的大学城埃纳雷斯堡（Alcalá de Henares），人口增加了 2 倍。在同一地区，特雷洪（Torrejón）和瓜达拉哈拉（Guadalajara）兴建了装配厂和化工厂。许多新公寓拔地而起，埃纳雷斯堡则建立了高效的火车服务。

在马德里的另一边，通往托莱多的路上，莫斯托莱斯（Mostoles）和阿尔科孔也因政府要把欣欣向荣的家具业迁来此地而有类似的成长。富裕的中上层家庭则为马德里北部的发展做出了贡献；他们在此兴建了美式郊区，包括私人住宅、游泳池和网球场。马德里大学也因此在这些地区增设了 3 个新校区。

交通堵塞当然成为常态，但并不比其他欧洲城市更糟。可供儿童玩耍的公园不足。污染对普拉多博物馆的许多珍贵画作造成破坏，包括委拉斯开兹的名作《宫女》，因为博物馆就位于市中心烟尘浓度最高的地区之一；政府已兴建了过滤和净化空气的工厂，试图防止画作遭侵蚀或发霉。少数几个亮点之一是马德里（跟随巴黎和伦敦的脚步）清洗了市容。重要的公共建筑和广场的外墙，如市中心的太阳门（Puerta de Sol）和阿尔卡拉门（Puerta de Alcalá）都被清洁和修复了。

重要的社会变革随着工业革命而来，其中有些改变打破了严格的阶级藩篱。由于人口由农村流向城市，无产阶级开始意识到自己的潜力，政府为了避免政治对抗而努力安抚工人。许多原先的无产阶级也加入快速增长的中产阶级。

阶级差别无法承受这些快速的变化。成功的关键因素是教育和财富，而不再是血统、职业或世袭因素。人们无论出身多么卑微，都可以通过军队、教会、主业会、政党、推荐、政府委员会考试，甚至仅仅凭自己的意志和才干，在政治、教育或工业领域出人头地。

就像无产阶级一样，中产阶级也在经济阶梯上向上攀登。随着拥有更多资金和投资，它的流动性更高。佛朗哥时代自由主义的专业人员、知识分子和艺术家往往来自这个阶层，但与北方的欧洲国家相比，他们仍然是少数。西班牙社会依然属传统社会模式，尽管年轻人在对待女性、婚姻、自我、家族权威及约会等方面的态度已开始转变。虽然时间上有些延迟，但西班牙人急切地接受了进步和讲究的外在表现，如服装、音乐和发型等时尚，但无论他们属于哪个阶级，他们在家庭关系和宗教方面依旧保守，一直到佛朗哥在1975年去世后才有所改变。

一个非常强大的中上阶层开始出现，包括了高管、经理和技术官僚。新技术官僚的寡头集团大多与旧贵族合并，或取代了旧贵族。这些技术官僚与工业家和银行高层一起形成了以保守主义意识形态和新自由经济政策为特色的新寡头政治。他们喜欢投资房地产和艺术品投机等“实体”买卖，并在这些领域引发比例不一的经济反应。然后，他们就像其他西班牙人买足球彩票一样玩股票。

中产阶级崛起的另一奇怪特点是养狗的热潮。在这个并非以人道对待动物出名的国家，达尔马提亚犬和德国牧羊犬的数量和财富增加成正比，取代了肮脏的灵缇犬和地位低下的长尾鹦鹉。今天的西班牙迫切需要一场运动，名字就叫“管好你的爱犬”。

美国游客常说，佛朗哥当政之时，西班牙的城市比美国的城市更安全。不管白天黑夜，在任何时刻走在西班牙的街上，都不必担心遭到抢劫、强暴、威胁或袭击。在西班牙，夜晚最大的麻烦是找不到当地的 sereno 让你进入你的公寓。sereno 是附近街坊的守夜人，左邻右舍沉重的大门钥匙都在他身上。他属于迄今依旧盛行的古老西班牙习俗，尽管早已没有这样的必要。

西班牙人在更深层的心理层面上也发生了更微妙的变化。由于教育、出国旅行、出国务工、旅游业的发展、广播、电视之故，西班牙人缓慢但确实地改变了他们看待自己与外界关系的方式。他们对西班牙传统机构的观点也发生了变化。阶级的流动、移民至都市，以及更多的教育，都慢慢影响西班牙的道德标准以及其整体的价值体系。

西班牙在 20 世纪 80 年代仍然是落后国家，但西班牙人喜欢将自己视为处在“迅速发展的过程”的状态。他们因国家“向外开放”，接受外来的影响，以及加入欧洲其他国家而自豪。旧的仇外心理已自然死亡。西班牙的许多问题，譬如通货膨胀、工业、劳动力和农业的困境等问题，也是“发达国家”常见的问题。但在佛朗哥统治下，西班牙独特的政治结构不允许采用发达国家通常的机制和解决困难的办法。

在每一个大的方面——政治、教会、军事、教育、劳工、社会，都有流动、变化和意见分歧的迹象。上述这些领域中，60岁以上并曾参加过内战的保守阶层，和如今掌控国家的更年轻自由的战后派系之间，存在着代沟。未来最重要的任务之一，就是由一个世代到另一个世代，以和平的方式完成过渡。

观光业

虽然观光业包含数个领域，但我们可以将其视为西班牙的主要产业，因为它早已占到全国收入的10%以上，对国家经济政策来说，恐怕是最重要的单一影响因素。佛朗哥明白观光业对西班牙的重要，并尽力鼓吹观光。第二个发展计划始于1968年（由于美元在1967年贬值，因此比预期稍晚），集中在吸引和迎合游客上。第三个发展计划则强调观光业的“重质不重量”，并试图弥补因大量游客涌入而带来的问题。

这个产业在西班牙的国际收支平衡上至关重要。观光业对全国收入的地理分布也有影响。传统移民的地区，如地中海南部和巴利阿里群岛（Balearic Islands），在1960年至1975年间吸收了约40万名农民从事观光业工作，而加那利群岛也因观光业而被“重新发现”。

从1960年到1975年佛朗哥政权结束期间，来西班牙观光的外国游客人数由每年的400万增长到3 200万，为西班牙经济贡献了数十亿美元。除了外国游客之外，另一个正面的因素是享有更长的带薪假期的西班牙人，他们开始探索自己的国家。空中交通的增加催生了更多位置较好的机场的兴建需求。沿着地中海、巴斯克海岸，由伊伦（Irún）经马德里到马拉加的宽阔的新高速公路，也帮助疏解了从欧洲其他地区涌来的游客。国营旅馆和供朝圣者住的庇护所的数量在几年内增为3倍。马德里新开设了数家中等和一流旅馆，而伴随着［在马德里、托雷莫利诺斯（Torremolinos）、巴塞罗那举办的］研讨会形式的淡季旅游的开展，西班牙成了欧洲最受欢迎的会议中心。

但是这个魅力十足的上层结构却有几个漏洞。增加为3 200万的观光客人数远超出过去的估计。酒店服务质量明显下降，但因旅客大量涌入，质量确实难以控制。根据信息和观光部长的说法，这将是下一阶段的工作。原本该部还可以彻底检查管控旅馆，但是很快就因旅馆数量增加（可能还有贿赂）而变得窒碍难行了。

一般游客在西班牙的实际花费很少，每人大约200美元。大多数游客都是西班牙人所谓的“面包和葡萄游客”，意思是游客只花最少的钱买最基本的必需品，来换取能享受阳光的场所。法国观光客和大部分学生就属于这种类型；他们是花费最少的消费者，却是最大的“入侵者”。此外，西班牙人也纷纷涌向海滩，有些海滩挤得就像纽约的科尼岛（Coney Island）一样。在夏天，马德里有一半的人都会去观光胜地贝尼多姆（Benidorm），以受虐的心态感受密集恐惧。

在西班牙北部和加利西亚沿岸的旅游业以西班牙人为主，因天气不稳定之故，游客只去巴斯克海岸部分地区和桑坦德。不过加那利群岛的观光业则一年到头都很兴旺，其最大岛屿马略卡（Mallorca）在某种程度而言确实如此。去过这两个地方的美国游客说，他们根本没有听到西班牙语。在地中海沿岸有些好脾气的小餐馆老板会标示“此处说西班牙语”，但在特内里费岛（Tenerife，加那利群岛之一），旅馆老板、职员和服务员大多是外国人，尤其是德国人，只有女仆是西班牙人。在一个失业率很高的地区，这实在是一种讽刺。

西班牙工人阶级到底能从观光业的繁荣中受益多少，值得打个问号。就连著名的国营旅馆和朝圣者的庇护所都是通过私营企业由食物到家具的优惠来筹措资金的。大约 98% 的观光业是来自私人投资。在这方面，真正获利的是实力强大的建筑和房地产集团。

在观光业中最令人不满的是旅游业者，西班牙人和外国人都一样，他们推出的是蜻蜓点水式的旅游。旅行团、包机——尤其是针对美国游客的，这往往让旅游业者和旅馆老板有利可图。有些马德里的旅馆把所有的房间都留给这样的旅行团。如果你自己去订不包饮食的单人房，即便旅馆的一半都是空的，他们也会让你吃闭门羹。通常从美国订房比从马德里订更容易。此外，旅行团的团客总以为连小费在内的一切费用都已包括在行程收费之内，所以往往很少给旅馆员工留下小费。

旅游业者常常偷工减料。譬如，有的托莱多之旅总时长只有两小时。有的业者推出的“马德里半日游”，甚至都不包括普拉多博物馆和王宫。他们承诺让游客住进“豪华酒店”，却没有说明豪华酒店有几个等级，酒店质量差异极大。西班牙的一流旅馆获准涨价，以提高服务质量，但真实情况是，价格涨上去了，服务却仍然很普通。

匈牙利、罗马尼亚和波兰的航空公司在马德里设了办事处，每周都有航班往返这些国家，西班牙旅客可以去往这些国家，几乎没有限制。我在安达卢西亚和托莱多看到过许多苏联、匈牙利和南斯拉夫的旅行团。除此以外，还有一个非常富有的小群体，也被吸引到西班牙，却没有让普通西班牙人受益。这些人经常出现在南部海岸高级度假胜地马尔韦利亚（Marbella）附近的索托格兰德（Sotogrande）房地产开发区；这里有全欧洲最豪华的住宅建筑区和最好的高尔夫球场，业主则是美国人。美国前副总统阿格纽（Spiro Agnew），他在三天的西班牙之行中，就有两天待在这里；另一天则是参加在拉格兰哈举行的一年一度的7月18日庆功宴。

西班牙可提供的不只是海滩和阳光而已，其他方面之所以还未开发，是因为大多数外国人或西班牙人还没有开始进行“文化旅游”。他们没有探索西班牙风景或建筑的多样性和美丽。民间传说和传统节日因国际观光节（fiestas de interés turístico）宣传活动而走样，原本朴拙真实的庆祝活动，变成塞西尔·德米尔（Cecil B. de Mille）电影中的壮观群众场面。人们不禁要问，除了圣周（Semana Santa）、四月春会（Feria）和潘普洛纳奔牛节之外，观光客几天的来访是否值得当地人民付出那样的努力。

在佛朗哥治理末期，另一种开发形式发展迅猛，那就是房地产投机买卖和不负责任、缺乏美感的规划。由于没有建筑法规，丑陋的混凝土建筑开始占据海岸线；也有人为了建造20层楼高的公寓大楼，而贿赂当地市长。最近在美丽的佩尼斯科拉海滩（Peñiscola）出现的大型建筑物就是一例。这里的建筑师在海滩上设计并建造了一栋摩天公寓，让人想到阿维拉的中世纪城墙。他完全忽略了这座高楼后面的双层公寓和小农庄。另一家实力强大的建筑公司则在托雷莫利诺斯兴建了大量公寓出售，违反了禁止在当地兴建公寓的建筑法规；但那里并没有禁止兴建旅馆的法律，所以该公司干脆把这些难看的建筑当作旅馆，出租给外国旅客，以规避法律。

在佛朗哥去世之前，劳工问题成为重要的议题。许多电工、水管工和熟练工人迁移到沿海地区和岛屿上工作，导致西班牙其他地区的相关人才严重缺乏。然而，建筑热的逐渐降温直接导致许多人失业。有些人为了逃避剥削和低工资，从农村来到沿海地区，但他们的处境并没有因此而改善多少。对他们来说，观光业也是季节性的，因此也是一种临时性的工作。他们长时间工作，必须签署"空白合同"，从旅行团那得到的小费也很少。旅馆工会与旅馆老板同一鼻孔出气，很少帮助他们。

最后，西班牙近一半的海滩都受到污染，多尼亚纳国家公园（Parque Nacional de Doñna）的生态系统惨遭破坏。美国石油公司在塔拉戈纳海岸附近的海域探勘，染黑了附近的海滩，而位于罗塔（Rota）的潜艇基地也因漏油而毁了当地的海滩，导致豪华旅馆被废弃。

如今西班牙的观光业可能已接近其最高产能，但如果西班牙想要继续从这一收入来源中获得可观的利益，上述的情况就不能再持续下去。

经济

（一般）产业。佛朗哥政府将投资和外资引入几个关键领域，如汽车装配、电子、石化、钢铁、公用事业、冶金、建筑、航空运输及观光业。西班牙在造船业的表现很快就跃居世界第四，钢铁生产排名第十六，渔业排名第十，观光业则毫无疑问的排名第一。在农业方面，西班牙在葡萄酒、柑橘、橄榄油和软木业排名前四。西班牙在汽车出口方面也位居世界前十，在制鞋、纺织和家具等轻工业上亦居领先地位。

外汇储备。观光业、移民汇款和外国投资使西班牙的美元储备增加，有助于国际收支平衡。这三项外汇收入来源使西班牙 4 亿美元的贸易逆差转为近 10 亿美元的盈余。经济学家建议将这些存底用于创造新的就业机会、建立新兴产业以及消除失业，但并没有做到。

自由化。为配合西班牙的世界政策，政府也放松了对进口的保护政策和限制。政府降低了关税，也授权更多的西班牙公司进行海外投资，尤其是在非洲和拉丁美洲。西班牙开始把大部分的汽车产品及数千种技术文件出口到拉丁美洲。西班牙石油公司（Hispanoil）获得了阿尔及利亚境内的撒哈拉沙漠的探勘合同，并向沙特阿拉伯的石油公司提供技术援助，换取一些石油，以对抗全欧洲最高的汽油价格。私营公司投资了毛里塔尼亚（Mauritania）的一家豪华旅馆集团，引起渔业和观光业衰退的特内里费岛上居民的强烈抗议。西班牙公司提供资金给摩洛哥和巴拉圭的灌溉计划，同样也激起了一些人的抗议，他们认为应该在西班牙国内进行此类投资。

股市。西班牙经济变化的另一个迹象是先前只有少数圈内人在交易的股市，如今投资者激增。一直到佛朗哥政权的尾声，人民对政府信心的欠缺都抑制了投资和炒股；在投资上，人们偏爱房地产，而非其他实业。但在20世纪70年代，除了房地产这种较稳定的投资之外，更多的中产阶级开始进入股市。收音机在每日新闻广播中的体育评论之后播报股市行情。佛朗哥的经济学家把股市作为中产阶级对政权稳定、和平繁荣的信心的标志。

投资。投资在西班牙有三大类型：政府投资、外国投资，以及私人投资（主要是银行业）。在佛朗哥统治时期，约60%的工业资本由政府投资，并通过西班牙国家工业研究所（Instituto Nacional de Industria，INI）控制。钢铁、造船和电力（水力发电）的大部分资金都由这个国家机构掌控。许多西班牙人认为，政府应该接管更多公共服务的融资，譬如电力和天然气、汽油和公路建设，这些在西班牙是由私人银行和主业会控制的。但这就需要财政改革。在许多欧洲国家，这些行业都是国有的。在这方面，伊比利亚航空公司（Iberia）已国有化；西班牙国铁（RENFE）也是，但它不断地亏损，其商业运输部分仍需现代化。为了打破传统环形放射状的交通路网，西班牙规划并兴建了很多新的公路，但公众没有料到的是，其中很多都是收费公路，只对兴建它们的私营公司有利，而非造福全国。

外国投资约占总数的15%，但这里还有个比例问题。西班牙1975年的25个主要的工业复合体中，只有两个完全为本土企业[西雅特汽车（SEAT）和比斯开高炉冶金公司（Altos Hornos de Vizcaya）]。其余的，尤其是在汽车和石油化工行业的公司，几乎完全由外国控制，譬如，泛世通轮胎（Firestone）、通用电气、雷诺汽车、克莱斯勒、雀巢、米其林、倍耐力轮胎等。制药和化妆品业也全属外国企业。福特在巴伦西亚的萨贡托建造了一座工厂，坐落在柑橘林和古罗马剧院的阴影之中。这导致西班牙最美丽的海岸线之一发生了污染。但工厂靠近巴伦西亚港口，为那些在日益衰退的柑橘产业中失业的人提供了新工作。在福特汽车公布建厂计划后不久，通用汽车迅速反应，在塞维利亚兴建一间工厂。另一个投资领域——计算机业——由 IBM（国际商业机器公司）把控多年，不过荷兰、法国和日本公司认识到计算机作为西班牙经济发展重要因素的巨大潜力，也正在争夺扩大在该领域活动的权利。

日本人在西班牙仅在手表、相机、晶体管和电视机等领域打破了欧美公司的垄断，但他们正在扩大攻势。三菱在马德里的负责人最近宣称，西班牙“可能成为我们进军包括非洲在内的整个地中海地区的跳板”。顺带一提，日本人也已打破了西班牙吉他制造的垄断地位，并对弗拉门科十分着迷。年轻的日本人涌入了安达卢西亚的小酒馆，渴望掌握弗拉门科伴奏的奥秘。在 20 世纪 70 年代便有一位日本籍的弗拉门科舞者在马拉加大受瞩目。

在佛朗哥时期接近尾声时，私人投资是一种巨大的伪装。投资于工业的大部分资金都由私人银行掌握，其中有些是由主业会控制的。这些人由富裕的企业家、贵族和大地主支持，共同组成了由国家和政府工会支持的寡头政治。他们的政策是经济上的“自由主义”和意识形态上的保守主义——即使并不反动，也加剧了社会其他领域的紧张情绪。这些集团投资建筑业和不动产，使这些领域出现不受控制的投机情况。

譬如，自 1940 年以来，所有主要的建筑合同，无论是国家的还是其他的，全部都由 4 家公司控制（分别是 Huarte、Agroman、

Dye、Entrecanales）。他们贿赂地方官员，公然违反建筑分区的法规，阻碍了马德里合理的城市规划。他们经常联合起来垄断利益。独立投资或“中型”的公司几乎没有机会。西班牙的公司要么是利益勾连的超级大企业，要么是非常小的家庭手工作坊，譬如制鞋和家具制造。

总之，人口结构的变化及由农业向工业的转变，导致人口和资金朝三大地区集中：马德里、巴塞罗那、毕尔巴鄂。东部和南部沿海也出现了为吸引观光客而开展的建筑热潮。这一切都有助于加强上层阶级的寡头统治，但在下层阶级中，却制造了摩擦和潜在的政治及社会动荡。政府承诺的未来发展计划、法律改革、劳动立法和税收改革，应该有助于缓解经济在这些方面的问题。

工资、价格、通货膨胀

由于各阶层的社会保障福利的增加，包括农场工人在内的每日最低工资的提高，14 岁以下儿童免费教育计划的实施，加上奖金、补助、贷款和其他好处，一般工人的生活获得整体改善。但是有三个问题：（一）支持这种社会福利的资金来自何处？（二）工资上涨带来物价上涨，使西班牙的通货膨胀率跻身欧洲各国前列（譬如，西雅特汽车一方面为工人大幅调薪，一方面迅速调涨所有车款的价格）；（三）普通工人收入增加不仅是因为基本工资提高，而是以他们夜间兼差、加班和全家人的牺牲为代价的。

西班牙的工资数字很少代表实际收入，因为基本工资与实际收到的金额几乎总有差异。社会保险和所得税虽依基本工资计算，但总工资或实际工资则按 14 或 15（不仅仅是 12）张薪水支票、红利、各种奖励、利润分享、家庭人数、加班及其他项目来计算。有些工作的这种额外收入占基本工资的一半，而这个金额不受社会保障税（占底薪的 38%）的限制。雇主通常支付社会保障税的 30%，工人则支付剩余的部分，但在某些情况下，雇主支付全部的税额。社会保障在西班牙劳动法中是不可免除的权利，如今执行的情况比以往更加严格，因为先前工人经常收到秘密“信封”，内含未经上报的现金，作为部分工资，而这些酬劳并未支付社会保障税。政府如今对这种情况处以重罚。

在佛朗哥政权的最后 10 年，西班牙建筑业一片火热。马德里、巴塞罗那和毕尔巴鄂组成的工业三角不但向上，而且朝四面八方推进，新建筑如雨后春笋般出现。但南方和东方海岸由于过度建设和大量涌入的外国人而拥挤不堪。投机行为猖獗，大量房地产开发商利用旅游热潮获利，而政府几乎没有向他们征税。然而西班牙确实在 12 年间兴建了 300 万套新住房，纾解了居住环境拥挤的情况。

20 年前，在西班牙的火车的三等车厢上，大家谈论最多的是食物。甚至连提起内战时，大家回想到的也是战争期间和之后可怕的饥饿，而非战争暴行。如今家庭主妇虽仍关心食物的价格，但饥饿不再是人们热议的话题。在当今的火车上，谈话围绕着公寓的价格、到哪里度假（或上次度假的地方），怎么为孩子筹措教育经费，怎么买更大型的汽车，当然还有足球。斗牛已被足球彩票取代。先前西班牙人以对外国人彬彬有礼而闻名遐迩，如今这种礼貌则隐含着一种怨恨，尤其是对那些不会说西语的外国人。

物质进步十分脆弱，在它变得最明显、最瞩目时，就是人们必须保持警惕，试图看到其背后问题的时刻。尼采曾说，从长远来看，没有发生的事情比已发生的事具有更大的影响力。这话确实有一点道理。佛朗哥的经济奇迹解决了西班牙的一些问题，却忽略了其他许多问题，而这些问题对后继的政府来说，绝非轻松的负担；即便不是天才也能明白，他们恐怕要有极大的耐心和极高的智慧，才能解决这些问题。除了通货膨胀、失业和恐怖主义的崛起，以及佛朗哥严密"结构化国家"逐渐弱化的外在迹象之外，其经济本身也存在严重的基本缺陷。所有这些问题依旧存在。

三大问题领域

一、农业

最急迫的农业需求：

（一）培养更多年轻人、教育更多专家并引进新技术。

（二）提高工资、缩短工作天数、扩大社会保障、保证休假。

（三）改善通信，使技术和机械现代化。

（四）养护土地、植树造林、保护野生动物，建立更多的国家公园和保护区。

（五）大小庄园的土地改革，控制小块土地消失的节奏，重新分配大型合作土地。

（六）通过发展水力发电、修筑水坝和疏浚等方式，增加耕地面积。

（七）更新从农民到消费者的市场组织。

（八）建立工业基础设施，以平衡农业部门。

考虑到西班牙农业的本质——土地分配极度不均，降雨不规律，灌溉不足，小麦、谷类等旱作农业作物的回报率低，依赖农业雇工的季节性农作（如橄榄、葡萄、柑橘、棉花、软木等），机械化程度低，劳力廉价——人口外流到城市也就理所当然。这种外流本身并不会对西班牙经济造成损害，其实如果能配合以合理的土地改革、现代技术，给农场工人提供更高的工资和福利，提供保护性农业的技术，还会有利可图——一言以蔽之，如果能解决上述这些问题的话。过去几十年来，农业当然有了进步，但它依然处于经济行列的末端。上述改革仍在缓慢地进行，但过程中也有旧结构和新科技相对立的问题。农业领域迫切需要训练有素的能干青年来改造。

西班牙的总面积为 123 400 000 英亩[1]，其中 8% 完全不能进行农业生产，51% 是森林和牧场，41% 是耕地。这个数字虽与其他欧洲国家相当，但结果和产量却截然不同；旱作农业占了六成，只有 12.6% 的耕地是灌溉土地（主要是埃布罗河、东部沿海地区、安达卢西亚、埃斯特雷马杜拉，以及卡斯蒂利亚的一小部分）。如果能实施良好的灌溉计划，这个数字可以翻倍。

土地改革：在这一领域面临的问题在于，地主手里有大面积的土地尚未开垦，或者留下休耕，或用于放牧、租给佃农，或只有季节性的农业雇工在其上工作。1971 年土地改革法（Ley de Fincas y Comarcas Mejorables）要求大型土地的所有者必须种植部分土地，不

[1] 1 英亩≈ 0.4 公顷。——编者注

然就会被征用，但因上层阶级仍有太多的权力，使得该法并未严格执行，不过已有一些改进。位于托莱多省塔拉韦拉附近的塔霍河畔马尔皮卡（Malpica del Tajo），当地的公爵和他的侯爵妹夫已把他们广阔的土地变成模范农场。虽然他们不得不砍去一些橄榄树，但他们引进了新的灌溉技术，并开发出欧洲最大的实验牧场之一。起初，这个死气沉沉小镇的居民持怀疑态度，但现在他们充满热忱，也更加富裕。而供水增加、区域绿化和适合狩猎，反过来吸引人们在镇上兴建周末别墅，所以每个人都获利。

相较之下，也有像卡塞雷斯这样的省份，其中 40% 的耕地掌握在 10% 的居民手中，而这些人就是在卡塞雷斯风景如画的老城区拥有空旷豪宅的地主。他们只有在婚礼和洗礼仪式时才返回家园。猪倌皮萨罗的后代正在剥削他们所出身的阶级，因此去往城市和海外的移民潮还在继续。现在这里是哪种征服者的土地？马德里？德国？

这种大庄园制所带来的社会和政治后果虽然重大，但一味把这些大片土地分解为小庄园并不是解决办法。仍然留在农地上的人想要的是更高的工资、更好的生活条件、社会保障、更好的医疗保健及更多的学校，以及为他们的孩子创造更美好的未来。搬到城市的农工追求的是同样的目标，只是他们到城里去寻求这些福利。缺席的地主不仅仅是拥有大地产的人，也包括那些把自己的小块土地交给亲戚或佃农的地主。

另一项重要的土地改革由土地改革与发展研究所（Institute of Agrarian Reform and Development）指导，并在其属下的南北两方的小农地上开展。该计划配合水力发电一起实施，以增加耕地的面积和产量。政府还鼓励更有效率的耕种、合作、土壤保护和对抗病虫害。这种土地改革成功引进了机械化（15 年内增加了 200 万台拖拉机），并用新的肥料提高作物产量。这两个因素都取决于地形种类、降雨多寡和灌溉程度。每年在田间都可看到更多的拖拉机和打谷机，但有些地方，譬如阿维拉的一些地区，石头和巨岩太多，这种机器派不上用场。

大规模的灌溉工程开始施行，水库和水坝也已建成。值得注意的是巴达霍斯（Badajoz）和哈恩的广阔的灌溉土地，这两个是第一批获得优惠待遇的地区。梅里达现在是特殊肉类加工业的中心，也是“trashumancia”（冬季把牲畜由北向南移牧）这一传统的结束地。多亏了塔霍河和瓜迪亚纳河的疏浚，巴达霍斯终获灌溉，但卡塞雷斯在土地改善上却未付出太多努力［拉贝拉（La Vera）和普拉森西亚两地除外］。其他重要的水力发电系统，如在阿拉贡干燥的莫内格罗斯（Monegros）地区引埃布罗河水，用杜罗河灌溉铁拉德坎波斯地区（Tierra de Campos），以及北部锡尔河（Sil）和米纽河（Miño）的项目，都已经有了成效。另一个重要的项目是所谓的“塔霍河-塞古拉河运河”（Transvase Segura-Tajo），该项目改变了塔霍河的一段路径，让其流向地中海。这将可灌溉东部海岸的大部分地区，希望能为穆尔西亚和阿尔梅里亚（Almería）的沙漠地区带来生机。顺带一提，阿尔梅里亚这个省已经成为“意大利式西部片”（spaghetti western）电影的中心。而这也多少解决了一个很大的就业问题，那就是吉卜赛人。他们在这些电影中扮演印第安人，赚的钱比当地人还多。

农民和农业雇工的最低工资已经提高了数倍，社会保障、医疗和退休福利也都已延伸到这一领域。虽然小农场主和农民仍然受经销商剥削，但与新合作社和超市链接而成立的区域农产品市场网络，或许可以帮助他们。只是牧场主和批发商的游说团体在政府中非常强大，使这种援助维持在最低限度。

农业的另一项创新是作物种类的增加，而这反过来对出口产生了影响。先前西班牙的出口以餐前酒、甜酒和柑橘而闻名，但现在西班牙人种植和加工更多品种的蔬果、橄榄油和谷物，以期进入共同市场。

回到农业改革更为积极的层面：一般来说，即使在小城镇，人们现在有更便利、更好的生活条件；电视天线激增；年轻人穿得更好，都有晶体管收音机或录音机，在周日下午散步时为他们的恋人大声播放。今年我重访了迄今仍属落后地区的村庄，如位于萨拉曼卡的赫迪斯（Las Hurdes）和格拉纳达的阿勒普哈拉斯（Las Alpujarras）。从前几乎难以抵达这些地区，如今则已有由木材公司或采矿业者铺设的道路，享受许多现代化的便利。一方面，观光业推广如画的风景，以及村民想要摆脱的落后景观；另一方面，在莱昂、萨莫拉和奥伦塞，仍然有些地区非常原始，是农民大规模外出务工的牺牲品。如果这些地方有更好的道路和设施，也能成为旅游景点，提供滑雪和登山活动。

位于各省首府附近的村庄实际上也越来越繁荣。现在出现了一种和移居城市相反的迁移现象。西班牙中产阶级如今有更长的周末，也有汽车，可以离开城市。至少在周日，人人都试图逃离城市，结果周日晚上的马德里就像洛杉矶一样出现大塞车的情况。休闲时间的增加和富裕程度的提高，促使西班牙人在各省首府附近的村庄买房子或新公寓，或者改造旧公寓、旧农舍，使之前还远离喧嚣和城市人群的休眠村庄，获得了新生活。

政府也推行保育计划，尤其是在重新造林和渔猎保育方面。索里亚、塞哥维亚和哈恩已经重植松树和桉树。但有些计划，尤其是在沿岸区域的计划，却遭森林大火摧毁。在赫罗纳、马拉加以及加的斯省的山城，有些最美的地方也遭林火焚毁。这是因为游客数量增加而支付的高昂代价。树林保育也与房地产和旅游开发这些强势部门发生冲突，对生态体系造成严重破坏。

在农业中也发生社会转型，可能出现在大家最没有预料到的群体中——在安达卢西亚的中产阶级之间。虽然对工人仍有传统的剥削或蔑视，但地方权贵（cacique）和安达卢西亚封建寡头政治的古老形象正在改变。科尔多瓦成立了技术和管理学校；塞维利亚、赫雷斯及安特克拉（Antequera）也有了农业公司。在经济上，比起被动的贵族，具有较现代眼光的新中上阶层鼓励投资，并引进有利可图的资本主义。塞维利亚的新中产阶级、赫雷斯的农业企业，以及科尔多瓦的工人协会在政治和经济上都变得更加强大。

传统与创新

西班牙人一旦离开自己的村落，很少会再回去久留，因为那里的气氛太令人窒息。许多年轻人只在参加当地节庆或家庭团聚、结婚的场合，才会回去盘桓几天，但不久住。这是小家园（patria chica）理想及在西班牙仍然非常强大的地方主义情绪的另一面。此外，工业化进程通过迫使来自许多地区的人在面对劳资冲突时团结共处，因此逐渐消除了城市中的藩篱。事实上，很少有学生真的会想回到自己出身的村庄，帮助提高生活水平，并直接进行改革。他们对广泛的马克思主义的革命抱持理想，通常把土地问题（以某些理由）归咎于政府，但是涉及具体的方法时，他们却很少会抛下私心。

无论引入多少次政府改革，都很难抹除城市男孩–农村男孩（señorito-campesino）的心态。在这方面，受过良好教育的城市政府代表很难在帮助民众的同时做到不轻视他们，但代表们已经取得了一些显著的成果。讽刺的是，这些成就来自“保守的”社会部门：（一）由天主教行动（Acción Católica）组织的扫盲运动，让学生或其他年轻人担任义工，在暑假期间到乡村教村民读书写字；（二）由军队教村里的男孩读书写字，并给予职业培训，这是义务兵在役期间的义务，通常由军中神父执行；（三）由政府补助的长枪党妇女部的巡回教师前往索里亚这样的偏远村落，教授卫生和儿童护理知识，并为村民提供小学课程，无论男女。尽管这背后有政治动机，但执行这些任务的年轻和中年妇女往往在逆境中英勇地工作，工资很少或根本没有；她们秉持着牺牲奉献的精神，不幸的是，更“博爱”的机构却缺乏这样的热忱。

毫无疑问，农业领域最大的问题是缺乏受过足够训练且拥有雄心的年轻人，来改变整个系统并引入根本性的结构变化。目前没有太多激励因素能使年轻人愿意留在家乡，虽然最近出台新规，教学和医疗专业的青年在申请城市工作之前，要先下乡至少一年（马德里医学院的学生因为这项规定而罢课）。

通常服完兵役的男生不会返回自己的乡下老家。一个又一个卡斯蒂利亚的村庄都只剩下老人。这些人多少世纪以来都以相同的方式耕种，他们很难理解派来协助他们的农业顾问所提的建议，也听不懂他们对新技术、作物轮作、现代机械、肥料等的说明。当然，在打开狭隘的世界方面，电视立了大功，减少了在村子里的沉闷无聊，也提供了奔赴城市的动力。

这些城镇需要更多的专业训练中心来提供新的生活。到目前为止，农业部已派出一些特别顾问训练农民，但这些人也必须要有传统农村协会的合作。这再次触及重新分配土地，以更好的方式利用大庄园，以及合并小庄园的问题。很难让这些人相信，较大面积的耕地利润较高，每年产量更多，并且一年能收获多次。

与此相关的是这几年来政府大肆鼓吹的“模范城镇”带来的问题。这些城镇失败的一个显著原因是，大多数年轻人都已迁往城市，留下来的都是老年人，他们已在这些小块土地上工作了几个世纪。这些老人不愿被重新安置。这还是一个美学问题。在每个较古老的村庄，无论多么贫穷，每一幢房屋都有自己的个性，而模范城镇则整洁、洁白、枯燥乏味、欠缺个性，可以与都市中工人所住的蜂巢住宅相比拟，不过的确更舒适，也拥有更多的现代化设备。

在拉曼查、安达卢西亚及埃斯特雷马杜拉，就有很多像这样的新型模范城镇。它们大多位于平坦的地区，有大片土地可供耕种、灌溉、饲养家禽及牲畜，而在一切设施的中间，最突出的建筑物就是教堂及其钟楼。拉曼查地区巴尔德佩尼亚斯（Valdepeñas）附近的一个新城镇就曾是这种模范城镇的样板，政府也鼓励游客前往那里参观。

我在埃斯特雷马杜拉曾经到过几个像这样的城镇，外观破败，或许是因为居民认为它们并不属于自己。其他许多小镇已遭遗弃，因为没有人愿意住在里面。萨莫拉省有一个全新的模范小镇根本没人居住，因为其建筑是安达卢西亚风格，并不适合萨莫拉的气候和特质。

与新模范城镇的遭遇类似，许多古老的村庄也被完全遗弃了，尤其是在瓜达拉哈拉、特鲁埃尔（Teruel）和索里亚省。这些幽灵村如今空荡荡，因为它们在中世纪存在的理由——对抗摩尔人的防御前哨——已经不复存在，而且很少有人能够忍受这些地方恶劣的气候。还有一些村庄是为了兴建水坝和水库而被遗弃的。居民迁移到三个拥挤城市的“神经痛三角”（neuralgic triangle）区，或者到沿海地区找建筑或旅游业的工作。有些村庄，我只看到老人，他们请我拍照好寄给他们在德国的孩子。有些地方的老人则向相机丢石头，他们气愤不已，认为外国人想拍摄他们悲惨的生活好在国外展出，而这的确情有可原。同时，政府又宣布许多这类的村庄是“国家古迹”，却没有为了保存其景观而采取任何改善照明或卫生的行动。有些城镇只是拆除了他们的“典型的老旧住宅”，改建为单调的公寓，但也有些城镇正在保护这些旧建筑，同时兴建风格相同的新屋，以保持建筑形式的统一。

在从农村到工业环境的转变中，在文学上一个不可避免的损失就是可以吟唱传统歌谣的人少了。古老的民歌也逐渐消失。游客现在很难在较大城镇和城市的街道上听见歌声。西班牙的儿童也和美国儿童一样，唱的是电视上播放的歌曲，而非古老的童谣。不过如果在安达卢西亚或南方的任何一个村庄的主要街道上散散步，就会听到几种方丹戈，包括小方丹戈（fandanguillo）、孤调（soleare）及弗拉门加达（flamencada）。人们再次对各种类型的弗拉门科舞产生兴趣，在赫雷斯甚至有弗拉门科舞的专门学校。到处都举办各种比赛，可能是为了吸引观光旅游。不幸的是（或者对邻居来说倒是幸运的是)，酒吧和小酒馆里禁止唱歌的标示牌更寻常可见。我倒从来没有看过告示牌禁止电视声的轰炸，或者在安静的乡村道路上狂飙摩托车的声响，又或是西班牙人不停地打弹珠台的敲击声。

在农业整体情况中最严重的问题是：(一)是缺乏工业基础设施来平衡农业，并防止农村人口外流到城市；(二)缺乏训练有素的年轻人来引进新技术。哈恩虽有大片土地种植橄榄和小麦，却只有一家电视组装厂和一家制造拉链的工厂，失业人口达 7 000。虽然政府多年来承诺修建人民迫切需要的公路[由希洪(Gijón)到塞维利亚]终获批准，但放射状的交通路网仍是主流。要从巴达霍斯到阿利坎特，还是得先往北到马德里，才能转往阿利坎特。至于建设新道路和工厂的材料从何而来？原本一家新的亚什兰水泥厂可以提供原料，但工厂主人却因劳资纠纷，干脆解雇了工人、关闭了工厂。一群有心发展的商人想在巴达霍斯兴建纺织厂，但因带来污染而被居民大声抗议——那年 7 月，瓜迪亚纳河浮出数百条死鱼。

政府试图通过成立职业学校[Institutos laborales，现称职业大学(Universidades laborales)]，在农业领域培训年轻人，教育下层和中下阶层的学生，将高中教育和在农业、畜牧、工业、采矿、渔业及管理的实际训练相结合。学生在为期 7 年的课程结束后可以取得毕业证，进入技术类大学。尽管入学人数和学校数量都有增加，但这些学校却因为几个原因而遭人诟病。首先，它们的选址不佳，位于科尔多瓦、希洪、塔拉戈纳和塞维利亚，且校园大多造价不菲(在卡塞雷斯和萨拉戈萨的新职业女校看起来就像现代大学的校园)。另外，毕业人数比例低，有些学生又因课程或其他因素，与教育部门发生了冲突。但也许最重要的原因是，传统观念认为真正杰出的教育是高中的人文教育，而非与“低级”农业课目相关的课程。但是类似职业学校的技术学校表现要好得多，也更受欢迎。它们的目标是为工业培训有熟练工和师傅水平的技术工人。这种学校受欢迎的部分原因在于，它们所教的技能在城市比在乡村来得实用。

总之，农业和工业缺乏年轻的专业人士，是西班牙最紧迫的问题，和各种类型的教育的欠缺一样，。再加上目前大学的困境，恐怕会产生一整代在政治、社会或经济方面都未做好准备的“未来领袖”。

一位敏锐的人类学家最近对西班牙农业做了研究，结论如下：“内战终止了大规模的土地改革及针对集体土地使用的政府和工人运动。如今的政府首要关注的是旅游开发，而非土地改革。”他还指出：

> 政府和地主发现，与其实施内部改革和耕种土地，不如把一部分祖产出售给外人——外国投资者和观光客——更能获利。于是，西班牙海岸归德国、法国、瑞典、荷兰、比利时及美国的公司和个人所有。《国际先驱论坛报》(*International Herald Tribune*)上的一则广告告诉读者，大西洋沿岸的最后一片土地可供出售，而查询信息的联络地址在德国。为了避免社会重组或征收所得税的问题，西班牙发现干脆交换人口更为便利：把没有土地的失业西班牙工人和农民换成带着现金的投资者和观光客。[1]

在佛朗哥政权的36年中，大型庄园仍然很大(除了少数例外)，而拥有土地就拥有地位的古老观念依旧盛行。在安达卢西亚尤其如此，50% 有生产力的土地仍然由 2% 的家庭所拥有。[2]

> 除了极少数之外，所有这些大庄园都没有花多少资金或时间，只是随意管理。大地主和过去一样，通常都住在离他们的庄园很远的地方，也许在马德里，他们不常造访，顶多周末前来视察。有些人每年只出现一次；也有人只来看过一次土地，之后就再也不现身。他们的收入来自他们更加在意的其他来源。如果降雨季节来得晚，不在现场的庄园主也不会知道牧牛缺乏草料。有些人根本不知道，也不在意他们的牛群死亡。很少（如果有的话）有土地种植庄稼甚至青草，这需要组织、投资，以及增加劳动力。有些保留或出租作为狩猎保留区的庄园饲养鹿或更加珍奇的猎物。在这一年，庄园会有武装警卫的保护，以防止当地人盗猎。然后在一个节日，一群人和他们的随从会来到庄园，在一天之内射杀 200 头鹿。[3]

如果他们不猎鹿，就会饲养斗牛用的牛，这也是身份地位的象征，而且十分普遍。因此土地改革是当今西班牙最关键的问题之一。佛朗哥政府绕过这个基本问题，从未认真对待它。农业的机械化和灌溉仍不足，迫切需要对土地进行彻底的重新分配。

由农业转向工业

人口转移。由传统农业经济转型为工业经济，最明显和最极端的特征就是剧烈的人口结构变化。由乡村到城市，由西班牙到更工业化的欧洲国家和美洲，这样的迁移产生了重大的经济、社会和政治后果。为了解决这个问题，政府为最贫困的地区制定了一系列的四年发展计划，譬如设置工业园区、纾解重工业集中的工业园区问题，还有农业土地再分配及移民安置计划。其中一些措施非常成功，但也有些只是加重了原本的问题，而移民浪潮仍在继续。一些统计数据可以说明问题：

（一）根据 1984 年的人口普查，西班牙的人口为 3 910 万，较 1970 年人口普查时增加了 11%。出生率和死亡率都下降，平均寿命为 67 岁。

（二）自 1900 年以来，远离农业的人口稳步增加，尤其是在 20 世纪 60 年代，大约有 200 万人离开乡村前往城市。从 1900 年至 1968 年，乡村人口的占比由 67.8% 降为 43.2%，而同时积极从事农业生产的人口占比由 69% 降为 43.2%。1984 年从事农业的人口不到 30%。

（三）在最近的 20 年（1964—1984 年），25 个省的人口全都减少，同样这 25 省的人均收入也低于全国平均水平。安达卢西亚减少了 34% 的人口，而埃斯特雷马杜拉则失去了 50%。

（四）除了马德里之外，大部分的人口集中在沿海地区（塔拉戈纳的人口在近 15 年中增长了 81%）。人口迁移的方向是由内陆到海岸，从山区到谷地（高原、埃布罗河和杜罗河盆地）。

（五）工业化进程非常危险地把人口和所有的财力集中在马德里-巴塞罗那-毕尔巴鄂的三角地带。这个地区约占西班牙总面积的 4.5%，却有全国 28% 以上的人口、39% 的国民收入、49% 的储蓄和投资。股票市场、金融寡头和中产阶级企业家也都在这三个关键中心。

（六）根据1975年的数字，有300万西班牙人，约占总人口的10%，都在国外。200万西班牙人在美洲，大部分在委内瑞拉、阿根廷、墨西哥和古巴，而且可能不会返乡。在欧洲各国的逾百万西班牙人（主要在德国、法国和瑞士），则已返回西班牙。他们总共占西班牙活跃劳动人口的8%左右。

二、劳工

主要问题：

（一）工业集中在三个主要地区。

（二）缺乏熟练工人。

（三）劳动立法不足。

（四）高失业率。

（五）工人很少参与管理和组织。

（六）工资不足以应付不断增长的通货膨胀。

（七）强调提高生产量，却未考虑流水线生产中的人为因素。

（八）社会服务不足以应对农民工移居城市而引起的问题。

旧结构与新情况之间最紧张的冲突发生在工人阶级、工业寡头和政府之间。一方面，西班牙工业化过程最重要的结果之一，是工人阶级意识的增强；另一方面，工人被他的上级视为生产者、工具，而非消费者。

不过，工业化过程促成了三个传统领域的变化：（一）地方主义情感因移居城市而瓦解，被阶级意识和团结精神取代；（二）教会自由派成员和工人阶级之间的关系较为密切，这不同于已有数百年历史的教会-统治集团-国家间的联系；（三）马德里由原本的官僚首都转变为工业首都。

政府发布了《开发和疏解聚集之要点》(Polos de Desarrollo y Descongestión)，试图重新安置或重新布局产业，以减轻人口高度集中在马德里-毕尔巴鄂-巴塞罗那的问题。除了污染、贫民窟、住房不足，以及工业化过程常见的犯罪问题之外，这样的集中还带来了政治问题，形成了一种易使劳工躁动的氛围。

汽车业是已经解决了聚集问题的产业。设在潘普洛纳、巴利亚多利德、萨拉戈萨及其他首府的工厂吸收了来自周边乡村大部分的劳动力，同时也使这些地区传统农工业之间不平衡的现象稳定下来。福特在萨贡托的工厂和通用汽车在塞维利亚的工厂也有类似的目的。在西班牙政府封锁了直布罗陀的陆路通道之后，直布罗陀工业园区(Campo de Gibraltar)也试图雇用当地工人。政府还草拟了重大计划，要把工业集中在塞维利亚，以吸收安达卢西亚的工人，但成果有限，因为流动工人潮仍然向北移往三大工业城。根据目前的开发计划，传统的农业区加利西亚很快就会成为重要的工业区。

三、向外移民

西班牙向欧洲高度工业化国家出口廉价劳动力，尤其是向德国、法国和瑞士。在佛朗哥时代晚期，逾百万西班牙人在国外工作，现在这个数字要少得多。大部分出国工作的都是年轻男性，其中 53.3% 的年龄在 15 岁至 25 岁之间，46.7% 在 25 岁至 39 岁之间。他们来自农村（40% 是农民工）和城市（55% 是非技术型的雇工）。无论来自哪里，他们显然都不是技术工人，尽管他们可能会在工厂中做较专精的工作。

很多人批评政府未能采取任何行动来防止工人外流。向外移民甚至可能受到政府鼓励，因为劳动部（为想在国外工作的西班牙人拟定合约）每送出一个工人，就能获得一份佣金，约占工人工资的10%。多年来，政府得自这个来源的收入都仅次于来自观光业的收入。

这些工人占西班牙潜在劳动力的8%。政府尽量在新闻中贬抑这种移民的重要性。有一次我在马德里的火车站看到了用绳子捆绑的大批行李，它们的主人在轨道一旁准备离去，正在向亲戚道别。这是我所见过最悲伤的景象之一。他们是从奥伦塞来的，要赴德国工作。

这些工人在外国的生活通常和在西班牙一样艰难，但他们却几乎把所有的收入都送回故乡。最近对这些“外来工”在“东道国”所受的待遇有很多批评。西班牙女孩有时会自行赴巴黎、伦敦或医院做女仆，但她们在外国的环境中很少感到幸福，西班牙政府也很少为她们提供服务或社交活动。

西班牙未来的一个谜团是，这一大群人永久回国后在社会中将扮演的角色。虽然他们被雇主剥削，但他们也体验到了政治自由，并逐渐注意到工会的运作。他们参加共产党、工人社会党、无政府主义者和天主教工人的聚会，也参加罢工。有些人学到一些技术，但他们不会回到自己的故乡，而是留在城市使那里不断增长的无产阶级更加膨胀。

在西班牙人出国务工的同时，西班牙也接受外来务工者。西班牙有许多北非人和古巴人，而这当然是出于不同的原因。欧洲各地也充斥着北非移民，尤其是阿尔及利亚人和摩洛哥人，他们被视为最低类别的移民。显然这股移民潮也涌至西班牙，而且和其他国家一样，是摩擦的源头。这种劳动力来源使西班牙的失业问题益发严重。

另一个较小但可悲，而且也无助于改善劳动情况的问题来自古巴难民，仅马德里一地就有 2.5 万人。其中一些人靠天主教慈善团体的照顾和来自美国亲属的支票维生。会说英语的难民获得了普雷道斯（Galerías Preciados）和英格列斯（Corte Ingles）两家最大的百货公司的聘用；这两家公司的老板在移民古巴后致富，因此用此举作为回馈。其他难民则在广告或公关公司担任秘书或翻译。但由于古巴人无法让美国式的广告文案或宣传活动配合西班牙环境，因此效果不佳。有些难民为美国电视节目配音或翻译，但社会大众对他们的译文和口音反应甚差，他们不得不停止作业。还有其他许多可怜的难民家庭在马德里附近四处流浪。有些创业资本家设了热狗和爆米花摊位，由古巴人顾摊。但其中许多人只等待美国来的支票，或者进入美国大使馆，争取赴美国的签证。佛朗哥的政府与卡斯特罗依旧保持良好的官方关系，定期派遣文化和经济代表团赴哈瓦纳，并向古巴出口农业机械和公交车。卡斯特罗则允许伊比利亚航空每个月由古巴载送一定数量的难民出境。

总而言之，虽然佛朗哥对西班牙是功过参半，但在他任内达到的“秩序和进步”却是这个国家的新体验。这样的结合是独裁统治的灵丹妙药。讽刺的是，不相信上帝的实证主义者也提出了同样的口号。佛朗哥只是历史上的一个火花，但他提供和平与物质发展的氛围，促使西班牙进入西欧的主流文明，结束了 1931 年西班牙共和国不切实际的梦想，以及将军自己恢复16世纪专制国家的幻梦。代价太高了吗？一场血腥而可耻的内战、30年的压迫、对媒体的管制、失去的尊严和自由、在智力停滞的情况下成长起来的整整一代人，以及将持续几个世纪的仇恨。英国的阿克顿勋爵（Lord Acton）曾指出，历史是由充满活力的人创造的，他们遵循着决定事件进程的思想，而这些思想大多是错误的。西班牙哲学家乔治·桑塔亚那（George Santayana）则明智地评论道："对历史一无所知的人注定要重蹈覆辙。"佛朗哥既已离世，唯有时间会证明西班牙人是否已经吸取了惨痛的教训。

第十七章

佛朗哥之后的西班牙：美梦难圆

我嫉妒天空中的鸟儿和它的天堂，我羡慕鱼儿在它的海洋，我甚至嫉妒蹲伏在树丛里的野兽，因为它们都不受记忆的束缚。

——卡米洛·何塞·塞拉（Camilo José Cela）

佛朗哥在位期间留下了许多西班牙人想要忘记的痛苦伤疤，但将军的和平继承计划确实成功了，在很大的程度上，这是因为其后继者的智慧和稳健。然而，这并不是那名领袖所喜欢的政治色彩。整件事的来龙去脉如下：在1947年7月6日举行的全民公投中，西班牙人民同意佛朗哥草拟的法律，宣布西班牙为君主制，但并未具体指定国王。22年后的1969年，议会指定当时31岁的胡安·卡洛斯一世（Juan Carlos Ⅰ）在佛朗哥的“临时”政府结束后登基为西班牙国王。胡安·卡洛斯在1962年与希腊的索菲娅公主结婚。他是前任国王阿方索十三世的孙子、英国维多利亚女王的玄孙，以及原本的王位继承人巴塞罗那伯爵唐胡安（Don Juan）的儿子；但是唐胡安太偏向自由派，不合佛朗哥的胃口。

1973 年 6 月，佛朗哥辞去了“政府主席”的职务，并任命海军上将卡雷罗·布兰科（Carrero Blanco）为总理，领导希望未来国王能采用的内阁。这位 71 岁的海军上将是佛朗哥的亲信，已在将军的监督下执政几年。佛朗哥按照古代西班牙国王的方式，凭本能选出高效、无个性和忠诚的追随者。可是几个月后，这位海军上将就被巴斯克恐怖分子暗杀了。

这是 34 年来西班牙发生的第一起政治暗杀事件，让执政官僚的高层感到恐惧。这也是自内战以来头一次证明了高级政府官员的不堪一击。总理因为一丝不苟的作息习惯而遇害。暗杀者事先知道他在早晨做完弥撒之后会在什么时候到达某个地点，因为他像真正的军人一样作息严谨。

西班牙人对暗杀者训练有素地完成整个行动感到钦佩，并讽刺地指出，该建筑物的守卫是一名警察。他相信了暗杀者的说法，以为他们是“艺术家”和“雕塑家”，在工作中免不了会制造出震耳欲聋的噪声，但其实他们是在布兰科的车辆停放处的正下方钻了地道。爆炸前一晚，他们甚至在对街的耶稣会教堂上画了一条红线，来引导爆炸。总理上车后发生大爆炸，火焰冲到五层楼高，总理当场死亡。这次暗杀打乱了佛朗哥将军的接班布局，他采取了更严厉的镇压措施。布兰科的遗缺由马德里前市长阿里亚斯·纳瓦罗（Arias Navarro）取代，而许多觉得事态发展到紧要关头的西班牙人，开始称胡安·卡洛斯为“短命王储”（The Brief）。

佛朗哥在他生命的最后几个月里，已成了一个老得发抖的八旬老人。他身材矮小，身高仅 5 英尺 3 英寸，说话的声音尖细。西班牙曾有顺口溜说他“像熙德一样躁动，拥有查理一世般的意志、腓力二世的专制，以及伊莎贝拉女王的声音和背影”。[1]佛朗哥的身体和精神都在迅速恶化。有一本杂志描述在他生命的这个阶段，仿佛“肉体挂在陈旧的框架上，嘴角下垂，麻痹的右手有时明显地抖动，不得不用左手紧紧抓住。他原本尖锐的声音变得紧张和细小”。[2]他在国家电视台上出现的次数也越来越少，这些都证明了他的衰老。

新首相阿里亚斯·纳瓦罗在政治上也是投机分子，他敏锐地感受到了人民的躁动情绪，开展谨慎的政治改革方案。在接下来的两年中，1974年和1975年，改革的呼声更加响亮，策划更精心。政府提出的改革措施开始着眼于发展民主自由和选出更多受民意拥护的代表。虽然议会中只有17%的议员是由选举产生的，但政府承诺此后选民能自行选择。甚至有人谈到允许多党政治，这是佛朗哥早年极其反感的。不过他们采用委婉的说法，譬如“对比意见”或“政治联盟”。

围绕着西班牙未来转型可能采取的方式，街头巷尾咖啡馆里的对话呈现出两极分化的观点：一派是支持渐进性的民主改革，而另一派则支持直接与过去一刀两断。1975年2月，首相公开宣布西班牙人应该开始减轻将军的负担，努力开创自己的未来。一切已成定局。渐进式政治改革这种顾全颜面的做法被大多数西班牙人否决，要求与过去彻底决裂的呼声越来越强烈。[3]

1975年10月中旬，佛朗哥病危，他的弥留状态持续了5周，各方都明白某种继承势不可免。将军的医生们在最后这段日子使尽全力维系他的生命，当时有很多关于此事的黑色玩笑，有些也和在这位垂死之人床前发生的激烈争吵有关。1975年11月20日，佛朗哥去世；11月22日，胡安·卡洛斯登基成为国王。新国王立即开始处理他所面临的政治现实，虽然他是佛朗哥指定继承旧政权的人选，但从登基的第一天起，他就明确表示他无意按旧政权的方式行事。

11月25日，佛朗哥去世后仅5天，国王就宣布赦免许多政治犯，并在12月13日任命了新内阁，带领西班牙度过过渡时期。1977年4月1日，象征佛朗哥政府的“民族运动”（National Movement）组织被废除；4月28日批准成立自由工会。1977年6月15日，自1936年以来的第一次大选在喜悦和恐惧中举行。1976年，西班牙放弃了它最后一个庞大的殖民地——位于非洲西海岸，面积为102 707平方英里的西属撒哈拉。1977年，西班牙与苏联重新建立了外交关系。

> 这些政府层面的变化的背后动力是国王本人。他登上王位时，他受到的一方面是某种程度的冷淡礼遇，另一方面则是公开表现出的敌意。一般人普遍的看法是，君主与突破或改革几乎都无关。然而，如果没有胡安·卡洛斯的坚定决心，新西班牙的出现将会变得更加艰难、更加血腥，甚至可能无法实现。除了对一切该如何进行（包括1976年7月更换首相，选择大家都不认识的新人）看法明确之外，他与军队的关系紧密，也大大降低了武装部队直接干预国家事务的可能。[4]

国王和王后很快就赢得了西班牙人民的尊重。在佛朗哥统治时期，他们就开始在国内四处访问，让人民对他们熟悉，称他们为“王子和王妃”。他们四处为水坝的建成剪彩，参与各种公共和私人工程的揭幕，并经常作为王室成员在各种庆祝和纪念活动中担任嘉宾。虽然这些访问大多是例行公事，却达成了向广大民众介绍王室平易近人性格的目的。佛朗哥去世后，国王和王后继续这些访问，也得到了人民真心的爱戴。他们还多次出国，访问了中国、拉丁美洲、美国和欧洲各国，也同样成功。他们传达的信息是，西班牙不再是欧洲国家中的异数。1983 年，国王在委内瑞拉、巴西和乌拉圭发表了热诚的演讲，表达了对人权、民主政府，以及任何能够促成政治自由化和经济发展的措施的强烈支持。事实上，胡安·卡洛斯那时已成为整个西语和葡语世界的民主象征。[5]

西班牙过渡到民主政府的速度比大部分观察者设想的要快得多。1976 年 7 月，佛朗哥政府遗留的最后势力阿里亚斯·纳瓦罗首相应国王请求辞职，国王随后任命了中间派阿道弗·苏亚雷斯·冈萨雷斯（Adolfo Suárez González）接替他的位置。1976 年 12 月，政府起草的《政治改革法》获得了大多数选民的认可。除了共产党以外的所有政党都获得了自由。仍依法流亡中的西班牙共产党总书记圣地亚哥·卡里略（Santiago Carrillo）回到马德里，并宣布他的政党会在即将举行的选举中推出候选人，无论其是否合法。政府在右翼团体的庞大压力下逮捕了他，但是广大的人民却高声反对。社会上压倒性的共识就是要彻底与旧政权决裂，如果这意味着要让西班牙共产党合法，那就让它合法吧。因此，西班牙共产党在 1977 年 4 月 9 日获得了合法地位。

41 年来的第一次大选于 1977 年 6 月 15 日举行，投票率达到了 80%。虽然民主中间联盟（Union of the Democratic Centre）赢得了两院的多数席位，但工人社会党却出人意料地在议会中成了第二大党。新议会由参议院和众议院组成。一共有 248 名参议员，每个大陆省份都有4人，每个岛屿省份3人，还有41位参议员由国王任命。众议院由350名众议员组成，全部由民众选举产生。选举结果如下：民主中间联盟赢得165个代表席位和105个参议员席位，而工人社会党则获得了118个代表席位和35个参议员席位。极右翼和极左翼党派得到的票数很少，清楚地表明了大部分选民都持温和态度。这是真正的民主胜利。西班牙共产党人有20名代表和12名参议员当选，不到10%，而极右翼的得票率更低。[6]

国王在议会头一次开会时发表了演说，所有的西班牙人都惶恐不安。这些年的痛苦真的有意义吗？国王站在讲台上，扫视着代表们——首相阿道弗·苏亚雷斯是实用主义者，英俊潇洒，精明能干；弗拉加·伊里瓦内（Fraga Iribarne）是浮夸的佛朗哥支持者，他喜欢分发印有他穿着各种华服彩照的书籍；流亡40年、如今返乡领导共产党的圣地亚哥·卡里略；"热情之花"［La Pasionaria，共产主义运动人士伊巴露丽（Dolores Ibárruri Gómez）］在苏联流亡30年后终于回国；孩子气的工人社会党的费利佩·冈萨雷斯（Felipe González）；总编何塞·奥尔特加·史波托诺（José Ortega Spottorno）是哲学家兼知识分子奥尔特加-加塞特之子，年届60，因创立《国家报》，成为激励新闻界的力量，他也当选议会议员。

胡安·卡洛斯告诉他们："人民选出你们坐在这间房间里参加会议，你们所代表的是多数意见……这一切都显示了我们对国家和谐的追求以及承认西班牙人民主权的愿望。"

最后，下面这个句子终于出现了。国王穿着华丽的制服，上衣上排列着单排金扣，胸前佩着彩带。他扫视全场，佛朗哥的残部、流亡中幸存的共产党人、变成民主人士的反动派、年轻的社会党人——面对这个由各种成员组成的群体，这个年轻人，这个由压迫、保守的军队指挥官任命的西班牙国王，斩钉截铁宣布："民主已经开始。"[7]

他治理的并非经济或政治健全的国家。全球石油禁运、能源危机、观光业绩下滑，以及1973年至1974年的通货膨胀导致西班牙在佛朗哥在位的最后几年陷入萧条，西班牙仍处于经济危机之中。尽管满怀希望，但事实并不乐观。无论如何，这标志着新的开始。

议会的第一要务是制定新宪法。西班牙于1812年通过了第一部宪法，此后又有过8部宪法。1931年的宪法反映了西班牙创建新共和国的自由派知识精英风格，它跳脱时代，赋予大多数西班牙人他们并不想要的权利，譬如双方可协议离婚，并且做出了其他无法轻易履行的承诺。1978年的宪法比1931年的宪法务实得多，也更少教条，因为它是在内战自相残杀的惨状仍记忆犹新的情况下制定的。该项工作于1977年8月正式开始。1978年1月，第一份草案提交议会。一个跨党派的委员会奉命起草一般性原则声明，作为大家同意的基础，然后逐一讨论较困难的问题。担任这项任务的人员表现出令人钦佩的温和态度，最后提出的草案共列出1 133项修正。最终的方案在1978年10月获得批准，于同年12月6日交付公投。新宪法以68%的投票率，得到了87%的选民的支持。西班牙宣布实行君主立宪制。所有国民的公民权利和法律权利都得到保障，言论自由、新闻自由、集体谈判、罢工权利和妇女的平等权也获得保障。死刑被宣布为非法。对巴斯克、加泰罗尼亚和其他争取自治权的少数民族地区，也给予了更大的自主权。

与许多外国人想法相反的是，西班牙在语言或文化上并非同质国家。尽管数百年来，卡斯蒂利亚和卡斯蒂利亚语一直都占优势地位，但地方差异仍然非常显著，有些偏远地区对自治的渴望导致国家架构之下持续的政治混乱和频繁的恐怖暴行。西班牙共和国非常了解这一点，因此对于想要自治的地区——主要是巴斯克地区和加泰罗尼亚，也几乎给予了完全的自治权。新的西班牙政府并没有做到同样的程度，但批准了地区议会和广泛的地方控制权。西班牙的三大地方语言包括巴斯克语（无论在任何意义上都不属于罗曼语系）、加泰罗尼亚语及加利西亚语。加泰罗尼亚语与法国南部的古普罗旺斯语有一点亲缘关系，而加利西亚语则类似于葡萄牙语。

巴斯克各省份的语言并非印欧语系的语言，而是一种古老的青铜器时代语言，可以追溯到 4 000 多年前的前罗马时代。西班牙境内约有 60 万人使用这种语言，这些人总觉得自己与西班牙人格格不入。他们对独立的渴望由来已久。使用加泰罗尼亚语的人数量远远超过使用巴斯克语者，总数约为 1 200 万。而使用加利西亚语的人数则介于两者之间。

1936 年，共有 20 份报纸和 1 000 多种其他出版物是以加泰罗尼亚语发行的。在巴塞罗那周围以及市内，人们普遍说着这种语言。该地区的许多农村居民甚至不会说西班牙语。佛朗哥接管西班牙政府之初，目标之一就是消除各地区之间的藩篱。他强烈反对人民使用加泰罗尼亚语，而该语言的出版物也曾一度被禁。尽管有这种法律压制，很多儿童成长时也未接触它，但这种语言仍然很盛行。在 1983—1984 学年度，根据新法律，加泰罗尼亚大约一半的学校以加泰罗尼亚语教授大部分的课程，仅有不到 5% 的学校完全使用西班牙语授课。如今该地区的教育政策是，所有儿童必须会这两种语言。[8]

加泰罗尼亚语如此活跃的因素之一是说这种语言的人数众多。此外，从19世纪起直到今日，加泰罗尼亚语的文学传统燃起了学者对该语言的学术兴趣。而加利西亚语尽管有过光辉的历史，如今却主要是一种乡村语言；最近也有人对该语言产生兴趣，但它并没有像巴斯克和加泰罗尼亚语那样，能在加利西亚煽动起分离主义的强烈情绪。如今西班牙所有的地方语言都可以在学校里教授；在巴斯克还有特别的运动，鼓励所有年龄层的人参加夜校，增进他们对巴斯克语的了解。

并非所有的巴斯克人都追求完全独立，但是有一个组织严密的极端分子团体埃塔（ETA，即巴斯克祖国与自由组织），长期以来一直为巴斯克的独立而战。[1] 这个组织就像爱尔兰共和军（IRA）一样，采取频繁的恐怖行动来表达诉求。佛朗哥的朋友卡雷罗·布兰科总理遭暗杀，很可能就是埃塔所为，但当5名嫌犯在1975年在西班牙遭处决时，整个欧洲都掀起了一股强烈的抗议浪潮。

在恐怖分子和国家政府之间持续不断的对抗中，西班牙国民卫队首当其冲，受到暴力袭击。国民卫队是在19世纪为管理西班牙的农村地区而成立的，一直被视为精英部队。其军官是由军队中挑选出来的，其政治路线一直属于保守派。在内战爆发时，大多数国民卫队都支持佛朗哥，其中1 200人躲藏在托莱多城堡的地下室里英勇地抵挡住了共和军的围困。佛朗哥的所有的军事单位中，国民卫

[1] 从1978年对西班牙宪法的投票中，即可看出巴斯克的分离情绪。在巴斯克地区，54.5%的选民没有投票，有5.8%的空白选票，即超过六成的巴斯克成年人反对宪法或对国家宪法漠不关心。出自 *Blanco y Negro*, number 3476, 13/12/78。

队的伤亡人数最多。自佛朗哥 1975 年去世以来，已有 300 多名国民卫队成员在维持秩序时遇害，3 000 多人受伤。卫队的卫兵总是成双结对地出行，在西班牙的旅行的人随时都会在某个意想不到的拐弯处撞见他们。他们还巡逻西班牙铁路，以及任何可能会有多人群聚的公共场所。

如今的国民卫队由大约 5.8 万名训练有素的男子组成，相当于每 678 名西班牙人就有一名卫队成员。他们独特的绿色制服和三角形漆皮帽在西班牙的公路和小道上很抢眼。他们受训要与村民保持距离，也从不在自己的家乡工作。西班牙人对国民卫队的看法不一，既尊重他们的勇气和对农村的保护，却不信任也不喜欢他们在政治上的保守态度。有些村民认为他们是间谍，因此痛恨他们。[9] 20 世纪 80 年代，国民卫队再次因西班牙境内的极端团体而有重大伤亡。虽然恐怖主义尚未失控，但西班牙恐怖团体的暴力行为已经日益成为破坏国家权威的一种力量。[10]

1981 年 2 月 23 日，一支组织严密的国民卫队冲进了西班牙议会的众议院，把全国大多数的议会代表扣押为人质。有些卫队士兵在冲进议会大厅命令 347 名代表和少数在场的参议员趴在地板上时，还用自动武器射击。与此同时，军方战车和部队控制了马德里的国营电视台。次日，其他军事单位加入政变，但忠于政府的部队拯救了电视台；国王在全国转播中发表了慷慨激昂的谈话，谴责叛乱，命令军队坚守宪法，支持民主选举产生的政府。之后，政变迅速崩溃，在开始后 18 小时就结束了。幸运的是，没有人在混战中受伤。

事后，参与政变的国民卫队和一些军官被逮捕和监禁，但他们都没有被起诉重罪或被判处重刑，因为当时认为这样做的风险太大。

2 月 27 日，逾百万人在马德里街头游行，支持国王和正式当选的政府。法国《世界报》(*Le Monde*)的总编辑安得烈·方丹(André Fontaine)在 3 月 11 日的报纸上评论说，西班牙军队“在西班牙上空悬挂了一把达摩克利斯之剑……人们对恢复强人统治以对付恐怖主义和社会经济问题的同情远远超过最初的表现”。[11]

西班牙工人社会党领袖费利佩·冈萨雷斯在周刊《变革 16》3 月 23 日的采访中同意，军事接管的危险是任何当选的西班牙政府都会面对的问题。他说：“极右翼和极左翼的客观利益是一致的。”他还质疑美国对未遂的政变态度模棱两可：“美国政府还没有明确对西班牙民主的和平发展表态……约 24 小时的时间里，里根政府对政变表现出的冷淡态度，可能会使华盛顿与马德里的关系受到影响。”冈萨雷斯和数百万西班牙人都希望美国能直接斥责政变的企图，并立即声明支持经自由选举产生的西班牙民主政权。在这个时候，措辞恰当的几句话就能大大帮助美国在欧洲赢得新朋友。讽刺的是，仅仅 8 个月之后，冈萨雷斯和他所率的工人社会党就以压倒性的胜利，赢得了佛朗哥死后西班牙的第二次全国大选，建立了倡导多元化社会主义的政府。

在后佛朗哥时期，人们的注意力集中在政治变革上，但经济危机很快成为焦点。建筑活动放缓、失业率上升、通货膨胀严重、国债增加，加上 1973 年的 10 亿美元外汇储备迅速消失，到了 1977 年外汇出现严重短缺。同年 10 月，所有政党的代表在首相官邸蒙克洛亚宫开会，并制定了《蒙克洛亚协议》(Moncloa Pact)，全力应对当前的危机。西班牙的经济政策发生了翻天覆地的变化：公共支出受到严格限制，货币供应减少，通货膨胀受到抑制，实行税制改革，并对较小型的企业提出援助。社会保障福利也有所增加，新通过的劳动法规使工人获得喘息，政府设法改善农村的情况，采取农业现代化和缓解失业的手段。[12] 这些措施全都得到正面的效果，但还不足以使西班牙摆脱经济危机。也许最成功之处是使通胀率降低了 10%，但通胀率在 1982 年仍然保持在每年增长约 15% 的水平。

恶劣的经济状况促进了工人社会党的迅速发展，该党承诺在 4 年内创造 80 万个新的就业机会。1982 年 10 月 28 日，佛朗哥死后的第二次全国大选后，在富有个人魅力的费利佩·冈萨雷斯领导下，工人社会党在议会两院都获得绝对多数席位。他们在众议院的 350 个席位中获得 201 席，在参议院的 208 个席位中则取得 134 席。西班牙的政治取向则回到自由派共和国时期（1931—1936 年）。

在佛朗哥掌权时（1939—1975 年），西班牙的新闻报道受到严格的审查。只有对政府有利的新闻可以出现在报刊上，而且为了粉饰现状，报道往往会是彻头彻尾的谎言。如果报纸标题写“毕尔巴鄂并无罢工”，读者就会立即知道毕尔巴鄂正在罢工。报章杂志的篇幅大幅减少，只剩下零星的体育和社会新闻，偶尔有商业和建设报道。毫无疑问，在那个被压抑的年代，西班牙的媒体在欧洲甚至在文明世界中都是最差的。

佛朗哥去世后，媒体解禁了，新闻界立刻大显身手。新兴报章杂志如雨后春笋般出现，但其中许多很快就倒闭了。在新成立的日报中，只有 1976 年开始在马德里发行的《国家报》成为重要报纸。这间独立报社自创社就一直公平、客观地报道新闻。周刊《变革 16》堪称西班牙的《时代》(*Time*) 杂志或《新闻周刊》(*Newsweek*)，深度报道一般人感兴趣的题材，获得读者的喜爱。佛朗哥在位的最后时期，《变革16》曾是该政权的眼中钉，受到严格控制。如今，它在民主君主制的新闻自由下蓬勃发展。

由于佛朗哥的长期压制，大部分西班牙人已不再看报。1936年，当马德里还是一个只有100万居民的城市时，它有18种报纸，其中6种每天发行量逾20万份。如今这个拥有400多万居民的城市只有7种日报，其中只有一家发行量达到20万份。在共和国时期，西班牙全国共有2 000家日报社，如今却只有130家。西班牙人在他们无法得到真相时停止了读报，他们对新闻界仍然有根深蒂固的不信任。广播和电视新闻的增长也产生了影响。20世纪80年代，每1 000个西班牙人中，只有80人买报纸。

迅速浏览马德里当今的报纸，就能对马德里400万人口的主要思潮有通盘的了解：[13]

《阿贝赛报》(*ABC*)由西班牙报媒元老托尔夸托·卢卡·德·特纳(Torcuato Luca de Tena)侯爵于1905年创立，是拥护君主主义的保守派报纸。这是一份贵族报纸，以引人注目的照相凹版印刷版面和在文坛颇有地位的撰稿人的文章，吸引老派富裕家庭的读者，在佛朗哥时代广受欢迎，但发行量自1975年以来减少许多。其姐妹刊物《白与黑》杂志(*Blanco y Negro*)由于经济因素，在近一个世纪的杰出报道后，于1981年停刊。《白与黑》曾是质量最好的杂志，刊有西班牙最优秀作家的文章，但最后几期却成了轻薄的小册子，没什么吸引人的题材或价值。

《阿尔卡萨报》(*El Alcázar*)也是保守派的报纸，成立于1936年内战共和军围攻托莱多城堡之时。自1975年以来，它的发行量增加了，因为它代表了传统的保守派观点，反对政府的民主宪政政策。

《十六日报》（*Diario 16*）于 1975 年创刊，是颇受推崇的双周刊《变革 16》的姐妹刊物，但成绩却逊色许多，其文章拙劣，对新闻的看法也不那么客观。

《马卡报》（*Marca*）是体育新闻报，由曼努埃尔·费尔南德斯·奎斯塔（Manuel Fernández Cuesta）在佛朗哥时代早期创办，他是长枪党创始人之一的兄弟。这份报纸在 1940 年至 1970 年间颇受欢迎，主要是因为体育新闻是政府唯一放手让其自由发布的新闻。此外，它获准在其他日报不得出报的周一出报。

先前已提到的《国家报》是针对受过良好教育的读者的报纸，读者包括知识分子、专业人士及学生。其创始人是著名作家奥尔特加-加塞特的儿子奥尔特加·史波托诺。活力充沛的年轻采编人员使该报成为当今欧洲最好的报纸之一。它抱持的是自由但客观的观点。1983 年秋天，《国家报》为了扩大发行量，办了热烈的宣传活动以吸引美国读者，尤其是美国的西语教师，在 5 周的时间内免费发送了数以千计的免费报纸。《国家报》让我想到共和国时期可能最受尊敬的报纸《太阳报》。

《人民报》（*Pueblo*）由政府组织的工会于 1940 年创立，是马德里唯一的晚报。过去它为佛朗哥的社会和政治意识形态辩护，未来的方向则不确定。

《Ya 报》（*Ya*）创于 1935 年，是天主教的小型报纸，坚持教会的角色和基督教的道德原则。其撰稿者包括许多文学大家。该报坚定捍卫教会的反堕胎和反离婚立场，并抨击努力把西班牙学校体系和天主教意识形态分开的教育部。这场斗争正在升温。

1881 年创于巴塞罗那的《先锋报》(*Vanguardia*)是西班牙历史最悠久的报纸，可能也是佛朗哥时代末期西班牙最好的报纸，不过近来已略为逊色。然而它仍然是西班牙发行量第二大报，大约有 20 万份。马德里的《国家报》则是目前西班牙发行量第一的大报，它当之无愧。它的周日杂志版是当今西班牙最受欢迎、最具信息量的刊物之一；它的日报则有一流的报道。当今的西班牙报纸和杂志客观地报道了美国的文化生活，以及其经济、政治和外交活动，可惜美国报界未能加以响应。

审查制度的撤销不仅催生了严谨的新闻业，也催生出色情刊物。经过 40 年的压抑，西班牙人突然对色情书刊疯狂着迷。裸女图片出现在形形色色的报章杂志上，其唯一目的就是促进销路。从前严肃的书报摊现在都陈列这样的图片。在社会上，裸体成为自由的代名词。许多模仿《花花公子》(*Playboy*)和《阁楼》(*Penthouse*)杂志的书报如今经常出现在中产阶级客厅的桌子上，毫不避讳孩子的目光。夜总会以裸体艺人为宣传，色情电影也比比皆是。西班牙人开车穿越西法边境去看《巴黎最后的探戈》(*Last Tango in Paris*)的盛况已不复见。

沿着所谓的“观光街”，夜总会贴出舞女除了鞋子之外全裸的海报。马德里版的《恋马狂》(*Equus*)舞台剧则有一幕裸体戏，在百老汇也引起了轰动。裸体在广告中也占有一席之地。一个简单的泳衣广告是一对男女在清澈的海水中裸泳。他们高举着各自的泳衣。文案写道：“裸泳很美，但如果你必须穿泳装，买我们的吧。”[14]

《约会》(*Interviú*)杂志既有政治报道，又有类似《询问报》(*Enquirer*)之类的八卦加上性感清凉照，发行量一跃而达上百万份。

有一段时间，西班牙境外的色情照印刷厂都忙不过来。然而，读者一旦饱足，对这项新运动的兴趣就开始下降，《约会》创刊之后几个月内，销量就大减八成。

自1975年佛朗哥去世以来，西班牙在社会和政治道德观方面也经历了剧烈的变化。在许多方面，它甚至已经不再是过去的那个国家了。非常典型的是，年青一代以不同寻常的热情接受了新的自由，这在道德价值方面尤为明显。婚前性行为已被广泛接受；很多年轻人不结婚只同居，在公共场合接吻和拥抱如今也寻常可见；刚获解放的同性恋者在巴塞罗那的街头游行，就像在旧金山和洛杉矶一样；色情杂志和电影司空见惯；工人社会党人受欢迎的程度远超佛朗哥的政党。外来游客见到的是一个新的西班牙，而以往曾来过的游客旧地重游时几乎必然会说："这不是我所认识的西班牙。"

《变革16》曾进行民意调查，以了解读者对西班牙生活中最重要的议题的看法。1977年的调查显示，76%的受访者认为可接受离婚，74%表示不在意婚前性行为，同一调查显示，六成的年轻人几乎完全脱离教会。20岁以后脱离宗教的人数增加，而这个时候正是大多数年轻人离开家的时候。在后来的1983年，巴塞罗那进行的一项民意调查则显示，90%的受访者赞同离婚，86%的人认为婚前性行为没有关系，但有54%的人反对卖淫。只有4%的人曾尝试吸毒，3%的人渴望结婚。[15]

自1981年7月起，以民事诉讼方式离婚在西班牙已合法，不过教会当然反对。佛朗哥政府宣布所有天主教徒的世俗结婚无效，到1975年已有近10万份分居案件等待教会法庭审理。除非其中一方有许多金钱和/或影响力，否则判决很少令人满意。如果有废除婚姻的请求，这点就更为重要。法律本身支持双重标准。通奸的男性不算犯罪，除非他带着情妇到家里同住，或者和她在外同居；反过来，女性如果通奸罪名成立，则可能被判入狱 6 个月至 6 年，还得支付巨额罚款，失去子女更是理所当然的结果。如今虽有很大的转变，但这并不意味着男性主导的旧秩序已经消失。西班牙的女性正在艰苦地战斗、要求平等，但世界各地的女性都是如此，美国亦然。目前，西班牙女性在财产和对子女的权利方面已获得与丈夫完全平等的地位。

西班牙的女权主义团体公开示威，捍卫各种女权目标，包括抗议对通奸妇女的处理，尤其是在情有可原的情况下。譬如，在佛朗哥去世不到一年时，1 万名妇女在巴塞罗那游行，声援一名被丈夫抛弃后因“通奸”生子的妇女；她因拒绝将孩子交给前夫的父母而被告上法庭。[16] 游行的妇女手持“Jo també sóc adúltera”（加泰罗尼亚语的“我也是成年人”）的标语牌。由于这样的示威，加上支持离婚的观点越来越普遍，相关的法律因此松绑。新法律现在允许女性因某些特殊原因而堕胎，而事实上这些原因可以扩及几乎任何情况。过去，每周都有整班飞机载满前往伦敦堕胎或购买宫内节育器的女性，这样的情景已不复见。在 1977 年，这还是唯一的出路：“想堕胎的妇女拨打伦敦的电话号码，对方用西班牙语回复，并告知下一次堕胎航班的日期。收费比巴黎低，还包括接机。”[17]

然而天主教对堕胎的态度在西班牙依旧根深蒂固，即使在年轻人中，也只有 21% 的人在最近的一次民调中表示若有需求便可堕胎。53% 的人接受在“特殊情况”下的堕胎，但依然有 14% 的人反对出于任何原因的堕胎。同一项调查显示：如果一个已有很多孩子的贫困母亲想要堕胎，37% 的受访者表示赞成；如果即将出生的胎儿被证实出现异常，62% 的人接受堕胎；如果分娩意味着母亲会失去生命，则有 70% 的人投赞成票。这完全违背了天主教关于这个问题的教诲。[18] 绝大多数西班牙人，无论男女，都赞成节育。《国家报》在 1983 年有个大标题说“教宗谴责使用避孕工具为一种罪恶，这是一种倒退”。这是西班牙人不愿意走的一步。[19]

《变革 16》总结这些民调的结果，得出的结论是：“西班牙的年轻人已经完全欧化，并采取了比法国、英国或斯堪的纳维亚的年轻人更自由、更开明且更进步的态度。”该杂志继续写道：“简而言之，我们的年轻人现实、理性、通情达理，在性和社会关系中非常开放和宽容。只有一个独特的区别：西班牙青年比欧洲其他地区的青年更悲观，但我们的年轻人仍然相信在西班牙建立真正进步的民主的可能性。”

西班牙青年的思想比法国、英国或斯堪的纳维亚的年轻人更自由的结论是不准确的。《变革 16》的民调都是在大城市中心进行的，并不能反映出整个国家的态度。它们代表的仅仅是目前的趋势。此外，西班牙的年轻人突然获得了自由，有机会甩开缰绳、为所欲为，而这正是他们目前所做的。至少在这个阶段，他们的思想和行动代表着从压抑中反弹，就像钟摆一样摇摆不定，并没有牢牢扎根于现实。让我们看看未来二三十年的情况。西班牙可能再也不会像以前那样了，老西班牙可能已逝，但我们不能确定。风格上的摇摆，甚至性观念上的摇摆，也需要好几年的时间才能成为一个国家的特征。当内疚感袭击这个新世代时，也可能会出现相反方向的摆动。毕竟，仅仅在 10 年到 15 年前，西班牙的年轻人提到佛朗哥时仍说：“西班牙少不了他”（Es necesario para España）。

西班牙的未来掌握在青年的手里，但有一些事是值得担忧的，因为这个世代并没有接受过植根于民主的教育。在中上阶层的年轻人身上，几乎可以看到同时代发生在美国的一切，只是比例有所不同。有些年轻人未婚同居；还有一些已婚夫妇前往英、法，万一婚姻不幸福，分开就不那么困难了。有些年轻人对老一辈非常反感。尽管使用或贩卖毒品后果严重，但仍有嗑药者、嬉皮士等。1983 年，西班牙将吸食大麻合法化，吸大麻一时间成为流行，这令老一代看得心惊肉跳。尽管在法律上不允许种植、出售、“制造”或分发大麻，却并无法律惩罚吸食者。[20]

许多年轻人靠爸爸或和他们约会的美国女孩生活。因为多数大学生在完成学业之前都无法工作，所以必须依靠父母的长期支持。西班牙没有像美国那样常见的贷款、奖学金、助学金或各种赞助捐赠。越来越多的年轻人在就学期间同居或结婚，但是能上大学的人比例仍然相对较低。

工人阶级的年轻人还有其他的问题，不过他们与较富裕的同龄人倒有一个共同点：他们是狂热的消费者。公关和广告专家都非常了解这一点。年轻人是消费社会的重要成员，在服饰、唱片、磁带、摩托车及迪斯科舞厅上的花费极高。西班牙的青少年犯罪虽没有美国那么多，但正在迅速上升。许多孩子年纪轻轻就必须赚钱贴补家用。未成年人（14 岁以下）打各种零工，从服务生、送货员、洗碗工到贩卖糖果、报纸或饮料。由于没有足够的地方或学校供孩子上学，因此义务教育并没有被强制执行。由于缺乏技术学校，这些孩子在工厂或工作室中，必须面对难以应付的情况。他们不读书，是因为他们没有受到这方面的刺激或训练，而且也因为书本很昂贵。此外，他们工作时间很长，通勤距离也长，所以下班后已经筋疲力尽，宁可看漫画书放松或去当地的台球室。这些年轻人中，许多人都想摆脱家庭生活和日常工作的压迫，只是很困难。一旦这些男孩有稳定的女友，就会开始存钱准备购买公寓，结束随意花钱的日子。

社会阶级之间也有差距。年轻的工人不喜欢同年龄的大学生，认为他们是公子哥，彼此相互反感；大学生对工人往往持轻蔑或高人一等的态度，无意了解工人的问题。当然，工人阶级很少上大学，不过各省开设了几所新学校，使这点有了改变。西班牙高等教育往往把研究和教学分开，而不公平的考试制度造成毕业生缺乏课堂上的培训或经验，只会死记死背。

大学的不同部门之间缺乏合作，学生和教授受到官僚主义的阻碍，而面对不断变化的社会，大学仍然是铁板一块。学校缺乏良好的图书馆、研究设备和研究生阶段的研讨式学习。目前大学只履行三项传统职能中的一项，即培养专业人才，而未顾及文化和专业学习及研究之间的平衡。但这里也有一个悖论。许多具有足够专业训练的毕业生，如工程师、建筑师、化学家和物理学者，要么在其他领域工作，要么出国了。这些人在他们的专业领域找不到工作，因为他们都想在大城市生活，而老一辈的专业人士已经形成了一个封闭的圈子，垄断了所有的工作合约。一般来说，西班牙大学欠缺一个稳定的民主社会所需要的对话、政治教育，以及对责任、合作与让步的学习。

尽管高等教育有这种弱点，但西班牙教育正在努力追赶其他国家。《变革 16》在社论中评道："西班牙继承了佛朗哥时期难以想象的平庸教育水平，该政权像千头大章鱼般伸出数不清的触角，连学校的粉笔和黑板颜色都要管。而我们的大学则陷入令人难以置信的消沉状态。”[21]不过到了20世纪80年代初，西班牙在教育方面的支出远高于国家预算中的其他项目，只低于工作和社会保障及国防。西班牙1984年的预算总额约为350亿美元，其中有超过30亿美元专门用于教育。学校里都挤满了学生。自共和国以来，多年未见这样的教育热情。仅在马德里，就有超过100万名儿童入学；教师要求提高薪资和减少学生。现在的全国文盲率约为8%。

就像过去一样，教会和教育部再次展开了思想斗争。教会希望分发一本名为《上帝之路》(*The Path of God*)的小册子给五、六年级的学生；书中归纳了天主教的道德信仰，其中也明确指称堕胎等于谋杀、战争和恐怖主义，因为这些都是摧毁生命的方式。教育部反对这种说法，拒绝让教会发这种文章给学生看，因此双方开始斗争。同时，联邦政府在不采取道德立场的情况下，努力推动堕胎除罪化。天主教的统治集团称政府的态度是“反教会的社会主义”。[22]正如那句老话：“在西班牙，人人都跟随教堂，其中一半的人拿着蜡烛，另一半拿着棍棒。”

年轻人在投票时的作用举足轻重。1931年，法定可投票年龄为23岁，但到1977年选举时则改为21岁；到了1979年，投票年龄已降至18岁，这使选民人数增加了150万。由于在内战中死亡的男人太多，因此52%的选民是女性。同性恋者是另一个具有潜在影响力的政治团体，而工会工人当然是最强大的政治力量。女权主义者和同性恋者这两个团体尚未形成任何形式的统一战线。

西班牙工人仍然是除了葡萄牙之外全欧洲工资最低者，人均生产率也同样低下。近年来工人的人均收入飙升，但仍低于法国和意大利。尽管西班牙相对不发达，但它已成为世界第九大工业强国。在过去六七年中，每年在西班牙注册的汽车数量都超过100万辆，其中大部分是在西班牙国内生产的。通用汽车、克莱斯勒和福特都在西班牙设有大型工厂。

西班牙已抛弃了过去的仇外态度，急于让欧洲人接受他们。1982年5月30日，西班牙加入北约组织，结束了政治孤立的情况。寻求进入欧洲共同市场的声音更为强烈，但法国反对西班牙加入，因为西班牙农产品对法国农民来说太有竞争力了。

在佛朗哥当政的最后几年加入共同市场，更新梵蒂冈协议，以及收回直布罗陀，是西班牙外交政策的三个重点。佛朗哥虽已去世，但其中两个问题仍然存在：现任政府低调处理收回直布罗陀，更为突显出加入共同市场的迫切性。只要佛朗哥掌权，西班牙就没有加入的机会，因为政治立场属自由作风的共同市场成员绝不会接受向希特勒及墨索里尼看齐的法西斯国家。但佛朗哥确实试过了后来政府也采用的一条路线，即“地中海的团结”。由于法国在共同市场的霸主地位正在被英国和德国夺走，它可以利用西班牙给予的额外支持，来平衡地中海国家与北方国家的关系。

但法国已经列出了条件。尽管西班牙现在和其主要竞争对手摩洛哥及以色列都得到共同市场的优惠待遇，但市场成员国提出的要求却是歧视性的，有所偏袒。此外，虽然摩洛哥确实与西班牙有一些关系，但由于在文化和语言上更偏向法国，摩洛哥得到了法国的特殊待遇。摩洛哥是西班牙柑橘水果出口的主要竞争对手，而西班牙政府允许摩洛哥用西班牙的铁路把容易腐坏的农产品运往法国，而非用需时较长的海路。此外，摩洛哥农产品在法国的售价也高于西班牙农产品。

另外，巴伦西亚的柑橘业因为外国的竞争和气候的不利因素，陷入危机已有一段时间。西班牙是否必须以这种方式“讨价还价”，才能以欺骗自己人民为代价进入欧洲？还是说，这是对摩洛哥的让步，以便为吞并直布罗陀争取更多的支持？实际的情况更为错综复杂。几年前，摩洛哥将其领海扩展到传统上为西班牙渔民捕鱼的区域，并没收了西班牙的船只，这直接影响了原就处于危机状态的安达卢西亚渔业，目前仍未得到有效解决。

另一个美中不足的事实是，西班牙与阿拉伯各国的关系一直都比与佛朗哥从未承认的以色列更为密切，其中一个原因是历史因素：西班牙在北非的穆斯林殖民地，以及摩尔人曾长期居留西班牙的历史。另一个原因是经济上的需要，因为西班牙不生产石油，只能依赖阿拉伯的产油国，如果没有这些来源，它的工业和汽车都得要停顿。

快速的工业化进程及佛朗哥的“经济奇迹”把女性拉出家庭、推入就业市场，而现在的政府更加鼓励及保护工作的女性。1940年，妇女仅占西班牙总劳动人口的14%，但到1984年，这一比例已升至35%。妇女组成了约500万人的巨大潜在劳动力来源，也是现有工作人口的四成。这也催生了法律、社会和职业上的转型，更多托儿中心的开设，以及传统“女主内”态度的改变。“la mujer en casa y la pata quebrada”这句西班牙谚语字面上的意思是“女人得待在家里，就算要打断她一条腿也在所不惜”，但这已经是老观念了。

从事女佣和清洁工作的底层女性则往往转入餐厅和百货公司工作，倒不是因为收入较高（住家女佣的工资很高，还提供食宿，而且好女佣难找，因此条件很好），而是因为电视让她们有了不同的观念，也因为她们想要行动的自由。讽刺的是，当家政工作者逐渐减少，这类工作反而有了保障：在家庭或机构中工作的清洁女工必须要有社会保险。

中产阶级女性如果出外工作，仍可依赖家政服务、自己的母亲和组织良好的托儿中心来协助她们履行家庭义务。其中许多人以兼职的方式工作；和美国的情况相同，她们的薪酬通常较低，职务地位也低于男性。

西班牙女性是贤妻良母；她们一直都是西班牙部落体系的黏着剂，鉴于其体系的冷酷，需要这个强大的核心来防止其崩溃。许多西班牙女性无比坚强、足智多谋；她们习惯使用自己的姓名，不会因结婚而冠夫姓。她们在工作上雄心勃勃，可以担任律师或医生等辛苦的工作，同时照样照顾家庭。她们的母亲则随时待命协助。此外，西班牙学校上学时间很长，而在政府机构工作工时却较短（早上 9 点至下午 3 点），这有利于中产阶级女性外出工作。然而这种传统的生活方式已在改变。西班牙女性在一定程度上受到女性解放运动的影响，但她们目前更有兴趣追求的，是在面对婚姻问题时能够以个人身份行事的基本法律基础。

这么多女性进入职场还有另外一个很少提及的“非官方”原因。这要追溯到前工业化和后内战时期，与工业化并无关联。当时许多女性，尤其是中产阶级女性，因为战争而丧偶。如果她们的亡夫生前为战败的一方作战，她们就没有法律地位，不得不靠着收房客或担任女佣维生。通常最年长的女儿也得工作，以资助弟弟的教育费用；她经常得做出最多的牺牲，成为典型的长姐如母式的女性，只能担任低阶文职或店员。而战胜一方的寡妇往往能获得香烟零售商的特许权。

目前已有极多能干的女律师捍卫自由理想，为婚姻纠纷中的妇女争取合法权利，在社会上为受虐者发声。尽管成功机会不大，但这些律师仍然带来一些变化。（西班牙皇家语言学院不接受 abogada 即女律师这个词，要用 una abogado；医生一词也不可用阴性的 médica，但是可以用 doctora。）1971 年，少年法庭任命了第一位女法官。女医生和女心理学家的表现也令人印象深刻。有些女性是小企业的董事，也成立了女企业家协会。地方和中央政府里都有女性官员。

当然，女性在教育方面一向作用很大，只是受过中等教育以上的女性人数很少，而女性的文盲率是男性的两倍。社会上并不赞同男女同校，但现在却蔚然成风。多年来女性教育一直由奉献给宗教的修女掌握，如今，每年都有更多的女性上大学，大多数女性研读人文学科或药剂学，以便进入传统上以女性为主的行业，但也有越来越多的女性进入医学、化学、社会科学、建筑、工程、法律等科系。女性获得重大进展的另一个领域是传播：新闻、广播和电视。现在大学有许多这些领域的学院或科系。

女性也担任博物馆馆长和图书管理员等高级职位［如塞维利亚的印度总档案馆（Archivo General de Indias）馆长］。许多有博士学位的女性在高等研究理事会（Consejo de Investigaciones Superiores）做研究，但很少被视为大学内的顶尖教授。在 1.2 万名大学教授中，只有少数是女性，但随着越来越多新大学的成立，这种情况也有了改变。

有些40多岁的中产阶级妇女也回到大专院校完成学业。她们很年轻就结了婚，如今她们的孩子已读大学，不再需要照顾。回到学校可以打发无聊的时光，也减轻了她们在婚姻中的挫败感。

越来越多的女性在银行工作，和上一代大不相同。许多女性从事出版业、广播、营销、社会工作和医疗保健，或者成为作家。也有女性在马德里和其他交通堵塞严重的城市担任女警。这些女性在工作上都极为成功；甚至连出租车司机被她们开了罚单，也无法反驳脱罪。

只受过小学教育的年轻女性往往会在专科学校学习打字、缝纫或者发型设计，之后进入办公室做影印工作，或者担任裁缝或从事美容美发。这种工作为大家庭带来额外的收入，也为女孩提供除社会保障福利外，购买服饰、唱片和其他消费品的零用钱。

尽管中产阶级妇女可以找到不错的日托中心，但安达卢西亚的妇女对这种中心的需求更迫切，因为丈夫往往是流动工人，而妻子本身也要工作。工业界缺乏训练有素的女性，从事危险化学品或者在金属加工厂工作的女性发生事故的比例很高。讽刺的是，中产阶级女性梦想用工作从家庭中获得解放，而下层阶级的女孩则梦想借由婚姻和家庭从工作中获得解脱。她们仍然有强烈的担心，害怕自己孤老终生，但她们不再以修道院为出路。

至于家庭主妇，政府则尽量把她们留在厨房，尤其是大家庭的妇女。佛朗哥鼓励这些大家庭的方法包括给母亲颁发奖章、提供现金福利，以及火车票、入场券和学费的家庭减免。她们不能被从住所赶出去，此外她们的丈夫工资也会较高。许多传统、保守、中上阶层的家庭也很庞大，大半都有 4 至 6 个孩子。

在妇女的合法权利方面，则有相当大的进展。以前，未经丈夫允许，女性不得签订合同，也不能工作或领取任何工资。已婚妇女不能接受遗产或担任遗嘱执行人，对家庭收入也不能置喙，即使她也对家庭收入有所贡献。父亲没有义务“承认”非婚生子女，通奸或堕胎的女性会遭受严厉的惩罚。古老的西班牙谚语“对自己的母亲、妻子或女儿要举止沉稳”（Con la madre, la esposa y la hija no se gastan bromas），描述了男性对家人的态度，但他对其他人的母亲、妻子或女儿则是另一回事。如今不同了，所有的旧法律或习俗若非已然改变，就是正在改变。然而，在男性主导的社会中，大男子主义消亡的速度依旧极为缓慢。

西班牙女性的衣着与欧美其他国家女性并没有太大差别。除了偏远地区外，几乎没有人再只穿黑色。在城市里，牛仔裤无所不在。女装的款式和纽约或巴黎一样休闲，鞋子也一样不舒服。唯一的区别是，西班牙没有那么多女性能够负担得起（或知道如何）打扮时髦，但她们学得很快。毫无疑问，时髦的西班牙女士绝对不落人后，而西班牙风格也独树一帜。巴黎世家（Balenciaga）的设计就是西班牙在时尚领域表现的一例。

当今西班牙人吃得比以往任何时候都好。人均摄取的面包和马铃薯总量比 20 世纪 60 年代多，肉类，尤其是猪肉和鸡肉的消费量也更高。牛肉仍然相对昂贵，在西班牙很难找到好吃的牛排。与欧洲其他国家相比，西班牙人的饮食开支在其收入中占有较高的比例，但这并不表示西班牙人的饮食较好。脂肪过多、维生素摄取量过低是老问题。尽管有这种饮食上的缺陷，但西班牙人这20年来的身高已经大幅提高，约比过去高了2厘米。但西班牙人平均身高仍比大多数欧洲人矮，而且较多人超重。[23]

西班牙料理不如法国或意大利那么受重视，但西班牙却有真正无与伦比的菜肴，其中首屈一指的是巴伦西亚海鲜饭，由用藏红花染色和调味的米饭做成，粒粒分明，不会黏在一起，里面可添加各种贝类，尤其是虾、蛤蜊、牡蛎、龙虾尾、小龙虾，再加入切成小块的西红柿、猪肉丁、鸡肉丁，以及几种切成丁状的西班牙香肠，用大蒜、洋葱、香草调味，小火慢煮。

虽然我一生中曾多次前往西班牙，在那里见过许多奇迹，还邂逅了许多杰出的人，但我仍然对吃到最棒的海鲜饭的地方记忆最清楚、情感最深刻。我在巴斯克的圣塞瓦斯蒂安首次吃到美味的海鲜饭；第二次是在塞哥维亚，这个城市不靠海，因而益发难得。尽管首都马德里有最好的旅馆和餐厅，但我从未在马德里吃到一流的西班牙海鲜饭。

我印象最深刻的西班牙海鲜饭是在巴伦西亚的老国民饭店吃到的，就在火车站对面。我从塞维利亚带着大行李箱抵达火车站，那时我即将踏上地中海之旅。一个60多岁的老搬运工拿着我的行李箱，用绳子绑住，背在背上，问我："去哪里？"当我回答"对街"时，他眉开眼笑地说："那里有城里最好的食物，一定要试试他们的海鲜饭。"果然名不虚传。

此后我一直在寻找同样美味的海鲜饭，却未能如愿。我担心大部分的西班牙厨师已经忘记怎么煮好吃的海鲜饭；这需要时间，要买很多材料，还需要能分辨味道的灵敏舌头。当然，还有其他不错的西班牙菜及一些独特的基本食材。譬如，西班牙的鳕鱼，无论用什么做法，都是全世界最好吃的鱼类之一。加利西亚杂烩肉菜锅和阿斯图利亚豆煲都是含有肉类和马铃薯的杂烩汤，适口充饥。安达卢西亚的西红柿冷汤也一样独一无二。这是法式马铃薯冷汤的对应版，但许多美食家都觉得西班牙版本的味道更好。

当今西班牙最受关注的话题之一是美国在西班牙领土上的军事基地。1953 年 9 月，佛朗哥将军与美国签署了协议，允许建造这些基地。理论上，每个基地都该悬挂西班牙国旗，由西班牙指挥，而在实际战争的情况下，除非相互同意，否则不得使用基地。基地的总造价超过 5 亿美元。

西班牙总共有 4 座主要的美军基地，其中 3 座是美国战略空军司令部的轰炸机基地，分别位于塞维利亚附近的莫龙（Morón）、马德里附近的托雷洪，以及萨拉戈萨附近的桑胡尔霍–瓦伦苏埃拉（Sanjurjo-Valenzuela）。在加的斯附近的罗塔也有一座巨大的海空联合基地，遗憾地被称为“美国对直布罗陀的回应”。这是美国在欧洲最强大的堡垒，耗资上亿美元。长达 485 英里的油管由罗塔经过莫龙和托雷洪，到达萨拉戈萨的基地。除此之外，还有两处小型空军基地：一个是位于塞维利亚附近的圣巴勃罗（San Pablo），另一个是位于巴塞罗那西南 90 英里的雷乌斯（Reus）战机中心。除了罗塔之外，其他基地都是在原本就有机场的地点建造的。在西班牙的其他地方，美国也使用某些西班牙军事设施，譬如在加利西亚的埃尔费罗尔和巴伦西亚海岸的卡塔赫纳都是海军仓库。西班牙基地让美国轰炸机位于距苏联工业中心 3 000 英里的范围内。罗塔的海军基地拥有装备了“北极星”导弹的潜艇，对苏联的威慑力提高了一倍。可惜的是这个地区因船只漏油，使附近几处美丽的海滩遭到破坏。

在西班牙的美军人数约为 1 万人，也许更少，随行的家属人数大致相同。这些人在去西班牙城镇时穿着便服，但在西班牙要看出谁是美国人，就像在纽约的大街上找出袋鼠一样容易。西班牙人和美国人之间的私人关系从好到坏，到漠不在乎的都有。西班牙人很少公开谈论这个问题，但绝大多数的人必然希望看到美国人回国。基地附近的西班牙城市经常出现示威和游行，就已清楚地表达了这一点。

控制西班牙基地的第 16 航空队是美国战略空军司令部海外部队中最大的单位，负责管理西班牙所有的联合基地。西班牙基地协议自初订以来已修订数次，每次都让西班牙人产生更多的疑虑。随着洲际弹道导弹的发展，西班牙基地的战略价值已经降低，可能很快就会消失。1983 年 5 月，西班牙工人社会党首相费利佩·冈萨雷斯在德国波恩也同意在欧洲部署 572 枚新的美国核导弹，分别置于英国、联邦德国、意大利、比利时和荷兰等国。西班牙在 1982 年 5 月 30 日正式加入北约，成为该组织的第 16 个成员国，也是自 1965 年以来的第一个新成员国。此后西班牙人民一直很不安，尤其是工人社会党。

西班牙正在努力使军队现代化。1984 年的国防预算约为 40 亿美元，其中一半以上用于特定的现代化领域。这个数字比 1983 年的军事预算增加了近 16%，对于其他急需经费的领域，这是巨大的牺牲！[24]1983 年夏天，德国伞兵参加了西班牙的军事演习，而西班牙军队也参与英国皇家空军的类似演习。西班牙人不再是孤立主义者，他们充分认识到他们的国家位于比利牛斯山后面，三面环海，是一个防御严密的堡垒，欧洲的防御会顺理成章地包括这里。他们想要的是平等的待遇。

西班牙政府如何处理军费预算提高的问题？如同过去这一个世纪一样，在不久的未来，军队仍是西班牙的发展关键。这个问题没有简单的解决办法，但至少现在政府正视了这个问题。1983 年 2 月，费利佩·冈萨雷斯向议会提出了军事改革计划，要求多余的将军退休（大半都已年逾七十），以功劳取代资历作为升迁标准；在有人被控煽动叛乱或颠覆时，限制军方审讯平民和士兵的特权；削减军队的规模，但使其现代化和专业化；大幅提升所有军事人员的薪酬，吸引更多年轻人从军。基本上，政府在 19 世纪 80 年代就曾提出同样的做法，但并未成功。20 世纪 20 年代的普里莫·德·里维拉和 1933 年共和国时代的曼努埃尔·阿萨尼亚也都提出过同样的措施。[25]

工人社会党认为，这一次该计划可能会奏效。军方最近对政治的干预并不顺利，国王致力于民主，而且在将近 40 年的军方统治之后，普通民众都对其感到厌恶。工人社会党政府非常谨慎地行动，而北约组织已成为这场高风险游戏的关键。西班牙在 1982 年加入北约时，当时的工人社会党投票反对。在以压倒性优势赢得上次选举后，费利佩·冈萨雷斯承诺针对是否继续留在北约举行全民公投，但后来政府对公投一事低调处理，并批准了 40 亿美元的巨资军费预算。很显然，这样做是希望能让年轻的军官们感兴趣，并以此为荣，使他们的指挥达到北约的标准，进而让他们的思想不再围绕政治打转。政府热切地希望消除军事干预政治的威胁。工人社会党采取这些步骤是走在危险的道路上，对结果并无把握，但至少现在是改造军队的最好时机。

另一方面的问题是恐怖主义可能引发军事政变。军方强烈认为，如果政府不能阻止恐怖主义，军队就要这么做。这是今天西班牙的关键问题。这种恐怖主义的根源是巴斯克埃塔组织，即巴斯克分离主义者中的极端组织。埃塔组织杀害的人比佛朗哥独裁时期更多。由1968年至佛朗哥去世的1975年，埃塔组织在西班牙杀害了43人。在独裁和民主的三年过渡期间，有94人遇害。由1979年民主政府开始到1983年底，埃塔组织杀害了282人。绝大多数受害者是在巴斯克地区执勤的警察和士兵。显然该组织认为它能以某种方式发动政变以分裂西班牙，实现其左派、独立的巴斯克家园的目标。[26]

西班牙迟了许久才进入共同市场，这是影响西班牙走向何方的另一重要因素。共同市场一再拒绝接纳西班牙，使西班牙人的自尊受到严重伤害，可能会使舆论从渴望欧洲合作转向自我封闭、自给自足。[27]无论是出于偶然还是必然，西班牙人早已习惯独来独往，古老的仇外心理总是隐藏在表皮之下。佛朗哥将军的统治使西班牙与欧洲疏远了长达40年，留下了不可磨灭的印记。西班牙现在正处于能够为西欧共同体增加强大实力的阶段，而美国也正是西欧的伙伴，如果由于西班牙自尊受损而失去这种力量，那将会造成不必要的浪费和政治灾难。

20世纪80年代，西班牙的旅游热潮再次兴起，在热门地区，必须提前数周甚至数月预订旅馆。西班牙最畅销的报纸之一巴塞罗那的《先锋报》在1983年8月18日刊登了一张观光客睡在帕尔马客满旅馆台阶上的大照片。在西班牙许多其他地方也有类似的景象。

1983 年赴西班牙旅游的人数约为 3 500 万，消费逾 55 亿美元，比前一年增加 20%。美国游客比 1982 年增加了近五成，这主要是拜汇率所赐。几年前，1 美元值 56 比塞塔，1983 年则值 150 比塞塔。要不是有来自观光客的收入，西班牙已陷入困境中的经济很可能就会崩溃。聪明的西班牙人明白这一点，但许多旅馆服务质量下降，完全没能反映出这种认识。[28]

马德里的《国家报》1983 年 8 月 12 日在社论中说："观光业可能是西班牙近来经济史上最重要的活动。20 世纪 60 年代西班牙的"腾飞"主要是由观光业带动的。观光业刺激了建筑业，改变了人们对食品的需求，为大量工人提供了就业机会，并为保持外汇平衡做出了重大贡献。"[29] 到了 20 世纪 80 年代，观光业对西班牙也同样重要。但由长远来看，价格上涨和服务差无疑是杀鸡取卵。不稳定的政治情势、恐怖活动增加，以及街头抢劫，必然会造成这种结果。

20 世纪 80 年代中期，西班牙再次陷入走钢丝的局面，但这回情况显得较为有利，因为大多数人都耐心、宽容，不指望奇迹，愿意勒紧腰带，给政府一个机会。1983 年秋天，《变革 16》的一篇社论清楚地说明了这一点："除了两个一再试图摧毁我们国家的狂热少数族群之外，西班牙的民意显示出这种平静和平衡，可以说西班牙在政治上是欧洲最聪明的国家之一。"[30]

西班牙也出现了一些危机。1984 年 5 月，失业率超过 18%，居全欧最高，而工人社会党政府还呼吁工人接受进一步的牺牲，因为政府开始实施耗资 65 亿美元的工业现代化计划。几十年来，佛朗哥将军因为政治上的考虑，让那些无利可图的过时企业继续经营，而在这名独裁者死后，新政府采取自由放任经济，导致200多万人失业。工业的结构调整和现代化成了当务之急，尤其是在钢铁、造船和消费电器等领域。劳工的暴动骚乱正在增加，并且迅速发展成严重的国家问题。通货膨胀率是每年12%，国民经济增长率每年仅为2%。恐怖主义成了经常性的威胁，军事接管的危险也依旧存在。[31]高级军官的不满情绪仍然严重。在最贫困的安达卢西亚地区，25岁以下的劳动人口中有40%的人失业，而该地区在1983年又遭受了史上最严重的干旱。[32]1983年夏天，在半岛的另一端的巴斯克各省份则发生了大洪水。尽管西班牙试图进入欧洲共同市场，但一直遭到法国的反对。[1]西班牙财政大臣米格尔·博耶尔（Miguel Boyer）表示："自律是解决我们经济问题的唯一办法。"

在1983年10月的一项关于社会大众对政府看法的民调中显示，西班牙人民最不满的是政府对失业和恐怖主义的应对方式。下面的表格中给出了人民对政府在关键问题上表现的评价。[33]

	做得好	做得不好
反恐问题	24%	76%
失业问题	26%	74%
城市犯罪	32%	68%
经济举措	34%	66%

同时，有60%的人认为工人社会党政府"总体上"是"有效的"，64%的人则认为其衡量成功的标准在未来会有所改善。1983

[1] 据《国家报》1984年2月1日报道：法国总统密特朗曾要求共同市场各国"立即接受西班牙和葡萄牙进入"。

年 11 月，《变革 16》详列了政府的功过。成就方面包括：比塞塔贬值，没收大型控股公司 Rumasa，开放直布罗陀的路障，修订社会保障制度，减少通货膨胀，保持失业率稳定不恶化，养老金从 13% 增加至 16%，强制规定每周工作 40 小时，强制性的 30 天假期，政府官员高薪减少，堕胎除罪化，刑法改革，出口增加，军队改革及国防现代化，补助高速公路以改善交通。

政府的负面表现包括：政府未能让人民正确地了解信息，外交政策不够现实，西班牙仍未能进入共同市场，打击恐怖主义和犯罪无效，对加入北约态度反复，政府赤字高，农业改革犹豫不决，议会对反对派态度傲慢。[34] 令人惊奇的是，这些清单上所列的并非西班牙独有；20 世纪 80 年代的美国与西班牙在这些成果、问题和人民的抱怨上，竟十分相似。

当今西班牙工业最严重的问题是缺乏技术工人和受过培训的人员，在管理层面如此，在较低的技术层面上更是如此。西班牙在自然资源和人力资源方面都极具经济潜力，但在教育工人方面却做得不够。这也需要人们改变对教育的态度，扭转传统上下层阶级与受过教育的阶级相互反感的局面。

到城市或德国的流动工人，除了农业雇工之外，大半没有受过任何训练。他们试图以最不需要工作技术的底层建筑工人的身份求职，或者担任守夜人或门卫。这些人大多不是可靠的稳定工人。通常一个建筑工只做几个月就会离职，因为他找到了更有利可图的工作。建筑行业的流动率特别高，这使得原本只是草草修建的西班牙建筑的质量更加低劣。在马德里很难找到好的水电工或木匠，因为这些师傅的工作早已超过负荷，就算他们真的出现，也像他们的美国同行一样，狮子大开口，开出荒谬的价格。这些技术工人往往都迁移到沿海的旅馆建设区或观光胜地马略卡岛，因为他们在那里可以获得更高的工资。

泥瓦匠这一行则很难解释；他们比较像是建筑业的杂工，而非单纯的砖瓦工。这种情况导致了一种粗制滥造（chapuza）的心态。所谓 chapuza 就是不顾质量、马马虎虎、临时凑合的解决方式，意味着材料和手工都很低劣。西班牙人非常擅长运用旧材料找到解决方案，但他们有时却不知道如何安装新材料。我有位住在西班牙的朋友在公寓大整修时，就和各种工人"搏斗"了三个月。巧的是，监督工程的包工头们就被工人用他们自己先前的职业称为"那个守夜人"（el sereno）和"那个门卫"（el portero）。

这些领域似乎普遍缺乏专业精神或我们所称的"职业自豪感"，或许是因为人们对自己的工作并没有兴趣，或者是因为工业化的过程仍太短，无法产生出那种感觉。然而，许多农工阶层的父母却等不及孩子长大再找工作。他们总是在寻找机会（早早）安置子女。他们不希望孩子继续接受高等教育，认为大学生懒惰、依赖父母，一点也不会补贴家用。政府已经成立了非常好的职业技术培训学校，比农业学校更成功。然而如果西班牙要继续工业化，同时提升产品的质量，就还需要更多的职业技术培训学校。

旷工在西班牙是日益严重的问题，它是对乏味的流水线生产的抗议。管理阶层和资本为追求利益，一心要通过现代方法增加生产，但他们忘记了在人性上，工人被迫在单调轮班时间内重复相同工作的后果。这也导致粗制滥造的问题。现在已有许多针对管理层的，关于管理培训、营销和生产方面的科学技术课程，但却很少有对工人提供帮助的课程。此外，西班牙的外国或跨国公司经常采用它们不敢在自己国家使用的做法。

工业化过程还带来了其他后果，其中最重大的是因为迁移到大城市而造成原本强烈的地方情感的淡化。安达卢西亚和穆尔西亚人在巴塞罗那工作，埃斯特雷马杜拉人奔赴马德里，卡斯蒂利亚高原的人则去到毕尔巴鄂，形成了多元化的人群，唯一的凝聚力是共同的劳动权益。他们在新的社会环境中格格不入，甚至连语言也不相通，常常与周围的人发生冲突。

向工业中心迁移也产生了常见的社会问题：贫民窟，即大城市边缘的简陋棚屋和违章建筑区；缺乏适当的住房、卫生设施、照明、水及托育中心；社会服务不足，还有青少年犯罪。直到最近，国家和相关产业似乎还是对增加生产和国民生产总值更感兴趣，而不是致力于造福实现这些目标的人。在西班牙，社会学家可能比社会工作者还多。目前，工人、资本家和政府之间暂且休战，但依旧有个明显的不公平现象存在：富人没有支付他们应缴纳份额的税。除非解决这个问题，否则三方不可能有真正的和平。

缺乏计划或远见造成了严重的问题。佛朗哥一心要收回直布罗陀；为了扼制这块领土，他切断了劳动力的供应，封锁交通，还在入口处设置了巨大的铁栅栏。原本在直布罗陀赚高薪的数百名西班牙工人因此失了业。为了找工作，有些家庭不得不远赴巴塞罗那，其他人则必须领取失业补偿，这对经济都造成沉重的负担。

现任政府意识到这种做法只会造成灾难，于是去除了出入障碍和劳工限制，因此这些西班牙工人可以再次获得以英镑计算的高薪。

然而在西班牙，想要夺回直布罗陀的愿望仍然非常强烈；人们一直都在讨论这个问题。只要英国军舰在此下锚，西班牙就要大声抗议。尽管其他人指出，直布罗陀的人民并不愿意接受西班牙统治，但这毫不影响西班牙国内的意见。所有的西班牙人都知道，这片领土在历史和地理上都是西班牙的一部分，是在战争中被夺走的，然后英国人移入，而住在那里的西班牙人逐渐被赶走。直布罗陀仍是西班牙的痛，在报纸上很容易看到关于它的报道。大众普遍希望能与英国达成某种协议。不过就像马尔维纳斯群岛的情况一样，英国偶尔会递出胡萝卜，但似乎并非真心想要做出任何妥协。

西班牙的建筑热潮已经消退，这导致成千上万的工人失业。《国家报》的一篇文章以《和平的灾难》为题指出了这股“热潮”的另一个悲惨结果。文中说，这20年来，重建西班牙对小城镇和城市造成的破坏比任何一次战争都更加严重。“先前的西班牙虽贫穷，却很漂亮。”文章说。但在建筑热潮中，数百栋美丽的古老建筑、街道和广场都遭到破坏或被毁容，难以修复。也许这是进步的代价，但只要想到一旦拆除便永难恢复时，这代价也未免太高了。

这种进步的另一个证据，是西班牙“快餐”业的扩张。他们使用英语词。一则广告指出，世界上现在有上万家汉堡摊或汉堡餐厅，而来自欧洲的连锁店每年都在快速成长。现在的西班牙已经有14家汉堡店了，有进取心的企业家可加盟连锁经营。随着这些投资企业的发展，学习英文也成为获得“技术诀窍”的必要条件。这个术语在西班牙也尽人皆知。所有的报纸上都有英语课程的广告；虽然有些课程学费高达四五百美元，学生人数依旧很多。

西班牙在渴望现代化和工业化的同时，并没有忽视文化的发展。这个国家的音乐传统一向出色：西班牙的普拉西多·多明戈（Plácido Domingo）是当今最好的男高音之一，经常在纽约大都会歌剧院演唱；世界上最伟大的女高音之一蒙特塞拉特·卡瓦列（Montserrat Caballé）也经常在大都会登台；阿莉西亚·德·拉罗查（Alicia de Larrocha）绝对是世界上最优秀的钢琴家之一；20世纪最好的大提琴家则是巴勃罗·卡萨尔斯。我们甚至还没提到20世纪最著名的画家毕加索、著名的吉他手安德烈斯·塞戈维亚、优秀的音乐作曲家华金·罗德里戈（Joaquín Rodrigo）、电影导演路易斯·布努埃尔（Luis Buñuel），以及两位诺贝尔文学奖得主胡安·拉蒙·希梅内斯和比森特·阿莱桑德雷（Vicente Aleixandre）。

《国家报》曾刊载一篇长文，追溯多明戈的职业生涯，并指出另外一位西班牙男高音曼努埃尔·加西亚（Manuel García，1775—1832年）把歌剧引入了美国。许多优秀的西班牙歌手都来自查瑞拉轻歌剧（zarzuelas），这是在西班牙流传已久的轻歌剧。多明戈的父母就在查瑞拉轻歌剧中表演，他自己也由那里开始了歌唱生涯。听马里奥·兰萨（Mario Lanza）在电影中唱歌剧选曲，使他对大歌剧产生兴趣。其余的大家都知道了。大歌剧在西班牙一直很受欢迎，尤其在巴塞罗那，这个城市有著名的大型歌剧院，称作利塞奥大歌剧院（Liceo），许多世上最好的表演者都在那里演出。[35]

如今大多数西班牙人都不喜欢提到佛朗哥，正如大多数德国人不喜欢谈希特勒一样。先前西班牙大多数改名为佛朗哥或何塞·安东尼奥的街道，现在又恢复了旧名；这让政府付出了大笔金钱，在西班牙各地重做街道指示牌。在巴伦西亚，佛朗哥将军骑马的雕像被拆除时，必须由警察出面，以防反对者滋事，但事实证明并无必要。佛朗哥让西班牙人想起内战，这是他们深切希望从未发生过的耻辱。在《变革 16》的民调中，大多数受访者都称这场战争是“史无前例的暴行”，73% 的受访者认为：“这是在我们国家历史上，最好可以被人遗忘的可耻事件。”[36]

说来容易做来难。西班牙人不能忘记他们的血腥内战，就如美国人不能忘记自己 100 多年前的内战一样。他们可以拒绝谈论它，并且经常这么做，但在潜意识中，这可怕的事件依然根深蒂固。这可能是了解当今西班牙需要知道的最重要的事件之一。

西班牙哲学家乌纳穆诺曾讲过一位南美朋友的故事。后者在西班牙的一座大教堂中看到血腥的基督雕像，惊呼“这些基督！——老天爷！真让人难以接受……”乌纳穆诺答道，不熟悉苦难折磨礼敬崇拜的人会对这些基督的形貌感到厌恶，但因为痛苦是西班牙人的本质，这些饱受折磨、血腥、痛苦的基督像确实在西班牙的教堂中占有一席之地。他接着说：“我们这种粗暴、无理的态度，不是每个人都能忍受。人们常说西班牙充斥着仇恨。也许的确如此，也许我们是由恨自己来开启生命的。”[37] 这种仇恨就像一股地下的熔岩，解释了西班牙暴力的由来。西班牙人喜欢暴力的景象，而由这种景象产生出悲剧的情感。这就是为什么斗牛在西班牙流行了这么多个世纪。这就是为什么西班牙发生了如此多的血腥战争。西班牙人认为，要成为一个完整的人，就必须知道如何有尊严地面对死亡。

我们总是回到这片土地上，这是人类真正的脐带。西班牙的土地既美丽又多样。总体而言，它是坚硬而粗犷的，犹如一颗未经雕琢的钻石。加利西亚辽阔的峡湾、阿斯图里亚斯的绿色山脉、卡斯蒂利亚岩石遍布的平原和丘陵、安达卢西亚烈日下的橄榄树林、巴伦西亚肥沃的冲积平原、巴塞罗那北方的布拉瓦海岸，这一切都构成了“上帝的宝库”西班牙。卡斯蒂利亚广阔的平原显然是这整个有机体的心脏和支柱。卡斯蒂利亚知道如何征服，却从未学会如何治理。被腓力二世定为首都的马德里，永远不会把这个角色交给其他任何西班牙城市，因为它强大的官僚机构已增加到了可观的程度，一旦消失，西班牙一半的人口都会失业。在很多方面，巴塞罗那会成为更好的首都，因为这个城市更进步，居民更有活力，而且不那么不切实际；甚至巴伦西亚也可能比马德里更好。这两地都是全国人口最多的地区，一个是工业区，另一个是农业区。但这只是白日做梦，因为这永远不会发生。西班牙的历史永远不会有这么大的改变。西班牙必须坚持下去，直到卡斯蒂利亚和马德里学会管理的艺术，这意味着把政治行动限制在可行的范围内。在那天来临之前，所有的西班牙人都必须经历期望、等待和忍受；而在这个国家的心里，仍然存在一个难以实现的梦。

大事年表

公元前 206—公元 409 年	罗马统治西班牙。
409 年	汪达尔人及其他蛮族入侵西班牙。
414 年	西哥特人入侵西班牙。
711 年	末代西哥特国王罗德里戈被摩尔人击败。
722 年	佩拉约在阿斯图里亚斯的科瓦东加击败摩尔人。
778 年	查理曼入侵西班牙。
785 年	阿卜杜勒–拉赫曼一世开始兴建科尔多瓦大清真寺。
912—961 年	阿卜杜勒–拉赫曼三世统治期间：科尔多瓦第一任哈里发的黄金时代。
950 年	卡斯蒂利亚从莱昂独立。
997 年	曼苏尔掠夺了圣地亚哥–德孔波斯特拉。
1010 年	基督徒短暂地占领并掠夺科尔多瓦。
1012—1058 年	犹太学者伊本·加比罗尔在世，他将新柏拉图主义思想引进伊比利亚半岛。
1068—1091 年	穆台米德于塞维利亚统治时期。
1085 年	卡斯蒂利亚与莱昂王国国王阿方索六世从摩尔人手中抢下托莱多。
1092—1167 年	著名的犹太学者拉比伊本·以斯拉在世。
1094—1099 年	民族英雄熙德从摩尔人手上夺回并统治巴伦西亚。
1130 年	阿方索七世在托莱多建立了学者中心，有助于将阿拉伯、犹太与希腊文献传入西欧。
1126—1198 年	著名的阿拉伯学者阿威罗伊在世。
1135—1204 年	著名的希伯来哲学家迈蒙尼德在世。
1146 年	阿尔摩哈德王朝自北非入侵西班牙。
1188 年	古西班牙议会于莱昂市镇成立。
1212 年	卡斯蒂利亚国王阿方索八世率领的基督徒军队于西班牙南部的托洛萨平原击败摩尔人。
1230 年	“圣人”费尔南多三世统一卡斯蒂利亚与莱昂。
1236 年	“圣人”费尔南多三世占领科尔多瓦。
1243 年	萨拉曼卡大学成立。
1248 年	“圣人”费尔南多三世占领塞维利亚。

1252—1284 年	学者国王“智者”阿方索十世在位。
1348 年	黑死病传入西班牙。
1350—1369 年	“残暴者”佩德罗一世在位。
1406—1454 年	伊莎贝拉一世之父约翰二世在位。
1474 年	伊莎贝拉一世成为卡斯蒂利亚女王之后，将其与丈夫费尔南多二世统治的阿拉贡王国统一。伊莎贝拉于 1504 年逝世，费尔南多则于 1516 年逝世。
1480 年	宗教裁判所建立。
1492 年	费尔南多与伊莎贝拉占领格拉纳达。犹太人被逐出西班牙。哥伦布“发现新大陆”。
1499 年	费尔南多·德·罗哈斯发表长篇小说《塞莱斯蒂娜》，这是西班牙文学中第二著名的巨作。
1502 年	居住在西班牙的穆斯林可以选择改宗基督教或被驱逐。许多人选择改宗，这些改宗的穆斯林被称作摩里斯科人。
1504—1506 年	哈布斯堡王朝第一位统治者，也是费尔南多与伊莎贝拉的女儿胡安娜的丈夫“美男子”腓力短暂在位。
1516—1556 年	查理一世（神圣罗马帝国皇帝查理五世）在位。
1519—1522 年	埃尔南·科尔特斯征服墨西哥的阿兹特克帝国。
1531—1534 年	弗朗西斯科·皮萨罗征服秘鲁的印加帝国。
1539 年	依纳爵·罗耀拉创立耶稣会。
1543 年	胡安·博斯坎与加西拉索·德拉·维加以西班牙文字书写的诗集开创了西班牙文学的黄金时代。
1545 年	西班牙人在玻利维亚的波托西发现了蕴藏丰富的银矿，到了 1600 年，西班牙在殖民地所开采出的金银产量已是全欧洲在 1500 年时产量的 3 倍。
1545—1563 年	天主教会召开特伦托公会议，并开始推动反宗教改革。
1555—1598 年	腓力二世在位。
1561 年	腓力二世将首都迁至马德里。
1588 年	无敌舰队被英格兰舰队击败。
1605 年	《堂吉诃德》的第一部分出版。
1609—1611 年	摩里斯科人被腓力三世驱逐出西班牙。
1700—1746 年	西班牙首位波旁王朝统治者腓力五世在位。
1704 年	英国占领直布罗陀。
1759—1788 年	查理三世在位。
1767 年	查理三世驱逐西班牙境内的耶稣会教士。
1808 年	法国入侵西班牙，拿破仑册封其兄约瑟夫为西班牙国王。
1810 年	西班牙在新世界的各殖民地开始建立自己的政权，并于 1826 年实现独立。
1812 年	加的斯议会公布了一部自由主义的反教权宪法。
1820 年	手握军权的列戈将军宣告成立立宪政府。费尔南多七世对其暂时让步。此为西班牙政治史上的首次军事政变。同年，宗教裁判所被废除。
1873—1874 年	西班牙第一共和国时期。
1923—1930 年	普里莫·德·里维拉将军独裁统治时期。
1931 年	阿方索十三世逃离西班牙，西班牙第二共和国建立。

1936—1939 年	西班牙内战。
1939—1975 年	弗朗西斯科・佛朗哥将军统治时期。
1953 年	西班牙与美国签署军事基地协议，以换取后者的经济援助。
1955 年	西班牙加入联合国。
1961 年	罢工浪潮席卷全西班牙。
1962 年	西班牙要求加入欧洲共同市场。
1969 年	西班牙议会任命阿方索十三世的孙子胡安・卡洛斯王子为下一任西班牙国王。
1970 年	美军基地协议续约。
1973 年	任命完新内阁之后，佛朗哥辞去西班牙政府主席一职，海军上将卡雷罗・布兰科担任总理。
1973 年	卡雷罗・布兰科于 12 月遭暗杀，右翼内阁推举阿里亚斯・纳瓦罗接任首相。
1974 年	新内阁实施高压统治政策，主业会在新政府中的地位被长枪党取代。
1975 年	11 月 20 日佛朗哥逝世，11 月 22 日胡安・卡洛斯登基为西班牙国王。
1977 年	6 月 15 日西班牙举行 41 年以来的第一次自由选举，采取温和中间路线的政党在选举中获胜。
1978 年	新宪法在 12 月 6 日赢得了 87% 的选民的支持。
1981 年	国民卫队与部分军事单位在 2 月 23 日意图政变，国王谴责该起政变，政变以失败告终。
1982 年 5 月 30 日	西班牙成为北大西洋公约组织第 16 个成员国。
1982 年	佛朗哥死后的第二次国家选举于 10 月 28 日举行，工人社会党在议会两院皆获得多数席位，组建其倡导温和社会主义的政府。
1984 年	工人社会党党魁费利佩・冈萨雷斯遏止恐怖主义，并批准了巨额的联邦政府预算，其中有数 10 亿元投入军队现代化与教育。

注释

第一章　斯土斯民

1 Pío Baroja y Nessi, *Juventud, egolatría*, called in English, *Youth and Egolatry*, Knopf, New York, 1920.
2 Azorín, *El paisaje de España visto por los españoles*, Madrid, 1917.
3 Alexandre Dumas, *Adventures in Spain* (written 1846), Doubleday, New York, 1960.
4 *España y españoles pintados por sí mismos*, ed. by Edouard Barry, Paris, n.d.
5 Miguel de Unamuno, *Essays and Soliloquies*, Knopf, New York, 1925.
6 Pío Baroja y Nessi, *Caesar or Nothing*, Knopf, New York, 1919.
7 Ángel Ganivet, *Idearium español*, Buenos Aires, 1946.
8 José Rubia Barcia, *Iconografía de Valle-Inclán*, Univ. of Cal. Press, 1960.
9 Edmondo de Amicis, *Spain and the Spaniards*, Putnam, New York, 1881.
10 Unamuno, *Essays and Soliloquies*, Knopf, New York, 1925.
11 Pío Baroja y Nessi, *Juventud, egolatría*, called in English, *Youth and Egolatry*, Knopf, New York, 1920.
12 Salvador de Madariaga, *Spain, a Modern History*, Praeger, New York, 1960.

第二章　黑暗的开始

1 J. B. Trend, *The Civilization of Spain*, Oxford Univ. Press, London, 1958.
2 Gilbert Chase, *The Music of Spain*, Norton, New York, 1941.
3 Edward Gibbon, *The Decline and Fall of the Roman Empire*, Modern Library, Random House, New York, n.d.
4 Gerald Brenan, *The Face of Spain*, Farrar, Straus and Cudahy, New York, 1956.
5 Gerald Brenan, *The Literature of the Spanish People*, Meridian, New York, 1957.
6 Richard Ford, *Gatherings from Spain* (first published in 1846), Everyman, London, 1906.
7 Ibid.
8 Martin A. S. Hume, *History of the Spanish People*, Cambridge Univ. Press, London, 1901.
9 Américo Castro, *The Structure of Spanish History*, Princeton Univ. Press, 1954.（See also his *The Spaniards*, University of California Press, 1971.）

10 Edward Gibbon, *The Decline and Fall of the Roman Empire*, Modern Library, Random House, New York, n.d.
11 W. S. Merwin, *Spanish Ballads*, Doubleday, New York, 1961.
12 Katharine Elizabeth Strathdee 翻译，并经由作者同意后再版。

第三章 十字架、新月与星星

1 Gustave E. von Grunebaum, *Medieval Islam*, Univ. of Chicago Press, 1961.
2 Edward Atiyah, *The Arabs*, Penguin, Edinburgh, 1958.
3 Claudio Sánchez-Albornoz, *La España musulmana, según los autores islamitas y cristianos*, 2 vols., Buenos Aires, 1946.
4 J. B. Trend, *The Civilization of Spain*, Oxford Univ. Press, London, 1958.
5 Gustave E. von Grunebaum, *Medieval Islam*, Univ. of Chicago Press, 1961.
6 Claudio Sánchez-Albornoz, *La España musulmana, según los autores islamitas y cristianos*, 2 vols., Buenos Aires, 1946.
7 *La crónica general*, ed. by R. Menéndez Pidal, vol. 5, N.B.A.E., Madrid, 1916.

第四章 基督教王国：十字架与剑

1 J. B. Trend, *The Civilization of Spain*, Oxford Univ. Press, London, 1958.
2 *La crónica general*, ed. by R. Menéndez Pidal, vol. 5, N.B.A.E., Madrid, 1916.
3 Américo Castro, *The Structure of Spanish History*, Princeton Univ. Press, 1954.（See also his *The Spaniards*, University of California Press, 1971.）

第五章 中世纪的城镇生活

1 Claudio Sánchez-Albornoz, *La España musulmana, según los autores islamitas y cristianos*, 2 vols., Buenos Aires, 1946.
2 Elisha K. Kane, *The Book of Good Love*, a privately printed translation, William Rudge, New York, 1933.
3 Américo Castro, *The Structure of Spanish History*, Princeton Univ. Press, 1954.（See also his *The Spaniards*, University of California Press, 1971.）
4 W. S. Merwin, *Spanish Ballads*, Doubleday, New York, 1961.
5 Ibid.
6 William A. Prescott, *Ferdinand and Isabella*, Lippincott, Philadelphia, 1873.
7 Ibid.
8 Louis Mumford, "The Medieval Town," an article in *Horizon* magazine, July, 1961.
9 J. B. Trend, *The Civilization of Spain*, Oxford Univ. Press, London, 1958.
10 William A. Prescott, *Ferdinand and Isabella*, Lippincott, Philadelphia, 1873.
11 César Barja, *Libros y autores clásicos*, New York, 1941.

第六章 西班牙的文艺复兴

1 *Vanguardia*, Barcelona, August 23, 1983.
2 Martin A. S. Hume, *Spain, Its Greatness and Decay (1479–1788)*, Cambridge Univ. Press, Lon-

don, 1940.

3 John A. Crow, *The Epic of Latin America*, Doubleday, New York, 1952.

第七章　黄金时代：哈布斯堡王朝的政治与社会秩序

1 Martin A. S. Hume, *Spain, Its Greatness and Decay (1479–1788)*, Cambridge Univ. Press, London, 1940.

2 J. B. Trend, *The Civilization of Spain*, Oxford Univ. Press, London, 1958.

3 Martin A. S. Hume, *Spain, Its Greatness and Decay (1479–1788)*, Cambridge Univ. Press, London, 1940.

4 Ibid.

5 Ludwig Pfandl, *Introducción al siglo de oro*, Barcelona, 1929.

第八章　黄金时代的文学

1 Pedro Salinas, *Reality and the Poet in Spanish Poetry*, Johns Hopkins Univ. Press, Baltimore, 1940.

2 Richard E. Chandler and Kessel Schwartz, *A New History of Spanish Literature*, Louisiana State Univ. Press, 1961.

3 Translation by Katharine Elizabeth Strathdee. Reprinted with permission of author.

4 Edward M. Wilson, *The Solitudes of Don Luis de Góngora*, Cambridge Univ. Press, London, 1931.

5 Translation by Sir Richard Fanshawe, *Shorter Poems and Translations*, London, 1648.

6 Jeanette Campiglia, unpublished doctoral study on Lope de Vega, U.C.L.A., Los Angeles.

7 Francis C. Hayes, *Lope de Vega*, Twayne Publishers, New York, 1967.

8 译文由本书作者 John A. Crow 翻译。

9 译文由本书作者 John A. Crow 翻译。

第九章　黄金时代末期的艺术

1 William Stirling Maxwell and Luis Carreño, *Stories of the Spanish Artists*, Chatto & Windus, London, 1910.

2 N. B. Adams, *The Heritage of Spain*, Henry Holt, New York, 1959.

3 Gilbert Chase, *The Music of Spain*, Norton, New York, 1941.

4 Jose Ortega y Gasset, *España invertebrada*, Madrid, 1921.

5 Ibid.

6 Helen Phipps, *Some Aspects of the Agrarian Question in Mexico*, Univ. of Texas Press, Austin, 1925.

7 John S. C. Abbott, *The Romance of Spanish History*, Harper, New York, 1869.

第十章　波旁王朝

1 N. B. Adams, *The Heritage of Spain*, Henry Holt, New York, 1959.

2 Fernando Díaz-Plaja, *La vida española en el siglo 18*, Barcelona, 1946.

3 Ibid.

4 Ibid.
5 Ibid.
6 Richard Herr, "The Twentieth Century Spaniard Views the Spanish Enlightenment", *Hispania*, XLV, May 1962.
7 Richard Herr, *The Eighteenth Century Rebellion in Spain*, Princeton Univ. Press, 1958.
8 John S. C. Abbott, *The Romance of Spanish History*, Harper, New York, 1869.
9 Ibid.
10 Elie Faure, introd. to Francisco de Goya, *The Disasters of the War*, Allen & Unwin, London, 1937.
11 Mariano José de Larra, *Artículos de costumbres*, ed. by Hespelt, Crofts, New York, 1941.
12 J. B. Trend, *The Civilization of Spain*, Oxford Univ. Press, London, 1958.
13 William C. Atkinson, *A History of Spain and Portugal*, Penguin, London, 1960.
14 Ibid.
15 Gerald Brenan, *The Spanish Labyrinth*, Cambridge Univ. Press, London, 1940.

第十一章　西班牙的主要思潮（1870—1931）

1 Angel del Río, *Historia de la literatura española*, vol. II, Dryden, New York, 1953.
2 John T. Reid, *Modern Spain and Liberalism*, Stanford Univ. Press, 1937.
3 Miguel de Unamuno, *Essays and Soliloquies*, Knopf, New York, 1925.
4 Ibid.
5 Ibid.
6 Pío Baroja y Nessi, *Juventud, egolatría*, called in English, *Youth and Egolatry*, Knopf, New York, 1920.
7 Ibid.
8 Azorín, *Los pueblos*, madrid, 1905.

第十二章　第二共和国建立的政治及社会背景

1 Salvador de Madariaga, Spain, *a Modern History*, Praeger, New York, 1960.
2 Ibid.
3 Gerald Brenan, *The Spanish Labyrinth*, Cambridge Univ. Press, London, 1940.
4 Ibid.

第十三章　西班牙第二共和国（1931—1939）

1 Harry Gannes and Theodore Repard, *Spain in Revolt*, Knopf, New York, 1937.
2 Herbert L. Matthews, *The Yoke and the Arrows*, Braziller, New York, 1961.

第十四章　共产主义和法西斯主义在西班牙的斗争

1 F. Jay Taylor, *The United States and the Spanish Civil War*, New York, 1956.
2 Claude G. Bowers, *My Mission to Spain*, Simon and Schuster, New York, 1954.
3 F. Jay Taylor, *The United States and the Spanish Civil War*, New York, 1956.
4 Ibid.

5 Claude G. Bowers, *My Mission to Spain*, Simon and Schuster, New York, 1954.
6 Ibid.
7 Herbert L. Matthews, *The Yoke and the Arrows*, Braziller, New York, 1961.
8 Claude G. Bowers, *My Mission to Spain*, Simon and Schuster, New York, 1954.
9 Hugh Thomas, *The Spanish Civil War*, Harper, New York, 1961.
10 Ibid.
11 Thomas J. Hamilton, *Appeasement's Child, the Franco Regime in Spain*, Knopf, New York, 1943.
12 Hugh Thomas, *The Spanish Civil War*, Harper, New York, 1961.
13 Alvarez del Vayo, *Freedom's Battle*, Knopf, New York, 1940.
14 Salvador de Madariaga, *Spain, a Modern History*, Praeger, New York, 1960.
15 Hugh Thomas, *The Spanish Civil War*, Harper, New York, 1961.
16 Ian Gibson, *El asesinato de Federico Garcia Lorca*, Editorial Bruguera, Barcelona, 1981.
17 Ibid.
18 *Time*, December 11, 1972.
19 J. B. Trend, *The Civilization of Spain*, Oxford Univ. Press, London, 1958.

第十五章 烈士谷

1 Thomas, *The Spanish Civil War*, Harper, New York, 1961.
2 Stanley G. Payne, *Falange*, Stanford Univ. Press, 1961.
3 Ángel Ganivet, *Idearium español*, Buenos Aires, 1946.
4 Rafael Altamira, *Los elementos de la civilización y del carácter españoles*, Buenos Aires, 1956.

第十六章 佛朗哥的政绩：秩序与进步

1 Jerome R. Mintz, "Trouble in Andalusia," in *Natural History Magazine*, May 1972 .
2 *El País* (International Edition), Madrid, September 12, 1983.
3 Mintz, "Trouble in Andalusia," in *Natural History Magazine*, May 1972.

第十七章 佛朗哥之后的西班牙：美梦难圆

1 "Letter from Barcelona," in *The New Yorker* magazine, Dec. 2, 1961.
2 *Time*, December 11, 1972.
3 Juan Kattán-Ibarra and Tim Connell, *Spain After Franco*, National Textbook Co., Skokie, Illinois, 1981.
4 Ibid.
5 *El País*, Madrid, May 22, 1983.
6 "Spain: Democracy Wins," in *Time*, June 27, 1977.
7 Horace Sutton, "Democracy in Spain," in *Saturday Review*, October 29, 1977.
8 *El País*, Madrid, September 19, 1983.
9 Juan Kattán-Ibarra and Tim Connell, *Spain After Franco*, National Textbook Co., Skokie, Illinois, 1981.
10 "Democracy Under Siege," in *Newsweek*, May 18, 1981.
11 Robert G. Mead, "The Hispanic and Luso-Brazilian World," in *Hispania*, Vol. 65, May 1982.
12 Juan Kattán-Ibarra and Tim Connell, *Spain After Franco*, National Textbook Co., Skokie, Illinois,

1981.
13 David Ross Gerling, "Los diarios de Madrid," in *Hispania*, vol. 64, September 1981.
14 Horace Sutton, "Democracy in Spain," in *Saturday Review*, October 29, 1977.
15 *Cambio 16*, Madrid, September 12–19, 1983.
16 Juan Kattán-Ibarra and Tim Connell, *Spain After Franco*, National Textbook Co., Skokie, Illinois, 1981
17 Horace Sutton, "Democracy in Spain," in *Saturday Review*, October 29, 1977.
18 *Cambio 16*, Madrid, September 1983.
19 *El País*, Madrid, September 24, 1983.
20 *Cambio 16*, Madrid, October 3–10, 1983. Also, *Newsweek*, August 1, 1983.
21 *Cambio 16*, Madrid, October 10, 1983.
22 *El País*, Madrid, September 24, 1983.
23 Juan Kattán-Ibarra and Tim Connell, *Spain After Franco*, National Textbook Co., Skokie, Illinois, 1981
24 *El País*, Madrid, September 24, 1983.
25 Willliam Pfaff, "Army is the Key in Socialist Spain," in *The Los Angeles Times*, March 13, 1983.
26 Stanley Meisler, "Basques — A Dilemma for Spain," in *The Los Angeles Times*, March 2, 1984.
27 *El País* (International Edition), Madrid, October 17, 1983.
28 *Vanguardia*, Barcelona, August 23, 1983.
29 *El País*, Madrid, August 12, 1983.
30 *Cambio 16*, Madrid, October–November, 1983.
31 *Vanguardia*, Barcelona, August 20, 1983.
32 *Vanguardia*, Barcelona, August 18, 1983.
33 *Cambio 16*, Madrid, October 3–10, 1983.
34 *Cambio 16*, Madrid, October–November, 1983.
35 *El País* (dominical), Madrid, May 15, 1983.
36 *Cambio 16*, Madrid, September 19–26, 1983.
37 Miguel de Unamuno, *Essays and Soliloquies*, Knopf, New York, 1925.